DER ZEN WEG ZUR BEFREIUNG DES GEISTES

von SOKEI-AN ROSHI
Begründer und Meister
des FIRST ZEN INSTITUTE OF AMERICA
New York

mit einem Vorwort von GESSHIN MYOKO MIDWER

THESEUS VERLAG
ZÜRICH

Übertragen aus dem Amerikanischen
von Agathe Wydler und Hilary Thompson

Die Originaltexte erschienen in den
„ZEN NOTES" des FIRST ZEN INSTITUTE OF AMERICA,
New York

Copyright in USA
Deutsche Ausgabe: Theseus Verlag, Zürich
Alle Rechte vorbehalten
Umschlaggestaltung: Aiga Rasch
Herstellung: Verlagsdruckerei E. Rieder, Schrobenhausen
2. Auflage 1992
Printed in Germany
ISBN 3-85936-012-4

INHALT

VORWORT

Buddha
Als ob er horchte. Stille: eine Ferne...
wir halten ein und hören sie nicht mehr.
Und er ist Stern. Und andere große Sterne,
die wir nicht sehen, stehen um ihn her.
O er ist alles. Wirklich warten wir,
daß er uns sähe? Sollte er bedürfen?
Und wenn wir hier uns vor ihm niederwürfen,
er bliebe tief und träge wie ein Tier.
Denn das, was uns zu seinen Füßen reißt,
das kreist in ihm seit Millionen Jahren.
Er, der vergißt, was wir erfahren,
und der erfährt, was uns verweist.

Rainer Maria Rilke

In diesem Augenblick sitze ich in einem kleinen Zimmer in Los Angeles, Kalifornien. Es ist Sonntagmorgen, der 20. Mai, 2528 Jahre seit Buddhas Eingang ins Nirvana. Der Mond verblaßt im Morgenlicht, die Sonne erscheint und mit ihr das Singen und Zwitschern unzähliger Vögel.

Vor mir liegt eine Sammlung von Niederschriften von Sokei-ans Vorträgen. Ich bin Sokei-an Roshi in seinem menschlichen Dasein nie begegnet. Er starb 1945 in New York; da war ich gerade 14 Jahre alt und lebte noch in Frankfurt am Main. Wir begegneten uns, als ich 1969 das „First Zen Institute of America" in New York besuchte. Da, in seinem Zendo, in seinen Büchern und Holzschnitzereien begegnete ich seinem Geist. Ich war im Tiefsten berührt von seinem Blick, der mich aus dem Photo in einer Ecke des Büchergestells durchdrang. Die Augen, die schon im rohen Baum die innenwohnende Göttin der Barmherzigkeit sahen, blicken immer noch in meine innerste Tiefe.

Besonders beeindruckt aber war ich von der Verwirklichung seines Geistes in seiner Schülerin Mary Farkas, die mit unermüdlicher Hingabe das von ihrem Meister begonnene Wirken fortsetzt und zu immer größerer Entfaltung bringt. Hier genau ist es, wo wir dem unsterblichen Sokei-an begegnen. Hier lebt der wahre Geist des Zen, mitten im Alltag von New York.

Im Zen heißt es, Buddha sei ein Mensch, der das Zen 24 Stunden am Tag lebt, inmitten der Aktivitäten, mühelos und ohne Absicht.

Alle Menschen auf dieser Welt, unabhängig von Zeitalter, Ort und Kultur, sehnen sich nach Frieden und Glückseligkeit. Der Buddha antwortete auf die Frage was die beste Nahrung für das Erlangen von perfektem Frieden, Nirvana, sei: „Die Nahrung für Nirvana ist Zwecklosigkeit, Geist ohne Absicht."

Diesen ursprünglichen, wahren Geist zu erfahren und zu leben, ist das Ziel aller Zen Übung. Aufgelöst in das So-Sein des Augenblicks, hier, wo alle unterscheidende Aktivität verlöscht, ist die Quelle aller Schöpfung, der Geburtsort eines jeglichen, neuen Augenblicks. Hier ist die Todesstätte des Selbst, hier die Geburtsstätte des Meisters, der gleich einem warmen Frühlingswind, angefüllt mit lieblichem Blütenduft, die Welt durchdringt, und wie der sanfte Regen eines frühen Herbsttages uns von des Sommers Hitze erlöst.

Für einen Zen Meister gibt es keine Schranken. Gleich dem Kosmos schillert sein Leben in tausendfacher Manifestation dieses einen, unendlichen Geistes. Wie eine Flamme im Wind, ohne Zweck, ungebunden, verbrennt er und erlöscht.

Wohin erlöscht die Flamme? Wo ist ihr Feuer, nachdem sie erlöscht? Wenn wir ein Streichholz anzünden tritt sie wieder in Erscheinung. Woher kommt die Flamme?

Weder im sichtbaren oder im unsichtbaren Zustand, der Geist wirkt unentwegt. Ewig leuchtet das Licht der Liebe und Weisheit. Dort wo Sonne und Mond nicht mehr hinreichen, da leuchtet es am hellsten.

Obwohl ich nicht den Vorzug hatte, Meister Sokei-an in seiner menschlichen Gestalt zu erfahren, kenne ich ihn doch auf das Intimste und bin ihm für ewig im Geiste verbunden.

Meine tiefe Bewunderung und Achtung gehört auch seinen Nachfolgern, Mary Farkas, langjährige Direktorin des First Zen Institute of America in New York, und Dr. Henry Platov, Chikuen Kugai Osho, Gründer des Shōgen Dōjō Zürich, der Rinzai-Zen Gesellschaft der Schweiz, die mit unerschütterlicher Beständigkeit und selbstloser Hingabe den echten Zen Geist, der ihnen durch Sokei-an übertragen wurde, leben, und anderen zugänglich machen.

Sokei-an lebt, weil er das Ewige im Vergänglichen erfahren hat und weil er durch lebenslange Zen Übung seine Person als Buddha erkannt hat. Er lebt in uns allen.

Es ist mein Wunsch für Dich, verehrter Leser, daß auch Du durch die warmen und humorvollen Worte Sokei-ans, Deinem wahren Selbst begegnen wirst und dort in der wundersamen Tiefe des Herzens Sokei-an persönlich kennenlernst.

Von Buddha zu Meister Sokei-an, durch Mary Farkas, Henry Platov, durch die beiden Übersetzerinnen, Agathe Wydler und Hilary Thompson, durch die Bemühungen aller, die an der Herstellung dieses Buches beteiligt waren, einschließlich der Bäume, die ihr Leben für das Papier hergaben, ist diese Sammlung von Sokei-ans Lehren, ein einziges Werk der Liebe, ein Geschenk an die Menschen der Welt.

Es erfaßt mich ein großes Erschauern, wenn ich sehe, wie das Leben eines einzigen Menschen, der richtig lebte und andern diente, sich unendlich entfaltet und unter uns Lebenden weiterwirkt. Mögen alle Lebewesen diese große Glückseligkeit und Befreiung von allem Leid erfahren und in Frieden leben.

GESSHIN MYOKO MIDWER, Zen Meisterin
International Zen Institute of America, Mai 1984

EINFÜHRUNG Der Stadtteil Manhattan von New York ist auf einen Felsen gebaut. Der Zen Meister Sokei-an liebte diese Stadt sehr. Er war gekommen, um hier unter den Menschen zu leben und ihnen das zu der damaligen Zeit fast völlig unbekannte Zen zu bringen. Er brachte den kostbaren Samen aus Japan und pflanzte ihn auf dem steinigen Boden von Manhattan. Nach und nach wuchs daraus eine reine Blüte — Schüler sammelten sich um den Meister, und im Jahre 1930 wurde die „Buddhist Society of America" gegründet, aus welcher das „First Zen Institute of America" hervorging. Von da an bezeichnete sich Sokei-an selber als der „Hüter der Lilie auf dem Felsen".

Als Sokei-an 1945 starb, verlor die Welt einen wahrhaft einmaligen Zen Meister, der es verstanden hatte, seinen Schülern die Unmittelbarkeit und dynamische Lebendigkeit des Zen persönlich erlebbar zu machen. Er zeigte damit, daß es, trotz gegenteiliger Behauptungen, auch den Menschen des Westens möglich ist, Zen zu üben und zu verstehen. Denn Zen richtet sich an das innerste Wesen eines jeden Menschen, unabhängig von dessen Religionszugehörigkeit, Sprache oder Geschlecht.

Daß dieses lebendige Verständnis möglich wurde, ist weitgehend Sokei-ans Originalität, geistiger Flexibilität und Liebe zu verdanken. Er scheute die Mühe nicht, die Sprache und das Denken der Amerikaner genau kennenzulernen, bevor er zu lehren begann, und er weigerte sich auch nicht, die Vermittlung des östlichen traditionellen Wissens dem Verständnis seiner westlichen Schüler anzupassen. Dies zeigte sich besonders in seinen Vorträgen, die er zweimal wöchentlich gab, und die zu hören für seine Schüler Pflicht war. In Ergänzung zur direkten Übertragung des Zen in der individuellen Begegnung im Sanzen durch Koanübung (auch Dokusan genannt) dienten diese Vorträge dazu, seine Schüler mit den wichtigsten Texten des Zen und den Lehren des Buddhismus bekannt zu machen. Sokei-an zögerte dabei nicht, einiges zu vereinfachen oder zu kürzen oder dieses und jenes Detail herauszuheben oder hinzuzufügen. Orthodoxe Buddhisten mögen Sokai-ans freie Art der Wiedergabe der althergebrachten Lehren tadeln, doch es spiegelt sich darin der freie, im Hier und Jetzt lebendige Geist eines Zen Meisters.

Der vorliegende Band ist der 2. Teil einer Sammlung von Sokei-ans Vorträgen. Der erste Teil, erschienen unter dem Titel „Sokei-ans Übertragung des Zen" (Theseus Verlag, 1983), enthält Vorträge zur Einführung in den Buddhismus, die auch Lesern ohne Vorkenntnisse verständlich sein dürften. Für das Verständnis der Texte im vorliegenden zweiten Teil ist eine gewisse Vorkenntnis der buddhistischen Denkweise von Vorteil. Wahrscheinlich werden es wohl gerade diejenigen Leser sein, die sich schon in die Materie vertieft und sich dem Zen oder dem Buddhismus auch aus eigener Erfahrung angenähert haben, die Sokei-ans Lehrreden besonders zu schätzen und zu würdigen wissen.

Sokei-an bewirkte durch seine lebendige Lehre, daß der Same weitergetragen wurde und auch in Europa Wurzel faßte. Zwei Schülerinnen von Chikuen Kugai Osho haben es sich zur Aufgabe gemacht, Sokei-ans Vorträge, die seit 1954 regelmäßig in einer Monatszeitschrift namens *Zen Notes* erschienen sind (herausgegeben vom First Zen Institute of America, New York), zu sammeln und ins Deutsche zu übersetzen. Der Herausgeberin der *Zen Notes*, Frau Mary Farkas, Schülerin von Sokei-an und Direktorin des First Zen Institute of America, sei hiermit für die freundliche Genehmigung zur Übersetzung und Herausgabe dieser Vorträge gedankt.

Da die Texte in den *Zen Notes* lange nach Sokei-ans Tod hauptsächlich auf Grund von Notizen und aus dem Gedächtnis von Sokei-ans Zuhörern zusammengestellt worden waren, muß man mit eventuellen Auslassungen oder fraglichen Wiedergaben rechnen. Die Übersetzerinnen haben deshalb die Texte zum Teil redigiert und alle zweifelhaften oder schwierigen Stellen mit ihrem Lehrer auf Richtigkeit geprüft. Wir danken Chikuen Kugai Osho ganz herzlich für seine Unterstützung; ohne seine Belehrungen und Hilfe wäre die Herausgabe von Sokei-ans Lehrreden in deutscher Sprache nicht möglich gewesen.

Der Leser wird gebeten, sich etwaige sprachliche Unebenheit oder ungewöhnliche Ausdrucksweisen gefallen zu lassen, denn Sokei-ans eigene Vortragsweise war ungewöhnlich, nicht nur weil Englisch nicht seine Muttersprache war, sondern vielmehr noch, weil er sehr spontan und „ungewöhnlich" dachte. Sein Stil war sehr nüchtern, doch immer darauf bedacht, im Zuhörer ein lebendiges, lebensnahes Verständnis zu wecken.

Für die Prüfung des deutschen Manuskripts und die Beratung in bezug auf die Sanskritwörter danken wir Herrn Dr. M. Weissert und Herrn O. M. Hinze ganz herzlich.

Die Übersetzerinnen
AGATHE WYDLER
HILARY THOMPSON

BEFREIUNG

Weisheit ist die Ursache aller Befreiung. Ohne unseren Geist, dem Weisheit innewohnt, können wir uns nicht von emotionellen oder intellektuellen Täuschungen befreien.

Das Ziel des Buddhismus ist die Befreiung. Das Analog im Christentum ist die Erlösung. Als ein christlicher Lehrer nach Japan kam, lautete seine erste Frage: „Was ist Erlösung im Buddhismus? Wozu ist der Buddhismus da?" Ich weiß nicht, ob je ein buddhistischer Mönch diese Frage beantwortete, aber die Antwort müßte folgendermaßen lauten: Im Buddhismus heißt Erlösung *mokṣa* — Befreiung. Befreiung bedeutet, sich von allen Fesseln loszumachen.

Ihr seid verstrickt, d.h. mit sichtbaren oder unsichtbaren Stricken gebunden. Die Fesseln der Affinität und die Fesseln des Karma binden euch und berauben euch aller Freiheit. Nach buddhistischer Auffassung muß man diese Fesseln durch die eigene Bemühung lösen und sich aus jeglicher Gefangenschaft befreien.

Unter den Dingen, die euch fesseln und euch die Freiheit nehmen, steht an erster Stelle Karma, die Folge früherer Einflüsse und Taten (s. S. 270). Auf das Kind eines Trinkers z. B. hat die Sucht des Vaters gewisse geistige Auswirkungen. Es wird das ganze Leben lang davon geplagt und handelt entsprechend. Ihr nennt das Prägung, wir nennen es Karma. Ein angehender Pfarrer pflegte in seiner Jugend eine Freundschaft mit einem buddhistischen Mönch und hat deshalb auch nach Abschluß des christlichen Seminars noch eine gewisse Neigung zum Buddhismus. Es gibt sowohl gutes als auch schlechtes Karma. Beide berauben euch eurer Freiheit. Ihr sollt diese unsichtbaren Fesseln durch eure eigene Anstrengung lösen, dann werdet ihr Freiheit des Geistes erreichen und euch vom Leiden des weltlichen Lebens befreien. Das ist die Bedeutung von *mokṣa*.

Buddhismus ist nicht eine Religion, in der einem etwas beigebracht wird. Es ist eine Religion der Selbsterkenntnis. Man muß das ganze Erfahrungsgut des Buddhismus selber erkennen. Ein buddhistischer Mönch ist deshalb kein eigentlicher Lehrer. Er bringt euch nichts bei.

Als junge Mönche arbeiten wir auch nicht unter den Leuten und sind nicht wohltätig oder sozial aktiv wie die christlichen Pfarrer. Ein buddhistischer Mönch ist in erster Linie damit beschäftigt, seine eigene Erlösung zu erarbeiten. Er hat auch nicht die Idee, anderen das, was er erreicht hat, beizubringen. Er verfolgt einfach sein eigenes Ziel, und diejenigen, die mit dem, was er erreicht hat, übereinstimmen, folgen ihm. Als ich nach Amerika kam, wurden mir zu dieser Einstellung viele Fragen gestellt. „Über was meditieren Sie?", wurde ich gefragt. „Über nichts...", antwortete ich. „Über nichts? Gibt es in ihrer Religion denn keine Wohltätigkeit? Meditiert man bloß? Nennen Sie das Religion?" „Jawohl." Die Fragenden waren sprachlos vor Erstaunen.

Das Bestreben eines Mönches ist dasselbe, wie Wasser in ein Glas zu gießen. Erst wenn das Glas voll ist, läuft das Wasser über. Solange es nicht voll ist, müssen wir es füllen. Bis es soweit ist, haben wir keine Zeit, andern etwas zu geben.

Ich ging in ein Kloster, als ich zwanzig Jahre alt war. Als mein Lehrer mir die Erlaubnis gab, über Buddhismus zu sprechen, war ich 47jährig. Natürlich gibt es in Japan einige buddhistische Sekten, die die theologischen Seminarien des Christentums nachahmen und jungen Menschen nach vier Jahren ein Diplom geben. Doch das, was diese jungen Menschen haben, steht in Büchern geschrieben. Sie sind nichts weiter als Schallplatten, die wiedergeben, was man aufgenommen hat. Ein Mönch muß für seine eigene Befreiung arbeiten. Wenn das Land von einer Hungersnot heimgesucht wird, setzt er sich an den Straßenrand, faltet die Hände und wartet auf seinen letzten Moment. Wenn er krank ist, schließt er die Augen, und ohne Tränen, ohne Todesangst stirbt er allein. Wenn er keinen Pfennig hat, stellt er sich mit der Schale in der Hand unter das Dach eines Hauses, ohne zu bitten oder zu betteln. Wenn ihm jemand etwas gibt, nimmt er es entgegen, wenn nicht, faltet er die Hände und verhungert. Wenn er in ein fremdes Land kommt, kennt ihn niemand, und er hat keine Anhänger. Dann arbeitet er hart und sorgt für sich selber.

So verhält es sich in Japan mit den buddhistischen Mönchen. Im *Mahāparinirvāṇa Sūtra* heißt es: „Nirvana zu erreichen, ist Befreiung." Das ist ein großes Wort. Nirvana zu erreichen, bedeutet, diese phänomenale Welt zu transzendieren und den Zustand der Wirklichkeit zu erfahren. Es gibt viele Auffassungen von Nirvana. Der japanische Laie z. B. denkt, jeder Sterbende trete ins Nirvana ein, es sei denn, er gehe zur Hölle. Befreiung durch Aufgehen im Nirvana, ist negative Befreiung. Positive Befreiung wird *vimokṣa* genannt. Dabei befreit man sich durch den eigenen erleuchteten Geist, von dieser Welt, bleibt aber noch darin. Stellt euch vor, es sei schwierig, in eurem Haus zu leben, weil es von Küchenschaben wimmelt. Ihr möchtet euch davon befreien. Wenn ihr auszieht oder das Haus anzündet, entspricht dies dem negativen Weg, denn ihr versucht, Nirvana durch das Zerstören der phänomenalen Welt zu erreichen. Auf dem positiven Weg holt ihr einen Experten, der die Küchenschaben vernichtet, ohne das Haus zu zerstören. Ebenso verhält es sich mit euren Schwierigkeiten: Wenn ihr darüber meditiert und nicht davon wegrennt, könnt ihr die Lösung finden.

Es gilt, Befreiung von euren weltlichen Verhaftungen, eurer Habgier, eurer selbstsüchtigen Liebe und eurem Begehren zu erreichen. Ihr sollt euch von eurem unwissenden Geist, euren täuschenden Emotionen und von allem Aberglauben befreien. Weisheit ist die Ursache aller Befreiung. Ohne unseren Geist, dem Weisheit innewohnt, können wir uns nicht von emotionellen oder intellektuellen Täuschungen befreien. Es ist unsere Weisheit, die uns befreit.

Es gibt zwei Arten von Arhat (Heiligen), diejenigen, die durch intellektuelle Kraft Nirvana erreichen, und diejenigen, die sich nicht an diese intellektuelle Kraft halten, sondern aus allem heraus springen. Letztere erreichen absolute Freiheit.

Das ist ein sehr wichtiger Punkt der buddhistischen Lehre. Wenn man die ganze Außenwelt in der Meditation durch das Erreichen von Nirvana vernichtet hat, befindet man sich immer noch in der Meditation, d. h. der Arhat, der Nirvana nur durch intellektuelle Einsicht und durch Meditation erreicht, bleibt in der Meditation gefangen. Deshalb muß man den Zustand dieses

Samadhi der Meditation zerstören, um absolute Vernichtung, *nirodha samāpatti,* und damit absolute Befreiung zu erreichen.

Es gibt noch eine andere Art Befreiung, *pratimokṣa* genannt. Das ist die Befreiung durch das Einhalten der Gebote. Wenn ein Arhat die absolute Freiheit erreicht, erlangt er die *skandhas* des Buddha (s. S. 159). Das Bewußtsein der getäuschten Menschen dagegen enthält die fünf üblichen *skandhas* [1]. Auf Grund der fünf *skandhas* des Buddha handelt der Befreite in Übereinstimmung mit Buddhas Geboten. Indem er diese Gebote befolgt, befreit er sich von Moment zu Moment. Das gilt auch für euch; wenn ihr die 250 Gebote eines nach dem anderen befolgt, befreit ihr euch durch den erleuchteten Geist. Im späteren Buddhismus wurde *pratimokṣa* zum Überbegriff für die Gebote.

Man befreit sich vom physischen Körper, indem man über den Körper *(rūpa)* meditiert. ,,Was ist der Körper? Form, *rūpa,* existiert vom anfangslosen Anfang bis zum endlosen Ende. Dies hier ist nicht mein Körper. Meine Ansicht des Körpers beruht auf einer Täuschung.'' Auf diese Weise befreit man sich von *rūpa.* Ebenso befreit man sich von den Sinneswahrnehmungen, *vedanā* – ,,Was nehme ich wahr?'' –, und von den Gedanken, *saṃjña* – ,,Was denke oder träume ich?'' –, und von *saṃskāra,* dem unterbewußten Geist. – ,,In welcher Stimmung bin ich?''

Schließlich meditiert man über das reine Bewußtsein *vijñāna* und befreit sich davon. Auch dieser Prozeß wird *pratimokṣa* genannt.

---

[1] Die fünf *skandhas* des Bewußtseins: *rūpa-skandha* (der Körper) *vedanā–skandha* (Sinneswahrnehmungen), *saṃjña-skandha* (Gedanken- und Traumwelt), *saṃskāra-skandha* (Gefühlswelt), *vijñāna-skandha* (Bewußtsein als solches).

D ER KORALLEN BAUM *Wenn Begeh-*
ren, Neid und das Leiden, das aus der Jagd
nach Ruhm und Reichtum resultiert, aufgegeben
worden sind, und der Mensch mit dem Fluß des Uni-
versums fließt, ist das erste Meditationsstadium er-
reicht. Das ist die erste Phase in der Entwicklung der
buddhistischen Geisteshaltung.

In vielen buddhistischen Sutras gibt es Geschichten über einen
bestimmten Baum, den sog. Korallenbaum.

Einmal fragte jemand einen Zen Meister: ,,Was ist die höchste
Weisheit?'' ,,Jeder Baumwipfel des Korallenwaldes zeigt zum
Mond'', war die Antwort. Nach einem Sutra des Urbuddhismus
ist der Korallenbaum einer der fünf Bäume, die den Palast des
Gottes Indra (der Gott aller Götter) auf der Spitze des Berges
Sumeru umgeben. Es wird gesagt, daß der Stamm dieses Baumes
7 Millionen Meter dick und 1 Million Meter hoch ist, und daß die
Äste sich im Umkreis von 50 Millionen Metern ausdehnen.

In einem Sutra des Mahayana wird der Korallenbaum benutzt,
um die verschiedenen Stadien der buddhistischen Lebensfüh-
rung zu erklären. Der Buddha sagte: ,,Wenn der Korallenbaum
gelb und trocken wird, haben wir das erste Stadium. Bald fallen
die Blätter ab, das ist das zweite Stadium. Danach kommen neue
Blätter, und die jungen Zweige bilden ein Netzwerk. Das ist das
dritte Stadium. Im vierten Stadium hängen kleine glockenartige
Blüten in den Zweigen und beginnen sich zu öffnen. Im fünften
Stadium kommen Vögel und picken Würmer vom Baum. Im
sechsten Stadium öffnen sich die Blüten weit ins siebte Stadium
hinein.''

Diese sieben Phasen können mit der Entwicklung des Buddhisten verglichen werden.

Ein junger Mensch denkt tief und kämpft geistig und physisch. Er gibt das weltliche Leben auf. Das ist das erste Stadium.
Wenn er sein Heim nicht physisch verläßt, so wendet er sich
doch geistig von allem Luxus ab. Das zweite Stadium tritt ein,
wenn der junge Mann zum Lehrer geht und darum bittet, daß

sein Kopf geschoren wird. Alles aufgebend, nichts besitzend, bemüht er sich einzig darum, das Gesetz des Universums zu verstehen. Dieses Stadium wird durch den nackten Baum repräsentiert, der alle Blätter abgeworfen hat. Der junge Mensch sieht nun das Leben, das er verlassen hat, als weit hinter sich liegend. Wenn Begehren, Neid und das Leiden, das aus der Jagd nach Ruhm und Reichtum resultiert, aufgegeben worden sind, und der Mensch mit dem Fluß des Universums fließt, ist das erste Meditationsstadium *(dhyāna-loka)* erreicht. Das ist die erste Phase in der Entwicklung der buddhistischen Geisteshaltung — der Eingang. Der Schüler rudert nicht länger gegen den Strom. Er läßt die Hände in seinem Schoß ruhen, kreuzt die Beine und läßt das Boot stromabwärts fließen. Absolut passiv läßt er sich vom Wasser tragen. Er versucht nicht, irgend etwas zu tun, denn er weiß, das der schwache Versuch des menschlichen Wesens nutzlos ist. Er gibt auf. Er läßt gehen. Der Korallenbaum hat nun wieder Blätter. Bald werden die Vögel kommen. Ein neues Leben hat begonnen.

Im nächsten Stadium denkt der junge Schüler tief. Er beobachtet all seine Ideen, Gedanken und Vorstellungen. Er erkennt, daß die Geistesinhalte nicht mit dem Geist identisch sind. In diesem Kampf gelangt er zur Einsicht, daß er Teil *eines* Geistes ist. Dann wird er von nichts mehr geplagt. Das ist das zweite Meditationsstadium. Der Korallenbaum hat sein Blätternetz gebildet. Nichts kommt von außen hinein. Alles, was nach außen tritt, ist wie ein neugeborenes Baby, es gibt nichts Unreines darin. In diesem Stadium empfindet der Mensch Freude. Alle Verwirrung ist verschwunden. Er lebt allein im Universum, er und das Universum sind eins. Er ist wie ein stiller Teich, der das Mondlicht spiegelt.

Im dritten Meditationsstadium gibt es keine Freude, keine Sorgen und keine Emotionen mehr, also weder Freude noch Sorgen. Der Mensch ist befreit von Emotionen und Vernunftsüberlegungen. Das Seil der Gefühlsbewegungen ist durchschnitten, Vernunftsdenken und alles Philosophieren sind weggeblasen.

Das zweite und dritte Meditationsstadium unterscheiden sich

nur wenig voneinander. Im zweiten beobachtet man die Geistes-inhalte und erkennt, daß sie sich von Geist selber unterscheiden. Auch im dritten Stadium sind die Geistesinhalte noch nicht ganz von der tiefen Meditation getrennt.

In diesem Stadium kommen die Vögel auf den Baum, und die Würmer bringen Unruhe. Sie zerstören diesen Bewußtseinszu-stand. Der Mönch geht zum Meister und sagt: ,,Nun ist mein Spiegel klar". Der Meister brüllt ihn an: ,,Zerstöre diesen Spie-gel!" Solange man diesen Spiegel hat, spiegelt sich etwas darin, das ist noch kein wirklicher Erleuchtungszustand. Wenn ihr an-fangt zu erfahren, was Ursubstanz ist, setzt ein Kampf ein. Wenn Freude, Leid, Gut, Böse — alle relativen Konzepte — weggeworfen wurden, was dann?

Man kann sich das dritte Stadium wie eine Lotosknospe im tie-fen Wasser vorstellen; sie ist noch nicht geöffnet, und ihre Blü-tenblätter sind wie die Hand eines Menschen, der einen Vogel hält, schützend, damit nichts geschehen und kein Wasser ein-dringen kann.

In der Meditation behält man diese absolute Versunkenheit bei, und die wirkliche Flut des Universums fließt in diese Medi-tation ein. Durch diese wirkliche Gewalt bekommt man die Kraft, die Augen wieder zu öffnen und das ganze Universum zu sehen. Erkenntnis ist nicht mehr weit! Im dritten Stadium ist das ganze Universum leer. ,,Woher kommst du dann?" Wenn man dies weiß, ist man im vierten Stadium.

Zwischen dem dritten und vierten *dhyāna* liegt das Stadium des Arhat. Im vierten Stadium wird der Bodhisattva geboren, da kriecht er gerade aus dem Ei. Im Baum hängen die Blütenglocken und fangen eben an, sich zu öffnen. Nun verläßt der junge Mensch den eigenen Tempel. Er besucht andere Tempel und hat Umgang mit verschiedenen Mönchen und Lehrern. ,,Ich bin ein Jünger von dem und dem Arhat, ich habe das vierte Meditations-stadium erreicht und schaue mir nun die Welt an." Nun öffnen sich die Blüten ganz, und die Luft ist erfüllt von ihrem Duft und spiegelt ihre Farbe. Jedermann kann die wunderbaren, schar-lachroten Blüten sehen.

Dieses Geschehen ist dasselbe wie wenn jemand ein Bad

nimmt: Zuerst zieht er alles aus, dann wäscht er sich und als drittes steigt er in die warme Quelle. Dort streckt er sich aus und fließt mit dem Wasser mit. Was tut er dann? Dann kommt er heraus und zieht sich ein neues Kleid an und vielleicht ein neues Schmuckstück. Das Letzte ist die Haltung des Bodhisattvas und das vierte *dhyāna*.

Wir haben es bei dieser Beschreibung des Korallenbaumes mit einem reinen Hinayanasutra zu tun — ein Produkt des Urbuddhismus — es floß aus den goldenen Lippen des Buddha selbst. Wir sehen darin zwei Phasen des Buddhismus: ausziehen und anziehen — zwei Phasen, die schon in Buddhas Geist vorhanden waren. Europäische Gelehrte verstehen die Bedeutung davon nicht. Weil sie keine Erfahrung in Meditation haben, kennen sie diese vier Stadien nicht.

S ELBSTVERTRAUEN *Man soll sich nicht auf die Religion eines anderen verlassen. Man muß sich auf die eigene Religion verlassen. So gibt es im wahren Sinn des Wortes ,,Religion" weder Buddhismus noch Christentum.*

Es gibt einen sehr berühmten Ausspruch des Buddha, den wir noch heute oft wiederholen. Er lautet: ,,Euer Land soll sich auf euch selber stützen. Das Land des Dharma soll sich auf das Dharma stützen. Wenn es nicht das Land eines anderen ist, soll es sich nicht auf einen anderen stützen." Das Sutra, in dem wir diesen Ausspruch finden, gehört zu den Agamas. Es lautet:

,,So habe ich gehört: Einmal weilte der Buddha im Garten der schirmförmigen Amrabäume am Ufer des Bhadraflusses in Madhura. Es war kurz nachdem Shariputra und Maudgalyayana ins Nirvana eingetreten waren. (Ins Nirvana eintreten bedeutet hier zu sterben.)

Der Lokanatha nahm seinen Sitz ein vor der Menge, welche sich für die Bekennungszeremonie des 15. Tages des Monats versammelt hatte. Er schaute über die Menge und sagte: ,,Wenn ich über die Menge schaue, ist es mir, als schaute ich über den leeren Himmel, denn Shariputra und Maudgalyayana sind ins Nirvana eingetreten. Von allen Mönchen konnten diese zwei am besten predigen, und ihre Beredsamkeit war groß.

Es gibt zwei Arten von Reichtum: Reichtum an Geld und Reichtum an Dharma. Ihr könnt die Menschen in der Welt nach ihrem Reichtum an Geld fragen und Shariputra und Maudgalyayana nach ihrem Reichtum an Dharma. Der Tathāgata hat sowohl den Reichtum der Welt als auch den Reichtum des Dharma bereits aufgegeben. Seid nicht betrübt deswegen! Es ist, als ob der große Hauptast eines Baumes gebrochen wäre, während die kleinen Äste und Zweige noch immer Früchte und Blüten tragen. Wenn ein riesiger Juwelenberg zerbröckelt, rollen die großen Felsen zuerst herunter. Von all den Anhängern des Tathāgata haben diese zwei Shravakas[1] zuerst das Nirvana betreten. Grämt euch nicht deswegen! Es gibt unter den *dharmas* — *dharma* der Entstehung, *dharma* des Wachstums, *dharma* der Formung, *dharma* der Vollendung, *dharma* des Abbaues — keines, das nicht vernichtet wird. Es ist deshalb nutzlos zu wünschen, daß sie bestehen bleiben. Ich habe euch schon immer gesagt daß alles, was ihr liebt, am Ende zerstreut werden wird. Bald werde auch ich gehen.

Deshalb müßt ihr wissen, daß ein Land von sich selber abhängt. Euer Land soll sich auf euch stützen, und das Land des Dharma auf das Dharma. Wenn es nicht das Land eines anderen ist, soll es sich nicht auf einen anderen stützen. Kein Land hängt von einem anderen Land ab. Das Dharma beruht auf sich selber. Aus diesem Grund sollt ihr über das Innere und das Äußere des Körpers meditieren und über die Sinneswahrnehmung, über die Gedanken und über Dharma. Macht euch daran, das *upāya* (Werkzeug) der Meditation zu benutzen, um richtige Weisheit und richtige Achtsamkeit zu erreichen, und besiegt das Elend der Welt!"

[1] *Shravaka:* „Hörer"; Schüler des Buddha, der durch das Verständnis der Vier Edlen Wahrheiten einen gewissen Erleuchtungsgrad erreicht hat (Anm. d. Übers.).

Dieser Text ist Teil eines Sutras, das zur Lehre der vier Meditationshaltungen gehört. Ich werde das Wichtigste davon erklären.

„So habe ich gehört: Einmal weilte der Buddha im Garten der schirmförmigen Amrabäume am Bhadrafluß." Dieser Garten war ein bekannter Ort, benannt nach den zwei schirmförmigen Amrabäumen beim Eingang. Heutzutage nennen wir den Amrabaum Mango. Einst lebte dort ein wilder, giftiger Drache. Ein Schüler des Buddha, namens Sudatta, besiegte diesen Drachen durch die Kraft des Dharma. Später, als derselbe Sudatta einmal betteln ging, bot ihm jemand einen Trunk aus süßem mildem Wein an. Unvorsichtig nahm Sudatta an und war plötzlich betrunken. Auf dem Rückweg zum Tempel fiel er zu Boden. Die anderen Mönche, die von ihrem Bettelgang zurück kamen, fanden ihn schlafend und mit unordentlicher Kutte am Boden liegen. Er wachte nicht auf. Der Buddha, der mit den Mönchen war, sagte: „Schaut euch diesen Mönch Sudatta an. Er ist betrunken. Er weiß noch nicht einmal, daß ich hier mit euch bin. Er war stark genug, den Drachen zu besiegen, doch er konnte sein Verlangen, einen Becher Wein zu trinken, nicht besiegen. Mönche, ihr dürft euch nicht betrinken!" Sudatta schämte sich schrecklich, als er wieder nüchtern war. Auf diese Art entstand das Gebot gegen Trunkenheit.

„Es war kurz nachdem Shariputra und Maudgalyayana ins Nirvana eingetreten waren." Shariputra und Maudgalyayana gehörten zu den ersten Schülern des Buddha. Beide waren Söhne von Brahmanen. „Putra" bedeutet „Kind", und Shariputra heißt demnach „Sharis Kind". Shari war der Name seiner Mutter. Es bedeutet „zwitschern wie ein Sharivogel". Der Sharivogel ist der kleine Vogel, der im Herbst in den Baumwipfeln erscheint und den Schrei von anderen, kleineren Vögel nachahmt und diese dadurch herbeilockt. Ich weiß nicht, wie ihr diesen Vogel nennt. Ich habe ihn im Westen oft gesehen. Shariputras Mutter konnte reden wie dieser Vogel, und Shariputra war beredt wie seine Mutter, deshalb wurde er „Sharis Kind" genannt.

Maudgalyayana hatte seinen Namen nach seinem Stamm, genau so wie Mahakasyapa nach dem Stamm Kasyapa benannt

wurde. Es gibt viele Geschichten in Verbindung mit Maudgalyayana und Shariputra, und auf Bildern werden sie oft zur Seite des
Buddha dargestellt. Shariputra übte als Kind das Almosengeben.
Ein Ketzer sagte zu ihm: „Ich höre, du übst die Wohltätigkeit."
Shariputra antwortete: „Ja, das tue ich." Der Ketzer sagte:
„Wirst du mir alles geben, worum ich dich bitte?" Shariputra
antwortete: „Ja." Der Ketzer sagte: „Gib mir dein Auge!" Shariputra stieß die Finger in sein Auge, riß es aus und übergab es
dem Ketzer. Dieser spuckte darauf, warf es zu Boden, trat darauf
und zerquetschte es. Als Resultat gab Shariputra die Bodhisat-
tvaübung auf und blieb ein Shravaka. Ich weiß nicht, ob das eine
wahre Geschichte ist oder nicht, doch so steht es geschrieben.
Vielleicht war dieses eine Auge nicht das physische Auge.

In einigen Sutras steht geschrieben, daß Shariputra und Maudgalyayana glaubten, die Tragödie, den Buddha ins Nirvana eintreten zu sehen, nicht aushalten zu können und deshalb darum
baten, vor ihm ins Nirvana eintreten zu dürfen. Ich denke, diese
Geschichte ist nicht wahr. Maudgalyayana war von Ketzern um-
gebracht worden, welche einen großen Felsblock von einem
Hügel auf ihn rollen ließen. Maudgalyayana, der seinen zerbro-
chenen Körper auf einen Stock stützte, kam zum Tor des Amravana und rief nach Shariputra. Shariputra eilte herbei, und als er
Maudglayayana sah, rief er aus: „Seht Maudgalyayana, den großen Heiligen mit übernatürlichen Kräften! Er konnte dem Karma, das er in früheren Inkarnationen verursachte, nicht entfliehen." Maudgalyayana starb. Und wenig später starb auch Shariputra; die einen sagen, er starb in großer Pein, die anderen sagen,
er habe sich entschieden, während der Meditation ins Nirvana
einzutreten. So hatte Buddhas Sangha zwei große Schüler auf
einmal verloren, und das Treffen im schirmförmigen Amra-
baum-Garten, am Ufer des Bhadraflusses, am 15. des Monats,
bei Vollmond, war das erste seit deren Tod.

Zu der Zeit war der ganze Shakyastamm durch die Armee von
Magadha vernichtet worden. Nur die Mönche und Nonnen
konnten am Leben bleiben. Das Ende des Buddha war also nicht
glanzvoll, er starb im weltlichen Sinne im Elend. Doch der
Buddha empfand es nicht so.

„Lokanatha nahm seinen Sitz ein vor der Menge, welche sich für die Bekennungszeremonie des 15. Tages des Monats versammelt hatte. Immer bei Vollmond veranstalteten die Anhänger des Buddha eine Versammlung und vollzogen ein Bekenntnisritual. Ältere Mönche urteilten über die jüngeren Mönche, welche die Gebote beachteten. Diejenigen, die die Gebote verletzt hatten, legten Bekenntnis ab, worauf die älteren Mönche ihr Urteil fällten. Sie schlugen mit einem Hammer, ähnlich wie es die amerikanischen Richter heutzutage tun. „Dieser Mönch hat Hühner aus einem Lebensmittelgeschäft gestohlen. Das Gebot lautet, man soll nicht stehlen. Sollen wir ihn fortschicken?" Sie fragten die Versammlung viermal. Wenn niemand Nein sagte, wurde der Mönch weggeschickt. Wenn aber auch nur einer Nein sagte, wurde der Mönch nicht weggeschickt. „Oh, es waren nur einige Hühner. Stoße ihn nicht aus!" Oder angenommen es hieß: „Dieser Mönch ermordete seinen Vater, sollen wir ihn aus der Sangha ausstoßen?" „Wir müssen. Er muß ausgestoßen werden." Gab es dabei auch nur eine abweichende Stimme, wurde der Mönch nicht weggeschickt. Nachdem das Bekennungsritual vorbei war, hielt der Buddha eine Predigt.

Der Lokanatha schaute über die Menge und sprach: „Wenn ich über die Menge schaue, ist es mir, als schaute ich über den leeren Himmel, denn Shariputra und Maudgalyayana sind ins Nirvana eingetreten. Von allen Mönchen konnten diese zwei am besten predigen, und ihre Beredsamkeit war groß." Die Mönche und Laienanhänger hatten sich am Ufer versammelt und umgaben den Buddha. Dieser saß auf einem Baumstrunk im Schein des Vollmondes. Ananda stand hinter ihm und fächelte ihm. Langsam überschaute der Buddha die Menge und erkannte, daß die Versammlung sehr klein war. Der Garten war nahezu leer. Die Sitze jener zwei großartigen Schüler würden für immer leer bleiben. Man kann sich gut vorstellen, was der Buddha darüber empfand. Die Menge betrug normalerweise 1500 Personen. In dieser Nacht waren es vielleicht nur ein- oder zweihundert. Der Buddha sagte: „Shariputra und Maudgalyayana sind ins Nirvana eingetreten. Deshalb ist der Garten heute fast leer. Sie waren wunderbare Shravakas. Von allen meinen Schülern waren sie die

einzigen, die wußten wie zu predigen, zu lehren und zu reden."
„Gut predigen" bedeutet hier das Weitergeben der Lehre an die
Zuhörerschaft und „gut lehren" heißt, den jungen Novizen das
Verhalten eines Mönches beizubringen. Es gibt viele Arten von
Umgangsformen, die die Mönche beachten müssen. „Stütze
nicht das Kinn in die Hand!" Dies und vieles andere ist nicht erlaubt in einem buddhistischen Tempel. Die Mönche müssen die
Kutte tragen und in der Öffentlichkeit ihrem Rang entsprechend
auftreten. Wenn sie ein Sutra vortragen, können sie nicht unmittelbar zu reden anfangen, sondern müssen zuerst ein Räucherstäbchen anzünden. Dann müssen sie zuerst die verschiedenen
Namen Buddhas aufzählen und dann das Sutra laut und deutlich
vorlesen und den Namen sowie die Nummer, den Band und die
Seitenzahl des Sutra angeben, um zu beweisen, daß ihre Worte
orthodox sind. Sie dürfen nie ihre eigenen Ideen und eigenen
Worte in die Rede legen. Im Kommentar müssen sie den überlieferten Worten vorangegangener Lehrer folgen. Sie erfinden
nichts aus sich heraus.

Der Buddha erfand Buddhismus vor 2500 Jahren, deshalb ist
es nicht nötig, etwas Neues zu erfinden. Natürlich muß man sehr
klar sagen, daß die Entdeckung gemacht worden ist. Aber wir
brauchen nicht noch mehr zu entdecken, es ist nicht nötig, etwas
Neues zu machen. Die Mönche folgen einfach den Kommenta-
ren vorangegangener Lehrer. Auf diese Weise haben wir diese
Lehre über viele viele Jahre erhalten. Sie ist nicht meine eigene
Erfindung. Sie ist auch nicht erst vor zwei Wochen von Herrn
Brown erfunden worden. Diese Lehre war schon vor 2500 Jahren vollkommen.

„Es gibt zwei Arten von Reichtum, Reichtum an Geld und
Reichtum an Dharma. Ihr könnt die Menschen in der Welt nach
ihrem Reichtum an Geld fragen und Shariputra und Maudgalyayana nach ihrem Reichtum an Dharma." Mit den Worten der
heutigen Zeit sprechen wir von Ökonomie und Gesetz. Ökonomie ist die Wirtschaft der Welt, der Nationen und eures eigenen kleinen Geldbeutels. Dharma ist das Gesetz des Universums, der Menschen, des Landes und der Familie. Es ist auch

euer eigenes Gesetz und das eures Geistes. Diese Gesetze sind nicht gleich. Das Gesetz des Universums ist anders als das Gesetz eures Geistes. Das Universum ist sehr groß, und euer Geist ist sehr klein.

„Der Tathāgata hat sowohl den Reichtum der Welt als auch den Reichtum des Dharma bereits aufgegeben." Das heißt, der Buddha will mit keinem von beiden länger zu tun haben. Es scheint seltsam, daß der Buddha sagt, daß er sich nicht mehr um das Dharma kümmerte. Man versteht es, wenn er sagt, er kümmere sich nicht um Geld, doch warum sagt er, er kümmere sich nicht um das Dharma?

Dharma ist Licht, und die Lehrreden des Buddha sind die Streichhölzer, welche das Licht anzünden. Wenn man das Licht hat, braucht man die Streichhölzer nicht mehr. Der Buddha erfand die Lehre, doch er brauchte sie nicht. Der Buddha ist das Licht, er braucht keine Streichhölzer.

Wir studieren Buddhismus, um unseren eigenen Geist zu verstehen. Unser Geist ist wie der Boden, auf welchem alles wächst. Doch es ist ein Boden, der bedeckt ist mit Unkraut, Büschen, Abfall, Schlangen, Blutegeln und Stinktieren. Wenn wir in unseren Geist eintreten, wissen wir nicht, wohin wir gehen sollen. Er ist gefüllt mit allen Arten von eitlen Einstellungen und Vorstellungen, und es gelingt uns nicht, seine Wahrheit zu finden. Wir müssen alle diese Einstellungen zerstören, um den wahren Boden unseres Geistes zu finden.

Der Buddha fand seinen wahren Geist vor langer Zeit, also brauchte er die Methode dazu nicht länger. Das ist das Wesen des Buddhismus. Buddhismus ist nicht eine Religion, durch die man mehr Dinge von außen empfängt und sie in den Geist hineindrückt. Buddhismus ist die Methode, die dazu führt, daß man den reinen Spiegel des eigenen Geistes findet, auch wenn er mit Schmutz bedeckt ist. Ein einfacher, ehrlicher und ziemlich gewöhnlicher Mensch zu werden und den eigenen ursprünglichen Geist zu finden, das ist Buddhismus.

Man braucht keine dünkelhafte oder affektierte Haltung anzunehmen. Es ist nicht nötig, in der Pose eines Heiligen umher zu gehen. Ein Heiliger ist ein einfacher Mensch, ein Mensch wie

jeder andere. Man sagt zu einem Heiligen, „Wie geht es ihnen?"
und er antwortet, „Danke, und wie geht es ihnen?"

„Seid nicht betrübt deswegen!" Buddha sagte: „Ihr sollt nicht
beunruhigt, nicht entmutigt sein durch den Verlust dieser zwei
großen Shravakas, Shariputra und Maudgalyayana! Warum seid
ihr so unglücklich darüber? Da ist nichts zu machen." Der
Buddha sagte dies, weil er etwas Bestimmtes im Sinn hatte.

*„Es ist, als ob der große Hauptast eines Baumes gebrochen
wäre, während die kleinen Äste und Zweige noch immer Früchte
und Blüten tragen. Wenn ein riesiger Juwelenberg zerbröckelt,
rollen die großen Felsen zuerst herunter."* Buddha sagte mit anderen Worten: „Shariputra und Maudgalyayana haben als erste
Nirvana betreten. Warum grämt ihr euch? Warum tut euch das
so leid? Warum weint ihr? Es gibt kein *dharma*, das nicht zerfallen und verschwinden wird, das nicht blüht, wächst und stirbt.
Jedes *dharma* wird geschaffen, wächst, ruht, zerfällt und verschwindet. Wenn es etwas gibt, das nicht verschwindet, möchte
ich es sehen. Denkt nicht, es gäbe etwas, das dieser Vernichtung
am Ende entfliehen kann. Ihr mögt viele liebenswürdige Dinge
sammeln, ihr mögt mit eurem Geliebten leben, doch am Ende
wird all das zerstört werden, und auch ich, euer Tathagata,
werde bald ins Nirvana eintreten." Der Buddha deutete mit diesen Worten an, daß er in drei Monaten ins Nirvana eintreten
werde. Mit der Allegorie der großen Äste und des zerbröckeln-
den Berges sagte er: „Ich habe meine zwei großen Schüler verloren, ein Zeichen, daß auch ich bald gehe." Als die Menge dies
hörte, glaubte es keiner. Alle dachten, der Buddha erzähle eine
Geschichte.

*„Deshalb müßt ihr wissen, daß ein Land von sich selber ab-
hängt. Euer Land soll sich auf euch stützen und das Land des
Dharma auf das Dharma. Wenn es nicht das Land eines anderen
ist, soll es sich nicht auf einen anderen stützen."* Ich denke, dies
kann auch folgendermaßen übersetzt werden: „Das Land soll
von euch selber regiert werden. Das Land des Dharma soll vom
Dharma regiert werden. Wenn es nicht das Land eines anderen
ist, soll es nicht von einem anderen regiert werden." Das bedeutet, man soll sich nicht auf die Religion eines anderen verlassen.

Man muß sich auf die eigene Religion verlassen. So gibt es im wahren Sinne des Wortes „Religion" weder Buddhismus noch Christentum. Henrys Religion muß die Religion von Henry sein. Audreys Religion muß die Religion von Audrey sein. Jedermanns Religion muß seine eigene sein. Dann fragt ihr: „Wie sollen wir solch eine Religion verwirklichen?" Merkwürdigerweise ist dies in der Zen Schule verwirklicht worden. Ich bekomme meine Religion von niemandem. Ihr bekommt nichts von mir. Euer Verständnis ist euer eigenes. Mein Verständnis ist mein eigenes. Ich lehre euch nichts. Nehmt also nicht Sanzen[2] in der Meinung, der Lehrer werde euch unterweisen. Schämt euch zu fragen, ich würde euch nicht ein einziges Wort antworten. Ich würde euch kein Wort lehren. Ich würde euch nur ausschimpfen. Ihr müßt selber lernen, müßt euer eigenes Dharma selber finden!

„*Aus diesem Grund sollt ihr über das Innere und das Äußere des Körpers meditieren und über Sinneswahrnehmung, über die Gedanken und über Dharma.*" Ihr sollt euer *dharma*, eure Gedanken, euer Bewußtsein und euer *saṃskāra* beobachten! Bemüht euch darum! Ihr sollt alle weltlichen Begierden besiegen zum Zweck dieses Bestrebens, euch in eurem eigenen *dharma*, eurem eigenen physischen Körper, eurem eigenen mentalen Körper und eurem eigenen Bewußtsein zu konzentrieren!

Das ist das Ende dieses Sutra. Es enthält eine wahre Lehre von Buddha. Buddha sagt: „Warum grämt ihr euch wegen des Abganges jener zwei Schüler und meines eigenen baldigen Abganges? Warum müßt ihr euch auf mich verlassen? Ihr habt alles, was ich habe. Ihr sollt euch auf euch selber verlassen!" Rinzai benutzte fast die gleichen Worte: „Warum können die Menschen nicht zur richtigen Sicht gelangen? Weil sie sich nicht auf sich selber verlassen." Es gibt keinen geschriebenen Weg, um wahres Verständnis zu erlangen. Der Weg steht nicht in den Büchern. Bücher sind nur beschmutztes Papier. Jemand bekommt

---

[2] *Sanzen:* Konfrontation zwischen Lehrer und Schüler, bei welcher der Schüler dem Lehrer sein Verständnis eines Koan zur Begutachtung vorlegt (Anm. d. Übers.).

von irgendwo her eine Idee, wälzt diese in seinem Gehirn und erbricht sich dann. Das Erbrochene schreibt er auf Papier und veröffentlicht es. Sein Buch ist nichts anderes als schmutziges Papier, übelriechendes Zeug. Darin findet man keine wahre Medizin. Wenn ihr etwas Wahres haben wollt, muß es euch gehören, muß euer Eigentum sein, muß wirklich zu euch gehören, zu eurem physischen Körper.

Das Sutra bezieht sich auf die vier Meditationshaltungen: Meditation über das Innere und das Äußere des Körpers, Meditation über die Sinneswahrnehmungen, Meditation über den denkenden Geist und Meditation über Dharma.

Wie verhält es sich mit euren Gedanken? Euer Denken wird durch die Umgebung verändert. Wenn ihr nach Japan geht, müßt ihr anders denken als in Amerika. Zurück in Amerika werden eure Gedanken wieder verändert. Wenn ihr euch mit Menschen von schmutziger Denkungsart verbindet, wird euer Denken schmutzig. Wenn ihr euch mit Akademikern verbindet, wird euer Denken akademisch. Es gibt eine bekannte Geschichte aus China: Ein Knabe und seine verwitwete Mutter lebten in der Nähe eines Tempels. Der Knabe sah nichts anderes als Mönche, die meditierten oder Begräbniszeremonien abhielten. Also ahmte der Knabe sie nach. Die Mutter zog in ein Dorf in die Nähe eines Zimmermanns. Der Knabe imitierte den Zimmermann. Schließlich zogen sie in die Nähe einer Schule, und der Knabe ahmte die Schüler nach — Eure Umgebung schafft eure Gedanken. Wenn ihr versucht, vor euren Gedanken zu fliehen, indem ihr von einem Ort zum anderen zieht, bekommt ihr zwar neue Gedanken, doch diese werden nicht unbedingt eure eigenen sein. Oder wenn ihr euch ganz und gar mit euren eigenen Gedanken beschäftigt, werdet ihr die Gedanken der Leute in eurem Umkreis auf Grund eurer eigenen interpretieren. Ihr müßt sorgfältig beobachten, um eure eigenen Gedanken zu finden, welche nicht von der Umgebung und von anderen Menschen beeinflußt sind. Laßt es nicht zu, daß die Umgebung eure Gedanken regiert.

Als nächstes meditiert man über *saṃskāra*. Man fragt zuerst, was dieses Unterbewußtsein ist, und dann wird man es verstehen. Ihr müßt alles objektiv beobachten, bevor ihr es verstehen könnt. Ihr könnt es nicht beobachten, wenn ihr darin gefangen seid. Das ist ein sehr schwieriges Kapitel des Buddhismus, doch wenn man es versteht, ist Buddhismus leicht.

Durch alle *dharmas* hindurch werdet ihr euch selber finden. Als ich etwa 27 Jahre alt war, konzentrierte ich mich drei Monate lang auf mein *saṃskāra*, dann drei Monate lang auf meine Gedanken. Einmal, als ich mich auf *saṃskāra* konzentrierte, ging ich an den Strand mit einem Hund. Dieser bellte den Wind an. Ich fühlte nichts davon, doch „*es*" fühlte. Ganz plötzlich erkannte ich, was *saṃskāra* ist.

In den nächsten drei Monaten konzentrierte ich mich auf meine Sinneswahrnehmungen. Eines Tages war ich in einem Laden und sah draußen Männer an der Straße arbeiten, und plötzlich realisierte ich, daß das ganze Universum in mir gespiegelt war, alles war in mir. IN MIR. Alle Töne, alles. Die harte Schale des Bewußtseins zerbrach, und ich erkannte seine Größe. Ich betone „die Größe", weil wir uns unser Bewußtsein normalerweise so klein vorstellen wie eine Hand. Es ist wie ein Spiegel. Das große Universum des Bewußtseins bedeckt alles, Außen und Innen ist eins. Als ich von diesem großen Bewußtsein zu diesem physischen Körper zurückkehrte, auf einen Muskel schlug und aufsprang, war mein physischer Körper nicht ich selber. Wo war ich? Es war nicht ich. Drei Monate lang blieb ich in dieser Konzentration.

Bringt eure Erkenntnis immer in die alltäglichen Handlungen hinein! Laßt euren Koan und die Lehre nicht nur in eurem Kopf sitzen! Andernfalls werdet ihr das wirkliche Leben nicht erkennen. Ihr sollt gewissenhaft üben! Seid euch eurer Übung immer gewahr, beim Autofahren oder sonst einer Tätigkeit! Einige von euch nehmen den Koan entgegen, gehen weg und vergessen ihn. Dann kommen sie zum Sanzen, und gerade vor dem Betreten des Zimmers denken sie: „Was soll ich sagen?" Das ist nicht die Art eines zivilisierten Menschen. Das ist Betrug. Ihr betrügt euch selber das ganze Leben lang. Das ist nicht der ehrliche Weg.

DER AMEISENHÜGEL

Ostasiatische Religionen haben eine tiefe Beziehung zur Erde, weil der Geist der Asiaten an die Erde gebunden ist.

Im Bambus-Garten-Tempel lebte ein Novize namens Kumara Kashyapa. Zur Zeit dieser Geschichte war er acht Jahre alt, und seine Mutter war eine Nonne. Das kam so:

Einige Jahre früher waren eines Tages zwei Schwestern im Tempel erschienen und hatten Shariputra um Erlaubnis gebeten, Nonnen zu werden. Shariputra erlaubte es und schnitt ihnen ihr langes blauschwarzes Haar ab. Bald darauf begann sich die Körperform der älteren Schwester zu verändern. Die Mönche und Nonnen tuschelten untereinander. ,,Schaut euch das an! Jemand hat die Gebote verletzt!'' Die Sangha war voll von übler Rede, und man wollte die ältere Schwester aus der Gemeinschaft ausstoßen. Der Buddha, der davon hörte, sagte: ,,Ihr könnt diese Frau nicht aus der Sangha ausstoßen, ohne zu wissen, warum sie wie eine werdende Mutter aussieht.'' Er beauftragte Upali, diese Angelegenheit zu untersuchen. Upali war der Richter in Buddhas Sangha. Es war seine Aufgabe, über die Gebote zu wachen. Er befragte die Nonne und ließ auch ihre Eltern kommen. Diese berichteten folgendes: ,,Unsere Tochter bat uns um Erlaubnis, eine Nonne zu werden, doch wir waren nicht einverstanden damit. Dann, nachdem sie geheiratet hatte, willigte ihr Mann ein, daß sie eine Nonne würde. Doch sie war schon schwanger, bevor sie in die Sangha aufgenommen wurde.'' Nachdem Upali dem Buddha diesen Tatbestand übermittelt hatte, entschied dieser, daß die Frau nicht zu tadeln sei. So war ihr guter Ruf wieder hergestellt. Ihr Kind wurde nach der Geburt vom König von Rajagriha adoptiert. Dieser Raja gehörte zum Kashyapa Stamm. Deshalb wurde das Kind Kumara Kasyapa genannt – ,,Kind des Kashyapa.'' Später kehrte Kumara zur Sangha zurück und lebte als Novize im Bambus-Garten-Tempel.

Der Bambus-Garten gehörte zu einem großen Wald, ,,Schwarzer Wald'' genannt. Ein Teil dieses schwarzen Waldes war wirklich immer dunkel, Tag und Nacht. Die Mönche wagten es nicht einmal am Mittag, dort spazieren zu gehen. Doch das Kind Kumara ging oft in diesen dunklen Wald, um in den warmen Quellen des Flußes, der dort entsprang, zu baden. Es trocknete seinen Körper im schwachen Sonnenschein, der hier am Flußufer durch das dichte grüne Blätterwerk sickerte, in seinem Rücken den ewig dunklen Wald. Der Knabe liebte es, auf einem Stein zu sitzen und den Fluß zu betrachten. Am Ufer befand sich ein kleiner Ameisenhügel, der die Aufmerksamkeit des Jungen besonders auf sich zog. Wenn die Mittagssonne auf seine Spitze schien, sah es aus, als ob dort ein Feuer brannte, und wenn die Dunkelheit hereinbrach, schien Rauch daraus emporzusteigen. Der kleine Knabe betrachtete diesen Erdhügel oft, halb mit Neugier, halb mit Furcht.

Eines frühen Morgens, als Kumara eben in der heißen Quelle des Flusses gebadet hatte und sich in der frischen Herbstluft abkühlte, hörte er plötzlich eine Stimme vom Himmel und eine weibliche Deva erschien vor ihm in strahlendem Licht. Devas sind nicht dasselbe wie Engel. Es gibt sowohl gute als auch schlechte Devas. Devas haben Macht über die Gedanken der Menschen. Es sind unsichtbare Wesen, die in unserem Geist auftauchen. Obwohl sie als Götter und Göttinnen beschrieben werden, wissen wir heutzutage, daß sie Verkörperungen unserer Gedanken sind (s. auch S. 40).

Die Deva sagte zu Kumara: ,,Schau den Ameisenhügel an! Tagsüber speit er Feuer und nachts steigt Rauch daraus hervor. Wenn du hineinstichst, wird ein Brahman erscheinen. Er wird zu dir sagen: ,Weiser, grabe mit deinem scharfen Spaten tief in den Erdwall! Dann wird dein Spaten auf einen Sarg stoßen. Grabe diesen aus und lege ihn frei! Dann, wenn du weiter gräbst, wirst du einen Felsen finden. Grabe ihn aus und lege ihn frei! Unter dem Felsen ist eine große Kröte. Fürchte dich nicht vor ihr, grabe sie aus und lege sie frei! Unter der Kröte wirst du einen Leichnam finden. Unter dem Leichnam befindet sich ein Pranger, der die Hände, Füße und den Kopf des Leichnams festhält. Grabe alle diese Dinge aus dem Erdhügel aus und lege sie frei! Dann grabe tiefer ins Loch, und du wirst auf zwei Straßen stoßen. Eine geht nach rechts, die andere nach links. Doch zögere nicht! Grabe tiefer und du wirst die stark verwickelten Wurzeln eines Baumes finden. Grabe sie mit deinem scharfen Spaten aus und lege sie frei! Dann wirst du eine Höhle finden. In der Höhle ist ein Drache, der auf dich wartet. Schau den Drachen an, aber störe ihn nicht!"

Die Deva fuhr fort: „Bedenke die Worte des Brahmanen gut! Mißverstehe ihre Bedeutung nicht! Meditiere Tag und Nacht, und du wirst die Wahrheit finden, nach der du suchst."

Als die Deva geendet hatte, verschwand sie im Himmel und zog ihren leuchtenden Schleier hinter sich her.

Diese Beschreibung ist ziemlich naiv, aber sie entspricht etwa den möglichen Vorstellungen eines Kindes. Sie ist wie die Geschichte von „Alice und der Spiegel"[1].

Der Knabe erschrak und rannte zum Tempel zurück. Würde er es wagen, jemandem zu erzählen, was er gehört hatte? Während des ganzen restlichen Tages und der nächsten Nacht meditierte er über die Worte, die er von der Deva aus dem Himmel gehört hatte.

Bevor ich mit der Erzählung weiterfahre, möchte ich darauf hinweisen, daß die Lehrer des Fernen Ostens ihre Schüler meistens anweisen, tief in ihren Geist zu graben. Sie sagen selten, man solle höher und höher in den Himmel steigen. Natürlich gibt es im Buddhismus viele Himmel — der erste Himmel, der zweite, dritte, vierte — bis zum 17. Himmel von *rūpadhātu* und zum vierten Himmel von *arūpadhātu* (s. S. 54). Doch diese Himmel sind keine Himmel, die man sich hoch oben im Himmel vorstellt. Ein orientalischer Lehrer lehrt gewöhnlich, daß man tief in den eigenen Geist hineinschauen soll. Ich werde diese Gelegenheit benutzen, um ein wenig ausführlicher über diese religiöse Idee, des „tief in den Geist Grabens" zu sprechen. Die ostasiatische Lehre ist in einem fruchtbaren Land geboren und ist somit das Produkt einer reichen Erde, im Gegensatz zu jenen Religionen, die in der Wüste entstanden sind oder in Ländern, die an die Wüste gren-

---

[1] „Alice through The Looking-Glas", Fortsetzung von „Alice im Wunderland" von Lewis Caroll (Anm. d. Übers.).

zen. Wüstenbewohner haben kein Land zu bebauen, keine Bäume hochzuziehen. Sie können nicht warten, bis die kärglichen Früchte der Wüste reifen. Sie sind Nomaden und Handelsleute. Sie haben keine Bindung an die Erde. Vielleicht haben sie eine Beziehung zum Himmel, weil die Sterne ihnen die Richtung zeigen. In westlichen Religionen gibt es viele Geschichten über die Sterne, doch in ostasiatischen Religionen werden die Sterne selten erwähnt. Ostasiatische Religionen haben eine tiefe Beziehung zur Erde, weil der Geist der Asiaten an die Erde gebunden ist. Die Asiaten hassen es, den Ort zu wechseln. Viele bleiben ihr Leben lang an ihrem Geburtsort, weil sie glauben, daß sie nie wirklich zu einem anderen Ort gehören können als zu dem, an dem sie geboren wurden. An einem anderen Ort gibt es anderes Wetter, anderes Wasser, andere Seuchen. Doch Wüstenbewohner denken nicht so. Wo immer sie einen Vorteil finden, dort gehen sie hin. So sind sie natürlich nicht mit der Erde vertraut. Sie haben Umgang mit allen möglichen Menschen. Die Menschen des Fernen Ostens hingegen sind sehr schüchtern, sie werden vor Fremden sehr „klein". Im *Tao Te King* wird gesagt, daß sich die Kraft des Himmels in die Erde hinein bewegt. Im Frühling kommt sie aus der Erde wie Donner. Im Mai kommt der erste Blitz aus der Erde. Alle Macht und alles Leben kommt aus dem Boden der Dinge, nicht aus der Spitze. — Ich kehre nun zum Sutra zurück.

Am nächsten Morgen zog Kumara seine Kutte an und ging zum Buddha, kniete nieder und küßte seine Füße. „Mein Kind, du bist so früh. Was ist geschehen?", fragte Lokanatha.

Kumara Kashyapa erzählte dem Buddha, was am vorangegangenen Tag im Wald der ewigen Nacht geschehen war, und der Buddha erklärte ihm die wahre Bedeutung des Gehörten. Man kann den Buddha beinahe dort sitzen sehen, den Meister der Sangha, den großen Lehrer. Auf seine freundliche Art sagte er zu diesem achtjährigen Knaben: „Gut, Kumara, ich will dir die Worte der Deva erklären. Höre gut zu! Der Erdhügel bedeutet dein physischer Körper, den du von deinen Eltern bekommen hast. Dieser ist eine Existenzform, die am Ende vergeht. Die Ameisen bedeuten die verstreuten Geistesinhalte. Der Rauch, der nachts von dort aufsteigt, ist dein Geist mit den Gedanken, Vorstellungen, Phantasien und Träumen, die darin herum spuken. Sie haben nichts mit Wahrheit zu tun. Das Feuer, das tagsüber auf dem Erdhügel brennt, ist das Karma, das du durch deinen Körper, deinen Geist und deine Rede verursachst. Der Brahman ist dein Selbst. Der Weise das bist du, Kind, der Novize. Du wirst später ein weiser und erleuchteter Mönch sein. ‚Nimm deinen scharfen Spaten und grabe in den Erdhügel.‘ Das Umgraben des Erdhügels bedeutet dein endloses Bemühen, Erleuchtung zu erlangen, und der scharfe Spaten ist deine Weisheit. Der Sarg ist die Fessel, die harte Schale deines getäuschten Geistes. Und der Fels ist dein Stolz. Wegen deines Selbststolzes kannst du die Wahrheit nicht sehen. Die Kröte ist das Symbol des hartnäckigen Ärgers, denn die Kröte ist ein äußerst hartnäckiges, eigensinniges Lebewesen. (In Japan sagen wir, ‚‚eigensinnig wie eine Kröte‘‘.) Der Leichnam bedeutet Geiz und Gier. Der Pranger, welcher Hände, Füße und Kopf fesselt, das sind deine fünf Sinne: Sehen, Hören, Riechen, Schmecken und Tasten.

‚Wenn du sie alle ausgegraben hast, kommst du zu zwei Straßen.‘ Die beiden Straßen bedeuten Zweifel: den Zweifel, den alle getäuschten Menschen haben in Bezug auf Geist und Materie. Die eng ineinander verschlungenen Wurzeln der Bäume bedeuten die endlose Dunkelheit der ewigen Unwissenheit. Du kennst die Wahrheit nicht, denn sobald du geboren wurdest, bedeckte dich diese Dunkelheit.

‚Wenn du diese Baumwurzeln aus dem Erdhügel ausgräbst und noch tiefer gehst, wirst du zur Höhle kommen, in der ein großer Drache wohnt.‘ Dieser Drache ist Buddha, Tathagata, das wahre Erwachen. Kind, geh, meditiere Tag und Nacht und erlange Erleuchtung! Höre nicht auf mich! Erreiche die Erleuchtung des Arhat durch dich selbst!‘‘

So ging der achtjährige Kumara zum ewig dunklen Wald zurück und meditiere Tag und Nacht über die Worte des Buddha. Der ewig dunkle Wald bedeutet Leerheit. Der Knabe grub alles Unnötige aus seinen Geist aus und warf es weg. Schließlich erreichte er die Erleuchtung eines Arhat.

Kumara Kashyapas späteres Leben wurde auch in den Sutras beschrieben, doch die Geschichte des Ameisenhügels endet hier.

DIE VIER ARTEN VON GEBURT *Der Buddha ist ein Lehrer sowohl für Devas als auch für Menschen. Seine Weisheit befreit uns von allen Zuständen des Lebens.*

Die Buddhisten unterscheiden vier Arten von Geburt: Geburt aus Feuchtigkeit (z. B. Würmer und Fische), Geburt aus einem Ei, Geburt aus einem Schoß und Geburt durch Umwandlung (Metamorphose). Die ersten drei Arten brauchen keine Erklärung.

Umgewandelte Wesen werden Devas genannt. Devas sind körperlose Wesen, wie unser Geist. Gedanken kommen und gehen, wie von uns getrennte Wesen. Wenn ich zu euch spreche, werden Gedanken zu Klang. Der Klang ist der Körper eines Wesens, das durch meine Lippen austritt. Es verläßt meinen Geist, um in eurem Geist zu leben. Solch ein Wesen kann in den Geist von vielen eintreten, und es kann für Tausende von Jahren leben. Was ich jetzt sage, lebt seit der Zeit des Buddha. Es ist ein Deva, ein umgewandeltes Wesen. Viele Menschen haben keine Devas, die in ihnen leben, sie haben *pretas* [1] und Drachen, jedoch keine Devas. Es gibt viele unsichtbare Wesen, die in uns leben. Ein Deva vervielfältigt sich ohne Zeugung, im Gegensatz zu Tieren. Es ist auf einer höheren Stufe als der Mensch.

Der Buddha ist ein Lehrer sowohl für Devas als auch für Menschen. Seine Weisheit befreit uns von allen Zuständen des Lebens.

Als ein „Ich" denke und handle ich. Welche Stelle nimmt dieses „Ich" in mir selber ein? Mein Körper ist ein Tier, mein Geist ist der Körper eines Deva. Es gibt keine Stelle, die als Ich abstrahiert werden kann.

---

[1] *preta:* dauernd hungriges, alles in sich hineinfressendes Wesen

Wir sind in erster Linie an das Ich gebunden, in zweiter Linie an das menschliche Wesen. Als solches haben wir ein Gruppenbewußtsein. Aber warum sollten wir an diesem Bewußtsein festhalten? Es ist bloß ein pflanzliches Bewußtsein, beschäftigt mit Zirkulation und Verdauung. Unsere dritte Bindung ist die an empfindende Wesen. Das sind alles nur Stufen im Evolutionsprozeß. Wenn wir an den Baum, das Tier und die Devas in uns denken, beginnen wir zu verstehen, daß all dies einfach kommt und geht. Keine bestimmte Form bleibt, es gibt nur *einen* Strom des Lebens. Ist es das wahre Leben? Nein, denn das ist eine Vorstellung, die auf Zeit und Raum beruht. Auch sie muß aufgegeben werden.

DIAMANT-RAUM *Unser Körper gehört nicht uns selber, sondern ist lediglich ein Werkzeug. Es gibt kein sichtbares Wesen in diesem Werkzeug.*

Laotse war der Urheber der Lehre des Tao in China. Sein Name bedeutet ,,alter Knabe''. Es wird gesagt, daß er im Alter von siebzig Jahren geboren wurde, d. h. daß er siebzig Jahre lang im Schoß seiner Mutter weilte — eine ziemlich lange Zeit! Das ist natürlich eine religiöse Ausdrucksweise und besagt, daß er lange Zeit in seinem materiellen Körper blieb, ohne das geistige Auge zu öffnen, um die Welt jenseits der Materie zu sehen. Wenn es Zeit ist, wird man in die rein geistige Welt hinein gebracht. Ich blieb 46 Jahre lang im Schoß meiner Mutter.

Zuerst werden wir in den tierischen Körper hinein geboren. Wir kommen durch das Tor des Tieres. Wir bleiben eine Weile im unerleuchteten Zustand des Tieres, und dann werden wir im Schoß eines gereinigten Wesens, eines Deva, empfangen. Wir treten in den Schoß dieses reinen Wesens durch das Tor der Augen.

Unser Körper gehört nicht uns selber, sondern ist lediglich ein Werkzeug. Es gibt kein sichtbares Wesen in diesem Werkzeug.

Mann und Frau sind als geistige Wesen genau gleich — nur die Werkzeuge sind verschieden. Die Substanz des Dampfes ist dieselbe, unabhängig davon, ob der Dampf eine schnelle Lokomotive oder eine langsame Straßenwalze antreibt. In den verschiedenen tierischen Formen befindet sich dieselbe geistige Qualität. Es ist nicht nötig, das Selbst mit den Augen zu sehen, man kennt das Selbst, das vom Körper abstrahiert ist. Dieses geistige Wesen bleibt also eine kurze Zeit in dem Körper, der von der Mutter Erde stammt, dann tritt es durch das Tor der Augen und wird in einer anderen Sphäre geboren.

Man denkt, daß alle Erfahrungen — alles, was man studiert oder gehört und im Gedächtnis behalten hat — einen bestimmten Zustand ergeben, doch aus dem religiösem Verständnis wissen wir, daß Erinnerungen nicht im Gehirn registriert werden, sondern im unendlichen Raum. Sie werden wie Radiowellen ausgesandt und im unendlichen Raum aufgenommen, wo sie für immer bleiben. Wenn man fein eingestellt ist, kann man diese Schwingungen zu jeder Zeit empfangen. So können wir uns z. B. wie auf einem Fernsehschirm das Gesicht des Buddha vorstellen und ihn beim Lehren sehen.

Wenn die Zeit kommt, gibt es weder Vergangenheit noch Gegenwart — alles, was wir getan haben, wurde registriert, und wir können alle Eindrücke nach Belieben abrufen. Wenn unser Geist zu demselben Punkt zurückkommt, von welchem etwas Bestimmtes in den Raum geschickt worden ist, empfangen wir dieses wieder. In unserem Gehirn sind Geschehnisse raumlos und zeitlos. Wir nennen diesen unendlichen Raum *vajradhātu*, Diamant-Raum.

D EIN Du glaubst, dein Auge gehöre dir. Dein Auge gehört nicht dir. Du meinst, diese Hand gehöre dir, aber manchmal kann dein Geist deine Hand nicht bewegen. Du glaubst, dieser Körper gehöre dir, aber manchmal kannst du nicht darin bleiben. Wenn dein Gesicht dir gehört, warum bekommt es dann mit fortschreitendem Alter so viele Runzeln? Du kannst nichts dagegen tun. Dein Gesicht gehört nicht dir. Nichts ist dein Eigentum, auch dieses „dein" gehört nicht dir. Dummkopf, die Dinge, die du dein nennst, sind nicht dein. Das Ich, das du Ich nennst, ist nicht dein Ich. Es existiert nicht.

B UDDHAS SATORI *Wenn man das tiefste Meditationsstadium erreicht, wird der Geist wieder aktiv. So wie der Taucher, der den Grund erreicht hat, wieder an die Oberfläche auftaucht, so taucht der Geist wieder auf. Dann sieht man die Welt neu, ihre Bedeutung und Werte haben sich ganz und gar verändert.*

Der Buddhismus beruht vom Anfang bis zum Ende durchaus auf Buddhas Satori — Erleuchtung, Erwachen. Deshalb ist für uns das „höchste Erwachen", Buddhas *anuttara-samyak-sambodhi,* sehr wichtig. In den Sutras des Urbuddhismus finden wir nur einige wenige Beschreibungen davon. Eine lautet folgendermaßen:

Der Buddha kam vom Nairanjana Fluß zurück, nachdem er von den Hirten und Hirtinnen gerettet worden war und deren Gabe, die vermutlich aus Buttermilch bestand, angenommen hatte. Dann ging er in den Wald von Buddhagaya und suchte nach einem Ort, wo er höchste Erleuchtung erlangen könnte. Er fragte sich: „Wo haben alle Buddhas der Vergangenheit Erleuchtung erlangt?" Ein Deva antwortete Buddhas Geist aus dem Himmel: „Alle Buddhas der Vergangenheit, so viele wie Sandkörner des Ganges, erreichten ihre höchste Erleuchtung unter dem Bodhibaum." Der Buddha dachte: „Ich gehe auch dorthin." Dann fragte er: „Haben jene ihre Erleuchtung in der stehenden oder sitzenden Position erreicht?" Der Deva antwortete: „Sie streuten weiche weiße Kräuter unter den Bodhibaum, setzten sich darauf und erreichten die Erleuchtung." Der Buddha dachte:

„Der Ort ist nicht sehr weit von hier entfernt. Ich will dorthin gehen." Dort angekommen, sah er einen Bauer, der mit einer Sichel Unkraut schnitt. Der Buddha ging zu ihm und fragte: „Wie heißt Ihr, und woher kommt Ihr?" „Ich bin der Bauer dieses Landes. Mein Name ist Svastika." „Gut, Svastika, Ihr seid mein Landsmann. Gebt mir etwas von dem Kraut, das Svastika genannt wird!" Und Svastika streute Svastikakräuter. Dann fragte er den Buddha: „Wozu wünscht Ihr dieses Unkraut unter dem Bodhibaum?" Ihr sollt wissen, daß Svastika in dieser Legende der Gott Mahabrahma ist, verkleidet als Bauer. Das Sutra fährt mit Buddhas eigenen Worten fort:

„Darauf erwiderte ich (Buddha) Svastika, daß ich vier *Dharmas* unter dem König der Bäume ausbreiten möchte, falls ich sie erlangen kann. Was sind diese vier *Dharmas*? Es sind: Heiliges *śīla,* heiliges Samadhi, heiliges *prajñā* und heiliges *vimukti.* Oh Mönche, ihr müßt wissen, daß Svastika selber das Unkraut unter dem König der Bäume ausbreitete. Ich setzte mich darauf, in der *paryanka*-Position, der richtigen Haltung des Körpers und der richtigen Haltung des Geistes. Ich stellte meinen Geist vor mich hin. Darauf löste sich alles Anhaften, alles rationale Denken und jedes üble *dharma* auf. Durch Gewahrsein und Kontemplation verweilte mein Geist im ersten Stadium von *dhyāna* (Meditation). Indem ich den reinen Zustand meines Geistes bewahrte, vernichtete ich sowohl Freude, als auch Furcht, und mein Geist betrat das vierte Stadium von *dhyāna.* Mit diesem reinen Geist entwirrte ich das ganze Netz der Leiden. Ich erkannte die vielen Wechsel meiner vergangenen Inkarnationen.

Durch die Reinheit meines Samadhis und die Reinheit meines Geistes hörte alles Ausrinnen von Geistesinhalten auf. So erreichte ich ‚nicht-rinnenden' Geist. Ich erreichte Befreiung von Geist und Weisheit. Für mich kam der Zustand von Leben und Tod zu einem Ende. Meine reine Praxis ist endgültig. All mein Streben ist zu Ende. Deshalb bin ich frei von allen Vorstellungen. Ich weiß, daß das wahr ist. Also habe ich die höchste Wahrheit erreicht."

Dharma bedeutet hier Gesetz. Der König der Bäume ist der Bodhibaum. *Śīla* ist das Gesetz, das in unserem Bewußtsein geschrieben steht. Immer wenn wir im Kontakt miteinander sind, wirkt dieses Gesetz auf natürliche Weise in unserem Geist. Wir nennen es das uns innewohnende Gebot. Um es zu finden, versuchen die Mönche, den Geboten zu folgen, die von der Sangha aufgestellt wurden.

Samadhi ist die Stille des Geistes. Wir erreichen sie durch Meditation, wenn unser Geist mit dem Gegenstand, über den wir meditieren, eins wird. Wenn man über einen Blumenstrauß meditiert, wird der eigene Geist mit dem Geist der Blumen eins. In diesem Augenblick sind wir im Samadhi. Wenn ein Künstler mit einem Pinsel malt, und der Pinsel wird sein Finger, und die Landschaft, die er malt, wird sein eigener Geist, dann ist dies Samadhi. Samadhi ist für jedermann sehr wichtig.

Prajñā ist das höchste Gewahrsein, die Wissenskraft unseres ursprünglichen Aspektes, d. h. unser Bewußtsein, das sich des Zustandes des ursprünglichen Seins gewahr ist. Gemeint ist nicht, ,,ich weiß dieses, ich weiß jenes", nicht die Kenntnis der Außenseite. *Prajñā* ist das Wissen, welches den ursprünglichen Zustand kennt — ihr nennt es Realität. Das ist nicht die Welt, die mit unseren fünf Sinnen wahrgenommen wird. Das höchste Wissen, die höchste Weisheit wird *prajñā* genannt. Vielleicht könnte man es intellektuelle Intuition nennen. Aber es wendet sich nicht dieser Seite der Welt zu, die mit den fünf Sinnen wahrgenommen wird, es wendet sich *śūnyatā* zu. Der von mir erfundene Ausdruck für *śūnyatā* ist ,,feste Leerheit" (solid emptiness). In Sanskrit bedeutet *śūnyatā* Leerheit, aber es ist eine feste Leerheit. Man muß sie in der Meditation erfahren.

Vimukti bedeutet Freiheit des Geistes. Wenn man *prajñā* erreicht und dann diese phänomenale Welt betrachtet, ist der Geist vollständig befreit. Das ist die Freiheit von der phänomenalen Welt, wie sie der Buddhismus versteht.

Wenn Svastika im Sutra das Unkraut unter dem König der Bäume ausbreitet, verwandelt er sich von der Person eines wirklichen Mannes in ein Symbol. Er steht für die vier *Dharmas*. In der Legende ist er der Gott Mahabrahma, aber in Wirklichkeit ist es Buddhas eigener Geist, welcher die Kräuter, die Svastika, unter seinen Füßen ausbreitet und sich darauf setzt in der richtigen Haltung des Körpers. Die richtige Haltung des Geistes ist Samadhi.

Warum sagte der Buddha: *„Ich stellte meinen Geist vor mich hin?"* Das ist eine seltsame Ausdrucksweise, aber es ist schwierig, diese Haltung auf eine andere Art klarer zu beschreiben. Es bedeutet: „Ich sitze genau hier und bin „hinter" mir selber; dieser Bursche da ist nicht mein Selbst." Das ist die wirkliche Geisteshaltung. Wenn ich meinen Geist leer halte, ist mein Selbst hier. In einer solchen Haltung von Geist und Körper sind alle Anhaftung, aller Durst und jedes Begehren aufgelöst, und sie verschwinden; und nicht nur Begehren ist aufgelöst, sondern auch alles rationale, urteilende Denken. Diese Beschreibung zeigt deutlich den Zustand des buddhistisch Meditierenden, in dem er nicht über ein Wort, einen Satz, einen Gedanken, eine Philosophie oder etwas Gelesenes meditiert und auch kein Mantram in seinem Geist wiederholt. Er trennt seinen Geist ganz und gar von der Aktivität des Denkens, um zum ursprünglichen Geist zurückzukehren.

Jedes üble dharma bedeutet alles falsche Wissen, jede Theorie, inkl. jede Religion; auch diese müssen aufgelöst werden.

Durch Gewahrsein und Kontemplation verweilte mein Geist im ersten Stadium von *dhyāna.*

Auf der ersten Stufe von *dhyāna* gibt es zwei Arten von Meditation, hier beschrieben als Gewahrsein und Kontemplation. In Wirklichkeit kommt zuerst Kontemplation und dann folgt Gewahrsein, aber in diesem Sutra sind sie in umgekehrter Reihenfolge beschrieben, was ich nicht ändern will. Diese Kontemplation, im Sanskrit *vitarka*, ist das, was die Chinesen mit „suchen" oder „Geist in Aktion" bezeichneten (s. S. 109). Wenn der Geist in der Meditation aktiv ist und an Buddhas Dharma, oder den dreieinigen Körper, usw. denkt, wird dies *vitarka* genannt. Es bedeutet aber nicht intellektuelles Unterscheiden zwischen diesem und jenem, kein Analysieren und Haarspalten, kein Philosophieren.

Gewahrsein ist *vicāra.* Hier wird der Geist nicht aktiv, sondern passiv benutzt. Man beobachtet die Geistesbewegung. Man befiehlt dem Geist nicht, sich zu bewegen sondern bleibt passiv. Man erlaubt dem Geist, sich aus sich selbst heraus zu bewegen und nimmt dies an der Oberfläche des Bewußtseins wahr. In Bewegung sein, leichtes Wogen, ist *vitarka*, den glatten Ozean widerspiegeln, ist *vicāra*.

„Mein Geist betrat das vierte Stadium von dhyāna. Mit diesem reinen Geist entwirrte ich das ganze Netz der Leiden." Wenn jede Bewegung aufhört und der bewegungslose Grund des Ozeans erreicht ist, bleibt der reine Zustand des Geistes übrig. Diese Beschreibung ist sehr wichtig. Die Menschen, die keine Erfahrung haben, denken, daß man auf der letzten Stufe tiefer und tiefer geht, so daß Geist und Körper vernichtet werden und nie mehr auf diese Welt zurückkommen. Das ist nicht ganz so. Wenn man das vierte Stadium erreicht, wird der Geist wieder aktiv. So wie der Taucher, der den Grund erreicht hat, wieder an die Oberfläche auftaucht, so taucht der Geist wieder auf. Dann sieht man die Welt neu, ihre Bedeutung und Werte haben sich ganz und gar verändert. Heißt das, daß die Bedeutung der Welt und die Werte der Welt vorher auf dem Kopf standen? Nein! Wir selber stehen auf dem Kopf, und im vierten *dhyāna* korrigieren wir unsere Sicht in der richtigen Weise. Wenn wir verstehen, was diese Phänomene wirklich sind, erreichen wir Furchtlosigkeit. Wir erkennen, wo unser Geist war und alle Stufen, durch die er ging. In der Legende heißt es, daß Buddha erkannte, daß er ein Mensch, ein Kaninchen, eine Schlange usw. war und nun die Reinheit des Samadhis erreicht hatte.

„Durch die Reinheit meines Samadhis und die Reinheit meines Geistes hörte alles Ausrinnen von Geistesinhalten auf. So erreichte ich ‚nicht-rinnenden' Geist.". „Auslaufen" oder „ein Leck haben" ist aus dem Sanskrit Wort „*āśrāva*" übersetzt. Der „nicht rinnende" Geist ist *anāśrāva* (s. S. 154).

„Ich erreichte Befreiung von Geist und Weisheit.". Der Geist, von dem man Befreiung erreicht, ist der Geist, der mit menschlichen Emotionen und allen möglichen Inhalten ausgelegt ist. Die Weisheit von der man befreit wird, ist unsere menschliche Weisheit, die man durch das Studium aller „ismen" erworben hat.

Wenn ihr „nicht-rinnenden" Geist erreicht, ist euer Geist frei vom menschlichen Geist und der weltlichen Weisheit. Dann kommt das Leben im Samsara[2] zu einem Ende. Jede Zielstrebigkeit, alles Bemühen, ist jetzt unnötig. Der Geist ist makellos geworden, befreit von menschlichen Gedanken. Nun ist kein menschlicher Körper mehr nötig. Wenn man wie Buddha sagen kann, „Ich weiß, daß das wahr ist", hat man Satori erlangt.

[2] *saṃsāra:* das sich ewig drehende Rad des Lebens

DIE DREI WELTEN I *Der unterbewußte Geist ist völlig unkontrollierbar, doch manchmal ist es möglich, durch Willenskraft in ihn einzudringen. Wenn euer Geist zu eurem Unterbewußtsein vordringt, vergeßt ihr euch selber, und weder Zeit noch Raum bleiben übrig.*

Die Lehre der drei Welten, *tridhātu,* ist eine fundamentale Lehre des Buddhismus. Sie besagt, daß sich die empfindenden Wesen in drei Welten aufhalten, je nach Zustand ihres Bewußtseins. Die Welten heißen *kāmadhātu,* Welt des Begehrens, *rūpadhātu,* Welt der Erscheinung und *arūpadhātu,* Welt der Nicht-Erscheinung.

Kāmadhātu ist die Welt für die in Begehren lebenden empfindenden Wesen, *rūpadhātu* ist die Welt für die in den Sinnen lebenden Wesen und *arūpadhātu* ist die Welt für die in reinem Bewußtsein lebenden Wesen. Jede Welt ist in mehrere Orte oder Bewußtseinszustände unterteilt. In *kāmadhātu* gibt es sechs Orte, in *rūpadhātu* siebzehn und in *arūpadhātu* vier. Die empfindenden Wesen der drei Welten haben ihren Aufenthaltsort durch das Karma, das sie sich in der Vergangenheit schafften, bestimmt und müssen dort leben, ob es ihnen gefällt oder nicht.

In der Zeit, in der ich noch darum kämpfte, den Buddhismus

zu verstehen, dachte ich intensiv über *arūpadhātu* nach, weil ich nicht verstand, was es war. Da stürzte ich plötzlich hinein. In dem Moment erschien das ganze System des Buddhismus klar vor meinem Geist. Es gibt für jeden Schüler ein Tor, durch welches er in die Hauptstraße durchbricht; für mich war es das Tor von *arūpadhātu*.

Bevor ich weiter auf die drei Welten eingehe, möchte ich ihre Stellung innerhalb der buddhistischen Lehre erklären. Das *Abhidharmakośa Śāstra* gibt einen Überblick über den gesamten Buddhismus, da es in seinen neun Kapiteln alle fundamentalen Lehren enthält. Es wurde von Vasubandhu verfaßt. Die Titel der neun Kapitel heißen:

1. Die Welt der vier großen Elemente (d. h. die materielle Welt)
2. Die Wurzeln des Bewußtseins (d. h. die Welt der Sinne und Sinnesorgane)
3. Der Wohnort der bewußten Wesen *(tridhātu)*
4. Karma-Theorie
5. Die getäuschte (schlafende) Seele
6. Das erwachte Leben
7. Weisheit (d. h. erweckte Weisheit)
8. Das Samadhi der vollkommenen Einheit zwischen Existenz und Nicht-Existenz
9. Nicht-Ich.

Das sind die grundlegenden Lehren des Buddhismus. Sie münden alle in der Zerstörung der Verhaftung an das Ich. Wenn ihr jedes Kapitel studiert und darüber meditiert, werdet ihr am Ende erkennen, daß es kein Ich gibt.

Die Lehre der drei Welten stammt ursprünglich aus der Sankhyaschule der indischen Weisheitslehre und wurde von den Buddhisten übernommen. Die technischen Ausdrücke stammen aus dem Urbuddhismus. Man findet sie erstmals im 17. Band des *Samyukta Agama*. Dies beweist, daß sie von Buddha selber gebraucht wurden.

Im *Lotos Sūtra* heißt es, daß man in den drei Welten, eben so wenig wie in brennenden Häusern, für immer bleiben kann. Der Buddha sagte: ,,Klammert euch nicht an den Wunsch, in den drei Welten zu bleiben!" Buddha behandelte die drei Welten im negativen Sinn; er sagte, das Begehren nach *kāmadhātu, rūpadhātu* und *arūpadhātu* müssen aufgegeben werden.

Zur Zeit des Buddha glaubte man, *arūpadhātu* sei die höchste Ebene, d. h. der höchste Geisteszustand, den ein Mensch erreichen könne. Der Buddha erreichte diesen *arūpadhātu*-Zustand dadurch, daß er den beiden Weisen Udraka Ramaputra und Alara Kalama folgte. Da er aber erkannte, daß der *arūpa*-Zustand auch eine Art von Anhaften ist, warf er ihn über Bord und trat in die absolute Vernichtung, *nirodha-samādhi,* ein. Auf diese Weise hatte er aus den drei Welten eine Leiter gemacht, die ihn zum *nirodha-samādhi* führte. Seither ist absolute Vernichtung das Höchste, was ein Buddhist verstehen muß.

Die Welt des Begehrens, kāmadhātu

Das Sanskritwort „*kāma*" kann als „Wunsch", „Vorhaben", „Absicht" oder „Zweck" übersetzt werden. Die empfindenden Wesen, die in der Welt von kāma leben, haben immer irgendein Begehren — das Begehren zu essen, das Begehren sich fortzupflanzen oder sonst etwas. Ihr sollt natürlich nicht meinen, die Wesen, die in der Welt des Begehrens leben, seien sündig oder unrein. Begehren zu haben, ist für sie absolut natürlich, es ist eine Bedingung ihres Daseins, genau so wie die Nässe zum Wasser gehört. Ihr sollt die Natur des Begehrens nicht mißverstehen. Es gibt viele Arten von Lebewesen, ihre Art wird durch die Art des Begehrens bestimmt.

Eines der großen Begehren der Natur ist es, die Samen zu bewahren. Nicht nur menschliche Wesen, auch alle anderen empfindenden Wesen haben diesen Wunsch, die Samen zu bewahren und zu erhalten. Es ist nicht mein oder dein persönliches Begehren, sondern eine der großen Eigenschaften des Universums. Wir haben nichts damit zu tun, und doch können wir nichts ohne es tun. Wir müssen das menschliche Leben von diesem Gesichtspunkt aus beobachten.

Ein weiteres Begehren ist es, den Samen zu ernähren, und so wächst aus dem Samen ein Stengel. Auf dem Stengel blüht eine Blume und bildet neue Samen.

Einige Wesen sind gekennzeichnet durch den Wunsch und die

Fähigkeit, die Blütenblätter zu öffnen. Wir nennen das Erziehung oder Bildung. Von diesem Standpunkt aus ist Erziehung nicht das, was ein Lehrer mit euch tut, sondern zu heiraten, Kinder groß zu ziehen, den Haushalt zu führen und das tägliche Leben zu leben, das ist „Erziehung". Alle potentiellen Kräfte in eurem täglichen Leben zum Ausdruck kommen zu lassen, das ist wahre Bildung. Dann gibt es Wesen, denen es gegeben ist, den Samen aufzulesen und ihn anderswo wieder zu pflanzen, so wie ich den Samen des Buddhismus in den Westen bringe. Gemäß dieser vier Begehren im Bereich des Wachstums unterscheiden wir vier Arten von empfindenden Wesen.

Es gibt auch Samen im Bereich der Fortpflanzung. Auch dort gibt es dementsprechende Arten von empfindenden Wesen. Eine Art z. B. hat die Fähigkeit, sich selber umzuwandeln. Ein anderes Wesen genießt es, umgewandelt zu werden. Das eine ist männlich, das andere weiblich, beide lieben die Umwandlung.

Die Welt der Erscheinung, rūpadhātu

„Rūpa" bedeutet Farbe, Form, Körper, Erscheinung, Phänomen, alles, was wir mit unseren Sinnen wahrnehmen, von den vier großen Elementen bis zu den Atomen oder atomischen Gedankenelementen, die in unserem Geist herumspuken. Rūpa enthält nicht den Zustand der Wirklichkeit, sondern den Zustand der Phänomene – mit anderen Worten, alles, was wir sehen, hören, riechen, schmecken, berühren oder denken. Die Organe des Tastens, Schmeckens und Riechens gehören v. a. zur Welt des Begehrens, doch manchmal isoliert sich z. B. unser Geschmackssinn vom Wunsch zu essen, oder die Idee des Essens sondert sich vom Begehren danach. Ein Weinprüfer probiert den Wein bloß und verlangt nicht danach, ihn zu trinken. Vielleicht ist er am Ende der Arbeit vom vielen Probieren berauscht, aber sein Geist bleibt beim reinen Geschmack des Weines. Am Abend jedoch bittet er womöglich seine Frau, an der Straßenecke eine billige Flasche Wein zu kaufen, den er zum Nachtessen trinken möchte. Er trinkt diesen billigen Wein mit großem Vergnügen und genießt ihn. Nun ist er in kāmadhātu, während er beim Probieren in rūpadhātu war.

Rūpadhātu ist vor allem die Welt der Augen und Ohren, d.h. Sehen und Hören werden im Buddhismus am meisten betont. In einem Sutra sagt der Buddha: „In dieser Welt ist das Hören der höchste Sinn", und Hakuin Osho zeigte seine Hand und sagte: „Kannst du das Geräusch der einen Hand hören?" Hört das Geräusch der einen Hand! Wenn ihr es hört, könnt ihr den endlosen Klang hören, welcher nie geschaffen wurde und nie verschwinden wird. Diese Erleuchtung kommt durch das Ohr, nicht durch das Auge.

Ich kann den Buddha jetzt nicht sehen, doch durch mein Ohr erkenne ich Buddha. Durch mein Ohr steht er hier neben mir und spricht zu mir, und ich antworte ihm. Wir verstehen alle Lehrreden des Buddha durch das Ohr. Deshalb sagte der Buddha, Hören sei die höchste Tugend des Menschen.

Für Zen Schüler ist jedoch Sehen die höchste Tugend. Vergeßt dies nicht! Könnt ihr über die Wirklichkeit nachdenken? „Ja", werdet ihr antworten, „ich kann über die Wirklichkeit nachdenken". Dann schaut sie an! „Ich kann die Wirklichkeit nicht anschauen", wird die Antwort sein. Doch, schau sie an! Im Zen *kannst* du die Wirklichkeit anschauen. Deshalb ist in der Zen Schule Sehen die höchste Tugend.

Dieses Sehen hat nichts zu tun mit Begehren, Wachstum, Fortpflanzung oder Bildung. Es ist einfach Sehen. Ohne dieses wundervolle Sehen könnten wir nie das Ende unserer Gedanken erfahren.

Ohne Begehren ist die Welt, die vor unseren Augen erscheint, nur Schein. Wenn ein Bauer ein Feld betrachtet, denkt er womöglich an den Grundstückspreis und daran, wieviel er im Herbst ernten wird. Er kann sein Begehren nicht vom Feld absondern. Aber wenn ein Kunstmaler das Feld betrachtet, sinnt er nicht über den Landpreis oder den Ertrag nach, er sieht nur die Schönheit des Feldes. Wenn ich in einen vornehmen Laden gehe und Damenkleider anschaue, sehe ich die Schönheit der Kleider, aber mein Geist begehrt sie nicht. Ich möchte sie nicht kaufen. Denn in diesem Moment lebe ich in *rūpadhātu*, nicht in *kāmadhātu*. Wenn ein Künstler die Statue der Venus von Milo betrachtet, nimmt er die Schönheit der Form wahr, aber diese er-

Die Welt der Nicht-Erscheinung, arūpadhātu
zeugt in ihm nicht die übliche mit Verlangen verbundene Vorstellung von „Frau". Der Ausdruck „Ästhetik" ist hier besonders zutreffend, *rūpadhātu* ist die Welt der Ästhetik.
Die Geschichte vom griechischen Künstler Pygmalion, der aus reiner Freude am Sehen in *rūpadhātu* die Welt der Formen modellierte und schließlich in *kāmadhātu* fiel, als er sich in seine eigenen Werke verliebte, illustriert diese zwei Welten. Wir müssen in unserem Leben einen Strich ziehen zwischen *kāmadhātu* und *rūpadhātu*.

Die Welt der Nicht-Erscheinung, arūpadhātu
In der Sphäre von *arūpadhātu* gibt es nichts, das gedacht oder gesehen werden kann. Als ich zum ersten Mal von der *arūpadhātu*-Meditation hörte, dachte ich gleich, *arūpadhātu* könne keine konkrete Wirklichkeit sein. Denn die Menschen können das, was sie durch die Augen sehen, nicht zurückweisen und können dem Ton, der in ihren Ohren vibriert, nicht entgehen. Auch wenn wir alle Gedanken in unserem Geist besiegen, können wir sie dennoch nicht endgültig aus unserem Bewußtsein ausrotten. So erkannte ich, daß die *arūpadhātu*-Lehre reine Hypothese ist, daß sie nicht als etwas Tatsächliches akzeptiert werden kann. Ich vermute, daß Shakyamuni Buddha dies auf ähnliche Art und Weise erkannte wich ich.
Ihr müßt verstehen, daß ich euch bloß einen Vortrag über *arūpadhātu* gebe und nicht behaupte, diese Theorie sei wahr, noch will ich euch aufschwatzen, *arūpadhātu*-Meditation zu üben. Buddhismus ist durchaus Theorie, und Zen ist die Methode, die Menschen in die Wahrheit einzuführen, d. h. in den Zustand der Erkenntnis zu bringen. Dennoch ist die *arūpadhātu*-Theorie ziemlich wichtig, da sie eine der großen Abteilungen der buddhistischen Lehre darstellt.
Arūpadhātu ist die rein geistige, metaphysische Welt. In ihr gibt es nichts, was Form hat, aber sie ist nicht vollkommen leer, sie enthält Bewußtsein. Das empfindende Wesen dieses Zustandes hat keinen Körper, kein Ziel, keine Absicht, aber es hat seinen eigenen unsichtbaren Körper. Dieser Körper wird der ursprüngliche Körper genannt.

In der *arūpadhātu*-Meditation gibt es vier Stufen. Es beginnt damit, daß der Meditierende jeden Gedanken und jede Existenzform abstreift und nichts als Raum wahrnimmt. Man denkt normalerweise, der Raum dehne sich vor unseren Augen aus. Doch in der Erfahrung des Buddhisten dehnt sich Raum innerhalb unseres Geistes aus. *Ihr* versucht, euch an einen stillen Ort in der Außenwelt zurückzuziehen, *wir* versuchen, Stille in unserem Geist zu erreichen. Das, was unseren Geist stört, sind Gedanken; Gedanken sind vorübergehende Erscheinungen. Natürlich gehen sie mit gewaltigen Emotionen einher, die oft eine zerstörende Kraft haben. In der Meditation versucht der Zen Schüler, diese Gedanken zu besiegen. Auch wenn es nicht möglich ist, immer in dieser Welt zu leben, da wir als Menschen tätig sein müssen, so ist es doch grundlegend, daß unser Geist die Erfahrung dieses unbeweglichen Geistes macht und darin wurzelt. Ohne in den *arūpadhātu*-Zustand einzutreten, könnt ihr keine absolute Stille finden.

In der zweiten Stufe von *arūpadhātu* findet sich der Meditierende in seinem eigenen Bewußtsein. Bisher dachte er, er sei im Zentrum des unermeßlichen universalen Raums. Doch dieser universale Raum war nicht Raum, sondern die Sphäre seines eigenen Bewußtseins. Mit diesem leeren Bewußtsein geht er nun in den unendlichen Raum *(ākāśa)*, und indem er über den unendlichen Raum meditiert, erkennt er Dauer. Bewußtsein hat keine Ausdehnung, aber es hat Dauer. Dauer bedeutet Zeit, d.h. die Dauer allen Lebens. Dauer ist das Leben der Seele. Natürlich abstrahiert der Meditierende in diesem Samadhi den Raum nicht. Er findet Zeit im Raum. Sein Bewußtsein schlüpft in die Zeit, so wie mein Fuß in den Schuh schlüpft. Bewußtsein erkennt, daß Raum und Zeit seine eigene Ausdehnung sind. Dieser Raum ist jedoch kein geometrischer Raum, sondern Zeit-Raum. Raum und Zeit sind Ausdruck des Bewußtseins. Heutzutage spricht man im Westen viel über Zeitraum oder Raumzeit und nennt es die vierte Dimension. Man braucht viele Worte und Zahlen und höhere Mathematik, um es zu erklären. Wir Buddhisten benutzen einfach unsere Meditation, um diese Frage von Zeit-Raum zu lösen.

Man meditiert in diesem endlosen Raum und in dieser endlosen Zeit und vergißt seine eigene Existenz. Das ist die dritte Stufe der *arūpadhātu*-Meditation. Hier verschwindet der Meditierende. Er versenkt sich im Samadhi der Meditation. Indem er seine eigene Existenz vergißt, fällt das Bewußtsein in vollkommene Vergessenheit. Es ist wie ein tiefer Schlaf. Wie ihr wißt, verschwindet man im Tiefschlaf vor sich selber, und bis man aufwacht, kann man sich selber nirgends finden, man ist absolut verschwunden. Ebenso ist es in der Meditation.

Ich frage mich, was das Wort „Schlaf" wirklich bedeutet — ich bin nicht sicher, daß die Leute es wissen. Gewiß gibt es in der täglichen Erfahrung viele verschiedene Arten von Schlaf. Tiere z. B. überwintern in einer Art Schlaf. Im Herbst schlafen auch Bäume ein. Während des Winters tun sie nichts. Auch die Erde schläft in dieser Zeit. Doch im Frühling wacht sie auf. Wir benutzen das Wort „Schlaf" auch als Symbol für den Tod und sagen „Es war sein letzter Schlaf" oder „der lange Schlaf". Schlaf ist also nicht einfach Schlaf. Normalerweise geht man am Ende des Tages zu Bett und schläft. Man mißt diesem Schlaf keinen besonderen Wert bei, geschweige denn religiösen Wert, und denkt nicht darüber nach.

Meine Landsleute versuchen, zwischen Schlaf und Samadhi zu unterscheiden und nennen Samadhi Konzentration. Durch Meditation pflegen wir die Willenskraft, unsere Beobachtung auf die Gedankenfragmente zu konzentrieren. Als ich jung war, schenkte ich meinem Unterbewußten keine Aufmerksamkeit und wußte nie, was darin vor sich ging. Aber später, als ich älter wurde und darauf achtete, drang ich sorgfältig in beachtliche Tiefen ein. Der unterbewußte Geist ist völlig unkontrollierbar, doch manchmal ist es möglich, durch Willenskraft in ihn einzudringen. Wenn euer bewußter Geist zu eurem Unterbewußten vordringt, vergeßt ihr euch selber, und weder Zeit noch Raum bleiben übrig.

Ihr müßt erkennen, daß es viele Arten von Schlaf und auch viele Arten von Samadhi gibt. Man kann nicht ohne weiteres sagen, daß Schlaf und Samadhi dasselbe sei, man kann aber auch nicht ohne weiteres sagen, es seien zwei verschiedene Dinge.

In der dritten Stufe der *arūpadhātu*-Meditation ist man also gänzlich weggewischt. Doch zieht nicht den übereilten Schluß, dies sei die letzte Stufe, obwohl es so aussieht. In diesem Fall sagen wir, „Dein Samadhi ist in diesem Zustand ziemlich tief, aber deine Praxis ist nicht gut genug, um die Lösung deines Samadhi zu finden.

Ihr stellt euch vor, daß es letztlich keine Gedanken, kein Gesetz, keinen Raum, keine Zeit, keine kristallisierte Wirkung des Geistes gibt, aber das ist falsch. Wenn ihr den absoluten Zustand erreicht, werdet ihr das Gesetz des Geistes finden. Bevor es soweit ist, plagen euch andere Dinge, und deshalb könnt ihr das Gesetz, das in eurem eigenen Geist geschrieben steht, nicht finden. Auch Udraka Ramaputra und Alara Kalama hatten sich verloren, weil sie das Gesetz in sich selber nicht finden konnten. Wenn ihr jedoch erkennt, daß Geist selber in diesem Nichts wirkt, und daß das bodenlose Nichts auch eine Art kristallisierte Form ist, dann werdet ihr erkennen, daß der Geist selber immer ein Gleichgewicht zu finden versucht. In unserem alltäglichen Bewußtsein könnte sich dies als moralisches Gesetz manifestieren, aber im Urzustand erscheint es einfach als Gleichgewicht. Das Große Leben des Universums schwingt in diesem Rhythmus. Es ist ein natürlicher Vorgang. Es gibt keine tote Leerheit im Nirvana, wie eure Philosophen meinen. Deshalb kennen diejenigen, die in die tote Leerheit des Buddhismus fallen, den Buddhismus nicht.

Wenn unser Geist im tiefen Samadhi aufhört zu existieren, ist er mit dem Großen Universum verbunden. Sein Rhythmus ist dann nicht so grob wie beim normalen Denken. Aber diese Leerheit ist nicht tot. Sie lebt. Dann, zum ersten Mal, kommt das individuelle „Ich" in Kontakt mit dem großen Ich des Universums, und das kleine Ich ergibt sich diesem großen Ich.

Diese Verbindung ist das Wesen der Religion. Man mag Kutten tragen oder ein Diplom vor einen Altar stellen und predigen, aber wenn man diese Verbindung nicht hat, ist man kein religiöser Mensch. Bevor man sich aufgibt, ist man so klein und versucht, alles mögliche gegen die Macht der Großen Natur zu tun.

Manche von euch denken vielleicht, man werde, wenn man

diese buddhistische Lehre annimmt, zu jemandem, der einfach der blinden Natur folgt wie ein Tier, man werde habgierig, leidenschaftlich, unmoralisch. Nein, diese Befürchtung beruht auf eurer Unwissenheit. Wir Buddhisten gehorchen nicht mehr den menschlichen Gesetzen oder menschlichen Vorstellungen, wir lernen die wahre Ordnung, den wahren Rhythmus, die wahre Schwingung, das wahre Gesetz der Natur kennen und leben darin. Wenn man Schnee durch ein Mikroskop anschaut, sieht man, wie schön diese wunderbaren Flocken sind. Das Gesetz der Kristallisation wirkt in ihnen. Auch der Baum ist ein Symbol der Kristallisation. Er wird durch Wind, Sonne und Einflüsse der näheren Umgebung verkrümmt und verzerrt, aber da die Natur in sich selber symmetrisch ist, versucht der Baum immer mit seinen Ästen ein Gleichgewicht herzustellen. Wir versuchen, in der Meditation dieses Gesetz in unserem Herzen zu finden. Es wirkt auch im Gesetz des menschlichen Alltags und in der Beziehung zwischen Mann und Frau. Wenn ihr dafür blind seid, seid ihr wie Tiere. Wir alle gleichen diesem schrecklich krummen und verzerrten Baum, aber das ist nicht unser natürlicher Zustand. Wir müssen wissen, woher diese merkwürdige Verzerrung in unserem Leben kommt und wo sie beginnt. Also gehen wir zurück...

Aus der absoluten Leerheit kehrt das Bewußtsein zum Leben zurück. Durch Zeit und Raum, durch die Sphären von *rūpadhātu* und *kāmadhātu* steigt es empor und erkennt die Existenz aller drei Welten. Aber dann sind diese drei Welten nicht das Reich der eigenen Gedanken. Man erzeugt sie nicht und denkt auch nicht darüber nach. Man besitzt sie in seiner eigenen Natur. Deshalb wird dieser Ort „weder Gedanken noch Nicht-Gedanken" genannt. Das ist die vierte Stufe von *arūpadhātu*. Wenn man sich mit der Großen Natur verbindet, sind noch Gedanken vorhanden, aber sie unterscheiden sich von den gewöhnlichen, indem sie nicht so grob und ungezügelt sind. Ich glaube, so weit ging die Lehre von Udraka Ramaputra. Doch im Vergleich zu dem, was Buddha fand, ist es sehr primitiv. Der Buddha erkannte, daß die Ablehnung der Sinneseindrücke und das Stillhalten des Geistes gleich abgestandenem Wasser, zwar das Gesetz der

Asketen sein kann, aber nicht das Gesetz, durch welches die ganze Welt gerettet werden kann. Also wusch er seinen Körper im Fluß und setzte sich unter den Bodhibaum mit dem Entschluß, seine endgültige Erleuchtung zu verwirklichen. Nachher kehrte er aus dem Wald zurück und brachte das Gesetz ins tägliche Leben. Er übertrug das Gesetz der Kristallisation auf das Gesetz des menschlichen Lebens.

Als Buddhisten sollt ihr nicht denken, euer Geist sei in diesem Körper eingeschlossen. Unser Geist lebt nicht in diesem Körper oder in diesem Schädel. Der Schädel gleicht bloß einem Radioapparat. Unser Geist lebt andauernd im Großen Universum. Wenn ich denke, denke ich nicht mit diesem kleinen Gehirn, ich denke mit dem Großen Universum, und diese Denkfähigkeit ist nicht meine eigene. Wenn ich gehe, gehe ich mit dem Großen Universum. Es ist nicht mein Geist, der denkt und geht, sondern der Große Geist des Universums — ein mysteriöses Wort. Es ist nicht so, daß ich sechzig Jahre lang denke und dann nach dem Tod nicht mehr. Nein! Wenn ihr euch das sehr sorgfältig überlegt, erkennt ihr, daß andauernd eine große Vorstellung stattfindet, ein großes Drama der empfindenden Wesen, an welchem wir teilhaben.

Die alten Tibeter stellten dies in ihren Gemälden durch Masken tragende Gestalten dar. Die Masken bedeuteten die verschiedenen Bewußtseinszustände der Menschen. Sie symbolisieren alle möglichen Arten von empfindenden Wesen. Das ergibt ein wunderbares Schauspiel. Wir spielen täglich eine Rolle darin.

Es gibt unendlich viel über diese drei Welten zu sagen, doch ich beschränke mich auf den Umriß davon. Es tut mir leid, daß es so schrecklich kompliziert ist, aber es ist nicht möglich, dies in Form eines sog. ,,populären`` Vortrages zu erklären.

DIE DREI WELTEN II *Diese Welt betrachtend, seine Augen auf den Morgenstern gerichtet, umgeben von den Bäumen und Bergen der großen Erde, trat Buddha unverzüglich ins Nirvana ein.*

Im letzten Vortrag habe ich erwähnt, daß die drei Welten in mehrere Orte unterteilt werden und habe die Stadien der *arūpadhātu*-Meditation erklärt. *Rūpadhātu* umfaßt siebzehn Stadien, oft auch Himmel genannt. Diese siebzehn Unterteilungen wurden auf verschiedene Arten erklärt, wie z. B. durch volkstümliche Legenden, theoretische Abhandlungen und empirische Beschreibungen. Letztere beruhen auf dem Erleben all dieser Stadien im Samadhi der Meditation. Das Stadium, in dem sich ein bestimmter Schüler befindet, dient als Maß zur Einstufung seiner Meditation.

Die volkstümliche Darstellung der verschiedenen Stadien zeigt sich als buddhistische Mythologie. Westliche Gelehrte interpretierten diese Beschreibungen als das „Pantheon" des Buddhismus. Sie konnten nicht erfassen, worüber gesprochen wurde und dachten, es gehe um buddhistische Götter und Göttinnen, wie in der griechischen Mythologie. Sie interpretierten die *rūpadhātu* so, wie sie den Olymp der griechischen Mythologie interpretierten, mit Zeus, Eros, Artemis usw. Kein Wunder, daß sie den Buddhismus nicht verstanden. Kein Wunder auch, daß sie der Lehre der drei Welten deshalb kaum Wert beimaßen. Das bedeutet aber, daß sie *dhyāna*, Meditation als Ganzes, und damit das Herz des Buddhismus, nicht begriffen. Deshalb sage ich, daß die Gelehrten des Westens überhaupt nichts vom Buddhismus verstehen.

Die siebzehn Stadien von *rūpadhātu* werden in vier *dhyānas* gruppiert, man nennt sie auch die vier Stadien der Zen Meditation. Es gibt drei Stufen im ersten *dhyāna*, drei im zweiten *dhyāna*, drei im dritten und acht im vierten *dhyāna*. In der Legende ist das erste *dhyāna-loka* der Bereich von Mahabrahma; Mahabrahma ist der König dieses Reiches. Mahabrahma ist natürlich der Gott Brahma. Sein Name lautet auch *Sikhin,* was Feuer bedeutet. Er ist der Gott, dessen Natur das Feuer ist. Er schuf die Worte. Seine erste Schöpfung war „A" (sprich Aaaa), der erste Buchstabe des Alphabetes. Dann schuf er alle anderen Vokale und Konsonanten. Alle Worte gehören zur Natur des Feuers. Sie haben keine Form und keine Gestalt, aber sie enthalten Wärme und übermitteln die Inhalte der menschlichen Gedanken. Die erste Stufe von Mahabrahmas Bereich beinhaltet die Worte, die wir hörbar aussprechen. Die zweite Stufe besteht aus dem Inhalt dieser Worte oder dem, was wir denken. Die dritte und höchste Stufe ist die Seele unserer Gedanken. Das ist Feuer (Energie). Brahma denkt „A", das hat keine Bedeutung, ist aber feurig. Und er stößt das letzte Wort des Sanskrit aus, welches ebenfalls Feuer ist.

In der buddhistischen Überlieferung erschien, als Buddha geboren wurde, Brahma mit einem goldenen Netz, das er auf seinem Schoß ausbreitete, um darin das heilige Kind in Empfang zu nehmen. Dann übergab er das Kind dem Gott Indra, dem König der Weisheit (Symbol des menschlichen Geistes). Die Seele der Worte und Gedanken empfing das Kind und übergab es dem menschlichen Geist. Auf diese Art muß man die buddhistischen Legenden verstehen.

Kurz bevor der Buddha unter dem Bodhibaum die höchste Erleuchtung erlangte, erschien Brahma wieder und erzählte ihm Geschichten vom *akaniṣṭha*-Himmel, der höchsten Stufe von *rūpadhātu.* Er erzählte Geschichten von einem alten Buddha, welcher diese Stufe erreicht hatte. Dies bedeutet, daß Shakyamuni Buddha die höchste Stufe von *rūpadhātu* erreichte, bevor er die endgültige Erleuchtung erlangte.

Nachdem Buddha die endgültige Erleuchtung erreicht hatte, realisierte er, daß diese Erleuchtung sehr erhaben war. Er glaubte, daß kein empfindendes Wesen sie verstehen würde. Seine Arbeit war zu Ende. Er hatte den Wunsch, sofort ins Nirvana einzutreten, da er nicht länger zu leben brauchte, aber Mahabrahma erschien und flehte ihn an, in dieser Welt zu bleiben und seine Weisheit zu verkünden. Also änderte Buddha seine Absicht und entschloß sich, vom Berg hinunter zu gehen und seine erweckte Weisheit zu verkünden. Sie konnte nicht in Worten ausgedrückt werden, aber Buddha benutzte die bestmöglichen Worte. In unserer Schule des Zen sagen wir, daß die höchsten Worte diejenigen waren, die er benutze, als er der Versammlung der Mönche die goldene Blume zeigte und seinen Sitz mit Mahakashyapa teilte.

In der überlieferten Symbolik des Buddhismus wird die Religion des Mahabrahma in der letzten großen Feuersbrunst des Kalpas zu Asche verbrannt. Vorher gibt es jedoch einige kleinere Katastrophen. Das erste ist die Katastrophe des Schwertes. In dieser Zeit hassen sich die Menschen gegenseitig auf Grund ihrer egoistischen Begehren. Alles, was sie anpacken, und jedes Wort, das sie aussprechen, wird zu einer Waffe, mit der sie morden und verletzen. Das ist das Zeichen des nahenden Weltunterganges. Uns heutigen Menschen scheint es, daß das Ende der Welt naht...

Das nächste Unglück ist eine Epidemie. Alles, was gegessen wird, wird zu Gift, und Krankheitsherde füllen sowohl die Luft als auch das Feuer. Schließlich folgt eine Hungersnot: nichts zu essen, nichts zu trinken.

Dann erst kommt die große Katastrophe. Das große Kalpafeuer fegt durch das Universum und verbrennt die Sphäre der menschlichen Gedanken. Die Region des Brahma-*loka* wird zuerst verbrannt. Alle Seelen fliehen zum zweiten Himmel, dem zweiten *dhyāna-loka*. Dieses heißt *ābhāsvara*. Das bedeutet „die leuchtende Stimme". Dieses zweite *dhyāna-loka* ist der Himmel des Wassers, nicht des flüssigen Wasserkörpers, sondern des Wasserelementes. Feuer kann es nicht verbrennen. Die empfindenden Seelen fliehen vor dem Feuer in diesen Himmel.

Dann kommt die zweite Stufe der großen Katastrophe. Ein Millionen Jahre dauernder Regen wäscht alles weg, einschließlich des zweiten Himmels, *ābhāsvara-loka*. Das Stadium des aktiven Geistes wurde vom Feuer verbrannt, und nun wird das Stadium der unbeweglichen Ruhe zerstört. Also ist das ruhige Stadium der Meditation auch kein ewig dauernder Zustand.

Dann entfliehen die empfindenden Seelen zum dritten Himmel, *śubhakṛtsna-loka*, dem Stadium der absoluten Reinheit, symbolisiert als Luft. „*śubha*" bedeutet „Schönheit" und „*kṛtsna*" den Zustand, der „als rein und wunderbar geschaffen wurde". Das ist die Essenz der Seele, rein und transparent wie der ursprüngliche Zustand der Luft. Auch dieses Stadium wird zerstört und zwar durch den Hurrikan, der alles zunichte bläst. Auf diese Weise wird das ganze Universum vollkommen weggewischt. Das Feuer wird durch den Regen beendet und der Regen durch den Wind.

Nach der Legende wird das Universum nach diesen Katastrophen langsam wieder erschaffen. Die aus Feuer geborene Erde kühlt sich durch Regen und Wind wieder ab, und die empfindenden Wesen, die zum höchsten Himmel gingen, kommen wieder zur Erde zurück, von *śubhakṛtsna* zu *ābhāsvara*, von *ābhāsvara* zu Mahabrahma und von Mahabrahma zur Erde.

Im ersten Himmel, Brahma-*loka*, haben die empfindenden Wesen verschiedene Formen, aber denselben Geist. Sie sagen: „Wir haben verschiedene Körper, aber den gleichen Geist, wir alle stammen vom gleichen Gott, Mahabrahma. Die Worte, mit denen wir sprechen, haben verschiedene Bedeutung, aber der Geist der Worte ist derselbe."

Im zweiten Himmel haben die empfindenden Wesen gleiche Körper, aber ihr Geist ist verschieden. Mein Körper ist der gleiche wie deiner, aber das Gefühl, das ich im Geist wahrnehme, ist anders als das deinige. Je nachdem, wie das Karma der Vergangenheit beschaffen ist, empfindet man in diesem Himmel Freude, Ruhe oder Verlassenheit. Der Geist, den ihr im Schoß eurer Seele umfangt, ist in allen derselbe, aber das Gefühl ist verschieden.

Im dritten Himmel gibt es nur eine Seele. Alle Wesen haben den gleichen Körper und den gleichen Geist.

Das ist die volkstümliche Darstellung der ersten drei *dhyānas* oder Himmel von *rūpadhātu*. Sie werden alle noch weiter unterteilt, doch ich will darauf jetzt nicht eingehen. Bevor ich auf das letzte *dhyāna* von *rūpadhātu* zu sprechen komme, will ich die empirische Seite dieser drei Meditationsstadien beleuchten.

Die Meditationszustände in *rūpadhātu*, d. h. die vier *dhyānas*, befinden sich ganz in der Sphäre des Ästhetischen, d.h. in der Sphäre der Sinneswahrnehmung. Es gibt keine Meditation im Bereich von *kāmadhātu*, der Welt des Begehrens. Es gibt allerdings ein Samadhi in *kāmadhātu*, welches von einigen buddhistischen Sekten als eine Art Meditationsform oder *dhyāna* anerkannt wird. Aber die Dauer dieses Samadhis ist sehr kurz. Jemand trinkt z.b. einen Likör und im Moment, wo ein Tropfen dieses Feuers seine Zunge berührt, sagt er: ,,Oh, wunderbar!" In diesem Augenblick ist er im Samadhi von *kāmadhātu*. Aber da dieser Augenblick so kurzlebig ist, zählen wir ihn nicht zu den eigentlichen Meditationsstadien. Im ersten Meditationsstadium von *rūpadhātu* macht man Gebrauch von der gegenwärtigen Vernunft. Man konzentriert die Kraft des Gehirns mit einer bestimmten Absicht und durch bewußte Anstrengung auf ein bestimmtes Problem. Dann, wenn die Anstrengung merklich nachläßt, fährt das Gehirn ohne die bewußte Absicht des Meditierenden fort, seine Funktion zu erfüllen, man nennt dies ,,Inspiration".

Ein Dichter bemüht sich z.B., ein Gedicht zu schreiben. Er konzentriert sich Tag und Nacht auf eine Zeile, bis er ganz erschöpft ist und diese eine Zeile hundertmal geschrieben hat, ohne seine Gedanken in Worte fassen zu können. Dann schmettert er seinen Bleistift auf den Tisch und wirft sich voller Verzweiflung auf das Sofa, sein Gesicht in den Armen verbergend — in diesem Moment leuchtet plötzlich eine Zeile in seinem Gehirn auf. ,,Das ist es, dafür habe ich Monate lang gearbeitet!" Er greift zur Feder und schreibt diese Zeile schnell nieder. Er probiert die zweite Zeile, aber er kann keine zweite Zeile schreiben, aus irgendeinem Grund folgt sie nicht natürlich auf die erste. Und die dritte Zeile wirkt künstlich. In der ersten Zeile hat er das ganze Gedicht geschrieben, es ist keine weitere Zeile nötig.

Das zweite Meditationsstadium von *rūpadhātu* erscheint uns wie ein Traum. Der Geist funktioniert ohne unsere Hilfe. Das wird der ,,absichtslose Zustand" von *dhyāna* genannt. Er tritt im ersten Teil des zweiten Stadiums auf, wenn der Meditierende alle Worte und alle Bilder vernichtet hat. Wenn wir in der Meditation beides, Worte und Bilder, aufgegeben haben, fühlen wir, daß unser Körper sehr leicht wird, so als ob wir mitten in der Luft hingen. Unser Gehirn hört auf zu arbeiten und zu denken. Dann fängt der Körper manchmal zu zittern an. Hier und dort kommt es zu Zuckungen, die Augenlider zwinkern, die Lippen bewegen sich von selbst, und oft beginnen auch die Knie zu zittern. Manche Menschen bekommen Angst vor diesem merkwürdigen physischen Zustand, stehen auf und beenden die Meditation. Diese Erscheinungen sind ein Zeichen dafür, daß die bewußte Absicht nachläßt und die Naturkraft deren Platz einnimmt. Vorher wurde unser Körper durch die bewußte Absicht festgehalten. Sobald diese Absicht aufgegeben wird, übernimmt die Natur die Herrschaft über den Körper. Unsere eigene eogistische Absicht verschwindet. In diesem Moment fühlt man manchmal jene physischen Störungen. Man ist wie von einem bösen Geist besessen. Man versucht z. B. die Hand zu heben, aber diese ist so schwer, daß es nicht gelingt. Oder die Zunge wird scheinbar groß oder man hört Töne wie von weither. Das sind die gewöhnlichen Zeichen des zweiten Stadiums. Aber das ist kein wahrer Meditationszustand, und die Phänomene sind nur vorübergehend. Im dritten Stadium kommt man zur Ruhe.

Aus dieser Ruhe tritt man ins vierte *dhyāna*-Stadium ein. Man vergißt sich selber. Man schläft nicht, aber man ist vollkommen entspannt und hat sich aufgegeben, man wird von der Natur umfangen, von der universalen Kraft. Man ist mit dem Universum verschmolzen, und das Bewußtsein ist alles durchdringendes Universalbewußtsein. Das individuelle Selbst oder individuelle Bewußtsein ist vollkommen ausgelöscht. Die Natur hat die Funktion des Geistes übernommen. In einem solchen Moment kann jemand, der sich lange Zeit im Buddhismus geübt hat, Erleuchtung erlangen. Deshalb ist dieses Stadium sehr wichtig. Ich nenne es die ,,Haarnadelkurve". Es ist so, wie wenn man auf einer Paßstraße zu einem Höhepunkt gelangt, sich dort umdreht und zurückkehrt. Die sog. Erleuchtung kommt in diesem Moment. Aber einige Leute verpassen diesen Moment. Sie kehren zurück, ohne daß etwas geschehen ist. Es ist, als ob man in eine Drachenhöhle gegangen wäre und heraus kommt, ohne dem Drachen begegnet zu sein.

Das ist der Umriß der vier Meditationsstadien von *rūpadhātu*. Jetzt werde ich die vierte Stufe noch genauer erklären.

Im vierten *dhyāna* gibt es acht Unterteilungen oder Himmel. Die erste Stufe heißt ,,der wolkenlose Himmel'' oder das ,,reine Gebiet''. Der Meditierende steigt zum Himmel, wo es in der Sprache der Legende keine Wolken gibt. Empirisch heißt das, daß der Meditierende vollkommen von den Wolken des Begehrens befreit ist. Das zweite Stadium des vierten *dhyāna* ist der ,,Himmel der Geburt eines neuen Schicksals''. Die eingewurzelten Gewohnheiten oder Ängste der niedrigeren Stadien sind hier vollkommen zerstört. Man ist von den niedrigeren Himmel befreit und emanzipiert und wiedergeboren in einem neuen Geisteszustand.

Die dritte Stufe des vierten *dhyāna* heißt ,,Himmel der großen Resultate'' oder ,,großen Früchte''. Alle empfindenden Wesen können durch ihr eigenes Bemühen in diesem Himmel geboren werden. Doch diejenigen, die nicht zur Sorte der Weisen gehören, erreichen damit ihren äußersten Punkt, ihre letzte Errungenschaft.

Denn wenn man dieses dritte Stadium des vierten *dhyāna* erreicht hat, kommt man zur tiefsten Stelle der Meditation. Von dort kehrt man wieder zurück, indem man sich wie ein Taucher, der mit den Fingerspitzen den Grund des Meeres berührt hat, schnell umdreht und zur Oberfläche zurückkehrt. Das ist der Punkt, den ich als Haarnadelkurve bezeichne. Hier kann der Weise Erleuchtung erlangen. Aber gewöhnlich kommt man zurück, ohne Nirvana erreicht zu haben — ohne dem Drachen in der Höhle begegnet zu sein. Deshalb haben diejenigen Wesen, die nicht zur Sorte der Weisen gehören, hier ihren äußersten Punkt erreicht, ihre letzte Errungenschaft. Die vierte Stufe des vierten *dhyāna* ist derjenige Himmel, in dem es keine Störung gibt, d.h. keine Störungen durch *vedanā* oder *saṃjña*. Alle Störungen, die von den Sinnen kommen, und alle Gedanken sind ausgelöscht.

Der fünfte Himmel heißt der ,,Himmel ohne Hitze''. In diesem Stadium wünscht der Meditierende gar nichts, er hat nicht einmal das Verlangen, in *arūpadhātu* einzutreten. In seinem

Geist gibt es keine Hitze des Begehrens, weder weltliches Begehren noch heiliges.

Der vierte und fünfte Himmel bilden zusammen das Stadium von *asaṃjña*, der vollkommenen Vernichtung der Gedanken. Hier ist man bereits im Schoße Gottes und die Sicht ist erleuchtet, so daß man alle Erscheinungen des „Himmels" sieht. Das bedeutet, daß man die Phänomene der Welt auf einer höheren Ebene sieht. Man belebt sich wieder und betrachtet die Welt von ihren Wurzeln her. Gewöhnlich sieht man die Welt von oben, so wie eine Katze eine Maus sieht. Wenn aber die Maus die Katze sieht, ist das etwas anderes. Die Maus sieht die Katze aus einem anderen Gesichtswinkel. Wenn ihr die ganze Welt von der Basis her beobachtet, erlangt ihr ganz natürlich das durchdringende Auge. Das ist das sechste Stadium. Es heißt „Himmel der feinen Sicht" oder das „Dharma-Auge". Die mit dem Dharma-Auge gesehene Welt ist die sich wunderbar manifestierende kaleidoskopische Welt.

Das siebte Stadium ist das Auge selber, welches die wunderbare Manifestation der Phänomene sieht.

Die achte Stufe ist der „letzte" oder „äußerste" Himmel von *rūpadhātu*, der phänomenalen Welt.

Das sind die Einzelheiten des vierten *dhyānas*. Die Ausdrükke, die ich hier übersetzt habe, findet man in den 22 Bänden der authentischen Gespräche des *Abhidharmakośa Śāstra*.

Ein Mönch, der im Sterben lag, beschwerte sich, daß Shakyamuni Buddha ihn angelogen habe, denn er realisierte, daß es kein Nirvana gab. Er schrie: „Buddha sagte, es gäbe Nirvana, doch ich weiß nun aus eigener Erfahrung, daß es so etwas nicht gibt." Er starb, ohne ins Nirvana einzutreten. Er starb im Zustand, der als „Zwischen-Existenz" bekannt ist. Im Christentum wird er Purgatorium oder Fegefeuer genannt. Es ist der Bereich zwischen Himmel und Hölle.

Diese Zwischen-Existenz tritt im vierten *dhyāna* auf, am Punkt der Haarnadelkurve. Wenn man in diesem Moment nicht die durchdringende Erkenntniskraft hat, um Nirvana zu erreichen, kann man *avidyā*, die ursprünglicher Dunkelheit, nicht durchbrechen. Es gibt keine andere Kraft, die dies tun kann.

Ohne Nirvana erfaßt zu haben, wird man von der Naturkraft in diese unerleuchtete Welt zurückgestoßen.

Zen Mönche sind manchmal nach vier bis fünf Jahren der Meditationspraxis entmutigt und denken, daß sie von den Zen Meistern zum Narren gehalten wurden. Einige können nach drei bis vier Jahren durch diesen Film von *avidyā* stoßen und Nirvana erfassen, andere jedoch kommen zurück, öffnen die Augen und sagen: ,,Dies ist der gleiche Ort wie zuvor. Vater ist derselbe, Mutter ist dieselbe, Bäume, Blumen — alles ist gleich. Es gibt kein Nirvana, keine Erleuchtung." Und sie weinen bitterlich. Auch dieser alte Mönch sagte: ,,Ich habe die höchste Stufe eines Arhat erreicht, kam aber wieder hieher zurück. Es gibt kein Nirvana, Buddha log mich an."

Als Shakyamuni Buddha sein Schloß verließ, ging er zu Arada Kalama, welcher predigte: ,,Man muß von *arūpadhātu* aus ins Nirvana eintreten." Als Buddha erkannte, daß Nirvana dort nicht zu finden war, ging er zu Udraka Ramaputra. Dieser sagte: ,,Nirvana kann im vierten Stadium von *arūpadhātu* erreicht werden." Buddha erkannte, daß Nirvana auch dort nicht betreten werden kann. Deshalb ging er in die Wälder von Uruvilva und meditierte sechs Jahre lang allein. Auf dem Löwenthron unter dem Bodhibaum sitzend, trat Buddha ins Nirvana ein. *Diese Welt betrachtend, seine Augen auf den Morgenstern gerichtet, umgeben von den Bäumen und Bergen der großen Erde, trat er unverzüglich ein.*

Alle anderen Meditierenden wandten ihre Augen von der Welt *weg* zum leeren Himmel und versuchten, die Erleuchtung dort zu erreichen. Das ist der fundamentale Unterschied zwischen echter buddhistischer Meditation und ,,falscher" Meditation. Diese ,,falsche" Meditationsmethoden wurden jedoch von Buddhisten jener Zeit anerkannt und praktiziert.

DIE DREI WELTEN III *Ihr sollt euch die drei Welten nicht als getrennte Ebenen vorstellen, sie sind senkrecht übereinander angeordnet, und wir stehen darin.*

Dies ist der letzte Vortrag über die drei Welten; darin will ich zeigen, wie wir diese Lehre auf uns selber anwenden können. Für uns Buddhisten ist die Welt unendlicher Raum und existiert durch unendliche Zeiten. Sie besteht aus zwei Bereichen. Den einen Bereich nennen wir *bhājana-loka* (*bhājana* bedeutet „Werkzeug"), den anderen *sattva-loka,* oder den Ort der empfindenden Wesen. Der Bereich der vier großen Elemente — Feuer, Erde, Luft, Wasser — formt die Welt der Werkzeuge. Die empfindenden Wesen wohnen in dieser Welt, doch sie selber sind nicht aus diesen materiellen Elementen aufgebaut. Der Körper der empfindenden Wesen wird von unseren Geisteselementen, den *skandhas* aufgebaut. Sie bilden das *sattva-loka,* die Welt der empfindenden Wesen.

Wenn wir die Theorie der drei Welten auf uns selber anwenden wollen, stellen wir uns gewöhnlich vor, daß wir in uns eine Miniaturausgabe des Universums haben, eine Miniaturwelt, wie wir sie in Gläsern kaufen können. Ich weiß aus eigener Erfahrung, daß diese mikroskopische Auffassung der drei Welten falsch ist. Sie entsteht durch unsere Verhaftung an den physischen Körper. Unser physischer Körper ist verhältnismäßig klein, und so zwängen wir diese drei Welten in diese kleine Form des menschlichen Körpers hinein. Doch um die drei Welten zu verstehen, müssen wir Form und Größe des menschlichen Körpers vollkommen außer acht lassen. Wenn wir tausend Gläser voller Wasser in eine mit Wasser gefüllte Wanne geben, befindet sich jedes volle Glas in diesem großen Wassersee, und das Wasser in den einzelnen Gläsern unterscheidet sich nicht vom Wasser in der Wanne. Das Wasser im Glas kann nicht behaupten, es sei individuelles oder mikroskopisches Wasser.

An einem Felsabhang kann man die verschiedenen Schichten

der Erde sehen, die uralten, alten und neueren Ablagerungen. Analog dazu sind die drei Welten die Schichten oder Lagen des Geistes aller empfindenden Wesen.

Beim Tauchen fühlt man die Schichten des Wassers: An der Oberfläche ist es warm, in der Mitte kühl und über dem Grund oft überraschend kalt. Und so können sich, wenn man im Wasser steht, die Füße kühl, die Magengegend lau und die Schultern warm anfühlen. Wir können dieses Bild auf die drei Welten übertragen, denn alle empfindenden Wesen stehen in den drei Schichten dieser Welten. Also brauchen wir nicht alle drei Welten in uns selber hineinzudrücken, sondern müssen uns selber in diese drei Welten ausdehnen.

Kāmadhātu, die Welt des Begehrens, bildet den Boden der Welt der empfindenden Wesen, analog dem Kellergeschoß eines hohen Gebäudes, wo sich die Heizung, Gaszähler und elektrischen Schalter befinden. *Rūpadhātu* ist das Hauptgebäude, die 16 oder 18 Hauptgeschosse sozusagen. *Arūpadhātu* umfaßt die drei oder vier obersten Stockwerke über dem Hauptgebäude: das Dachgeschoß, den Estrich und das Penthouse (separates Haus auf dem Flachdach von hohen Gebäuden).

Alle empfindenden Wesen leben in dieser senkrecht angeordneten Welt. Ihr sollt euch die drei Welten aber nicht als getrennte Ebenen vorstellen, sie sind senkrecht übereinander angeordnet, und wir stehen darin. Wenn unsere Aktivitäten in *arūpadhātu* funktionieren, sind wir in *arūpadhātu*. Funktionieren die Aktivitäten in *rūpadhātu*, lebt man in *rūpadhātu*. Funktionieren sie in *kāmadhātu*, dann lebt man in *kāmadhātu*. Es gibt keinen speziellen Daueraufenthalt für unseren Geist. Unser Geist bewegt sich von einer Ebene zu anderen wie ein Mensch, der im Lift vom Erdgeschoß zum Obergeschoß und vom Penthouse in den Keller fahren kann. Unser Geist bewegt sich andauernd durch die Schichten der drei Welten auf und ab. Wo immer er sich aufhält, da ist das Zentrum der Person. Wenn der Geist im Keller lebt, ist die Person ein „Kellermensch", und wenn der Geist über allen Geschossen im Penthouse lebt, ist die Person ein „Penthousemensch", usw. Es ist der Person überlassen, wo sie wohnen will. Es gibt keine Regel, die sagt, daß *kāmadhātu* oder *rūpadhātu* das

Zentrum des Menschen sein müsse. Doch diejenige Sphäre, die allen erleuchteten Menschen vertraut ist, ist das vierte *dhyāna* von *rūpadhātu,* die Sphäre, von welcher der Buddha ins Nirvana eintrat.

Man kann diese Theorie auch mit dem System der fünf *skandhas* in Verbindung bringen. Die Welt von *saṃjña* (denkender Geist) ist nicht auf unseren eigenen Geist beschränkt. Die Schicht des Geistes geht durch alle empfindenden Wesen hindurch. Das, was jemand anders denkt, ist das, was du denkst, und die Worte, die du gebrauchst, werden von allen anderen auch benutzt.

Der Körper des Menschen lebt nur kurze Zeit, aber die Welt des Geistes existiert ewig. Die Welt, in der der Buddha lebte, war die Welt der Gedanken, die für immer existiert. Natürlich werden die Gedanken des Buddhismus eines Tages aus der Welt des menschlichen Denkens verschwinden, aber die Welt der menschlichen Gedanken selber wird nicht sterben. Und so wird Buddha wieder in die Welt der menschlichen Gedanken kommen.

Diese Welt der menschlichen Gedanken befindet sich zwischen dem Bewußtsein und der Erscheinungswelt, sie wird *antara-bhāvika* genannt, der Zwischenraum zwischen Bewußtsein und Phänomen. Wie ich im letzten Vortrag erwähnt habe, ist dieser Zwischenraum vielleicht das, was die Christen als Fegefeuer bezeichnen. Wenn Gedanken im *antara-bhāvika* erscheinen, nehmen sie die Form von geschriebenen Worten an wie z. B. ,,Glas", ,,Bauwerk", ,,Kleidung" usw. Alle diese Werkzeuge oder Geräte sind nicht bloß materielle Gegenstände, sondern Symbole oder Ausdruck der Welt von *antara-bhāvika,* die in dieser Welt, in der wir leben, erscheinen. Wenn wir ein anderes Land besuchen und die andersartige Bauweise sehen, sehen wir, daß die Bewohner dieses Landes in einem anderen *antara-bhāvika* leben. Ebenso sind z. B. die Kleider, die jemand trägt, und die Worte, die er benutzt, Ausdruck seines Geistes.

Der alte Mönch, den ich im letzten Vortrag erwähnt habe, entdeckte am Ende seines Lebens, in der Meditation im vierten *dhyāna,* dieses *antara-bhāvika,* den mittleren Schatten. Er hatte gedacht, er sei bereits im Nirvana. Doch in seiner tiefen Meditation, so ruhig wie in der Mitte des Himmels oder am Grund des Meeres, fühlte er diesen mittleren Schatten auftauchen. Dieser ist wie ein feiner Schleier. Er zittert in unsichtbaren Wellen und glüht wie ein Sumpf. Er ist wie eine Fata Morgana — wenn man dort ankommt, ist sie verschwunden. Man fühlt dieses schleierhaft vibrierende Gewebe in tiefer Meditation. Wenn es Form annimmt verwandelt es sich in ein Pferde- oder Ochsengesicht, in Berge und See, und erzeugt einen Traum. Das ist das sogenannte *antara-bhāvika*. Der alte Mönch sah dies und war enttäuscht. Also sagte er: „Buddha hat gelogen. Es gibt kein Nirvana." Und er starb in diesem Zustand. Er starb im Fegefeuer.

Antara-bhāvika tritt im vierten *dhyāna* auf. Doch vom Standpunkt eines erleuchteten Geistes ist das ein natürlicher Vorgang. Er führt den Meditierenden zum Erwachen in seiner innewohnenden Buddha-Natur. Das Stadium des klaren Erwachens in *rūpadhātu* heißt *sudarśa* und *sudarśana* — herrliche Erscheinung und herrliche Sicht. Neben Mahabrahma, dem ersten Stadium, ist *sudarśa* und *sudarśana* — das wichtigste Stadium in *rūpadhātu*.

Mit dem Weisheitsauge *(prajñā)* sieht man die Wirklichkeit. Wenn man in der Wirklichkeit geboren wird, entdeckt man das Gesetz der Wirklichkeit. Wenn man das Gesetz der Wirklichkeit sieht, erlangt man das Dharma-Auge. Denn im Zustand von *sudarśana* hat man das Auge, mit dem man sieht, wie das Dharma (Gesetz) in der manifestierten Welt wirkt. Deshalb ist *sudarśa-sudarśana* ein sehr wichtiges Stadium von *rūpadhātu*.

Für jemand, der die Kraft dieses Auges erlangt, wird alles, was er sieht, rein. Alle unreinen Dinge verwandeln sich in reine. Deshalb wird dieses Wesen „König der Heiler" genannt. *Sudarśana* ist der Heiler. Er heilt alle Krankheiten durch seine Sicht. Wenn er auf unreine Dinge schaut, werden sie rein. Für jemanden mit einem unerleuchteten Auge ist hingegen alles schmutzig und sündig. Aber wenn man mit dem erleuchteten Augen das Licht des Nirvana sieht, hat man die klare und reine Sicht von *sudarśana*. Dann gibt es nichts Unreines mehr in der Welt.

Der Zustand von *sudarśa* (herrliche Erscheinung) ist das Resultat eines langen verdienstvollen Karmas, das von einem heiligen Wesen, einem Bodhisattva, angesammelt wurde. Vielleicht ist *sudarśa* die objektive Seite und *sudarśana* die subjektive Seite dieses Zustandes. Die Wesen im *sudarśana*-Himmel haben ausgezeichnete, beruhigende Kraft, die Kraft des Samadhis, und sehen alles mit durchdringender Sicht.

Mahabrahma (erstes *dhyāna*) ist der Himmel des Feuer-Elementes und *ābhāṣvara* (zweites *dhyāna*) ist der Himmel des Wasser-Elementes. Im Chinesischen wurde *ābhāṣvara* auch als „Himmel des leuchtenden Klanges" übersetzt, weil die Wesen dieses Himmels in Licht reden — Licht verschiedenen Grades kommt aus ihrem Mund. Da Licht Licht erzeugt, ist das Licht immer dasselbe, aber die Kraft ist unterschiedlich stark.

Im Shingon-Buddhismus symbolisiert Vairochana Buddha das Bewußtsein der Sonne (Feuer) und *manas*-Bewußtsein das Bewußtsein des Mondes (Wasser). Mit dem Sonnen-Bewußtsein beobachten wir die Gestalt des ursprünglichen Buddha im tieferen Bewußtsein, und mit dem Mond-Bewußtsein beobachten wir den Zustand unseres momentan vorhandenen alltäglichen Bewußtseins. Dann benutzen wir das momentan vorhandene Bewußtsein und beobachten das Unterbewußte. Indem wir so ein Bewußtsein durch das andere eintauschen, betrachten wir sämtliche Schichten unseres Bewußtseins und erkennen seine ganze Natur.

Die Theorie der drei Welten wurde in Japan seit der Einführung des japanischen Buddhismus weitergegeben. Es gibt zwei Verse darüber:

Der erste ist das Lied der *Jimonbo*, d. h. der Hinayana-Buddhisten. Es lautet:

„Obwohl die Kirschenblüten im vierten Himmel blühen — wie kannst du sie ohne dein Auge sehen?"

Die Mönche des *Sammonbo*, des Mahayana-Buddhismus, antworteten mit folgendem Lied:

„Wenn die Kirschenblüten im vierten Himmel blühten, würden wir uns das Auge des tieferen Himmels entlehnen und sie betrachten."

DIE BEZIEHUNG ZWISCHEN DEN FÜNF SKANDHAS UND DEN DREI WELTEN

Die Feuermotte nähert sich dem Feuer viele Male. Schließlich stürzt sie sich hinein. Dann existiert die Feuermotte nicht mehr. Wenn man wirklich in der Mitte des Bewußtseins ist, gibt es nichts mehr zu sagen oder zu beschreiben.

Die Begehren der Menschen entstehen dadurch, daß man etwas sieht, von dem man denkt, man möchte es haben. Den Himmel will man gewöhnlich nicht besitzen, da es dort nichts Faßbares gibt.

Rūpa-skandha, das erste der *fünf skandhas* enthält das, was gesehen, gehört, gegessen und angezogen werden kann. All dies gehört in den Bereich der *kāmadhātu,* der Welt des Begehrens. Deshalb entspricht das *rūpa-skandha* der *kāmadhātu.* Heutzutage möchten einige Politiker auch den Himmelsraum und das Meer in Besitz nehmen. Dies zeigt die Tendenz des menschlichen Begehrens, etwas an sich zu nehmen, das wirklich nicht dem Menschen gehört.

Das *vedanā-skandha,* Wahrnehmung oder Empfindung, gehört zu *rūpadhātu.* Wir sehen etwas und reagieren mit einem entsprechenden Gefühl oder einer Empfindung darauf. Nach dem *Kośa Śāstra* und einigen anderen Lehren gibt es vier Arten von Empfindungen: Lust, Schmerz, Entsagung und das, was weder Lust noch Schmerz ist. Unter Entsagung oder Verzicht versteht man die Gleichgültigkeit gegenüber Schmerz oder Lust. Es ist wie beim Zahnarzt, wenn man auf die Frage, ob es weh tut, sagt: ,,Ja, aber es macht nichts, machen Sie nur weiter!" Der Sanskritausdruck für dieses Entsagen ist *upekṣā-vedanā.*

Im *Hekigan-roku* gibt es folgende Geschichte: Als Ma Taishi nach langer Krankheit am Sterben war, besuchte ihn der Abt des Tempels in seinem Zimmer und fragte: ,,Wie fühlt Ihr Euch heute, Osho?" Ma Taishi antwortete: ,,Sonnengesicht-Buddha, Mondgesicht-Buddha." Das ist eine berühmte Antwort und ein berühmter Koan. Es bringt das Gefühl der Entsagung zum Ausdruck. Der Gott mit einem Sonnengesicht, der Gott mit einem Mondgesicht...

Ummon sagte zu seinen Schülern: „Ich frage euch nicht, wie ihr vor dem 15. Tag des Monates gelebt habt, doch sagt mir, wie ihr seit dem 15. Tag des Monates gelebt habt!" Da keiner der Schüler die Frage beantwortete, tat Ummon es selber: „Jeder Tag ist ein guter Tag." Auch diese Antwort kommt aus dem Standpunkt des Verzichts. Ihr sollt euch das, was ich hier sage, gut merken; ich enthülle sehr wichtige Zen Lehren damit. Diese Art von Erklärungen könnt ihr in keinem Buch finden, nicht einmal im *Kośa Śāstra*.

Durch seine Sinneswahrnehmungen bestimmt der Mensch seine Handlungen. Wenn ihm etwas angenehm ist, geht er darauf zu, ist es ihm unangenehm, rennt er davon weg. Ist es schön, versucht er, es zu erlangen, ist es häßlich, versucht er, es loszuwerden. Aber die Sinne selber haben nichts mit dem Objekt, das die Empfindung auslöst, zu tun.

Wenn ihr etwas Süßes eßt, empfindet ihr es als angenehm oder unangenehm, jenachdem, in welchem Zustand ihr euch befindet. Euer Unbehagen oder euer Vergnügen sind keine dem Objekt anhaftende Eigenschaft. Sie befinden sich in eurem individuellen Gefühl. Jemand sieht z. B. die nackte Statue vor dem Plaza Hotel und findet sie schön. Eine Frau aus dem alten Japan hingegen, würde ihr Gesicht hinter einem Taschentuch verbergen und so schnell wie möglich weggehen. Ihre Wahrnehmung wäre durch ihre Gedanken verdorben worden...

Unser Denken, *saṃjña*, hat keine objektive Existenz. Es umfaßt das Abstrakte und die Zahlen. Zahlen sind Ideen, isoliert von diesem einen Objekt oder jenen zwei Dingen. Zahlen sind rein mental und werden auch so benutzt. In Seattle gab es einen Indianer, der Bärenzähne verkaufte. Ein Käufer zählte die Zähne in Paaren, bezahlte aber nur für je einen Zahn. Der Indianer, der betrogen worden war, sagte: „Danke schön." Das mentale Denken der ursprünglichen Menschen ist noch nicht herangereift.

Saṃskāra, das Unterbewußte, besteht aus zwei Teilen, der eine enthält ein Element von *saṃjña*, der andere nicht. Letzteres ist reine Stimmung. In der Meditation ist es manchmal so, als ob der Geist vibrierte. Er enthält ganz und gar keine Gedanken und keine Vorstellungen von Leerheit oder Nirvana. Er ist rein, aber da ist etwas, das zittert wie ein Schleier in einem Frühlingsfeld. Das ist das *saṃskāra* ohne jegliches Element von *saṃjña*.

Saṃjña und *saṃskāra* können den ersten zwei Stadien von *arūpadhātu* zugeordnet werden. In diesen zwei Stadien meditiert man im leeren Himmel von Raum und Zeit und vergißt seine eigene Existenz. Zeit und Raum sind Eigenschaften des Bewußtseins, d. h. man befindet sich in diesen Stadien immer noch in der Sphäre des Bewußtseins und noch nicht im Zentrum desselben. Man vergißt sich selber vollkommen. Dies wird das „Stadium ohne Besitz" genannt. Die meisten Meditierenden denken fälschlicherweise, dies sei die Mitte des Bewußtseins, aber dieses Stadium des „Nicht-Besitzens" ist immer noch abstrakt. Es gehört zum *saṃskāra*.

Die Feuermotte nähert sich dem Feuer viele Male. Schließlich stürzt sie sich hinein. Dann existiert die Feuermotte nicht mehr. Es gibt nichts mehr über sie zu sagen. Wenn man wirklich in der Mitte des Bewußtseins ist, gibt es nichts mehr zu sagen oder zu beschreiben. Im Zentrum des Bewußtseins braucht man sich nicht mehr um Leerheit oder Bewußtsein zu kümmern. Man meditiert nicht mehr, um sein eigenes Zuhause zu finden, man ist darin. Wenn man im Bewußtsein selbst ist, braucht man nicht mehr darüber nachzudenken, so wenig, wie man an das Auge zu denken braucht, wenn man etwas anschaut. Dieser Zustand entspricht dem Stadium von *arūpadhātu*. Es ist der Geisteszustand, in dem man sein sollte, wenn man im Sanzen vor den Zen Lehrer tritt.

Empfindende Wesen leben in all diesen verschiedenen Zuständen. Einige leben mehr im *rūpa*-Bewußtsein, andere mehr im *vedaña*-Bewußtsein. Einige halten sich mehrheitlich im *saṃskāra* auf und andere im *vijñāna* selbst. Obwohl wir alle empfindende Wesen der gleichen Art sind, so haben wir doch verschiedene Aufenthaltsorte.

Wenn ihr im *vijñāna* lebt, d. h. wenn ihr euch eures Gewahrseins gewahr seid, wenn ihr eure erkennende Existenz erkennt, dann wohnt ihr endlich in eurer eigenen Individualität, dann ist diese endlich etabliert. Ihr habt euer eigenes Bewußtsein, und dieses bestimmt eure Handlungen. Aber solange ihr euch dieses Bewußtseins noch nicht gewahr seid, seid ihr noch kein vollendetes menschliches Wesen. Ihr seid nicht wach. Jene, die im endgültigen Bewußtsein wohnen, werden „im *vijñāna* wohnende Bodhisattvas" genannt.

Es gibt viele Wesen, die im *saṃskāra* wohnen. Künstler wie Sesshu gehören dazu. Dieser verwendete nur Wasser und schwarze Tinte, aber er brachte mit seinem Pinsel Pinien, Berge und Wellen in ihrer eigenen Bewegung hervor, wie es kein Foto oder Ölgemälde tun könnte. Man kann die Bewegung der Wellen wirklich sehen. Sesshu verbrannte Weihrauch, spielte Koto (jap. Saiteninstrument) und — wenn der Moment der Inspiration kam, griff er zum Pinsel. Er wohnte bestimmt in einer anderen Sphäre als die meisten anderen Künstler. Er war ein berühmter Zen Meister.

Zu den Wesen, die im *saṃjñā* leben, gehören Philosophen, Schriftsteller und intellektuelle Künstler.

Diejenigen, die im *vedanā* leben, wohnen in der Sinneswelt. Es gibt aber auch Menschen, die nur in der Welt der Materie leben. Sie kennen nichts Tieferes, als in einem Haus zu leben, zu essen und sich anzuziehen.

All dies sind nur abstrakte Beispiele. In Wirklichkeit lebt jederman in diesen fünf Stadien oder Sphären gleichzeitig, allerdings in verschiedenen Abstufungen.

Für die weltlichen Menschen sind die fünf *skandhas* nichts als fünf verschiedene Wörter. Doch in Wirklichkeit sind sie *ein* Sein. Aber da man blind ist, kann man ES nicht sehen. Daher schafft man verschiedene Namen und erklärt diese. Die Namen stören mich nicht, denn ich weiß, was ES ist. Man kann ES *ākāśa, dharmakāya, śūnyatā,* Leerheit oder Nirvana nennen. Diejenigen, die wissen, was ES ist, können diese verschiedenen Namen frei verwenden, genau wie ich es mit meinen eigenen Namen tue: Wenn ich meiner Familie schreibe, nenne ich mich Yeita Sasaki, für Freunde bin ich Koji Shigetsu, als Mönch heiße ich Soshin und als Lehrer Sokei-an. Ich kenne *ihn,* deshalb stören mich seine Namen überhaupt nicht.

ZWEI ARTEN VON MENSCHEN
Trägt man zum Gewinn der menschlichen Gesellschaft bei, wenn man Leerheit übt und die universale Weisheit der Leerheit erreicht?

Es wird manchmal gesagt, der Buddhismus sei die Religion der Weisheit. Ich habe nichts gegen diese Behauptung. Man sollte jedoch die Bedeutung dieser Weisheit nicht oberflächlich auf „Wissen" beschränken, denn Buddha und *bodhi* bedeuten mehr als das, es bedeutet wach, erweckt zu sein. Wenn ich aber z. B. sage, „Wache auf zu diesem!" oder „Ich bin erwacht zu diesem", meine ich nicht nur *diese* materielle Existenz. (Sokei-an schlug auf den Tisch.)

Wir müssen wissen, was wir tun. Als Beispiel erzählte der Buddha seinen Schülern eine Geschichte von einem zwölfjährigen Mädchen, das in einem Tempel wohnte und von der Oberin bestraft wurde, weil es nicht zur Zeit aufstand. (In einem anderen Sutra wird gesagt, daß es das Bett näßte.) Der Buddha sagte zu seinen Schülern: „Wenn ihr nicht wißt, was ihr tut, seid ihr trotz eurer Erleuchtung, wie dieses kleine Mädchen." Es gibt viele Lehrreden des Buddha, in denen er den Jüngern erklärte, wie sie ihre eigene Natur und diejenige von anderen „wissen" können. „Es gibt zwei Arten von Menschen", sagte der Buddha, „diejenigen, die Glauben haben, und diejenigen, die keinen Glauben haben."

Wir wissen natürlich, daß derjenige, der Glauben hat, im religiösen Sinn ein besserer Mensch ist, als derjenige, der keinen hat; doch unter denen, die Glauben haben, gibt es zwei Arten — diejenigen, die zu mir kommen und die anderen, die nicht zu mir kommen. Diejenigen, die zu mir kommen, sind besser als diejenigen, die nicht kommen; aber unter jenen, die Glauben haben und zu mir kommen, gibt es ebenfalls zwei Arten. Die einen kommen, um von mir etwas zu hören, die anderen sind dem gegenüber, was ich zu sagen habe, gleichgültig.

Viele Leute kommen zu mir und sprechen über Fischen, Jagen und alles mögliche, nur nicht über Buddhismus. Ihre Worte sind nur Geschwätz. Obwohl sie sagen, daß sie Buddhismus kennenlernen möchten, und ich hier bin, um ihnen das Verständnis Buddhas zu bringen, stellen sie nie eine Frage dazu.

Natürlich sind unter denen, die zu mir kommen, diejenigen, die von mir etwas über Buddhismus zu hören wünschen, besser, als diejenigen, die es nicht wünschen; doch unter denen, die hören, was ich über Buddhismus zu sagen habe, gibt es auch zweierlei — diejenigen, die mit Konzentration zuhören und diejenigen, die sich nicht konzentrieren. Diejenigen, die mir konzentriert zuhören, sind natürlich besser als diejenigen, die das nicht tun; doch unter denen, die mir mit Konzentration zuhören, gibt es wieder zwei Arten. Die einen hören das, was ich sage und nehmen es sich zu Herzen, die anderen nehmen, obwohl sie konzentriert zuhören, das Wesentliche nicht auf. Diejenigen, die es aufnehmen, sind besser, als diejenigen, die es nicht aufnehmen; doch unter denen, die sich meine Lehre zu Herzen nehmen, gibt es wieder zweierlei. Die einen nehmen die von mir übermittelte Idee bloß auf und halten daran fest, während die anderen sie nicht nur aufnehmen, sondern darüber meditieren. Natürlich sind diejenigen, die über die Lehre meditieren, besser als diejenigen, die bloß daran festhalten; doch sogar unter denen, die darüber meditieren, gibt es zwei Arten. Die einen meditieren und erlangen Erleuchtung, während die anderen mit der Meditation fortfahren, ohne Erleuchtung zu erlangen. Diejenigen, welche meditieren und Erleuchtung erlangen, werden im Körper Buddhas geboren, so wie eine Frau, die über einen Mann meditiert, in ihm geboren wird. Auf ähnliche Weise halten diejenigen, welche Erleuchtung erreicht haben, an einem Koan fest, meditieren darüber und erreichen im Moment des Durchbruchs Weisheit. Unter denen, die Weisheit erreichen, gibt es wieder zweierlei. Die einen erreichen Weisheit und erlangen Verdienst nur für sich selber, während die anderen Weisheit erreichen und sie an die ganze Welt weitergeben und jedermann zur Erleuchtung bringen. Derjenige, der beobachtet, meditiert und Weisheit erreicht, indem er darin geboren wird, ist gut, doch wenn er nur Verdienst für sich selber schafft, ist es nicht genug. Man muß *ES* allen bekannt machen. Der Buddha sagte, daß ein Mensch, der die Lehre allen Wesen weitergibt, wie die Essenz einer Kuh ist. (Er benutzte die Kuh als ein Symbol, weil sie in Indien heilig ist.) Es gibt so viele Dinge, wofür eine Kuh gut ist. Sie gibt Milch, aus Milch gibt es Rahm, aus Rahm wird Butter gemacht und ein feiner nahrhafter Käse. Dieser ist das Beste. Dieser Prozeß kann mit der Transformation eines Menschen verglichen werden, der Erleuchtung erreicht und sie an alle anderen weitergibt.

Unter den Universitätsstudenten, die ihr Studium beenden, gibt es einige, die ihr Diplom entgegennehmen, den Professoren die Hand schütteln und weggehen, aber nie eine Stelle annehmen. Diejenigen, welche ihr Diplom erlangt haben, und die Lehre, die sie empfangen haben, weitergeben, sind besser.

Das Höchste, was man im Buddhismus erreichen kann, ist Konzentration unter allen Umständen. Wenn ich die Gelegenheit habe, mit jemandem Auto zu fahren, beobachte ich seine Konzentration. Ich mag nicht mit jemandem fahren, der nicht völlig konzentriert ist. In Japan muß jeder, der einen Tempel besucht, die Schuhe am Eingang ausziehen. Wenn ein Besucher seine Schuhe auszieht, beobachten wir, was er damit tut. Ein würdevoll aussehender Mann, der schöne seidene Gewänder trägt, mag scheinbar ein gebildeter Mensch sein, aber wenn wir beobachten, daß er einen Schuh hier und einen dort liegen läßt, erkennen wir, daß die Konzentration dieses vornehmen Mannes nicht über seine Fersen hinaus reicht. Wir müssen die Grundlage kennen, auf welcher wir stehen.

Ein Anhänger des Buddha fragte: ,,Ich meditiere den ganzen Tag lang. Liegt darin irgendein Verdienst, welches der Menschheit zugute kommt?" Ich denke, dieser Schüler war ein ehrlicher Mensch. ,,Wird es der ganzen Stadt New York zugute kommen, wenn ich von morgens bis abends meditiere?" Nicht jedermann würde sich getrauen, dem Buddha eine solche Frage zu stellen. Der Buddha sagte: ,,Den ganzen Tag zu meditieren ist von großem Wert und großem Gewinn." Diese Antwort ist seltsam. Trägt man zum Gewinn der menschlichen Gesellschaft bei, wenn man Leerheit übt und die universale Weisheit der Leerheit erreicht? Könnt ihr das verstehen? Leerheit ist immer ein lästiges Thema im Buddhismus. Was ist diese Leerheit, und gibt es ein

Verdienst darin? Der Buddha sagte: „Ja, es gibt großes Verdienst."

Zu Beginn des Trainings bekommen die Novizen die Übung, die Welt als unrein zu betrachten: Menschlicher Geist ist unrein, Betten sind unrein — also schlafe ich lieber draußen auf dem Gras — doch im Gras gibt es Hundedreck; Kinder übergeben sich, sie sind unrein; Babys weinen — yayayaya — Babys sind unrein; Männer und Frauen sind unrein; mein ganzer Körper und mein Leben sind unrein; das Geschlecht ist unrein; die Wolken am Himmel sind unrein. Ein religiöser Lehrer, der diesen Standpunkt vertrat, kam nach New York und sagte vor einer großen Versammlung: „Der Fehler der Menschen ist es, daß sie geboren werden." Demnach müßten wir Selbstmord begehen. Doch das ist auch falsch. Von diesem Standpunkt aus ist alles falsch, alles unrein.

Als nächstes wird einem gesagt: „Beobachte das ganze Universum als rein." Es gibt nichts Unreines, wohin man auch schaut: Eine gebärende Frau ist rein; Dünger ist rein; mein Körper, Geist, Essen, Geschlecht, alles ist rein. Erde, Wasser, Feuer, Luft — wo ist die Unreinheit? Es gibt keine.

Der nächste Schritt besteht darin zu erkennen, daß beide Standpunkte nur Ansichten wiederspiegeln. Wahrheit hat nichts mit Reinheit oder Unreinheit zu tun. Gut und Böse bestehen nur in unserer Ansicht. Um Wahrheit zu beobachten, müßt ihr euren Geist still halten und weder eine einseitige noch eine gemäßigte Ansicht haben, sondern überhaupt keine Ansicht. Beobachtet einfach, wie es ist. Es existiert, wie es ist. Aber, damit ihr das beobachten könnt, müßt ihr alle Vorstellungen aus eurem Geist ausleeren. Das ist die wahre Bedeutung von Meditation. So erreicht man den Zustand des Arhat. Das ganze Universum gehört ihm, weil er keine einseitige Ansicht hat. Er zeigt seine Leerheit als ein Beispiel der wahren menschlichen Haltung. Er ist wie die Achse eines Rades. Wenn eine Achse nach einer Seite neigt, kann der Wagen nicht fahren. Alle Menschen haben irgendwelche Ansichten, ein Arhat hat keine. Er sitzt auf Leerheit. Er teilt seine leere Haltung mit allen Wesen, und alles gleicht sich aus. Alles wird dem gegeben, der im Zentrum der Leerheit ist.

Deshalb sagte der Buddha: „Wenn man allein in den Wäldern meditiert, bewirkt man großes Verdienst und bringt der Menschheit Gewinn." Wenn ihr euch allen Begierden und Vorstellungen entäußert, werdet ihr Weisheit erreichen. Leerheit zu erreichen ist das erste Stadium. Dann findet ihr den Pfad, der auf diesem leeren Geist aufgezeichnet ist und beobachtet alles so, wie es ist.

R ICHTIGE SICHT *Wenn ihr Routinearbeit macht, meditiert! Wenn ihr meditiert, verrichtet eine Routinearbeit! Dann werdet ihr euch nicht mehr darüber beklagen, daß ihr keine Zeit zum Meditieren habt.*

„So habe ich gehört: Einmal weilte der Buddha in einem Gasthof in der Nähe des Dorfes Nadakantha. Da kam Sandha Katyayanagotra ihn besuchen. Er verbeugte sich tief vor den Füßen Buddhas, zog sich einige Schritte zur Seite zurück und sagte: ‚Lokanatha! Kürzlich habt Ihr über richtige Sicht *(samyag dṛṣṭi)* gesprochen. Was ist diese sogenannte richtige Sicht und worauf beruht sie?' Der Buddha antwortete: ‚Es gibt zwei Ansichten, an die sich die Menschen der Welt halten — die Ansicht, daß alles existiert, und die Ansicht, daß nichts existiert. Nach meiner Lehre bewirkt Nehmen oder Anhaften Erfahrung. Auf Grund der Erfahrung verläßt man sich entweder auf die Ansicht, daß alles existiert, oder auf die Ansicht, daß nichts existiert. Wenn der Geist frei von Nehmen ist, durchdringen sich der Geist und die Umgebung des Geistes gegenseitig. Dann kann man im Zustand des Nicht-Nehmens, Nicht-Anhaftens und Nicht-Unterscheidens weilen. Die Erfahrung des Leidens erzeugt die Ansicht, daß alles existiert. Wenn Leiden aufhört, hört Existenz auf. Dann hat man keinen Zweifel mehr. Ohne von einer Ansicht abhängig zu sein, verwirklicht man seinen eigenen Aspekt. Das wird richtige Sicht genannt.

Solcher Art ist die richtige Sicht des Tathāgata:
Die Welt als ein Konglomerat zu betrachten, ist richtige Sicht.
Es gibt die Ansicht, daß es, wenn es keine Welt gäbe, auch kein
Aufhören der Welt gäbe. Dann gibt es die Ansicht, daß die Welt,
falls sie existiert, keine wirkliche Existenz ist. Diese zwei Ansichten verwerfend, erkläre ich die richtige Sicht in Übereinstimmung mit dem Mittleren Weg *(mādhyama mārga)* folgendermaßen an Hand meiner selbst: Wenn dieses existiert, existiert
jenes. Wenn dieses erscheint, erscheint jenes. *Saṃskāra* existiert
als Folge von *avidyā* (Nicht-Wissen). Eins folgt aus dem anderen,
und deshalb existiert die ganze Anhäufung von großem Leiden
auf Grund von *avidyā*. *Saṃskāra* hört auf, wenn *avidyā* aufhört.
Darum hört die Anhäufung von großem Leiden auf, sobald
avidyā aufhört.

So lautete die Predigt des Buddha. Nachdem Sandha Katyayanagotra diese Worte gehört hatte, erreichte er ohne Leiden den
Zustand eines Arhat in seinem befreiten Geist."

Ich denke, dies ist eines der populärsten Sutras des Buddhismus. Ich gebe einen kurzen Kommentar dazu:

*„Einmal weilte der Buddha in einem Gasthof in der Nähe des
Dorfes Nadakantha"*. Dieser Gasthof befand sich irgendwo auf
dem Territorium der Stadt Kushinagara. (Der Buddha starb in
Kushinagara.) Er bestand aus einem großen Ziegelsteingebäude
und wurde deshalb Ginja-kavasatha genannt — Haus aus Ziegel-
steinen. Es diente als Unterkunft für Reisende, die durch die
Wälder des Dorfes Nadakantha zogen. Der Buddha weilte für
kurze Zeit dort.

„Da kam Sandha Katyayanagotra ihn besuchen". Katyayana
ist der Name eines Hindustammes wie Kashyapa oder Shakya.
Katyayanagotra war ein Anhänger des Buddha.

*„Er verbeugte sich tief vor den Füßen Buddhas, zog sich einige
Schritte zur Seite zurück und sagte: ,Lokanatha, kürzlich habt
Ihr über richtige Sicht (samyag dṛṣṭi) gesprochen. Was ist diese
sogenannte richtige Sicht und worauf beruht sie?'* Ich werde nun
über meine Erfahrung der richtigen Sicht sprechen.

Wenn ich diese Schale mit meinen Augen sehe, wenn ich sie
mit meinen Ohren sehe — es ist merkwürdig zu sagen: „Mit den

Ohren sehen", aber der Bequemlichkeit halber drücke ich dies so aus — wenn ich diese Schale mit meinem Mund sehe, wenn ich sie mit meiner Hand sehe, sehe ich sie schließlich auch mit meinem Geist. Denn es gibt sechs Arten, etwas wahrzunehmen, und so kann man die ganze Existenz auf sechs Arten sehen. Welche dieser sechs Arten ist die richtige Sicht? Wenn ich die ganze Existenz nur mit dem Geist betrachte, verschwindet sie und auch mein Geist verschwindet. Existenz erscheint, wenn Geist erscheint. Wenn ich meine Augen öffne, erscheint das ganze Universum. Wenn ich meine Ohren, Nase, Mund, Hände öffne, erscheint das ganze Universum. Welches ist die richtige Sicht? Die Menschen in der Welt versuchen, sich selber entweder als Materie oder als geistige Existenz zu betrachten. Die Theosophen betrachten sich auf drei Arten — sie unterscheiden zwischen einem physischen Körper, einem astralen Körper und einem ätherischen Körper. Unerleuchtete Theosophen glauben, daß es diese drei Körper wirklich gibt, und daß der Astralkörper nachts aus dem physischen Körper wandert. Über den ätherischen Körper sagen sie wenig. Gute Theosophen betrachten diese drei Körper als einen. Der physische Körper ist materiell, der Astralkörper ist — ja, sie sehen ihn noch nicht, aber sie nehmen an, daß er wie Licht oder Glas ist — und der ätherische Körper besteht aus Äther, welcher nichts ist. Aus Buddhas richtiger Sicht ist keine dieser Ansichten richtig. Weder die materielle noch die geistige Ansicht entspricht der richtigen Sicht. Sie sind dualistisch und sehr weit entfernt von der erleuchteten Sicht.

Ich habe hier eine Harfe. Die Saiten sind nach einem bestimmten System angeordnet und gestimmt. Wenn ich sie berühre, klingen sie, berühre ich sie nicht, sind sie still. Ist nun die stille oder die klingende Harfe die wirkliche Harfe?

Die Menschen der Welt folgen immer einer von zwei Ansichten. Entweder halten sie die phänomenale Welt für die wirkliche Welt oder die numenale, und sie streiten sich darüber. Das kann mit der Frage, welches die richtige Harfe ist, verglichen werden. Beide Ansichten sind falsch. Also, was ist die wahre Sicht? Das ist eine merkwürdige Frage. Im Zen sagt man: ,,Wenn du dich für das eine oder das andere entscheidest, fällst du zwangsläufig auf eine Seite, hierhin oder dorthin. Das ist nicht die richtige Sicht."

Ich teile ein Ding nicht in zwei verschiedene Aspekte. Ich betrachte das Ganze zur gleichen Zeit. Das ist richtige Sicht. Es ist ganz einfach, nur in der Theorie ist die richtige Sicht des Buddha sehr kompliziert.

Der Zen Meister Hakuin fragte: „Hast du das Geräusch der einen Hand gehört?" Es ist einfach. Aber wenn euer Geist vor zwei Ansichten steht, Geräusch und kein Geräusch, versteht ihr es nicht. Wenn ihr versucht, das Geräusch der einen Hand zu hören, verpaßt ihr es. Auf diese Art wird richtige Sicht im Zen behandelt.

„Der Buddha antwortete: ,Es gibt zwei Ansichten, an die sich die Menschen der Welt halten" .... Die Menschen der Welt sind die säkularen, unerleuchteten Menschen, die an zwei Ansichten hängen.

„... die Ansicht, daß alles existiert und die Ansicht, daß nichts existiert." Wo ist Farbe? Heute weiß man, daß sie nicht hier in diesem Objekt existiert. Farbe existiert im Auge. Der Klang existiert nicht in dieser Glocke. Farbe gehört zu unserem Auge, Klang zu unserem Ohr, Geruch zu unserer Nase, Geschmack zu unserer Zunge, Tasten zu unserer Hand und Denken zu unserem Gehirn. Deshalb existiert hier nichts. Was existiert dann in der Außenwelt? Außen gibt es nichts — wir nennen es Äther, Elektronen, Protonen.

Wenn die Christen sagen, Buddhismus sei keine Religion, akzeptiere ich das. Wenn sie sagen, Buddhismus sei keine Wissenschaft, akzeptiere ich auch das. Es gibt noch andere Ansichten, vielleicht viele. Jedermann beobachtet von seinem eigenen Standpunkt aus. Die Buddhisten müssen auf ihre eigene Art wahrnehmen. Buddhismus ist keine Wissenschaft. Wir haben unsere eigene Wissenschaft. Der Buddhismus schmeichelt der Wissenschaft nicht und kniet nicht vor dem Christentum. Wir haben unsere eigene Sicht.

Warum sollte es nur zwei Ansichten über die Welt geben, die religiöse und die wissenschaftliche? Warum sollten Christen oder Wissenschaftler mit ihren christlichen oder wissenschaftlichen Grundsätzen über den Buddhismus urteilen? Es ist, als ob man japanische Nudeln mit Messer und Gabel zu essen versuchte, oder Beefsteak mit Stäbchen. Man kann den Buddhismus nicht verstehen, wenn man nicht den buddhistischen Standpunkt annimmt.

„Nehmen bewirkt Erfahrung". Nehmen oder Anhaften, in Sanskrit *upadāna* genannt, ist einer der wichtigen Begriffe des Buddhismus. Es ist eines der zwölf Nidanas oder Kausalprinzipien. Es bedeutet „etwas nehmen und es als Eigentum im Geist behalten". Nehmen bewirkt Erfahrung. Meine Katze geht ins Freie und schaut den Himmel an, aber sie kann ihn nie als Erfahrung an sich nehmen. Die Katze kennt den Himmel nicht.

„Auf Grund der Erfahrung verläßt man sich entweder auf die Ansicht, daß alles existiert, oder auf die Ansicht, daß nichts existiert". Wenn ihr blind geboren wäret, würdet ihr sagen, Farbe existiere nicht. Auf Grund eurer Erfahrung bildet ihr alle eure Ansichten. Dann benutzt ihr diese Ansichten und könnt zu keiner richtigen Beobachtung gelangen. Auf diese Art ergreift ihr Besitz von den Dingen. Was geschieht, wenn ihr das nicht tut?

„Wenn der Geist frei von Nehmen ist...". Was passiert dann? Dazu gibt es ein Beispiel: Ein Esel schaut in einen Brunnen — da gibt es nicht viel zu nehmen aber immerhin etwas. Der Esel hat zwar keinen Wunsch nach dem Wasser, aber er betrachtet die kleinen Wellen darin. Doch wenn der Brunnen auf den Esel schaut, gibt es wirklich kein Nehmen.

„... durchdringen sich der Geist und die Umgebung des Geistes gegenseitig". Ihr sollt dies üben, zum Beispiel bei einem Mann, dessen Gesicht ganz mit Pockennarben bedeckt ist, wie bei meinem Vater — meine Mutter hielt ihn für schön, weil sie ihn liebte. Es ist sehr schwierig. Wenn ihr Zazen übt, werdet ihr das erkennen. Am Anfang betrachtet ihr die Welt. Dann, wenn ihr meditiert, schließt ihr die Augen und versucht, euch in die reine metaphysische Welt zurückzuziehen und die Außenwelt zu vergessen. Ihr fällt auf eine Seite. Wenn ihr die Augen wieder öffnet und am Broadway spazieren geht, vergeßt ihr die meta-

physische Welt vollkommen. Ihr ertrinkt in den Wellen der Farben und Töne. Das ist falsch, denn in diesem Fall durchdringen sich der Geist und die Umgebung des Geistes nicht gegenseitig. Deshalb könnt ihr nicht gleichzeitig Meditation üben und das aktuelle Leben führen. Merkwürdig, wie wenig Zen Schüler gleichzeitig arbeiten und meditieren können und dieses gegenseitige Durchdringen verwirklichen.

Wenn ihr den Koan vom Segelboot[1] beobachtet, geht ihr in euren ursprünglichen Zustand zurück — da gibt es keinen Himmel, kein Meer, kein Segelboot, keine Zeit, keinen Raum, keine Bewegung — alles verschwindet. Ihr kommt zu eurem Meister und schließt die Augen — und der Meister schlägt euch. Am nächsten Morgen geht ihr in den Raum des Meisters und rennt herum, tanzt und singt: ,,Ich bin das Segelboot! Ich bin das Segelboot!" Der Meister wirft euch aus dem Zimmer.

Wenn ihr Routinearbeit macht, meditiert! Wenn ihr meditiert, arbeitet an einer Routinearbeit! Dann werdet ihr euch nicht mehr beklagen, daß ihr keine Zeit zum Meditieren habt. Es soll genau so sein, wie eine Katze, die eine Maus beobachtet: Wach, still, aber voller Spannung — tiefe Meditation und Aktivität gleichzeitig. Meditation muß straff sein, wie die Saite eines Bogens, kurz bevor der Pfeil abgeschossen wird. Entspannt ihr euch bloß in Teilnahmslosigkeit, tut ihr besser daran, zu Bett zu gehen. Mit wirklicher Konzentration schreibt euren Brief, spielt Klavier, geht auf die Bühne!

Nun komme ich zurück auf das Nicht-Nehmen. Man arbeitet von morgens bis abends, aber behält nichts. Man ist wie der Mond, der sich im Wasser spiegelt. Nachts ist das Bild des Mondes im Wasser, aber am Morgen findet man keine Spur darin. Nichts ist geblieben. Das Wasser ergreift nichts.

,,Im Mondlicht fegen die Bambusschatten
den Staub von den Treppen.
Am nächsten Morgen – nichts ist weggewischt."

,,*Dann kann man im Zustand des Nicht-Nehmens, Nicht-Anhaftens und Nicht-Unterscheidens weilen*". Ich wurde gebo-

---

[1] Wie kannst du das Segelboot auf dem weitentfernten Ozean anhalten?

ren, lebte und starb. Mein Leben war wie ein Bambusschatten. Das ist Nicht-Anhaften. Man sagt: „Ich mag dieses nicht, ich hab' jenes gern." Aber im Grunde ist alles dasselbe. Das ist Nicht-Unterscheiden.

„Die Erfahrung des Leidens erzeugt die Ansicht, daß alles existiert". Das Wort Leiden ist aus dem chinesischen *ku* übersetzt und dieses aus dem Sanskritwort *dukkha*. Nach der Ansicht Buddhas ist das Leben ganz und gar Leiden. Aber faßt dies nicht als „Schmerz" auf. Leben ist das Resultat von Empfindungen. Leiden ist nicht Schmerz, es ist „Empfindung". Der Zustand von Nirvana ist Friede, ewige Ruhe, und Samsara ist Bewegung. Im Vergleich zu Nirvana ist unsere Welt, die Welt des Samsara, Leiden. Also enthält dieses „Leiden" beides: Schmerz und Freude, Wonne und Leiden. Beides befindet sich im selben Korb des Leidens. Auf der anderen Seite ist Nirvana.

„Wenn Leiden aufhört, hört Existenz auf. Dann hat man keinen Zweifel mehr". Es geht um beide Seiten einer Sache! Wenn ihr dies verstanden habt, habt ihr keine Zweifel mehr. Ihr sterbt, ihr lebt, Existenz und Nicht-Existenz haben nichts mit der Wirklichkeit zu tun.

„Ohne von einer Ansicht abhängig zu sein, verwirklicht man seinen eigenen Aspekt". Vermeidet all diese Worte und Ansichten, und ihr werdet euch mit der großen Wirklichkeit vereinigen!

„Die Welt als ein Konglomerat zu betrachten, ist richtige Sicht". Die „Welt" ist aus dem Chinesischen „*seken"* übersetzt, Sanskrit „*sattva-loka",* und bedeutet „Der Ort, wo empfindende Wesen leben". Was heißt „empfindende Wesen" im buddhistischen Sinn? Empfindende Wesen sind die Wesen, die in *kamadhātu* leben, der Welt des Begehrens, in *rūpadhātu,* der Welt der Sinneswahrnehmung und in *arūpadhātu,* der metaphysischen Sphäre. Natürlich betrifft dies auch unsere menschliche Welt, aber nicht den Broadway oder die 6. Avenue.

„Es gibt die Ansicht, daß es, wenn es keine Welt gäbe, auch kein Aufhören der Welt gäbe. Dann gibt es die Ansicht, daß die Welt, falls sie existiert, keine wirkliche Existenz ist. Diese zwei Ansichten verwerfend, erkläre ich die richtige Sicht in Überein-

stimmung mit dem Mittleren Weg an Hand meiner selbst. Wenn dieses existiert, existiert jenes. Wenn dieses erscheint, erscheint jenes". „Dieses" bedeutet „ich", „jenes" die „Welt". Wenn ich erscheine, erscheint die Welt. Wenn ich verschwinde, verschwindet die Welt. Wenn ich sterbe, verschwindet meine Welt. „*Saṃskāra* existiert als Folge von *avidyā*...": „*Saṃskāra*" bedeutet „unbewußte Bewegung" und „*avidyā*" bedeutet „das erste unbewußte Stadium".

„*Deshalb existiert die ganze Anhäufung von großem Leiden auf Grund von avidyā. Saṃskāra hört auf, wenn avidyā aufhört. Darum hört die Anhäufung von großem Leiden auf, sobald avidyā aufhört.*" „*Dies wird die richtige Sicht genannt. Darauf beruht die richtige Sicht des Tathāgata.*"

G EISTESBÄUME *Um der Welt zu entsagen, ist es nicht nötig, das Geschäft oder die Familie aufzugeben, man soll bloß auf die nutzlosen Gedanken verzichten.*

„So habe ich gehört: Es gibt fünf Arten von großen Bäumen. Sie wachsen aus sehr kleinen Samen langsam in die Höhe. Ihre Schatten hindern das Sonnenlicht daran, die kleineren Bäume unter ihnen zu nähren, worauf diese eingehen. Welches sind diese fünf großen Bäume? Sie heißen Kaccha, Kapitthaka, Asavattha, Udumabara und Myagrodha.

Analog dazu gibt es fünf Arten von Geistesbäumen, aus deren kleinen Samen allmählich bestimmte Geisteszustände heranwachsen. Die Schatten dieser Bäume bedecken alle Prinzipien des Geistes und machen sie zunichte. Welches sind diese fünf Geistesbäume? Sie heißen Anhaften an Begehren, Zorn, sinnloser Schlaf, Unheilstiften und Mißtrauen. Weil sie mehr und mehr wachsen, bedecken sie alles Gute im Geist und schläfern diesen ein.

Wenn ihr lange Zeit die sieben Gattungen von *bodhi* praktiziert, werdet ihr von diesen fünf Schatten nicht erdrückt werden. Welches sind die sieben Gattungen von *bodhi*? Sie heißen Achtsamkeit, Auswahl des Dharmas, über welches man meditiert, Bemühen um Konzentration, Seligkeit, Gefühl der Beschwingtheit, jeden Tag dieselben Dinge beachten und Entsagung. Als die Mönche diese Ansprache des Buddha hörten, freuten sie sich sehr und gelobten, danach zu leben." Beim Hören der Namen der großen Bäume, die aus kleinen Samen hervorgehen, sollten wir Buddhisten in der Lage sein zu erraten, was folgt. Es ist wie mit feinem Räucherpulver — ein einziges ins Feuer geworfenes Körnchen erfüllt den Raum und wir erkennen seinen Duft.

„Es gibt fünf Arten von Geistesbäumen, aus deren kleinen Samen allmählich bestimmte Geisteszustände heranwachsen." Mit Geistesbäumen sind hier „schlechte" Geistesauswüchse gemeint.

„Die Schatten dieser Bäume bedecken alle Prinzipien des Geistes und machen sie zunichte." Die Chinesen zählen fünf Haupttugenden oder Prinzipien des Geistes. Die erste Tugend ist Wohlwollen, d. h. grenzenlose und unbeschränkte Liebe. Die zweite ist die Kindespflicht. Erinnert euch z. B. an eure Mutter, die euch in eurer Kindheit gepflegt und gehegt hat! Sie gab euch Milch, als ihr ein hilfloses Baby wart und leistete euch Beistand, als ihr ein Kleinkind wart. Ihr könnt ihre Güte nie vergessen. Diese Erinnerung vertieft sich während ihr heranwächst und läßt euch nie vergessen, der Mutter eine Gegenleistung zu erbringen. Das ist „Kindespflicht", die Pflicht eurer Mutter gegenüber. Natürlich ist diese anders als die Pflicht, die Miete zu bezahlen — wenn man einen Mietvertrag für drei Jahre unterschrieben hat, muß man drei Jahre lang bezahlen. Doch es handelt sich nicht um diese Art von Pflicht, sondern um die Pflicht, welche aus kindlicher Liebe und Treue hervorgeht.

In der Zen Schule gibt uns der Meister die Milch des Dharma, und wir trinken diese Milch. Im Orient haben Lehrer und Schüler eine besondere Beziehung zueinander; dieses sehr tiefe und persönliche Verhältnis ist anders als das zu einem Lehrer, welcher von einer Schule bezahlt wird und von dem man, sobald man das Diplom hat, Abschied nimmt und ihn nie wieder sieht. Wenn wir getäuscht sind und leiden, gibt uns der Lehrer die

Milch des Dharma, des Erwachens. Am Anfang, wenn man ein Kleinkind ist, hebt der Lehrer einen auf und hilft einem zu gehen: „Komm hieher, geh jetzt! Komm, komm!" Er zieht einen hoch und stellt einen in die Position für die Erkenntnis. Das ist die Art und Weise, in der der Lehrer den Schüler nährt. Wir wissen, daß der Lehrer uns eine große Gunst erweist, indem er uns die Milch des Dharma gibt. Jemehr der Schüler heranwächst, desto größer und tiefer wird die Güte des Lehrers. Die Pflicht, denjenigen, die uns umsorgt haben, Dank zu leisten, ist eines der großen Prinzipien des Geistes.

Das dritte Prinzip ist der Anstand, das Beachten der gesellschaftlichen Umgangsformen. In China berührt der jüngere Bruder nie die Hand der Frau seines älteren Bruders. Die jüngere Schwester geht nicht ins Zimmer des Gemahls ihrer älteren Schwester. Dies ist nicht Höflichkeit, sondern Anstand. Und es gibt auch den Anstand zwischen Gatte und Gattin. In Asien gilt es als sehr unschicklich, wenn die Frau sagt: „O mein Lieber, bringe mir bitte mein Frühstück ans Bett, bevor du ins Büro gehst", und der Gatte antwortet: „Ja gut." Natürlich sind die Gewohnheiten unserer Länder verschieden, wir haben kein Recht zu kritisieren.

Das vierte Prinzip ist Weisheit, und das fünfte Prinzip ist Glaube.

Wohlwollen, Pflicht, Anstand, Weisheit, Glaube — das sind die fünf Haupttugenden, die Prinzipien des Geistes, die wir immer bewahren sollen. Wo immer ihr euch befindet, unter welchen Umständen ihr auch lebt, ihr sollt diesen Prinzipien des Geistes treu bleiben.

„Welches sind diese fünf Geistesbäume? Sie heißen Anhaften an Begehren, …" Alle Arten von Begierden sind hier eingeschlossen. Als ich ein Kind war, sah ich in einem Geschäft eine schöne Fischerrute. Ich bat meine Mutter, sie mir zu kaufen. Sie schüttelte den Kopf und sagte „Nein". Ich ging zu meinem Vater. Er sagte: „Ich habe eine schöne Rute für dich gemacht. Du brauchst keine aus dem Laden." Ich ging zu meinem Onkel und, indem ich ihn belog, borgte ich mir das Geld, um die Rute im Laden zu kaufen. Das war Anhaften an Begehren.

„*Zorn*" ist der zweite Geistesbaum, wilder Zorn, der zum Mord führt, besonders zum Mord an der eigenen Frau, dem eigenen Kind und den Verwandten.

„*Sinnloser Schlaf*" bezieht sich nicht nur auf den physischen Schlaf, sondern auch auf geistigen Schlaf. Ihr verschlaft euer Leben. Nehmen wir an, das Haus eures Freundes stehe in Flammen. Ihr rennt zu eurem Vater und weckt ihn: „Vater, steh auf und hilf!" Er sagt: „Oh, laß es brennen! Warum kümmerst du dich darum? Brich die Freundschaft!" Das ist natürlich ein japanisches Beispiel. Wenn in Japan Feueralarm gegeben wird, steht jedermann auf und rennt zu Hilfe — man bringt Wasser herbei, schafft die Familie in Sicherheit, und manchmal wird sogar das ganze Haus weggetragen! Die Häuser in Japan sind wie Zusammensetzspiele. Wenn ein Feuer ausbricht, werden sie auseinandergenommen, so daß nichts zum Brennen übrig bleibt. Wir behalten unsere Freunde, indem wir bereit sind zu helfen, wenn ein Feuer ausbricht.

In Amerika sah ein Japaner ein Haus brennen und trug alles hinaus. Ein Polizist kam und brachte ihn ins Gefängnis. Der Japaner bat den amerikanischen Hausbesitzer, ihn zu befreien. „Sie haben etwas Schreckliches getan", sagte dieser zu ihm: „Sie sind schuld daran, daß ich meiner Feuerversicherung verlustig ging."

„*Unheil stiften*" ist der vierte Geistesbaum. Eine Japanerin war mit einem jungen Amerikaner in Denver verlobt. Die Freunde des Amerikaners wollten ihm einen Streich spielen. So entführten sie ihn in der Nacht vor der Hochzeit und versteckten ihn in den Bergen. Am Morgen kamen alle Verwandten, einer nach dem andern, das Brautkleid war bereit — aber der Bräutigam erschien nicht. Den ganzen Tag lang warteten die Braut und ihre Eltern. Am Abend ging das Mädchen in sein Zimmer und beging Selbstmord. Später befreiten die jungen Amerikaner den Bräutigam. Als dieser vernahm, was mit seiner Braut geschehen war, brach ihm das Herz, und er verließ die Stadt, um nie wieder zurückzukehren. Aus dem Samen des Unheilstiftens brachte der Baum der Tragödie großes Karma hervor.

„*Mißtrauen*" ist der fünfte Geistesbaum. Aus Versehen nießt jemand und einige Tropfen fallen auf deinen Mantelärmel. Du siehst ihn an. Er tritt zurück: „Ich bitte um Verzeihung." Dann nießt er wieder. Du siehst ihn an. Ein eigenartiger Ausdruck liegt auf seinem Gesicht. „Vielleicht nießt er absichtlich", denkst du. „Vielleicht will er mich beleidigen." Du gehst zu ihm: „He, Sie! Haben Sie das absichtlich getan?" „Was meinen Sie?" Und ehe du dich versiehst, bricht eine Schlägerei aus, und die Polizei kommt und führt dich im Überfallwagen ab.

„Weil sie mehr und mehr wachsen, bedecken sie alles Gute im Geist und schläfern diesen ein." Das Gute im Geist sind die Prinzipien.

„Wenn ihr lange Zeit die sieben Gattungen von bodhi *praktiziert, werdet ihr von diesen fünf ‚Schatten' nicht erdrückt werden."* Warum meditieren wir? Am Ende der Meditation finden wir etwas Wesentliches in unserem Geist. Wir meditieren bis wir — um es mit euren Worten zu sagen — Gott in uns finden.

„Welches sind die sieben Gattungen von bodhi? *Sie heißen Achtsamkeit..."* Vielleicht wißt ihr nicht, was Achtsamkeit *(smṛti)* ist. Um diese zu üben, verbrenne ich Räucherware. Ich nehme eine Prise in meine Finger und, bevor ich sie ins Feuer streue, hebe ich sie an meine Stirne und konzentriere meinen Geist darauf, dem Buddha die Räucherware darzubringen. Oder ich stehe vor dem Bild des Kshitigarbha, um mich zu verbeugen (Kshitigarbha ist der Aufbewahrer der Saat des Geistes). Ich falte meine Hände, um mich mit Achtsamkeit zu konzentrieren, dann verbeuge ich mich mit großer Konzentration. Wenn ich jemandem in Amerika vorgestellt werde, ergreife ich seine Hand und schaue ihm in die Augen: „Wie geht es ihnen?" Ich tue dies aber nicht so, wie man sich an der Park-Avenue die Hände schüttelt. Der Mensch, der Achtsamkeit übt, behält diese immer bei. Die japanische Kunst des Bogenschießens ist eine Übung in Achtsamkeit. Auch Leute, die fechten, brauchen Achtsamkeit und Baseballspieler verwenden sie, wenn sie ihren Schläger schwingen. In der Meditation wird sie in jeder Minute geübt. Auf chinesisch heißt dies „*nen*".

„Auswahl des Dharma, über welches man meditiert." Dies betrifft eine natürliche Funktion eures Geistes. Am Morgen,

wenn ihr erwacht, denkt ihr: ,,Was soll ich heute tun — mein Einkommen einschätzen oder Briefe schreiben?" Und ihr bestimmt, was ihr tun wollt. In der Meditation geschieht dasselbe. Über was meditiert ihr? Ihr wählt ein Thema für eure Meditation.

,,*Bemühen um Konzentration.*" Wenn ihr eure Wahl getroffen habt, müßt ihr dieses Ziel mit aller Kraft durchsetzen. Als ich mit dem Zug in New York ankam, sah ich einen Zeitungsjungen, der die Zeitungen sehr langsam, unerbittlich und pausenlos ausrief. Er rief einfach immer die gleichen Namen aus und verkaufte dabei viele Zeitungen.

,,*Seligkeit.*" Seligkeit ist das Ergebnis der Meditation. Sie tritt im dritten *dhyāna-loka* auf (s. S. 22).

,,*Gefühl der Beschwingtheit.*" Dieses zeigt sich am Ende des dritten *dhyāna-loka.*

,,*Jeden Tag dieselben Dinge beachten.*" Das ist Samadhi. Wenn ihr ins Kino geht und die schöne Greta Garbo seht, vergeßt ihr euch selber und werdet die große Garbo selbst. Das ist Samadhi.

,,*Entsagung.*" Das heißt, alles aufzugeben. Versucht es! Es ist nicht leicht. Es ist sehr schwierig. ,,Was würde mit mir geschehen, wenn ich wirklich alles aufgäbe?" denkt ihr. Aber um der Welt zu entsagen, ist es nicht nötig, das Geschäft oder die Familie aufzugeben, man soll lediglich auf nutzlose Gedanken verzichten.

Wenn ihr die sieben Gattungen von *bodhi* praktiziert, um das Erwachen zu erreichen, werdet ihr von den Schatten der fünf großen Geistesbäume nicht erdrückt werden.

D AS SCHLOSS *Es ist eine Schande eurer eigenen Seele gegenüber, wenn ihr nicht erleuchtet seid. Ihr sollt Tag für Tag Fortschritte machen und die Last von Geist und Seele verringern.*

,,So habe ich gehört: Ein Königsschloß muß einen Turm haben, der das umgebende Land überragt. Darauf muß ein Türmchen sein, in welchem ein Wächter Ausschau halten kann. Zusätzlich müssen tiefe Gräben das Schloß umgeben, sowohl solche, die mit Wasser gefüllt sind, als auch trockene.

In der Schloßanlage muß es breite Straßen und kleine Wege geben, die die Verbindung zur wichtigsten Heerstraße des Landes herstellen.

In der Festung müssen die vier Arten von Soldaten vorhanden sein: Soldaten auf Elefanten, Soldaten zu Pferd, Soldaten auf Wagen und Soldaten zu Fuß. Für sie alle müssen geeignete Waffen vorrätig sein.

Die Tore des Festungswalles müssen von einem General bewacht und beschützt werden. Und das Schloß muß einen General haben, der die richtige Strategie und Taktik anzuwenden weiß. Ihr Mönche müßt Glauben haben. Ihr müßt Schamgefühl haben und ihr müßt Ehrgefühl haben."

Der Buddha erklärte hier einem jungen Schüler die sieben notwendigen Kennzeichen eines Schlosses.

Glaube ist der Turm, der Hauptteil des Schlosses. Glaube ist das erste, was man haben muß. Man kann keine Religion praktizieren, wenn man Zweifel hat. Ihr müßt alle Zweifel mit euer Weisheit vernichten — ihr sollt bejahen, nicht verneinen. Durch Bejahung sollt ihr Glauben erreichen und an diesem Glauben festhalten. Ob ihr Christen oder Buddhisten seid ist einerlei, ihr könnt eure eigene Religion durch die andere verstehen. Diamant schleift Diamant, Jade poliert Jade. Mit der Jade eines anderen Berges könnt ihr die Jade eures eigenen Berges polieren.

Ihr Mönche müßt Schamgefühl haben. Die Empfindung von Scham ist eine Eigenschaft der Gnade. Es ist wie der Schloßgraben. Wenn ihr Schamgefühl habt, könnt ihr nicht töten oder im Schlaf getötet werden. Wenn ihr einen tiefen Graben der Scham um euch herum grabt, seid ihr vor dem Angriff des Feindes sicher und habt inneren Frieden. Da Scham eher eine Gefühlssache ist, betonte der Buddha als nächstes einen mehr intellektuellen Aspekt.

Ihr müßt Ehrgefühl haben. Es ist eine Schande euer eigenen Seele gegenüber, wenn ihr nicht erleuchtet seid. Ihr sollt Tag für Tag Fortschritte machen und die Last von Geist und Seele verringern! Eure Meditation soll tief gehen! Sogar im Schlaf muß eure Aufmerksamkeit vorhanden sein, andernfalls könnt ihr es nicht erreichen.

Richtige Anstrengung ist die Hauptstraße der Schloßanlage. Wenn ihr in eurem eigenen Geist nicht klar seid, könnt ihr euch nicht mit der Heerstraße des menschlichen Lebens verbinden. Ihr müßt innerhalb der Schloßanlage ein ausgezeichnetes Straßensystem herstellen. Um dies zu tun, muß man sich in vier Richtungen anstrengen (die vier Gattungen der Soldaten).

Es braucht große Anstrengung, Weisheit zu erreichen, und es braucht richtige Anstrengung und richtige Kraft, Erleuchtung zu erlangen. Willenskraft hat eine positive und eine negative Seite — man kann eine Person beobachten und ihre emotionelle Kraft, ihre physische Stärke und die Kraft ihrer Weisheit beurteilen. Diese Kräfte müssen in euch wirken, sonst könnt ihr nicht zur Erleuchtung vorstoßen. Im täglichen Leben muß die Kraft des Gefühls vorhanden sein, aber man soll diese Kraft in allen Richtungen benutzen, nicht nur in einer. Als Buddhisten müßt ihr alle notwendigen Waffen zur Verfügung haben. Ihr müßt die Sutras, *vinaya* und *abhidharma* (die drei Körbe oder drei buddhistischen Arten von Schriften, s. S. 277) benutzen, um das Böse in euch und in anderen zu besiegen.

Die Sutra sind Aufzeichnungen von Buddhas Lehrreden zum Thema ,,Meditation'', sie enthalten die Darlegung der Methode, zur Erlangung der Erleuchtung, Anweisungen zur Meditation und Beispiele von Jüngern, die Meditation übten und die Gebote beachteten.

Vinaya enthält Berichte über die Bemühungen der Jünger im täglichen Leben und über die Anwendungen der Gesetze in der Gemeinschaft.

Abhidharma ist die Philosophie des Buddhismus, sie zeigt die Erkenntnis des Buddha und seiner größten Jünger, Shariputra, Maudgalyayana und Mahakashyapa.

,,*Das Schloß muß einen General haben, der die richtige Strategie und Taktik anzuwenden weiß.*''. Hier sprach der Buddha über das Lehren, die Kunst der Taktik. Man kann nicht Gewalt anwenden, um das Herz eines anderen zu öffnen — man muß zuerst Kontakt von Mensch zu Mensch herstellen und zeigen, nach welchem Gesetz man lebt.

Schließlich muß das Schloß einen starken steinernen Festungswall haben, auf welchem die Wächter alles beobachten, was in euch ein- oder aus euch austritt. Sie müssen so genau aufpassen, daß nicht einmal eine kleine Maus hineinschlüpfen kann. Auch am Tor müssen starke Wächter stehen. In unseren buddhistischen Tempeln ist der Gott winzig, aber der Pförtner ist riesig groß.

DIE GRUNDLAGE DER GEBOTE
Sämtliche Gebote beruhen auf dem allen Lebewesen gemeinsamen Begehren zu leben. Um zu leben, müssen wir geben und nehmen und sollten dies üben.

Nach der Überlieferung sollen sich 21 Tage nach Buddhas Tod 500 Mönche in einer Felsengrotte versammelt haben, um Buddhas Lehrreden, die von Ananda aus dem Gedächtnis wiederholt wurden, zu sammeln. Sie unterteilten die gesamten Predigten in 21 Gruppen. Zu diesem Zeitpunkt waren alle großen Jünger des Buddha außer Mahakasyapa gestorben. Mahakasyapa war der Älteste und wurde der Führer der 500 Mönche.

Etwa zur gleichen Zeit versammelten sich an die 1500 Mönche an einem ungefähr 30 Meilen von der Felsengrotte entfernten Ort und machten ebenfalls eine Sammlung von Buddhas Lehrreden. Diese Gruppe wurde die Mahasanghika — die große Versammlung — genannt. Die 500 Mönche, die ihre Versammlung in der Felsengrotte abhielten, nannte man die Sthavira oder die Alten. So spaltete sich Buddhas Jüngerschaft wenige Wochen nach seinem Tod in zwei Gruppen — die Sthavira und die Mahasanghika.

In der Ausübung des Buddhismus hielten die Alten die Beobachtung der Gebote für das Wichtigste. Die Gelehrten der Mahasanghika dagegen legten ihre Betonung auf die Meditationsübung.

Es gibt vier verschiedene Sammlungen von Agamas. Drei wurden von den 500 Mönchen herausgegeben, eine von der großen Versammlung. Der Buddhismus, der nach China, Korea und Japan gelangte, gehört zur Linie der großen Versammlung. Heute nennen wir die Schule dieser Gelehrten Mahayana — das große Fahrzeug — und die der anderen Hinayana bzw. das kleine Fahrzeug. Aber in Wirklichkeit gibt es im Buddhismus weder ein großes noch ein kleines Fahrzeug.

Die große Frage, die seit Budhas Tod für die Alten unbeantwortet geblieben war, lautete: ,,Was ist Buddha-Geist, der Geist, der die Gebote aufgestellt hat?" In der großen Versammlung blieb eine andere Frage ungelöst, nämlich: ,,Was ist Buddhas Errungenschaft, was ist das endgültig Erreichte seines Wissens", mit anderen Worten: ,,Was ist Meditation?"

Etwa 200 Jahre nach Buddhas Tod betrachteten die Anhänger der Sthavira die Meditation vom Standpunkt der Gebote aus, während die Anhänger der Mahasanghika die Gebote vom Standpunkt der Meditation aus betrachteten. Die schwierigen Fragen wurden also von beiden Gruppen gelöst.

Soviel zur Stellung der Gebote in den zwei Hauptschulen des Buddhismus.

Die Gebote des Buddhismus sind sehr einfach, jeder Buddhist kennt sie. Zwar mußten die Mönche der alten Zeit 250 Gebote beachten, doch die Grundlage all dieser Gebote sind die sogenannten ,,Fünf Gebote", auf die ich etwas später zu sprechen komme. Sämtliche Gebote beruhen auf dem allen Lebewesen gemeinsamen Begehren zu leben. Um zu leben, müssen wir geben und nehmen und sollten dies üben. Es gibt folgende sechs Arten des Nehmens:

1. Etwas aus nichts herstellen: Ein Bauer stellt durch Mühe etwas aus einem leeren Feld her.
2. Nehmen durch Austausch: Ich habe eine Uhr, du hast Geld.
3. Nehmen durch Gewalt: Ich habe nichts, du hast etwas, also nehme ich dir das, was du hast, weg.
4. Nehmen durch Betrug: Jemand sagt, ,,Bitte, gib mir dies, ich werde dir Geld dafür geben — nicht heute, aber morgen", und er gibt das Geld nie. Es gibt viele Arten von Betrug.

5. Ich nehme nicht, aber es wird gegeben: Ich sitze einfach sehr bescheiden oder jämmerlich an einer Straßenecke und jemand läßt einen Pfennig fallen. Jemand fragte einen Mönch nach dem Unterschied zwischen einem Bettler und einem Mönch. Dieser antwortete: „Der Bettler bettelt, der Mönch nicht, ihm wird alles gegeben." Das ist auch eine Art des Nehmens. 6. Nehmen durch einen glücklichen Zufall: Du stellst irgendwo einen Eimer hin und schaust zum Himmel, plötzlich fällt ein Geldstück vom Himmel z-z-zingng — genau in deinen Eimer. Oder du gehst in eine Spielhölle, setzt dein Geld, und das Rad hält genau bei deiner Zahl.

Das sind die sechs Arten des Nehmens. Wenn man einen gesunden Körper hat und das Wissen der Vorfahren, kann man etwas aus der Natur hervorbringen. Man weiß z. B., wo es Fische gibt. Also geht man am Morgen dorthin und wirft sein Netz aus — der Fischer ist auch ein Glückspieler. Oder man lernt schießen, und wenn man jemandem begegnet, der eine große Tasche voller Güter hat, stiehlt man sie. Oder man macht sein Gesicht zurecht und gewinnt sich durch seinen Charme ein Heim, um sich Kinder nach der eigenen Gestalt zu schaffen. Einige Arten des Nehmens sind besser als andere, aber im Gesamten gibt es nur sechs. Alle dienen dem Überleben.

Der Drang zu überleben gliedert sich in folgende fünf Begehren:

1. Das Begehren zu zeugen.
2. Das Begehren, die Rasse zu erhalten.
3. Das Begehren, dem Körper Nahrung zu geben.
4. Das Begehren, Güter für den Notfall aufzubewahren.
5. Das Begehren, anderen überlegen zu sein.

Wenn jemand den Wunsch hat zu sterben, zählen wir dies nicht zum Begehren. Man könnte natürlich sagen, jedermann sei frei zu sterben, wann er will. Wenn man aber ein Mitglied der menschlichen Gesellschaft, einer Familie und eines Landes ist, ist man nicht frei. Dann hat man kein Recht, sich selber zu töten. Jemand, der die Pflicht, ein Mitglied der menschlichen Gesellschaft zu sein, nicht auf sich nimmt, wird ausgestoßen. Man entzieht ihm seine Verantwortungen, und er hat keinen Beruf und niemanden, der ihn liebt, und niemanden, der ihn braucht. Dann hat er die Freiheit, Selbstmord zu begehen. So lange wir aber als Glieder der menschlichen Gesellschaft leben, sollten wir uns nicht selber töten.

Es gibt aber noch ein weiteres Begehren, das ist der Wunsch nach Schlaf. Dieses ist sehr wichtig. Wenn man schwer krank ist, will man schließlich keine Medizin mehr einnehmen, nicht mehr trinken oder essen, sondern nur noch schlafen. Der Schlaf erlaubt uns, Energie zu sparen, und so können wir wieder aufleben. Der mentale Körper bedarf eines mentale Ruheplatzes, damit er Nirvana finden kann. Die Religion hat den bestimmten Auftrag, dem Geist einen angenehmen Ruheplatz zu gewährleisten.

Einmal, als ich noch sehr jung war, wollte ich meinem Lehrer eine Frage stellen und sagte: „Ich kam hierher, um ihnen, meinem Lehrer, zuzuhören. Wie klassifizieren Sie dieses Begehren im Rahmen der im Buddhismus aufgezählten Begehren?"

Die Antwort lautete: „Es ist dein Begehren, hierher zu kommen, um zu schlafen."

Jedermann hat das Begehren zu überleben. Die verschiedenen Lebewesen befriedigen es auf ihre Art. Das kleine Tier z. B. nimmt die Farbe der Herbstblätter an, um sich vor seinen Feinden zu schützen, das ist seine Beschäftigung. Die Pinie wächst sehr hoch, das ist ihr Beruf. Die Trauerweide, so biegsam und graziös, ist wie ein Diplomat mit Glacéhandschuhen. Wenn dieser „ja" sagt, heißt das „vielleicht", und er sagt niemals „nein". Alle empfindenden Wesen, von den Gräsern bis zum Menschen haben die Pflicht, als Glieder dieser empfindenden Welt zu leben und zu überleben.

Die Chinesen wählten fünf Wege, um diese Pflicht zum Überleben zu erfüllen:
1. Liebe
2. Pflichterfüllung im täglichen Leben
3. Schicklichkeit (wenn ich um etwas bitte, sage ich nicht bloß „gib", sondern „bitte, gib mir...")
4. Weisheit
5. Vertrauen

Das sind die sog. „fünf Kardinaltugenden". Ohne diese wären wir nicht Mitglieder der empfindenden Gesellschaft. Für das Leben in der menschlichen Gesellschaft gibt es folgende fünf Gebote:

1. Du sollst nicht töten! Das eigene Leben und das des anderen zu bewahren, ist das erste Bündnis zwischen den Menschen.
2. Du sollst nicht des anderen Nahrung oder Besitz stehlen!
3. Du sollst nicht Ehebruch begehen! Ein Vater sollte sein eigenes Kind kennen. Wenn wir uns daran nicht halten, können wir unser Familienleben oder unser Land nicht in Ordnung halten.
4. Du sollst nicht lügen! Durch Lüge geht das Vertrauen deiner Freunde in dich verloren und ebenso dein Vertrauen in sie.
5. Du sollst dich nicht berauschen und deinen Körper nicht durch Weintrinken schädigen!

So lauteten die ersten Gebote zur Zeit des Buddha. Doch ihre Bedeutung hat sich seither verändert.

1. Du sollst überhaupt nichts töten. Wenn wir alles in Energie und Materie unterteilen, stellen wir fest, daß man Energie nicht vernichten und Materie nicht vollständig zerstören kann. Niemand kann töten. Wenn ihr glaubt, ihr könntet euren Glauben an Gott töten, fällt ihr in Unwissenheit (Agnostizismus).
2. Du sollst nicht stehlen. Es gibt nichts, das einer bestimmten Person gehört. Zu gewissen Zeiten können wir Dinge besitzen, aber nur vorübergehend.
3. Du sollst nicht Ehebruch begehen. Liebe gehört niemandem. Man kann Liebe nicht machen. Liebe wird gegeben. Wenn man denkt, man habe sein eigenes Ich, man sei ein von allen anderen getrenntes Individuum, dann verletzt man dieses Gebot. (Die eheliche Liebe sollte in diesem erweiterten Sinne verstanden werden.)
4. Du sollst nicht lügen. Nichts hat einen Namen, am Anfang ist alles namenlos. Wir erfanden Namen, befestigten an allem ein Schild. Jede feste Ansicht ist eine Lüge, denn alles kann mit vielen Namen benannt werden. Wir haben kein Recht zu sagen, eine bestimmte Antwort sei die einzig richtige, und es

gebe keine andere. Die Antwort sollte nicht aus einem Wort bestehen. Wenn ihr sie in ein Wort packt und daran festhaltet, ist es eine Lüge.

Das ist die eigentliche Bedeutung der „Fünf Gebote". Diese Bedeutung hat sich aber noch weiter entwickelt. Heutzutage bringen wir die Gebote in Verbindung mit den fünf *skandhas:*

1. Töte nicht den physischen Körper – *rūpa-skandha*.
2. Stehle nicht – wovon? Stehlen gehört in den Bereich der fünf Sinne — *vedanā-skandha*.
3. Begehe nicht Ehebruch: Du sollst in der Liebe nicht betrügen, das betrifft das Denken – *saṃjñā-skandha*. Wenn du deine Frau zu einem Arzt schickst und dieser operiert mit einem Messer an ihrem Schoß, nennst du dies nicht Ehebruch.
4. Du sollst nicht lügen: Man kann über eine Sache auf viele, viele Arten denken. Wir lügen oft nicht auf Grund unserer Worte, sondern auf Grund unseres vermeintlichen Wissens oder unserer vermeintlichen Weisheit. – *saṃskāra-skandha*.
5. Du sollst dich nicht berauschen, sonst schläfst du für immer in der ursprünglichen Dunkelheit. Du wirst unwissend in der Nicht-Existenz. Wer hat dich getäuscht? Wer ist der Schöpfer dieser Illusion? Der Schöpfer ist in dir, es ist dein eigenes Bewußtsein. Es ist *vijñāna-skandha*.

Soviel ich weiß, ist dies die höchste Entwicklung der Gebote im Buddhismus.

DIE FÜNF GRUNDREGELN ZUM KEHREN DES BODENS *Die Geistesinhalte verursachen uns viele Schwierigkeiten, weil wir die Außenwelt durch sie und nicht durch die fünf Sinne wahrnehmen.*

Das Kehren des Bodens ist eine im Buddhismus beliebte Allegorie über das Aufwischen des Staubes vom Boden unseres Geistes.

Bevor ich darauf eingehe, will ich eine Geschichte aus China erzählen:

Ein Zen Mönch fragte seinen Meister: „Meister, wie kehren Sie den Boden?" Der Meister fragte zurück: „Wo würdest du einen Haufen Abfall lagern?" Der Mönch antwortete: „Ich würde ihn außerhalb des Tempels lagern." Der Meister sagte: „Warum tust du es dann nicht?"

Wir deponieren Abfall und Staub nicht außerhalb des Tempels, sondern lassen es zu, daß sie innerhalb desselben bleiben. Ihr müßt dieses mentale Zeug draußen lassen, zusammen mit dem Besen und dem Staublappen! Ich denke, das ist schwer zu verstehen. Wenn ihr einen Besen nötig habt, benutzt ihn, doch ihr müßt ihn irgendwo draußen aufbewahren. Ihr müßt dies viele viele Jahre lang üben. Dann wird euer Geist aufgeräumt sein wie es seiner Natur entspricht.

Der Buddha gebot seinen Jüngern, folgende fünf Grundregeln über das Kehren des Bodens im Gedächtnis zu behalten, und sagte, es sei von Gewinn, diese zu befolgen:

„1. Kehre nicht gegen den Wind, sondern in Richtung eines leichten Windes! 2. Kehre restlos alles zusammen und mache einen Haufen! Wenn du den Haufen machst, kehre von Süden, Westen, Osten und Norden! 3. Du mußt allen Abfall wegtragen und verbrennen, um ihn zu vernichten. 4. Am Schluß muß der Boden rein und sauber sein. 5. Laß keinen Kot von Tieren liegen."

Das sind die fünf Grundregeln des Kehrens. Jedermann kennt sie, es ist nicht nötig, sie von Buddha zu lernen. Doch wenn ihr sie nicht befolgt, ist euer Kehren nutzlos. Der Buddha gab den Mönchen nur diese fünf Prinzipien. Sie wurden später von Shariputra erklärt und in Beziehung zum Reinigen des Geistes gebracht. Im Sutra selber wird nichts weiter dazu gesagt, doch ich kann Buddhas Absicht erraten und werde die fünf Grundregeln dementsprechend erklären.

Wie reinigt man seinen Geist? Wenn man abends zu Bett geht, fühlt man sich unbehaglich, weil im Geist viel Staub herumwirbelt — es ist lästig und ein Greuel. Ich begegne vielen Menschen, deren Geist einem Abfalleimer oder einer Lagerstätte für zerbrochene Möbel, Papier, Asche und Mausedreck gleicht! Das ist ganz im Gegensatz zum Gehirn eines Fisches. Der Fisch hat eine Seele und fünf Sinne und sonst nichts (s. S. 106). Auch der Geist eines Säuglings ist wie der eines Fisches: Der Säugling hat eine Seele, fünf Sinne und sonst nichts. Aber der Säugling nimmt viel Material von seiner Mutter in sich auf, „Tu' das nicht, tu' jenes nicht!" Dieser Staub sammelt sich allmählich im Gehirn des Kindes an, und wenn dieses dann später versucht, etwas zu beurteilen, benutzt es diesen verunreinigten Geist dazu.

Wie gefährlich das ist! Es ist, als ob jemand einen Mantel anzuziehen versucht, welcher 10 oder 15 Jahre früher angefertigt worden ist; er ist unmodisch, alt und unbequem, zu klein oder zu groß; er paßt nicht. Doch es ist die Gewohnheit der Menschen, zufällige Vorfälle auf Grund alter Vorstellungen zu beurteilen. Einer, der ein erfolgreiches Restaurant führt, denkt: „Ich machte aus diesem einen Restaurant einen Erfolg und bin sicher, daß ich dasselbe überall machen könnte." Also kommt er nach New York, sucht eine ähnliche Stelle wie zuvor und eröffnet ein Restaurant. Dann erkennt er, daß das Geschäft nicht so gut läuft. Ich habe gewisse Plätze monatelang beobachtet, ein Geschäftsmann nach dem andern kommt, eröffnet ein Restaurant, hat keinen Erfolg und zieht wieder weg. Sie haben die Gegebenheiten des Quartiers nicht studiert — sie eröffneten ihre eigenen Vorstellungen, nicht ihr Restaurant. Genau so „eröffnete" Sokei-an seine Idee: „New York braucht den Buddhismus nicht". Auf diese Weise ist er nicht entmutigt. Hätte der jedoch gedacht, New York *müsse* den Buddhismus haben, wäre er entmutigt und auch nicht weise.

Unsere Geistesinhalte verursachen uns Schwierigkeiten, weil wir die Außenwelt durch sie und nicht durch die fünf Sinne wahrnehmen. In der Religion gibt es viel Irrtum, in der Moral ebenfalls, in allem gibt es viel Irrtum.

Die meisten Menschen unterscheiden zwischen Seele, Geist und Sinnen in dieser Reihenfolge. Wir Buddhisten halten dies für verkehrt. Bei uns kommt zuerst die Seele, dann kommen die fünf Sinne, dann die Außenwelt und dann der mentale Geist. Der mentale Geist ist der Überbau, die Seele der Boden, die fünf

Sinne das Erdgeschoß und die Außenwelt der 1. Stock. Das Denken ist das letzte Stockwerk, und da gehört es auch hin, direkt unter das Dach. Aber für die meisten Menschen ist das Denken der Boden, und von dort aus beobachten und studieren sie die Psychologie ihrer Mitmenschen. Der denkende und fühlende Geist ist in Wirklichkeit eine Anhäufung von Staub. Wir können ihn benutzen, doch wir müssen wissen, wo er hingehört.

„Kehre nicht gegen den Wind": Durch Meditation fegen wir den Geistesstaub weg. Doch kehrt ihr gegen den Wind oder mit einem leichten Wind? Ihr sollt die Windrichtung herausfinden und entsprechend kehren. Ihr sollt die fünf Sinnespforten schließen und versuchen, den Staub von der Seele wegzuwischen. Doch euer Besen kommt von den fünf Sinnen her, und ihr versucht, den Staub von da in die Seele hinein zu fegen. Das ist dilettantische Meditation und bedeutet, gegen den Wind zu kehren. Kehre in Richtung eines leichten Windes! Stellt euch auf den Boden der Seele und benutzt den Besen von dort aus! Natürlich sieht man Staub, wenn man sich auf den Geist konzentriert. Ihr seht vielleicht das innere Bild einer Föhre. Schaut die Föhre an, dann wird der Geist weggehen! Öffnet euren Geist, schaut nach außen, studiert die Gegebenheiten, und dann werdet ihr erkennen, daß euer Geist sauber ist.

„Wenn ihr den Boden kehrt, müßt ihr einen Haufen machen": Der Buddha schuf das Dharma und machte einen Haufen daraus. Buddhismus ist ein Haufen Staub. Ein Koan ist ein Haufen Abfall, dadurch, daß man ihn auf viele Arten durchdenkt, gewöhnt man sich daran, in Übereinstimmung mit dem kosmischen Gesetz zu denken. Vater und Mutter, Mann und Frau, dunkel und hell, Zeit und Raum, gut und böse — das sind alles Abfallhaufen. Es gibt immer Zweiheit, doch vor der Schöpfung gab es keine relative Existenz; bevor wir zu denken anfangen, existiert das Absolute. Doch dann wird dieses Absolute zu einem Haufen Vernunft, einer Anhäufung von Geistesinhalten. Wenn man diesen Haufen wegschafft, ist man dort, dann gibt es kein Wort mehr, keine Falle, in die man sich verstrickt. Wenn ihr zu einer Schlußfolgerung kommt, die sich in Worten ausdrücken läßt, ist das eine Idee und wird zu einem Häufchen Staub werden. In diesem

Fall stellt ihr euch eurer Aufgabe, den Staub wegzukehren, noch nicht. Laßt los, dann werdet ihr saubren Boden finden! Das ist die wirkliche Grundlage des Buddhismus.

Ich kann nichts weiter dazu sagen, das ist das Ende von Worten. Einige stoßen darauf, können es aber nicht ergreifen. Diesen rufe ich zu: ,,Laß es los, denke kein Wort aus dem Wörterbuch! Das Inhaltlose ist der Boden" — und sie glauben es. Und indem sie es glauben, erkennen sie allmählich die Zusammensetzung des wirklichen Bodens.

Macht einen Haufen! Benützt die Ausdrücke ,,Zen" oder ,,ätherische Konservation von Energie" oder sonst etwas und werft sie dann weg! Dann werdet ihr den reinen Boden sehen. Doch leistet gute Arbeit! Säubert auch eure emotionelle Seite. Behaltet keinen Abfall zurück — Angst, Haß, Gekränktsein — ihr braucht diese Dinge nicht.

Der Sohn eines reichen Mannes wünschte Ju-Jitsu zu lernen und sagte zum Lehrer: ,,Ich gebe Ihnen 1000 Dollar, aber drehen sie mir nicht den Arm um und tun sie mir nicht weh!" Wie kann man auf diese Art lernen? Wenn man Zazen übt, um den wahren Boden zu bestellen, muß man das Material des Geistes und der Emotionen wegwerfen. Und wascht allen Durst weg! Als wahre Zen Schüler müßt ihr den Wunsch nach Geld wegwaschen. Die jungen Mönche von 23 oder 24 Jahren dürfen auch den Geisha-Frauen keine Aufmerksamkeit schenken. Verzicht auf Geld und Frauen sind die zwei ersten Voraussetzungen für das Mönchtum, es ist das Schlachtfeld der Mönche.

Aber Laien, die eine Familie oder ein Geschäft haben, können nicht dasselbe tun. Deshalb mögt ihr unter der Voraussetzung, daß euer Geist rein ist, auf eine Art leben, die derjenigen der Mönche diametral entgegengesetzt ist.

Beginnt nicht mit unsauberem oder entwürdigtem Untergrund! Jeder Laie soll am Anfang des Tages den Weg des Mönches gehen. Dann geht er hinaus in den Staub der Straße. Im Leben des Mönches wird der Welt entsagt, im Leben des Laien muß die Welt anerkannt werden. Was der Mönch verneint, muß der Laie bejahen — beides, gut und böse. Gewöhnlich bejaht der Laie nur Gutes und verneint Böses, während der Mönch beides verneint, gut und böse. Der Mönch sollte nicht das Ideal des Laien imitieren und der Laie nicht das des Mönches. Wenn euer Boden vollständig gesäubert ist, ist der Weg des Laien und der Weg des Mönches genau derselbe. Der Eine steht auf dem Boden der Seele, der andere geht im Staub, aber derjenige, der im Staub geht, weiß, wie man den Boden kehrt, und so kann er am Abend zum reinen wahren Boden zurückkehren. Auf diese Weise wird er im Gesetz, welches in ihm, in der Natur und im Universum geschrieben steht, nicht verwickelt.

DER FISCHKOPF In einem Zen Kloster steht normalerweise eine hölzerne Fisch-Trommel. Sie ist ein Symbol für die Leere des Geistes, denn in alter Zeit dachte man, daß der Fisch die gewöhnlichen fünf Sinnesorgane habe, aber kein Denkvermögen.

Als ich ein Kind war, traf ich eines Tages einen Mönch. Ich schaute ihn an und lächelte. Er erwiderte das Lächeln nicht, also schaute ich ihn wieder an und versuchte, seinen Geist zu suchen. Ich dachte: ,,Er denkt überhaupt nichts!'' Das war mein erster Kontakt mit einem Zen Meister. Später ging ich zum Ryomo Kloster und traf Sokatsu Shaku. Er schaute mich mit seinen großen Augen an, und das war alles.

DIE SIEBEN AUFENTHALTSORTE DES BEWUSSTSEINS *Nach der buddhistischen Auffassung existiert Bewußtsein nicht ewig. Es gibt einen Zustand, in dem das Bewußtsein aufgelöst ist, genau so wie ein Tropfen Zitronensaft im Wasser. Natürlich kann man den Zitronensaft dem Wasser wieder entziehen.*

Viele Menschen fragen mich, wie und worüber sie meditieren sollen, was die wahre Bedeutung der Meditation sei und was geschehen werde, wenn sie zu meditieren anfangen. Ich kann ihre Fragen nicht beantworten, da man dies selber erfahren muß.

Sie möchten meditieren, haben aber noch keine Erfahrung damit. Ihr, die ihr mir heute zuhört, versteht das Wesen des Buddhismus schon mehr oder weniger, und es ist deshalb Zeit für euch, die aus alten Zeiten überlieferte Meditationsanstrengung zu verstehen, durch welche die Buddhisten den Zustand von Nirvana anstreben.

Die Menschen meines Herkunftlandes denken, Nirvana sei Tod. Wir können es auch ihnen nicht erklären. Die Menschen des Westens kennen bloß das Wort ,,Nirvana'', und dieses wird im Wörterbuch als ,,Auslöschen'' erklärt. Das Wörterbuch sagt aber nicht, was ausgelöscht wird.

Der letzte Schritt im Buddhismus ist das Verstehen von Nirvana. Der Buddha erklärte, daß es sieben Orte oder Sphären gibt, in denen Bewußtsein (vijñāna) entsteht und bequem verweilt. Die orientalischen Denker befaßten sich eingehend mit dem Wesen des Bewußtseins. Die Methode, die sie anwendeten, um Bewußtsein zu studieren, war die Meditation. Sie meditierten über die Aufenthaltsorte[1] des Bewußtseins und definierten sie auf Grund ihrer eigenen Erfahrung. Es gibt viele Orte, in denen sich Bewußtsein aufhalten kann, aber deren sieben sind dafür am besten geeignet. Die entsprechenden Namen wurden von den Meditierenden des Orientes geschaffen, genauso wie eure Philosophen und Psychologen Ausdrücke wie ,,Wahrnehmung'', ,,Erfassen'' oder ,,Wissen'' schufen.

Die Lehre der sieben Aufenthaltsorte des Bewußtseins (vijñāna sthita) ist sehr alt. Sie gehört zusammen mit den Systemen der fünf Skandhas, der drei Welten (s. S. 48) und der vier Nahrungen (s. S. 196) zum ältesten Teil des Buddhismus. Andere Systeme wie z. B. das der drei Körper des Buddha (trikāya) (s. S. 136) oder des ālaya-Bewußtseins (s. S. 172) wurden erst nach Buddhas Tod entwickelt.

---

[1] Der buddhistische Ausdruck ,,Aufenthaltsort des Bewußtseins'' kann in unserer Sprache eventuell besser als ,,Zustand des Bewußtseins'' verstanden werden (Anm. d. Übers.).

Um die sieben Aufenthaltsorte oder Zustände des Bewußtseins zu studieren, muß man einen nach dem anderen betrachten und über jeden einzelnen getrennt meditieren. Man meditiert über den ersten Zustand und wird darin geboren, d.h. man meditiert solange, bis man in diesem bestimmten Samadhi geboren wird, und dann wächst man darin heran. Das ist der Weg, der für jede Art Übung gilt. Jemand, der Malerei studiert, meditiert zuerst über das Bild. Will er z.B. eine Landschaft malen, nimmt er Pinsel und Farbkasten und geht aufs Land. Er meditiert über die Natur, und plötzlich realisiert er, daß er selber Teil der Natur ist. Ein chinesisches Gedicht beschreibt diesen Bewußtseinszustand folgendermaßen:

Ich betrachte die Landschaft
von Sho und Shung.
In meinem Boot erkenne ich plötzlich,
daß ich in der Landschaft bin.

Die Anhänger der „Reinen Land" Sekte des Buddhismus denken dauernd an Amida Buddha und meditieren über ihn mit einem reinen Geist, einzig und allein darauf gerichtet, ohne einem anderen Gedanken Raum zu geben, und sie rufen seinen Namen: „Namu Amida Butsu, Namu Amida Butsu". Weil sie dort geboren werden möchten, rufen sie den Namen und denken andauernd an das Reine Land. Durch dieses Tun wird Amida Buddha erscheinen und sie zu sich holen, und sie werden in jener Welt geboren werden, im Schoße des Amida Buddha.

Shariputra erklärte, daß sich das Bewußtsein als erstes im Geiste jenes empfindenden Wesens aufhält, das diesen (menschlichen) physischen Körper und diesen (menschlichen) Geist hat. Alle Arten der empfindenden Wesen unterscheiden sich durch die Form ihres Körpers und die Form ihres Geistes.

Wenn wir in diesem ersten Aufenthaltsort meditieren, denken wir zuerst philosophisch. Wir verfolgen eine Fragestellung mittels unseres logischen Denkens. Das Bewußtsein ist in diesem Zustand sehr aktiv. Es versucht zu denken und eine Antwort zu finden. Dieser Ort ist unser gewöhnlicher Geisteszustand. Das Bewußtsein hält sich am liebsten hier auf.

Wenn wir weiter meditieren, kommen wir in den Zustand, in

dem wir ganz natürlich, ohne Anstrengung, wahrnehmen. Wir denken nicht mehr logisch, während wir unsere „Kutsche" steuern. Der physische Körper wird still gehalten, und es ist, als ob uns jemand etwas zuflüstert oder das Problem für uns löst. Es ist wie in einem Traum, alles wird uns gegeben. Der Geist ist ruhig wie ein tiefer stiller Teich, ohne jede Bewegung an der Oberfläche. Alles spiegelt sich darin, und wir betrachten diese Spiegelungen.

Man meditiert z. B. über den Koan: „Die großen Tempelsäulen bewegen sich hin und her — warum bin ich bewegungslos?" — Warum bin ich unbeweglich? Mein Bewußtsein ist so groß, so unendlich, so alt. Ich sitze hier. Dieser große Tempel vor mir, der sich auf und ab bewegt, hat sich nie bewegt, er ist still wie das leere Universum. Bei einem solchen Koan kann man nicht denken. Die Tempelsäule erhebt sich vor euch, und ihr verkörpert euch darin, ihr tretet in die Säule ein und die Säule tritt in euch. Ihr wechselt den Standpunkt, und plötzlich erfährt ihr große Freude und Seligkeit. Das ist der dritte Zustand der Meditation. Es ist jene Seligkeit, die die ganze Welt umfängt. In diesem Moment stellt man komplettes Yoga, komplette Einheit her mit der ganzen Welt, dem ganzen Universum. Wenn ihr geht, ist es euch in diesem geistigen Zustand, als ginget ihr durch den Himmel, und dies scheint völlig natürlich. Ihr könnt diesen Umstand ganz und gar verdauen. Ihr stellt fest, daß ihr euch mit der ganzen Welt vollkommen vereinigt habt. Dann erfahrt ihr Entspannung. Wenn ein Zen Schüler viele viele Jahre lang Zehn praktiziert hat, erlebt er schließlich diese Entspannung. „Nun bin ich nach Hause zurück gekehrt." Sich hinsetzend, die weißen Wolken am Himmel betrachtend, hat er nicht den geringsten Gedanken in seinem Kopf. Das ist der Zustand der Entspannung.

Die vier beschriebenen Stadien der Meditation heißen:
1. *Jun* Suchen
2. *Shi* Wahrnehmung ohne Anstrengung
3. *Ki* Seligkeit
4. *Raku* Entspannung

Der erste Aufenthaltsort des Bewußtseins enthält alle diese Stadien.

Am zweiten Aufenthaltsort gibt es dieselben Meditationszustände wie im ersten, aber ohne den Zustand des Suchens. An diesem Ort gibt es also kein Suchen mehr, sondern nur noch Wahrnehmung wie in einem Traum, Seligkeit und Entspannung. Dieser Aufenthaltsort des Bewußtseins wird gewöhnlich als der erste Zen Zustand *(dhyāna-loka)* bezeichnet.

Im dritten Aufenthaltsort (2. *dhyāna-loka*) gibt es nur noch Seligkeit und Entspannung, im vierten (3. *dhyāna-loka*) nur noch Entspannung. Im fünften Aufenthaltsort gibt es weder Seligkeit noch Entspannung. Dieser Ort befindet sich nicht in der Sinneswelt, sondern in der rein geistigen Welt. Es ist Bewußtsein selbst. Dieser fünfte Ort besteht aus Raum. Gewöhnlich betrachtet man Raum und Zeit getrennt, doch dieser Raum schließt Zeit mit ein und ist der Körper des Bewußtseins. Es ist euer Körper. Ohne diesen Körper gibt es kein Bewußtsein. Ihr könnt diesen Körper nicht abschneiden oder sonstwie vom Bewußtsein, von euch selber, trennen. Dieser Raum und diese Zeit sind die Bestandteile des Bewußtseins. Sie sind Glieder des Bewußtseins. Wenn Zeit und Raum verschwinden, gibt es kein Bewußtsein mehr. Der fünfte Aufenthaltsort ist also Raum. Hier gibt es keine Entspannung, keine geistige Aktivität mehr — nur Raum.

Im sechsten Ort gibt es keinen Raum, dieser Zustand ist Dauer. Bewußtsein ist Zeit in der Dauer vom Anfang bis zum Ende. Da gibt es kein „hier" und „dort", Bewußtsein existiert in der Dauer. Natürlich gibt es auch keine geistige Aktivität.

Über den siebten Zustand gibt es eigentlich nichts zu sagen. Hier findet man kein aktives Bewußtsein. Man könnte ihn eventuell den Zustand des latenten Bewußtseins nennen. Bewußtsein könnte jeden Augenblick auftreten, noch ist es aber nicht aktiv. In dieser Leerheit ist alles latente Aktivität, aber noch nichts, das als Bewußtsein bezeichnet werden könnte. Es gibt nichts, worüber man nachdenken könnte, hier existiert allein die potentielle Kraft des Bewußtseins. Das ist der letzte Zustand, es ist ein Zustand von Nirvana.

In Wirklichkeit erscheinen alle diese Zustände zusammen mit anderen, und man kann sie alle zur gleichen Zeit erfahren. Beim Guitarrenspiel spielt ihr nicht bloß auf einer Saite, sondern auf allen gleichzeitig. Wenn ihr gut hinhört, könnt ihr jede Saite einzeln hören. So auch in der Meditation: Nach vielem Üben erscheinen diese Zustände, und man kann drei oder vier gleichzeitig erfahren. Solange ihr bloß im groben Stadium eurer Wunsch- und Formenwelt lebt, könnt ihr nichts verstehen; man kann diese verschiedenen Bewußtseinszustände nur erfahren, wenn man sich von Lärm fernhält und den Geist ruhig hält.

Der Buddha sprach zu seinen Jüngern über die sieben Aufenthaltsorte des Bewußtseins in der Absicht, die Idee vom Ich, wie sie in anderen Religionsrichtungen herrschte, zu zerstören. Nach deren Auffassung ist das Bewußtsein der Aufenthaltsort des Ichs. Bewußtsein und Ich werden gleichgesetzt. Jeder unbelehrte Mensch denkt so. Ich dachte, bevor ich zum Buddhismus kam, Bewußtsein sei identisch mit Ich und existiere nach dem Tod des Körpers weiter, indem es mit allen Erinnerungen meines Lebens irgendwo hingehen. ,,Ich werde in die Hölle hinunter gehen und vor dem Richter der Hölle alle meine Taten darlegen. Aber ich werde nicht dort bleiben müssen.`` So dachte ich. Ich bin sicher, daß fast alle Menschen solche oder ähnliche Vorstellungen haben.

Nach der buddhistischen Auffassung existiert Bewußtsein nicht ewig. Es gibt einen Zustand, in dem das Bewußtsein aufgelöst ist, genau so wie ein Tropfen Zitronensaft in Wasser. Natürlich kann man den Zitronensaft dem Wasser wieder entziehen. Bewußtsein erscheint immer zwischen zwei Dingen. Seine Botschaft lautet: ,,Ohne jenes zu wissen, besteht dieses nicht. Es existiert weil ich hier bin und ich existiere, weil es ist.`` Dieses Erkennen des Bewußtseins verschwindet, wenn es Eins ist.

Der Buddha sagte: ,,Wenn es allein ist, existiert es nicht.`` Wenn sich dieses ,,Eine`` in sich selber auflöst in der Meditation, erreicht man Nirvana.

Der siebte Aufenthaltsort des Bewußtseins ist ein Zustand von Nirvana. Durch die Meditation über die sieben Aufenthaltsorte des Bewußtseins wird das menschliche Ich im Nicht-Ich aufgelöst. Im Nicht-Ich aufgelöst zu sein bedeutet nicht, daß das Ich zerstört ist. Es ist bloß absorbiert.

DIE RUHE DES GEISTES *Religion existiert nicht zu einem Zweck. Religion ist der Ort, wo ihr geboren seid und der Ort an dem ihr sterben werdet. Es ist nichts anderes.*

Es ist wichtig, daß ihr versteht, daß es im authentischen Dharma kein Geheimnis gibt. Einige Leute verstehen den Buddhismus falsch. Sie glauben, jeder Buddhist erwerbe übernatürliche Kräfte, wobei sie die wahre Bedeutung von „übernatürlich" nicht kennen. Vor allem in Amerika möchte heute jedermann irgend eine besondere Macht besitzen. Die Leute haben genügend materielle Macht, deshalb möchten sie geistige Macht haben. Sie möchten durch Wände sehen können oder Stimmen hören, die das gewöhnliche Ohr nicht hören kann. Sie versuchen nicht, die Ruhe des Geistes zu finden; ihr endloses Verlangen ist es, etwas Übernatürliches zu erhaschen. Ich weiß nicht, was sie damit tun würden, wenn sie es hätten. Andere glauben, sie würden im Buddhismus die Macht finden, Krankheiten zu heilen. Sie glauben, Buddhismus sei eine Art Therapie. Doch ihr müßt wissen, daß der Buddhismus dazu da ist, eurem Geist Ruhe zu bringen. Wenn es zur Religion kommt, müßt ihr euer Verlangen nach materieller oder spiritueller Macht aufgeben, Ihr sollt euren unbeweglichen Geist kultivieren. Religion dient nur eurer Seele. Das ist alles. Religion dient nichts anderem als der Ruhe eures Geistes[1].

Religion ist nicht etwas, womit ihr Geld oder euren Lebensunterhalt verdienen könnt, oder das ihr sonst benutzen könnt. Niemand erwartet von einem religiösen Lehrer, daß er Geld sparen kann. Echte religiöse Lehrer leben immer am Rande der Armut. Ihre Anhänger geben ihnen das Lebensnotwendige. Wenn sie keine Anhänger haben, müssen sie mit dem Tod rechnen. Fürchten sie den Tod, so können sie keine Religionslehrer sein. Und natürlich dürfen auch religiöse Laien nicht erwarten, mit

---

[1] Religion wird hier im Sinne von Lucrez verwendet: relegare, sich an den Ursprung „zurückbinden" (Anm. d. Übers.).

der Religion Geld zu verdienen. Es ist wahrscheinlicher, daß sie ihr Geld für die Religion ausgeben müssen.

Wenn ihr zur Religion kommt, kommt ihr zurück zum Heim eurer Seele. Wenn ihr nach Hause kommt, ruht ihr euch aus. Diese Ruhe ist das Endziel der Religion. Um diese Geistesruhe zu haben, müßt ihr natürlich das Wissen der Religion erwerben, aber die Religion gehört nicht zum Wissen — sie gehört ganz allein zur Seele. Es ist wie mit dem Wasser: Die Wirklichkeit des Wassers ist es, Wasser zu sein, das ist alles. Natürlich trinken Lebewesen Wasser um zu leben, und Menschen bauen Fabriken und Dämme und benutzen so die Kraft des Wassers, um etwas zu produzieren. Aber das Wasser ist nicht zu diesem Zweck da. Die Menschen beuten es aus, sie benutzen es für ihre eigenen Zwecke, aber Wasser ist einfach Wasser. Und Religion ist einfach Religion. Religion existiert nicht zu irgend einem Zweck. Religion ist der Ort, wo ihr geboren seid, und der Ort, an dem ihr sterben werdet. Religion ist der Ort, wo ihr lebt. Es ist nichts anderes. Es gibt kein anderes Element darin. Daher ist es falsch, wenn man Religion zu einem bestimmten Zweck sucht.

Denkt daran: Um religiös zu sein, müßt ihr euern gegenwärtigen Zustand akzeptieren. Seid ihr arm, so müßt ihr das akzeptieren. Wollt ihr reich sein, müßt ihr das ebenfalls akzeptieren und entsprechend leben[2].

Bevor wir anfangen, eine Religion zu studieren, müssen wir an diese bestimmte Religion glauben. Ich studierte Zen, aber bevor ich anfing, Zen zu studieren, hatte ich Glauben an Zen. Glaube ist die Mutter der Religion. Ohne Glauben gibt es keine Religion. Wir studieren die Religion mit eifrigem Geist, mit der ganzen Seele, mit warmem Herzen, tiefen Gedanken und tapferem Mut. Manchmal lernen die Leute etwas auf eine sehr merkwürdige Art. Jemand lernt z.B. Sanskrit, und seine Haltung ist wie die eines Bäckers, der Kuchen bäckt. Es dient nur seinem Geschäft. Wenn ein Künstler eine Kunst erlernt, tut er es mit Liebe. Er muß mit dem Herzen dabei sein. Diejenigen, die Mathematik,

[2] Damit ist gesagt, daß unser gegenwärtiger Existenzzustand als Voraussetzung für jede Erkenntnis und Religion zu akzeptieren ist (Anm. d. Übers.).

Philosophie, Logik studieren, betreiben es oft nur wie eine Geschäftsangelegenheit. Ich kann diese Einstellung nicht verstehen. Wenn ihr Religion studiert, dürft ihr es nicht auf diese Art tun. Meine Religion ist schlicht, einfach und ruhig. Zen ist die Religion der Stille. Zen ist überhaupt keine komplizierte Religion. Es ist einfach. Warum also wird es kompliziert? Weil ihr denkt, Zen sei eine Art Theorie oder Kenntnis, eine Art Philosophie, und ihr denkt, ihr könnt etwas anfangen damit. Nein, Zen ist nur: Ich sitze hier, und ihr dort hört meinem Vortrag zu. Das ist Zen. Das ganze Bestreben der Religion ist es, die Ruhe des Geistes zu finden. Geistesruhe ist nicht leicht zu erlangen. Natürlich müßt ihr, um das Ziel zu erreichen, etwas mit eurem physischen Körper tun — z. B. eine Pilgerreise machen, von einem Land zum anderen gehen, um Lehrer zu besuchen, Sutras lesen und lernen, usw. — aber das Endergebnis ist die Ruhe eures Geistes.

Ihr müßt die Grundlage erfassen: Das ist euer eigener Geist. Es ist nicht der Universalgeist, nicht der Geist eures Lehrers, nicht Buddhas Geist, sondern euer Geist. Er gehört euch[3]. Und dann müßt ihr dort bleiben. Das ist es, was Religion ausmacht.

---

[3] Dieses „gehören" ist nicht ichbezüglich zu verstehen; als individuelle Verkörperung besitzt jeder Mensch diesen Geist (Anm. d. Übers.).

DUFT Ein einziges ins Feuer geworfenes Körnchen Weihrauchpulver erzeugt einen Duft, der einen ganzen Raum erfüllt oder eine ganze Straße durchzieht. Wenn man in Japan durch die Wege der Tempelanlagen geht, schwebt manchmal von irgendwo ein Duft durch die Luft. „Ist es der Duft der Magnolie?" fragt man sich vielleicht. Es ist eine Art Weihrauch, der aus Indien kommt. Es ist eine Freude, durch Tempelstraßen zu gehen.

Wenn man jemanden trifft, der im Samadhi weilt, kann man die feine Eigenschaft seines Geistes spüren. Es ist die Eigenschaft der Stille, gleich einem Lied ohne Worte, doch sehr bedeutungsvoll. Wenn du neben ihm sitzt, ohne ein Wort zu sagen, spricht er in der Stille eine Million Worte zu dir. Das ist der Samen, den er durch das Üben von Samadhi in seinem Geist wachsen ließ. Ich sitze gern neben einem Menschen, der Meditation während langer, langer Zeit geübt hat. Man spürt die Ruhe seines Geistes. Die Schwingung, die man von ihm fühlt, ist ganz anders, als die, welche von einem geräuschvollen Geist ausgestrahlt wird. Wenn ihr wünscht, ein schöner Mensch zu sein — ich meine nicht schön im physischen Sinn, sondern geistig — müßt ihr diesen kleinen Samen des Geistes tief in eurem Bewußtsein aufbewahren. Das ist das Geheimnis, ein schöner Mensch zu werden.

DAS SAMADHI DES FEUERS *Es ist schwierig zu meditieren, wenn man in Schwierigkeiten ist. In der Regel hat man gar nicht den Mut dazu, sondern rennt einfach blindlings herum. Doch es wäre besser zu meditieren, bevor der Geist aufgebracht ist.*

Es gibt ein sehr berühmtes Zen Gedicht, welches folgendermaßen lautet:
Wir brauchen keine schöne Landschaft um uns herum,
um Zen Meditation zu üben.
Wenn wir unseren Geist auslöschen, ist uns kühl
auch mitten im Feuer.

Wenn wir in der Sommerhitze meditieren, erinnern wir uns an dieses Gedicht. Zen Schüler nehmen unter allen Umständen Zuflucht zur Meditation, in Bedrückung, Krankheit, Armut und auf der Flucht. Während andere herumwandern, kehrt der Zen Schüler zu seinem Sitz zurück und meditiert. Für uns ist Meditation die Heimat.

Am Sonntagmorgen meditieren wir hier zusammen in diesem Zimmer, dann gehen wir auseinander, um unser tägliches Leben zu führen. Am nächsten Sonntag kehren wir wieder hierher zurück. Wir kehren immer zur Meditation zurück, wenn wir unter einer Krankheit leiden, wenn wir unsere Stelle verloren haben, oder wenn wir unser Leben riskieren müssen.

Im alten Japan kamen die Krieger früh morgens in den Tempel, um zu meditieren. Dann gingen sie aufs Schlachtfeld, kämpften mutig und starben vielleicht. Die Kriegsherren kehrten, wenn ihr Schloß zu fallen begann, zu ihrem Meditationssitz zurück und meditierten über Leerheit.

Als ich jung war, pflegte ich am Morgen eines Prüfungstages zu meditieren, denn ich hatte herausgefunden, daß mein Gehirn nach der Meditation besser arbeitete. Und wenn dann auf der Wandtafel ein sehr schwieriges Problem auftauchte und ich in Schwierigkeiten geriet, meditierte ich, um das Klopfen meines Herzens zu stillen. Meditation ist die endgültige Entscheidung. Manchmal ist es der erste Schritt zum Tod. Man vergißt alles. Für uns ist Meditation das Zurückkehren in den Schoß Gottes. In der Meditation sind wir frei von jedem äußeren Aufruhr.

Es ist schwierig zu meditieren, wenn man in Schwierigkeiten ist. In der Regel hat man gar nicht den Mut dazu, sondern rennt einfach blindlings herum. Doch es ist besser zu meditieren, bevor der Geist aufgebracht ist. Westliche Menschen sind nicht daran gewöhnt, aber für uns ist es völlig natürlich, ruhig zu sein, wenn wir in Schwierigkeiten sind.

Vor ungefähr 400 Jahren hatte Kaisen Osho, der Abt des japanischen Tempels Erin-ji, einen berühmten Kriegsherrn als Schüler und Schutzherrn. Dieser wurde von Oda Nobunga, einem der größten Kriegsherren Japans, angegriffen, wobei einige seiner Soldaten unter der Leitung eines Mannes namens Sasaki in den Tempel flohen. Als ich diesen Tempel einmal mit dem Bruder meines Lehrers besuchte, sah ich sein riesiges Tor, welches allein ein ganzes Gebäude darstellt. In seinem Erdgeschoß befindet sich eine große Halle, und im ersten Stockwerk ist die *hatto*, die Halle, in welcher Vorträge über Sutras gehalten wurden. Wir stiegen viele steinerne Treppen hinauf, um zu diesem Tor zu gelangen. Vom Tor führt ein Pflastersteinweg zum Hauptgebäude des Tempels.

In alter Zeit war es das ungeschriebene Gesetz, daß ein Abt, der Flüchtlinge aufgenommen hatte, nicht gezwungen werden konnte, diese auszuliefern.

Der Führer der angreifenden Armee sagte zu Kaisen Osho: „Wenn sie diesen Sasaki nicht ausliefern, werde ich den ganzen Tempel niederbrennen." Doch der Abt weigerte sich, die Soldaten preiszugeben. Das Tor wurde angezündet. 500 Mönche und der Abt flohen in die obere Halle, wo sie sich alle in Meditationshaltung hinsetzten und ohne Bewegung im Samadhi des Feuers vernichtet wurden. Es war in diesem Moment, in welchem das obige Gedicht rezitiert wurde. Für uns ist Meditation also nicht nur etwas für stille Augenblicke. Um Meditation zu üben, pflegen wir unsere Kräfte des Mutes und der Tapferkeit. Wenn ihr Christen in Verlegenheit geratet, faltet ihr die Hände und ruft durch eure Gebete Gottes Schutz herbei. Ihr könnt sehr froh sein über diesen Glauben an einen Gott irgendwo im Himmel. Wir haben keinen Glauben an einen Gott außerhalb von uns selber. Wir kehren zur Meditation zurück. Da gibt es kein Herumrennen im Feuer, kein Schreien oder sich an den Wänden Wundkratzen, kein elendigliches Sterben wie eine Katze oder ein Hund. Wir sterben, während wir das Feuer akzeptieren. Das ist unser Glaube.

Ich denke, diese Entscheidung ist sehr wichtig im Leben. Vor ungefähr sechs Jahren gab es auf meinem Konto in der Bank nur noch genug Geld für eine Monatsmiete meines Tempels, doch ich sagte niemandem etwas davon. Außerdem kamen nicht viele Leute zu meinen Vorträgen. Heute sehe ich sechs Personen. Damals wären sechs Leute eine große Menge gewesen und ich wäre mir als sehr erfolgreich erschienen. Meine Existenz hing an einem Faden. Ich dachte: „Noch einen Monat, und ich gehe woanders hin", aber ich sprach nicht darüber. Wenn wir in Verlegenheit sind und darüber sprechen, verursachen wir eine Störung und hindern die natürliche Entwicklung.

Ich kehre immer zur Meditation zurück. Morgens stehe ich auf, setze mich auf mein Sofa und meditiere. Meditation ist die Schlußfolgerung der Zen Schule. Das kristallisierte Zentrum dieser Schule ist nicht das Reden, sondern Meditation. Meditation ist unsere Religion. Der Moment der Meditation ist der heiligste

Moment für uns. Es ist nicht nötig, stundenlang zu üben. Setzt euch tagsüber, bevor ihr etwas zu tun beginnt, hin, und das Herz wird in seinem natürlichen Rhythmus schlagen. Nachdem ihr gegessen habt, meditiert fünf Minuten lang in Stille! Das ist Meditation.

Als ich nach Boston ging, versuchte ein Journalist, mich dazu zu bringen zu sagen, Zen sei die Sekte der japanischen Armee und Flotte. Ich lächelte nur und sprang nicht in diese Falle. Ich sagte: „Ich frage mich, ob die japanische Armee etwas von Zen weiß oder nicht." Aber zu euch, meinen Schülern, sage ich: „Krieger haben keine Zeit für komplizierte Philosophie. Ihre Religion ist Zen."

Zen ist besonders wichtig in dieser Zeit*.

Mein Tempel ist sehr klein und sehr arm. Heute ist Sonntag. Wenn ihr zwischen heute und dem nächsten Sonntag für einen Moment zur Meditation zurück geht, ist es wie ein kühler Wassertropfen für einen Vogel. Ich bin sehr stolz, daß ich diesen Tempel acht Jahre lang aufrechterhalten habe.

* Dieser Vortrag wurde an einem heißen Sonntag im Juli 1937 gehalten. Es war die Zeit der amerikanischen Wirtschaftskrise und kurz vor Ausbruch des Zweiten Weltkrieges (Anm. d. Übers.).

WIRKLICHE EXISTENZ

Ob die Ideen uns beherrschen oder wir die Ideen, ist ein großes Problem der menschlichen Rasse. Seit wir auf dieser Erde geboren wurden, kämpfen wir damit.

Die buddhistische Lehre ist sehr einfach und wurde gut erklärt. Um sie zu verstehen, muß man jedoch durch die Vordertüre hereinkommen. Europäische Gelehrte, die sich mit Buddhismus befassen, nähern sich meistens aus irgend einer merkwürdigen Ecke. Mir scheint, sie haben noch nie den Haupteingang gefunden; sie kommen entweder durch den Kamin, die Hintertüre, den Keller oder das Fenster herein, aber nie durch den Haup-

teingang. Sie haben sich in den Ausdrücken des Buddhismus ver-
irrt, welche allerdings für europäische und amerikanische Gelehrte sehr seltsam sind.

Um das, was von Shakyamuni Buddha vor 2500 Jahren gefunden wurde, zu erklären, teilt man gewöhnlich das Hauptprinzip
des Buddhismus, die Wirklichkeit, in zwei Teile; in den Teil, der
sich auf das Äußere bezieht und den, der sich auf das Innere bezieht. „Außen" bedeutet objektiv, „innen" subjektiv. Im Zen
teilen wir die Wirklichkeit allerdings nicht auf, von allem Anfang
an erfassen wir sie, ohne sie zu analysieren. Wir verschlucken sie
einfach, oder besser gesagt, wir gehen hinein. Doch in dem
Buddhismus, der mit Worten erklärt werden muß, müssen wir
die Dinge in zwei Teile teilen.

Die Menschen der Vergangenheit nahmen alles sehr einfach
wahr. Sie beobachteten die Außenwelt und dachten, es sei eine
Welt aus vier großen Elementen: Erde, Wasser, Feuer und Luft.
Im späteren Buddhismus wurde die Welt in fünf Elemente geteilt: Erde, Wasser, Feuer, Luft und Äther — die sino-japani-
schen Ausdrücke dafür sind: *chi, sui, ka, fu* und *ku*. Für „*ku*",
im Sanskrit „*ākāśa*", scheint „Äther" die beste Übersetzung zu
sein. In der Shingon Sekte[1], bei euch bekannt als Mantrayana-
Buddhismus, wird die Außenwelt in sechs Elemente geteilt:
Erde, Wasser, Feuer, Luft, Äther und *jñāna*. Dieses „*jñāna*"
bedeutet „Bewußtsein", die „Kraft zu wissen".

Wenn ihr Plato und Aristoteles lest, seht ihr, daß auch westliche Menschen glaubten, die objektive Welt bestehe aus vier Elementen. Vielleicht war das im frühen Altertum eine allgemeine
Ansicht. Heutzutage unterteilen wir die objektive Welt in viele
Elemente und geben diesen viele Namen, doch die einfache Analyse genügt auch.

Nun müssen wir darüber sprechen, wie man das Innere analysiert. Wir haben heutzutage eure westliche Form der Psychoana-
lyse und unsere östliche Analyse des Geistes durch Meditation.
Ich werde in diesem Zusammenhang nun eine Theorie vorstellen, die zur *Hosso* Sekte gehört. Westliche Experten des Bud-

---

[1] Esoterische Richtung des Buddhismus.

dhismus nennen die *Hosso* Sekte die Schule der buddhistischen Psychologie. Sie entstand in Indien, doch ihre Terminologie wurde in China entwickelt. In Sanskrit heißt ,,*hosso*'' ,,*dharma-lakṣaṇa*'' und bedeutet ,,das Erscheinen des Dharmas''. In diesem Fall muß Dharma als das ,,Wirkliche Wesen'' übersetzt werden. Die Dinge auf meinem Tisch sind alles ,,Erscheinungen des Wirklichen Wesens''. Der Himmel, die Erde, Häuser, Menschen und Tiere — alle sind Erscheinungen des Wirklichen Wesens, der wirklichen Existenz.

Man muß verstehen, was wirkliche Existenz ist. Da ich dies bei vielen Gelegenheiten ausführlich erläutere, gehe ich hier nur kurz darauf ein. Die Erscheinungsformen um uns herum sind vergängliche Erscheinungen und deshalb nicht wirklich. Sie sind brennbar und zerstörbar — die ganze Welt kann zu Asche werden, und das ganze Universum ist zerstörbar. Doch das Wirkliche Wesen, das immerwährend existiert, kann nicht zerstört werden, es ist ewig. Erleuchtete Menschen können die Existenz des Wirklichen Wesens direkt sehen, gewöhnliche Menschen sehen nur die vergänglichen Dinge, die sogenannten Phänomene.

Die *dharmalakṣaṇa*-Schule erklärt die phänomenalen Erscheinungen und weist auf die wirkliche Existenz hin. Gemäß ihrer Theorie gibt es drei Formen der objektiven Existenz.

Die erste ist die Natur der wirklichen Umstände, der wirklichen Umgebung. Die Natur der wirklichen Umgebung ist anders als die der gewöhnlichen Umgebung. Die gewöhnliche Umgebung besteht aus Farben, Geräuschen, Geruch, Geschmack, Berührung usw. Die wirkliche Umgebung ist für den unerleuchteten Geist nicht erkennbar. Ich will dies kurz erklären: Da ist die Farbe Rot. Ich fragte meine Mutter, warum rot rot sei. Sie antwortete: ,,Weil es rot ist.'' ,,Warum ist grün grün?'' ,,Weil es grün ist.'' Heutzutage muß eine Mutter ihrem Kind erklären, daß die Farbe nicht im Objekt existiert, sondern auf der Netzhaut unserer Augen, genau so, wie Geräusche auf dem Trommelfell unserer Ohren erzeugt werden. Farben sind Ätherschwingungen, Geräusche sind Luftschwingungen. Das Trommelfell schwingt mit der Luft mit und erzeugt ein Geräusch. Also ist das Geräusch nicht das Wirkliche Wesen. Das Wirkliche

Wesen ist etwas, das weder aus Farbe noch Geräusch noch Geschmack noch Geruch besteht. Im Westen wird es Numenon genannt. Man kann es nicht sehen, aber man weiß, daß es existiert. Als Wesenheit ist ganz New York durchsichtig, es ist nicht Farbe und Geräusch, wie ihr es kennt. Es wird in unseren Sinnesorganen geschaffen. Wir leben in einer illusionären Welt und sehen die wirkliche Welt nicht. Wir müssen die wirkliche Welt kennen und darin leben! Wenn wir diese wirkliche Welt mit unseren fünf Sinnen betrachten, erscheint sie als Farben, Geräusche usw. Doch wenn wir sie allein durch unser Bewußtsein sehen, ohne die fünf Sinne, dann ist die ganze Welt nur wirkliche Existenz, das Wirkliche Wesen. Immanuel Kant bezeichnete dies mit dem einfachen Ausdruck „Die Wirklichkeit".

Obwohl wir wissen, daß wir in einer illusionären Welt leben, können wir nichts dagegen tun. Wir können die Farben, die in unser Auge treten, nicht vernichten und können die Geräusche, die an unser Ohr dringen, nicht abweisen. Wir müssen sie als unvermeidliche Erscheinungen akzeptieren. Wenn wir Zucker essen, ist er süß, wir können diesen Geschmack nicht abweisen. Wenn wir Wasser trinken, ist es geschmacklos, das ist einfach so! Wenn man Fieber hat, schmeckt das Wasser manchmal süß, doch dieser Geschmack kommt von der Zunge und nicht vom Wasser. Das Wasser ändert sich nicht, der Geschmack ändert sich.

Man muß wissen, daß solche äußeren Dinge wie Farben usw. von unseren Begehren und Emotionen getrennt sind, da sie nicht in den Bereich der Willenskraft gehören. Wir sagen, sie gehören zum Spielraum unseres Bewußtseins. Doch dieses Bewußtsein gehört nicht uns, der Person, es gehört der Natur. Wenn ihr so denkt, ändert sich eure ganze Sicht der Welt.

Als ich in Boston war, frage mich ein junger Mann, ob wir Ostasiaten glauben, die Außenwelt habe keine wirkliche Existenz. Ich sagte: „Wir haben nichts mit der Außenwelt zu tun. Ob sie es glauben oder nicht, es ist so. Logischerweise muß es so sein." „Logischerweise mag es vielleicht so sein", antwortete er, „doch wir Menschen können es nicht glauben, nicht akzeptieren". Wir lachten beide, doch ich war etwas überrascht. Was kann man da machen? Wie kann man es ändern? Die Außenwelt existiert in unseren Sinnesorganen!

Das ist unser Hauptprinzip. Die *Hosso* Schüler sagen: „Das ist die Natur der wirklichen Umgebung."

Als zweites finden wir etwas völlig Anderes in unserem Geist, nämlich „reine Ideen", sog. „absolute Existenzen". Eine Idee oder Vorstellung ist etwas, das rein und absolut im menschlichen Geist existiert. Es existiert niemals außerhalb davon und wird nie von außen zugeführt, und nichts ist damit verbunden. Es ist ganz allein das Produkt des menschlichen Geistes, wie z. B. das „Ideal". Plato sprach über das „Ideal". Er dachte, das Beste und Schönste und Wahrste sei das Ideal. Er erklärte es am Beispiel eines Stuhles. Jeder Stuhl ist unvollkommen — nichts in der objektiven Welt ist vollkommen. Doch hinter diesem phänomenalen Stuhl ist der „ideale" Stuhl, und dieser ist vollkommen. Vor diesem vollkommenen Stuhl müssen sich alle vergänglichen Stühle schämen. Indem man auf dieser Erde als Mensch lebt, und dieses Leben wiederholt, muß man nach Plato eines Tages den Zustand dieses Ideals erreichen.

Man findet im Westen diese Art des „Ideals" immer und überall. Als ich aus Japan kam, fielen mir die westlichen Gärten auf: In der Mitte ein Springbrunnen und in einem Kreis darum herum weiße, rosarote, rote, dunkle, gelbe Blumen, alles ganz genau abgestimmt. Das westliche „Ideal" eines Gartens ist eine perfekte, symmetrische Anordnung. Unsere „Idee" eines Gartens besteht darin, ein Stück Wald zu umzäunen und es Garten zu nennen. Am Anfang trugen wir gar nichts dazu bei. Wir nahmen die Natur als solche an. Doch später begannen wir, die Natur in unseren kleinen Hausgärten nachzuahmen. Seither versetzen wir vielleicht Bäume, machen kleine Teiche und Flüsse und legen Kieselsteinchen hinein. Manchmal werden auch gewisse Vorkehrungen getroffen, um ein Gleichgewicht zu erzeugen, doch es ist nie eine bestimmte symmetrische Anordnung.

Das Ideal ist also „reine Vorstellung". Natürlich können wir uns vieles vorstellen, was es gar nicht wirklich gibt, wie z. B. Engel und Bodhisattvas, welche nie in der Welt existierten und nie existieren werden. „Reine Vorstellungen" haben nichts zu tun mit der Wirklichkeit, doch sie haben im menschlichen Leben eine bestimmte Stellung und Wert; die Menschen werden sehr stark beeinflußt davon. Ohne diese Vorstellungen könnten wir all das, was unseren Intellekt erfreut, nicht erzeugen. Diese ,,reine Idee" — der ,,einsame Schatten oder Eindruck" — ist ein Schatten in unserem Geist, der keine wirkliche Wurzel in der Außenwelt hat, und der von der wirklichen Umgebung völlig getrennt ist.

Die dritte Art der Umgebung liegt zwischen den zwei anderen. Es ist das, was von unserer Vorstellung beeinflußt wird, seine Wurzeln aber in der Wirklichkeit hat, wie z. B. Träume. In einem Traum gibt es keine Idee. Wir können unsere Träume nicht beherrschen. Sie gehen ihren eigenen Gang, wie ein Bach, der in seinem eigenen Bett vorbeifließt. In einem Traum will ich z. B. irgendwohin gehen, plötzlich verwandelt sich die Straße in einen Wald, und ich komme zu einem Haus. Es ist mein Haus. So ergibt sich in einem Traum eine Folge von Geschehnissen. Wir werden von diesen schattenartigen Vorstellungen bis zu einem gewissen Grad beherrscht und zwar auf ähnliche Weise wie von den Emotionen unseres täglichen Lebens. Wir können die Emotionen kontrollieren, doch wir werden immer auch beeinflußt davon. Die Natur der Emotionen ist dieselbe wie die der Träume.

Indem wir über diese drei Umgebungen meditieren, können wir klar sehen, wie unser Geist aufgebaut ist und was er enthält: erstens die wirkliche Außenwelt, die mit unseren fünf Sinnen verbunden ist, zweitens Eindrücke dieser Außenwelt, die sich tiefer in unser Bewußtsein einprägen und als Schlafträume, Tagträume oder Gedanken erscheinen, und drittens reine Vorstellungen. Diese entstehen, wenn sich die Gedanken oder Träume sozusagen destillieren. Man begegnet z. B. einer schönen Frau aus Fleisch und Blut, dann träumt man von ihr, und dieser Eindruck destilliert sich noch etwas mehr und erzeugt einen künstlerischen Ausdruck — z. B. ein Engel, was reine Vorstellung ist.

Als Buddhisten sollen wir diese Vorstellungen als nichts anderes als Vorstellungen verstehen. Durch sie können wir die wirkliche Existenz weder verändern noch beherrschen. Man kann natürlich einwenden, daß wir Menschen durch reine Vorstellungen unsere Welt verändern. Franklin erfand die Nutzung der Elektrizität. Mit Hilfe der Elektrizität tragen wir Berge ab und machen die ganze Welt zu einem Gemüsegarten. Warum wird also gesagt, reine Vorstellung könne die Außenwelt nicht verändern? Die Antwort lautet: „Vielleicht könnt ihr Berge versetzen, ihr könnt sogar alle Berge abrasieren, aber ihr könnt das Wachstum nicht ändern." Ihr erwidert: „Durch Elektrizität kann die ganze Welt zerstört werden." Wir antworten: „Ihr könnt die ganze Welt zerstören, aber ihr könnt die Wirklichkeit nicht vernichten und nicht verändern."

Die Buddhisten leiten nichts von einer Idee ab, indem sie zuerst Kategorien machen und dann versuchen, alles darin einzuordnen, um dann zu behaupten, „so muß es sein". In der Zeit eurer Großeltern mußte der Frauenkörper eine ganz bestimmte Form haben, so ähnlich wie ein Käfer. Also zogen eure Großmütter Polster und Corsets an, wenn sie auf die Straße gingen. Diese Form war von Vorstellungen und nicht von der Natur geschaffen worden. Sie war durch eine Idee bestimmt, nicht durch die wirkliche Gestalt einer Frau. Wenn ihr genau nachdenkt, seht ihr, daß auch unsere anerkannte Moralität auf einer Vorstellung beruht, auf einer Idee, der wir uns anzupassen versuchen. Je stereotyper diese Moralität wird, desto schwieriger wird es, uns anzupassen. Die Buddhisten denken anders. Sie versuchen, sich der unausweichlichen Wirklichkeit anzupassen. Wir messen das Innere einer viereckigen Schachtel mit einem viereckigen Maß, wir versuchen, es genau zu machen. Also benutzen wir nicht die menschliche Vorstellung, das menschliche Maß, um die Außenwelt zu messen. Wir stellen ein entsprechendes Maß her. Die Idee kann uns nicht messen. Ob die Ideen uns beherrschen oder wir die Ideen, ist ein großes Problem der menschlichen Rasse. Seit wir auf dieser Erde geboren wurden, kämpfen wir damit.

Die buddhistische Ansicht des menschlichen Lebens basiert auf der unveränderlichen Wirklichkeit. Wir beobachten die Umstände des menschlichen Lebens und meditieren über die zahlreichen Veränderungen dieses Lebens und über das wirkliche Material, das sich während vielen Inkarnationen in unserem

Geist gespeichert hat. Und dann fragen wir uns: „Was sollen wir damit anfangen?"

Wir Buddhisten wissen, daß der Vollmond nicht immer vollkommen rund ist. Die Spiegelung des Vollmondes auf dem Wasser ändert ihre Form millionenfach. Manchmal ist sie wie mit Fischschuppen gesprenkelt, aber im nächsten Augenblick ist sie im einheitlichen Zustand gesammelt, der der perfekten Form des Mondes entspricht. Die Buddhisten verlassen sich auf die wirkliche Existenz, die weder Idee noch Vorstellung ist.

DIE VIER VERKEHRTEN ANSICHTEN

Seht euch die Welt an — zu allen Zeiten schrien die Menschen nach Frieden, doch es existiert kein Frieden. Die Menschheitsgeschichte ist nichts als Kampf und Krieg. Wir täten besser daran, zu akzeptieren, daß das Leben Leiden ist.

Es gibt im Buddhismus viele Systeme, die als Hilfsmittel zum Verständnis der Lehre geschaffen wurden. Sie haben die gleiche Funktion wie ein Bergführer, der einem bei der Besteigung eines hohen Berges hilft. Einige Menschen glauben, die buddhistischen Begriffe allein machten den Buddhismus aus. Das ist dasselbe wie zu glauben, Bergführer seien Berge. Das Studium der buddhistischen Ausdrücke und Systeme mit dem Buddhismus als solchem gleichzusetzen, ist so töricht, wie in ein Restaurant zu gehen und nach dem Studium der Speisekarte zu sagen, das Essen habe vorzüglich geschmeckt. Ich hoffe, ihr werdet diesen Fehler nicht machen. „Die vier verkehrten Ansichten" ist die Überschrift einer systematischen Zusammenstellung der vier Hauptursachen für die Täuschung des gewöhnlichen Menschen. Der Buddha betonte, daß diese verkehrten Ansichten korrigiert werden müssen. Sie beruhen auf der fälschlichen Annahme von:
1. Unveränderlichkeit im Leben (im Gegensatz zu Veränderlichkeit, *anitya*)

2. Ruhe oder Behaglichkeit, die durch Leichtigkeit und Entspannung gekennzeichnet sind, *sukha* (im Gegensatz zu Leiden, *duḥkha*)
3. Reinheit
4. Einzel-Ich (im Gegensatz zu Nicht-Ich, *anātman*).

Alle Menschen versuchen, etwas zu erlangen, das unveränderlich ist, obwohl in Wirklichkeit alles in Veränderung ist. Jedermann versucht, Behaglichkeit zu finden, während alles Leiden ist. Alle wollen Reinheit finden, in einer Welt, in der eine solche Qualität gar nicht existiert; und jedermann glaubt, er habe eine eigene, bestimmte, einzelne Seele, während in Wahrheit alle Seelen vereinigt sind.

Diese vier verkehrten Ansichten existieren im Denken des gewöhnlichen Menschen und verursachen seine Schwierigkeiten, so daß er gar nicht anders kann, als sich abzumühen.

Man wünscht z. B., daß man seine Besitztümer behalten kann, oder man wünscht ewiges Leben für sich selber oder die Eltern, während es eine Tatsache ist, daß man von Moment zu Moment stirbt. Das Leben ist Leiden und in diesem Leiden versuchen alle, Behaglichkeit zu finden. In unserem unruhigen Leben suchen wir heftig nach Ruhe. Vor langer Zeit traf ich die Frau eines großen Hoteliers. Sie zeigte mir Bücher über tiefe Philosophie in französischer und deutscher Sprache. „Sobald ich Zeit finde", sagte sie, „werde ich diese Bücher lesen". Ein Freund von mir traf die Frau später, als sie 60 Jahre alt war. Sie war noch immer zu sehr beschäftigt, um einen freien Augenblick für das Studium jener Bücher zu finden.

Es ist wahr, daß unsere Welt geschäftig und ruhelos ist; alles ist Leiden. Wir wissen das, doch wir können nicht akzeptieren, daß dem so ist. Seht euch die Welt an — zu allen Zeiten schrien die Menschen nach Frieden, doch es existiert kein Frieden. Die Menschheitsgeschichte ist nichts als Kampf und Krieg. Wir täten besser daran zu akzeptieren, daß das Leben Leiden ist. Jemand versuchte, in diesem Leiden Ruhe zu finden und ging in die Berge. Doch dort rannte er zum ersten Telefon, das er finden konnte, um in Kontakt mit seinem Geschäft zu bleiben. Ein Herr setzte sich in eine heiße Quelle mit einem Telefon in jeder

Hand... In Japan kann man für eine Ruhepause in einen Berg-
tempel gehen. Doch dort beginnen die Mönche morgens um 5.30
Uhr Sutras zu singen, und der Gong schlägt andauernd — es ist
überhaupt nicht still. Man verläßt den Tempel und flieht in eine
Höhle. Wasser tropft von den Wänden — tropf, tropf, tropf —
es ist nicht auszuhalten. Wo ist die Stille? Einmal ging ich in die
Mohavewüste. Dort war es wirklich still; doch es war so still,
daß ich mein Herz schlagen hörte. Ich war ziemlich erstaunt
über diesen Lärm in der Stille. Der Buddha sagte: „Im Lärm
finde Stille." Die Idee, man könne Stille an einem bestimmten
Ort finden, ist eine verkehrte Ansicht. Nun beschließt man:
„Wie laut es auch sein mag, ich will ruhig sein. Ich will hier in der
Stadt Ruhe finden", und man klammert sich an diese *Idee*. Aber
wenn ein Drehorgel-Mann kommt, kann man es nicht aushalten
und muß ihm Geld hinwerfen, damit er weggeht. Diese Art Stille
ist nur eine Vorstellung. Wir haben auch die Vorstellung, Veränderlichkeit sei hier und Ewigkeit dort. Sogar im äußersten Ext-
rem kämpfen wir noch. „Meine Seele ist ewig", schreit jemand,
„es gibt keinen Tod!" Er kämpft noch mit dieser Idee, während
die Welle des Todes im Begriff ist, ihn von der Erdoberfläche
wegzuspülen.

Der Buddha verurteilte die verkehrten Ideen der gewöhnlichen Menschen nicht, aber er tadelte das Festhalten daran. Wenn
es Zeit ist, muß man die Ideen fallen lassen.

Statt dessen vermehren wir unser Leiden: „Das ist mein letzter
Groschen; obwohl ich hungrig bin, muß ich ihn behalten. Denn
vor zwanzig Jahren beschloß ich, immer einen letzten Groschen
zu behalten, damit ich nie ohne Geld bin!"

Als ich nach Amerika ging, gab mir mein Lehrer zehn Dollar
in Gold und sagte: „Das ist für eine Notlage. Brauche das Geld
nur im letzten Moment!" Ich sagte: „Danke schön", und
brauchte es sofort nach der Ankunft. Der letzte Moment war
sehr schnell gekommen.

Die dritte verkehrte Ansicht des gewöhnlichen Menschen betrifft die Reinheit. Reinheit ist eine Idee. Jemand denkt: „Alles
ist unrein und widerlich. Ich werde auf einen Berg gehen, Mönch
werden und mich mit niemandem abgeben." Aber auf dem Berg

kämpfen die Mönche auch untereinander, weil sie eifersüchtig sind. Oder einer gelobt, „Ich will mich von den Frauen fernhalten, will nicht einmal ihr Gesicht anschauen", und merkt nicht, daß es sein Geist ist, welcher unrein ist. Er versteht wirkliche Reinheit nicht.

Die vierte verkehrte Ansicht ist die Vorstellung von einem separaten Ich. Ein Sohn sagt zum Vater: „Laß mich dies tun." Doch der Vater erwidert: „Nein, ich muß es selber tun. Nur ich kann es tun." Der Vater meint, er sei unersetzlich. Die Welt ist relativ, aber der gewöhnliche Mensch hält an seiner Ichheit fest.

Das sind die vier verkehrten Ansichten der unerleuchteten Menschen. Es gibt noch eine andere Gruppe von falschen Ansichten. Man findet sie bei Shravakas und Pratyeka Buddhas[1], die beide in einem gewissen Erleuchtungszustand sind, aber trotzdem noch falsche Ansichten haben. Das ist ein wichtiger Punkt. Wir nennen jemand, der die Wirklichkeit erreicht hat, erleuchtet. Er könnte aber trotzdem noch falsche Ansichten haben. Deshalb lebt er, obwohl er die Wirklichkeit gesehen hat, in einer Art Furcht und getraut sich nicht, sich in der Welt zu manifestieren.

Wenn man den ersten Koan passiert — „Vor Vater und Mutter, wo warst du?" — erreicht man die Wirklichkeit. Man erkennt Nirvana, doch vielleicht denkt man immer noch, weil alles veränderlich sei, sei alles wertlos. Wenn ihr erkennt, daß Leben ewig ist, daß *dies* die Wirklichkeit ist, warum dann dieses Leben entwerten? Jemand, der eine negative weltverneinende Einstellung hat, möchte immer im monotonen Einheitsaspekt *(dharmakāya)* bleiben, weil seine Erleuchtung noch nicht vollendet ist. Auf den Koan: „Wenn man die Kerze löscht, wohin geht das Licht?", antwortet er: „Dunkelheit ist ihr ursprünglicher Aspekt". Diese Ansicht ist falsch. Dunkelheit! Er denkt, die monotone Einheit sei das wahre Gesicht und die Erscheinungswelt ein falsches. Das ist die erste falsche Ansicht eines Pratyekabuddha, der nicht den Mut hat, die phänomenale Existenz zu bestätigen.

---

[1] Pratyeka Buddha: Einer, der aus sich selber heraus ohne Anleitung einen bestimmten Erleuchtungsgrad erreicht hat.

Ein anderer Koan lautet: „Der Teeschöpfer (Löffel, mit dem frisches Wasser in kochendes Teewasser geschöpft wird) geht von der eisig kalten Hölle in die kochend heiße Hölle, aber er hat keine Seele und fühlt deshalb keinen Schmerz." Wenn man an der Einheit klebt, denkt man, die Wirklichkeit existiere nicht in dieser Welt, sondern nur in jener Welt. Das ist nicht die wahre Sicht.

Im Koan: „Halte den Klang des Gonges vom weitentfernten Tempel an!" hält man die ewige Stille als das Wirkliche und vergißt den ewigen Klang des Gongs. Vom Anfang bis zum Ende schwingt er durch das Universum — gong-ong-ong. Ihr hört ihn nicht, und so denkt ihr, die Stille sei das Wirkliche. Beim Beobachten des Koans: „Halte das Segelboot auf dem weitentfernten Ozean an!" werdet ihr bewegungslos, in der Meinung, Bewegungslosigkeit sei das Wesen des Seins. Das ist eure Vorstellung. Das universelle Segelboot bewegt sich immer, obwohl ihr dies nicht seht. Wenn man die wahre Wirklichkeit erreicht, erkennt man, daß Bewegungslosigkeit nur eine Vorstellung ist und somit auf einer falschen Ansicht beruht, der zweiten falschen Ansicht eines Pratyeka Buddha.

Man denkt, man müsse von diesem Leiden wegrennen, doch wenn man Nirvana wirklich erreicht und *dharmakāya* wirklich versteht, wo ist dann das Leiden? Der Körper tut weh. Wo ist der Schmerz? Im letzten Moment, in der Todesangst, wo ist die Qual? Man kann sie nirgends finden, wenn man Nirvana wirklich erreicht hat. Ausgehend von diesem Nirvana — wo sind die Unreinheiten dieses Lebens? Natürlich gibt es die Wellen des natürlichen Stromes. Ihr müßt sein Gesetz verstehen und dann euer Leben mit dem Strom fließen lassen.

Im Buddhismus gibt es kein Ego, aber wenn ihr Nirvana erreicht, ist *dies* Ego. Wir sagen, „Das ist nicht ‚Ich‘, sondern Buddha". Natürlich meinen wir nicht Shakyamuni Buddha. Bis zu diesem Punkt beruht das Erreichte des Erleuchteten noch auf Ideen, auf Theorie. Er muß dieses Bündel von Vorstellungen packen und wegwerfen. Dann kann er wirklich wahres Nirvana erreichen.

Aus der wahren Sicht des Buddha können also beide, der gewöhnliche Mensch und der Heilige, verkehrte Ansichten haben.

Der Buddha brachte seine Lehre, um die Vorstellungen des gewöhnlichen Menschen zu zerstören und ihm eine Idee davon zu geben, was Buddhismus ist. Um Nirvana zu erreichen, muß man zuerst die falschen Ansichten zerstören. Wenn ihr vor dem Lehrer erscheint, einfach dasitzt und sagt: „Es gibt nichts zu sagen, es gibt keine Antwort", ist diese negative Haltung immer noch eine Idee, immer noch eine Hypothese, also wird der Lehrer diese Antwort nicht akzeptieren. Es ist nicht leicht, ins Nirvana einzutreten. Eine verkehrte Ansicht zu korrigieren ist leicht, aber diese *Ideen* von Unbeweglichkeit, Ruhe, Reinheit und Ich wegzuwerfen, das ist schwierig. Wenn ihr auch die zweite Gruppe der verkehrten Ansichten aufgebt, dann erreicht ihr es wirklich.

DIE VIER GRUNDPFEILER DES BUDDHISMUS *Es gibt eine große Entscheidung, die wir immer und jederzeit im Geiste treffen müssen, die Frage lautet: Wer ist derjenige, den ich bei meinem eigenen Namen nenne? Woher kam er? Wo geht er hin?*

Im Urbuddhismus, in welchem man auf die gleiche Art dachte wie der Buddha selber, gibt es vier Faktoren, die die Grundlage für die buddhistische Praxis bilden.

Der erste Faktor ist die sogenannte Veränderlichkeit *(anitya)* oder Unbeständigkeit, der zweite das Leiden *duḥkha)*, Schmerz oder Kummer, der dritte Selbstlosigkeit oder Nicht-Ich *(anātman)*, und der vierte Leerheit *(śūnyatā)*. Letzteres wird manchmal als „Leere" (void) übersetzt, doch „Leerheit" (emptiness) scheint mir besser. Die gesamte Praxis des Buddhismus basiert auf diesen vier Faktoren. Kürzlich traf ich in Boston einen Herrn, der das Prinzip der Veränderlichkeit nicht verstehen konnte. Ich sagte zu ihm: „Sie waren ein Säugling, dann wuchsen sie zu einem Kind, einem Jüngling und einem Mann heran. Dieser Mann wird alt werden und dann sterben. Glauben Sie das?

Das ist Veränderlichkeit. Alles ist veränderlich." „Ja", antwortete er, „ich bin einverstanden, daß ich mich verändert habe, jedoch nicht im buddhistischen Sinn." „Sie glauben, daß Sie sich verändert haben, können diese Tatsache aber nicht als Veränderlichkeit annehmen?" „Nein, das kann ich nicht", wiederholt er, „nicht im buddhistischen Sinn."

Ich erkannte, daß das Denken dieses Herrn nicht genau war; obwohl er sah, was offensichtlich ist, konnte er es nicht begreifen. Obgleich er ein Akademiker war, täuschte er sich selber. Es ist nutzlos, mit so jemandem zu diskutieren.

Es ist augenscheinlich, daß sich alles verändert — nicht nur unser Körper verändert sich, sondern auch alles andere in der Welt. Seht die Wolken am Himmel, den Baum im Garten! Selbst während ihr sie anschaut, hat sich ihre Form verändert. Auch dieses Amerika ist veränderlich. Es wird gesagt, daß hier ein anderer Kontinent gewesen sei, Atlantis genannt. Dann verschwand jener Kontinent, und dieser hier nahm seinen Platz ein. Auch Kontinente kommen und gehen.

Der Herr aus Boston hatte kein Bedürfnis nach Buddhismus. Sein Leben war gesichert, er hatte ein ständiges Einkommen, eine Frau und Kinder. Aber wenn sich all dies änderte, wenn er mit nichts dastünde, dann würde er vielleicht durch Leiden begreifen, was Veränderlichkeit im buddhistischen Sinn bedeutet.

Denkt an die Zeit, als ihr 16jährig wart. Und jetzt, wie steht es mit euch? Euer Haar ist grau und das Gesicht runzlig. Man kann die Veränderungen, die das Leben gebracht hat, nicht verleugnen.

In Japan kennen wir das Leid der Veränderlichkeit sehr gut. Gestern vielleicht war man ein reicher Mann mit einem Haus, einer Familie und einem angenehmen Leben. Dann brach ein Feuer aus, das Haus brannte bis auf den Grund nieder. Voller Leid geht man zur Bank. Aber da ist keine Bank mehr. Sie wurde geschlossen. Versicherung? Wo keine Bank ist, da gibt es keine Versicherung. Alles ist weg.

Oder deine Frau geht mit einem anderen Mann davon. Deine Kinder verlassen dich und gehen ihre eigenen Wege. Was bleibt dir dann? Schmerz.

In der Nähe von Tokyo hing ein riesiger Stein über der Straße, so groß, daß ihn niemand fortschaffen konnte. Bei einem Erdbeben stürzte er herunter und zermalmte alles unter sich. Was wird aus dem Mensch, der gestern reich war und heute ein Bettler ist? Ihr könnt ihn auf der Straße treffen und ihn Charlie nennen... oder vielleicht Robert.

Es gibt eine große Entscheidung, die wir immer und jederzeit im Geiste treffen müssen, die Frage lautet: „Wer ist derjenige, den ich bei meinem eigenen Namen nenne? Woher kam er? Wo geht er hin? Nicht Charlie, nicht Anne. Vielleicht denkst du, es sei Robert, oder wie auch dein Name sein mag. Ich bin ein menschliches Wesen, sagst du. Aber bist du wirklich Charlie? Bist du Mary, Robert, Anne?

„Nein", sagst du, „ich bin nicht Anne, nicht Charlie, ich bin das Eine". Der Buddhist glaubt nicht, daß dieses Eine irgend einen Namen hat — dieses Bewußtsein, dieser Körper ist weder John noch Anne noch Charlie. Wer ist es dann wirklich? Was ist Ich? Existiert dieses Ich? Ist dieses Ich in deinem Körper? Existiert es in deinem Auge, in deinem Gehirn? Wenn es nicht in deinem Gehirn, deinem Körper ist, wo existiert es dann? Zu Ashokas Zeit kam ein griechischer Gouverneur von Athen nach Nord-Afghanistan und diskutierte mit einem Mönch namens Nagasena über das Thema von Ich und Nicht-Ich.

Der Mönch fragte den Gouverneur, wie er von Griechenland nach Afghanistan gekommen sei. „Natürlich mit einer Kutsche", antwortete dieser. „Was ist eine Kutsche?", fragte der Mönch. „Das ist eine Kutsche", antwortete der Gouverneur, und zeigte auf eine Kutsche vor der Tür. „Ist das Pferd die Kutsche?", fragte der Mönch. „Nein." „Ist das Rad die Kutsche, oder die Achse?" „Nein." „Ist das Dach die Kutsche?" „O nein", meinte der Gouverneur, „all diese Dinge sind nicht die Kutsche."

Nachdem der Gouverneur alle übrigen Teile auf ähnliche Weise abgelehnt hatte, sagte Nagasena zu ihm: „Gouverneur, ihr seid nicht mit einer Kutsche von Griechenland hieher gekommen." Der Gouverneur fand keine Antwort, da er logischerweise nicht mit etwas gekommen sein konnte, das nicht existierte. Es gab keine Kutsche! Buddhistisch gesehen existierte die Kutsche nicht, deshalb konnte der Gouverneur nicht mit ihr gekommen sein. In gleicher Weise frage ich dich: ,,Bist du John?" Ist dieses Auge John?" ,,Nein." ,,Ist dein Haar, dein Bein, dein Magen, dein Gehirn John?" ,,O nein", sagst du. Dann sage ich, daß es keinen John gibt. Deshalb existierst du, Anne nicht. Wenn wir alle Körperteile, eins nach dem anderen analysieren, finden wir kein Ich. Wie ihr versucht, die Seele vom Körper zu trennen, analysiere ich auf die gleiche Art. Existiert die Seele im Körper? Nein. Wenn der Körper stirbt, gibt es keinen Ort mehr für die Seele. Wo geht sie dann hin? Existiert sie im Raum? Alles, was Raum einnimmt, hat einen Körper, also muß die Seele, wenn sie existiert, einen Körper haben. Ist es ein physischer, ein ätherischer oder ein Astralkörper? Wie dem auch sei, es ist immer noch ein Körper. Wo ist die Seele, und woraus besteht sie? Wo kann die Seele ohne einen Körper existieren? Wenn die Seele zeitlos und raumlos ist, kann sie etwas anderes als ein Körper sein? Wenn sie also kein Körper ist, dann existiert sie überhaupt nicht.

Was tun wir, wenn der menschliche Verstand zu unreif ist, dies zu erfassen? Versuchen wir dann, aus 2 + 2 = 5 zu machen? Warum versuchen wir, Seele und Körper zu trennen? Die Seele ist im Körper enthalten! Doch wenn wir schon einmal festgestellt haben, daß wir Füße, Hände, Gehirn usw. haben, weshalb nicht auch feststellen, daß der Geist nicht vor der Materie geschaffen wurde? Die Materie erhielt aber auch nicht nachträglich einen Geist. Materie und Geist gehören immer zusammen. Doch wir zerbrechen uns dauernd den Kopf über die alte Frage, was zuerst war, das Huhn oder das Ei. Wenn man zeitlich denkt, kommt dieses zuerst und jenes nachher, doch in Wirklichkeit ist beides von allem Anfang an ein und dasselbe. Wir sehen zwei Aspekte, weil wir die Dinge von zwei Gesichtspunkten aus betrachten.

Ihr glaubt, daß ihr ein Einzelwesen seid und deshalb ein Ich habt. Doch nichts existiert ohne das andere. Es ist wie mit den Regenbogenfarben. Es gibt keine wirkliche Farbe im Regenbogen. Alle Farben sind dort vorhanden, aber keine kommt allein vor. Es gibt keine Farbe, die nicht Teil der anderen ist.

Die Wellen des Ozeans steigen und fallen. Im ganzen Ozean

gibt es keine einzelne Welle. Alle sind eins. Man sieht die Wellen in ständiger Bewegung, sie wechseln ihre Form und ihren Ort andauernd, aber eine einzelne Welle gibt es nicht. Man sieht nie die ganze Welle auf einmal. Ohne den Ozean gäbe es keine Wellen, und ohne Wellen gäbe es keinen Ozean.

Vom Standpunkt der großen Natur aus gesehen sind der Baum und der Apfel dasselbe. Der Apfel trägt die Samen, der Baum die Äpfel. Keines kann in der Zeit ohne das andere existieren. Die Zeit macht das Ganze vollständig.

Es gibt die Ameise und den Ameisenbär. Gäbe es keine Ameisen, gäbe es keinen Ameisenbär. Nichts existiert ohne das andere. Alles ist relativ.

Alles ist Leiden, weil es veränderlich ist. Aber derjenige, der das Leiden fühlt, bist nicht du selbst. Im Moment, wo man Leiden erkennt, hat es sich schon verändert. Wenn ihr dies nur wirklich glauben könntet!

Als ich jung war, traf ich einen alten Mönch, der Zahnweh hatte. Ich erkundigte mich nach seinem Zahnschmerz: ,,Hast du Schmerzen?" Er antwortete: ,,Mein Zahn schmerzt." ,,Aber fühlst du den Schmerz?" ,,Schmerz fühlt Schmerz. Ich fühle nichts, ich bin bereits jemand anders." Das ist Befreiung. In einer mißlichen Lage wird man gezwungen, diese Einstellung einzunehmen, z. B. in einer Schlacht. Man sieht das Kampffeld und steht davor. Man muß sich wirklich in den Kampf, ins Feuer werfen. In einem solchen Augenblick fühlt man, daß man kein Ich hat. Man hat sich schon verändert.

Wenn ihr dieses Verständnis habt, wenn ihr den ,,Nicht-Ich"-Standpunkt einnehmt, ist euer Leiden das Leiden von niemandem. Ihr seid frei. Derjenige, der Schmerz erkennt, seid nicht ihr selbst. Euer Tod ist nicht euer Tod, es ist einfach ein Tod.

Die Buddhisten klammern sich nicht an das Selbst, an Leiden oder an die Veränderlichkeit. Wenn sie sagen: ,,Es gibt keinen einzelnen Menschen auf Erden, alle sind ein Mensch, es gibt deshalb kein separates Ich nach dem Tod, dann ist das keine philosophische abstrakte Theorie, kein metaphysisches Geschwätz, sondern nur eine einfache, klare Aussage.

Wenn die Trompete auf dem Schlachtfeld ertönt, denkt ihr, ihr wärt dort, weil ihr sie hört. Aber zum Zeitpunkt, wo ihr sie hört, seid ihr nicht dort. Es ist schon vorbei, wenn ihr es gehört habt. Ein Tropfen Wasser ist ein Tropfen Wasser. Aber wenn er ins Meer fällt, ist er nicht mehr da. Er ist das Meer. Es ist kein Tropfen Wasser mehr, sondern das Meer selber. Dieser Tropfen bin ich. Nach dem Tod fällt dieses Ich ins Meer der Seelen, Leerheit genannt. Kein Ich bleibt zurück.

Ihr nennt den Ozean einen Energiespeicher, wir nennen ihn Leerheit. Der Ozean enthält alle Kraft, die kreative und die destruktive. Wir kehren dorthin zurück. Das ist Leerheit.

Ihr fragt mich: ,,Glauben die Buddhisten an Reinkarnation?'' Die Wellen des Meeres steigen und fallen andauernd. In diesem Sinn glauben wir Buddhisten an Wiedergeburt. Aber in der ganzen Geschichte des Universums wurde nie etwas genau so geschaffen, wie es vorher war. Madame Claire wurde geboren und Madame Claire genannt. Glaubt ihr, wenn sie wieder geboren wird, wird sie wieder Madame Claire sein? Einige Menschen haben solch dumme Ideen. Vom Standpunkt der Leerheit und des Nicht-Ichs könnte man eine solch materialistische Reinkarnationslehre nicht als wahren Glauben annehmen. Wenn man unsere Auffassung von Wiedergeburt mit den alten Theorien verwechselt, kommt alles durcheinander.

Dein Körper und mein Körper sind physisch verschieden, aber dein *ālaya*-Bewußtsein und meines sind nicht verschieden. Wir leben nicht im Körper des Ichs, sondern im Körper des Gesetzes, *dharmakāya*. Das Gesetz ist dein Körper. Feuer brennt, Eiswasser gefriert.

Unter einem Mikroskop kann alles in Protonen und Elektronen zerlegt werden. Aber ein Buddhist benutzt kein Mikroskop, um die Wirklichkeit zu beobachten. Ich spreche von der Wirklichkeit, die nicht mit den fünf Sinnen verbunden ist. Ich meine die wirkliche Wirklichkeit.

Man betrachtet ein Objekt aus den fünf verschiedenen Standpunkten der fünf Sinne und schließt daraus, daß es fünf verschiedene Welten gibt, aber es gibt nur eine, die wir durch fünf verschiedene Spiegel sehen. Es gibt nur eine Wirklichkeit. Nur eine!

Und diese eine ist leer. Die Welten des Sehens, Hörens, Riechens, Schmeckens und Tastens sind alle aus derselben Substanz. *ES* ist die Wirklichkeit. Die Wirklichkeit ist aktuell und metaphysisch, aber es gibt wirklich nur eine Wirklichkeit. Der Fisch, der im warmen Wasser lebt, weiß nichts von kaltem Wasser. Kaltes Wasser existiert für ihn nicht, weil er kalt nicht kennt.

DHARMAKĀYA *In der Meditation gibt es keine Idee, kein Wort, keinen Namen, keine Vision, welche ES symbolisiert. Nur die reine transparente Essenz des Geistes erfaßt diese Existenz des absoluten Gesetzes, diesen* dharmakāya.

Das „Glaubensbekenntnis" der Buddhisten lautet: „Ich nehme Zuflucht zu Buddha, ich nehme Zuflucht zum Dharma, und ich nehme Zuflucht zur Sangha". Diese drei Zufluchtnahmen beziehen sich auf die drei Körper Buddhas, *dharmakāya, sambhogakāya* und *nirmāṇakāya*. Man nennt sie auch den *trikāya* oder den dreieinigen Körper Buddhas (*kāya* bedeutet „Körper"). Wenn wir Buddha personifizieren, sehen wir ihn mit diesen drei Attributen.

Solange der Buddha als Mensch lebte, sprach niemand von seinen drei Körpern. Nach seinem Tod, als die Jünger ihn nicht mehr sehen konnten, waren seine Lehre und seine Gemeinschaft noch vorhanden, aber die erste Zuflucht, Buddha selber, war verloren. Noch besaßen die Jünger das Dharma als Buddhas Geist und die Sangha als Ausdruck seiner Handlungen im täglichen Leben, aber den Meister, Buddhas Seele, hatten sie verloren. Also versuchten sie, an Hand von Buddhas Lehre einen neuen Meister zu finden. Dieser neue Meister durfte keine Theorie sein, keine Doktrin oder Phantasie, kein Bild, keine personifizierte Idee, er mußte aktuell leben, mußte so wirklich sein, wie die Welt, die sie mit ihren Augen sahen. Und so fanden sie Buddha im Nirvanazustand.

Natürlich konnten die Jünger diesen Buddha nicht mit ihren physischen Augen sehen; sie mußten ein anderes Auge entwickeln, um ihn in seinem unsichtbaren Zustand zu sehen. Als sie den in seinem ursprünglichen Zustand lebenden Buddha mit dem innersten Auge sahen, nannten sie ihn *dharmakāya*-Buddha.

Der physische Körper des Buddha wurde vor langem im Wind zerstreut, aber wir können 2500 Jahre zurückgehen, und z.b. auf dem Adlerberg in der Nähe von Rajagriha, in Magadha, Indien, die Hände falten und Buddha verehren. Dieser Buddha lebt immer noch. Seine Gedanken, sein Geist, existieren noch in unserem Geist, und sein wirklicher Körper, *dharmakāya*, ist allgegenwärtig. Wir können den Zugang zu ihm finden, wenn wir unser *dharmacakṣus*, das Auge des Dharma oder das Auge des Gesetzes, öffnen.

Das Gemüt eines Buddhajüngers ist erleichtert, wenn er die drei Körper Buddhas gefunden hat, deshalb sollt auch ihr als echte Buddhisten die wahre Bedeutung dieser drei Körper verstehen. Die Drei-Körper-Lehre wurde von vielen Gelehrten angeführt und in zahlreiche Sprachen übersetzt, und die damit verbundenen Fachausdrücke kann man in vielen buddhistischen Wörterbüchern finden. Trotzdem habe ich hier in Amerika unter den vielen Büchern, die ich durchstöberte, keines gefunden, das wahrheitsgetreu über die drei Körper berichtet.

Dharma ist ein Sanskritwort mit 24 Bedeutungen. Europäische Gelehrte übersetzen es als ,,Gesetz" oder ,,Weg" oder ,,Religion". Ich akzeptiere die Übersetzung von *dharmakāya* als ,,Körper des Gesetzes", will aber darauf hinweisen, daß das ,,Gesetz" drei Aspekte oder Stufen hat, wobei *dharmakāya* die erste ist.

Dharmakāya ist die Stufe, die durch Meditation erreicht werden kann. Sie ist zeitlos, raumlos, körperlos. In diesem Zustand kann das Bewußtsein seine eigene Existenz nicht wahrnehmen. Da gibt es kein Bewußtseinszentrum, weil es weder Raum noch Zeit gibt. Das menschliche Denkvermögen kann sich keinen Begriff von dieser ersten Stufe des Gesetzes machen. Die Christen beschreiben *ES* als außerhalb des Universums existierend, denn für sie befindet sich die Region Gottes außerhalb des Universums, und *ES* hat jeden von uns erschaffen. Praktisch können wir uns nichts jenseits von Raum vorstellen, aber vom mentalen Denken her müssen wir zugeben, daß ein Zustand, in welchem die Kraft der Erkenntnis vernichtet ist, und in welchem wir die Existenz von Raum, Zeit oder Bewegung mit unserem Bewußtsein nicht erkennen können, „außerhalb" des Universums ist. Man kann nicht über *ES* nachdenken, weil es unverstehbar ist, und weil es keinen Weg gibt, es zu erklären. Natürlich wurde es philosophisch erklärt, aber auch wenn die Philosophen es vollständig erklärten, könnten sie es dem Geist des Menschen doch nicht enthüllen. Immanuel Kant sagte, daß die Wirklichkeit nicht demonstrierbar sei, und daß es keinen Weg gebe, dieses erste Gesetz der menschlichen Vernunft verständlich zu machen. Weise Menschen treffen sich dort, aber obwohl sie *ES* kennen, können sie *ES* nicht erklären. Christliche Lehrer sagen: „Glaubt einfach daran, versucht nicht, darüber nachzudenken oder zu argumentieren! *ES* kann nur durch Glaube erreicht werden." Wir Buddhisten sagen statt „Glaube" „Meditation". Wir sagen: „Erreiche *ES* durch Meditation."

In der Meditation gibt es keine Idee, kein Wort, keinen Namen, keine Vision, welche *ES* symbolisiert. Nur die reine transparente Essenz des Geistes erfaßt diese Existenz des absoluten Gesetzes, diesen *dharmakāya*.

Jeder religiöse Mensch, ganz egal welchem Glauben er angehört, muß eines Tages diese Türe öffnen und eintreten, muß das Mysterium des *dharmakāya* enthüllen. Philosophie, Worte, Symbole oder Lehren können euch zum Tor führen, aber sie können euch nicht *durch* das Tor begleiten. Ihr müßt selber durchschreiten, in dem ihr alle Kleider eures Geistes auszieht.

In alter Zeit verließen weise Männer, Eremiten und Asketen ihr Heim, fasteten in der Wüste, sprachen kein Wort, benutzen keine menschlichen Vorstellungen und traten sofort ein. Shakyamuni Buddha erreichte es unter dem Bodhibaum und dachte, er könne nicht darüber sprechen und es wäre besser, sofort ins Nirvana einzutreten. Nach der Legende erschien der Gott Brahma vor ihm und flehte ihn an, in dieser Welt zu bleiben und die Bedeutung des *dharmakāya* zu verkünden oder den wahren Zustand durch Sinnbilder zu zeigen. Darauf lehrte Buddha den wahren Zustand 45 Jahre lang durch Sinnbilder.

Eines Tages stieg er auf den Löwenthron (so heißt es in der Allegorie), pflückte eine Lotosblume und hielt sie in der Hand. Er zeigte sie nicht mit Absicht, sondern hielt sie einfach so in der Hand, wie ich den Hossu (Fliegenwedel) in meiner Hand halte — und schwieg. Mißversteht dies nicht! Es gab keinen Thron dort und keinen goldhaarigen Löwen. Es gab nur einen Baumstumpf, auf welchem der Buddha saß. Er pflückte eine Lotosblume, hielt sie genau so in der Hand, wie ich den Hossu halte, und schwieg.

Alle Arhat schauten den Buddha an und konnten nicht verstehen, als dieser schweigend dasaß, die Lotosblüte in der Hand, mit ruhigem Blick. Aber Mahakasyapa, der große, der riesige Mahakasyapa, verstand und lächelte. Der Buddha zeigte auf ihn: „Du hast den geheimen Sinn des höchsten Gesetzes erfaßt. In Zukunft sollst du, Mahakasyapa, dies aufrechterhalten, verliere es nicht und übertrage es den Generationen der Zukunft." Das ist die sogenannte erste Übertragung des Zen.

Ein europäischer Gelehrter übersetzte ein Sutra mit dem chinesischen Titel „T'ai I Chin Hua Tsung Chih", welches mit einer Lotosblume zu tun hat. Er nannte es „Das Geheimnis der goldenen Blüte" und verwässerte es mit seinen eigenen Gedanken. Doch das betreffende Sutra ist kein buddhistisches, sondern eines des späten esoterischen Taoismus und enthält die dualistische Philosophie des I Ging. Der Gelehrte legte seine eigene Theorie hinein, und so hat diese „Goldene Blüte" nichts zu tun mit dem goldenen, heiligen Lotos, den der Buddha zeigte. Die zwei dürfen nicht miteinander verwechselt werden.

Im Zen üben wir, bis wir den *dharmakāya* erreichen, und dann zeigen wir die Hand an Stelle der Lotosblume.

Es gibt eine Geschichte über einen neuangekommenen Mönch, der seinen Lehrer fragte, was die wahre Bedeutung von Dharma und *dharmakāya* sei. Der Lehrer sagte: „Wenn du den ganzen Tag lang im Reisfeld arbeitest, will ich dir am Abend die wahre Antwort geben." Also arbeitete der Mönch den ganzen

Tag lang zusammen mit den anderen Mönchen hart und dachte, daß ihm am Abend eine wunderbare Lektion gegeben würde. Er erwartete, daß der Meister in den höchsten Ausdrücken des buddhistischen Vokabulariums sprechen werde, mit Wörtern wie ,,omnipotent" und dergleichen. Der Abend kam. Der Neuling wusch sich die Füße und ging mit den anderen Mönchen in den Tempel, um den Meister zu hören. Der Meister kam herein (auch er hatte tagsüber gearbeitet), ging zu seinem Sitz und setzte sich. ,,Nun, Meister", sagte der neue Mönch, ,,bitte, erklären Sie die wahre Bedeutung von Dharma". Der Meister streckte die Arme aus und lächelte. Das war alles. Das war das Ende. Seltsam? Es ist überhaupt nicht seltsam, wenn man mit dem innersten Auge sieht. Man kann es auch mit dem physischen Auge sehen. Das Auge muß sich von innen öffnen.

Der zweite Körper des Buddhas heißt *sambhogakāya*. *Sambhogakāya* ist unser Bewußtsein. Bewußtsein kann nicht allein existieren. Es muß mit der Außenwelt in Kontakt kommen. In Wirklichkeit dehnt sich unser Körper in die Außenwelt aus. Eine Katze, die mit ihrem Schwanz spielt, vergißt, daß ihr Schwanz ihr eigener Körper ist. Ebenso vergessen wir. Wenn wir die Außenwelt ,,materiell" betrachten, besteht sie aus ,,Elektronen" oder etwas Entsprechendem, wenn wir sie als eine geistige Existenz sehen, ist sie die objektive Erfahrung des subjektiven Geistes.

Vom Standpunkt des *sambhogakāya* kann man sowohl den inwendigen Körper sehen, *dharmakāya*, als auch den äußeren Körper, *nirmāṇakāya*. *Nirmāṇakāya* ist der Körper der Transformation. Die vielen verschiedenen Formen — Mann, Frau, Baum, Tier — sind alles Ausdehnungen der Quelle des Bewußtseins, *sambhogakāya* genannt.

Auf diese Weise vervollständigen wir Buddhisten unsere Überzeugung, daß wir Zuflucht nehmen können in *dharmakāya, sambhogakāya* und *nirmāṇakāya*. Die Christen haben die Dreieinigkeit von Vater, Sohn und Heiliger Geist. Wir nennen es Buddha im dreieinigen Körper.

Der erste Aspekt des Gesetzes ist also *dharmakāya*. Dieser ist allgegenwärtig, nichts manifestiert sich darin in seiner sichtbaren Form. Der zweite Aspekt ist der *saṃbhogakāya*. Er ist wie Licht oder Wärme. Er hat Ausdehnung und durchdringt die vierte Dimension. Der dritte Aspekt ist das Gesetz von *nirmāṇakāya*. Da wir Menschen nicht in alle Richtungen gleichzeitig gehen können, müssen wir einen Weg wählen. Der *nirmāṇakāya* ist wie eine Einbahnstraße, er dehnt sich nicht wie eine drahtlose Nachricht aus, sondern wie ein Kabel, in einer Linie.

Ich glaube, ich habe an Hand des *trikāya* den grundlegenden Glauben der Buddhisten erklärt.

NIRMĀNAKĀYA *Der Buddhist übt Nicht-Ich. Er kann sich verwandeln wie ein Körnchen Weihrauch, das zu Feuer, Asche und Rauch wird.*

Wir trinken Wasser, und das Wasser wird ein Teil unserer selbst; wir trinken Alkohol, und wir werden ein Teil des Alkohols. Wenn wir Nahrung zu uns nehmen, verwandelt sich diese und wird Teil unserer selbst, nehmen wir jedoch Gift ein, zerstört es uns. Das ist unsere einfache alltägliche Erfahrung, aber gleichzeitig ist es ein wunderbares Beispiel für das große universale Gesetz. Wenn ihr das Gesetz des menschlichen Wesens verstehen wollt, müßt ihr über diesen Sachverhalt sorgfältig und gründlich nachdenken.

Um als menschliche Wesen zu leben, müssen wir uns in all das hinein stellen, was uns umgibt. Wenn wir eine Tulpe in einem Topf haben, geben wir ihr Wasser, stellen sie an die Sonne und schützen sie vor dem kühlen Wind und Frost. An einem schönen Frühlingstag, in den blauen Himmel schauend, verbinden wir uns mit dem Himmel und lassen unsere Sorgen fallen — wir verkörpern uns im Objekt, mit welchem wir Kontakt herstellen.

Im Buddhismus gibt es die Lehre von der physischen beziehungsweise materiellen Verwandlung des Körpers. Der wandelbare Körper heißt *nirmāṇakāya*. Mittels dieses Körpers verwandeln wir uns in eine andere Form, und Wasser und Nahrung verwandeln sich in unsere Form. Das ist das Geheimnis unseres gegenseitigen Kontaktes mit Menschen und Dingen im täglichen Leben. Wenn ihr dies versteht, gibt es keine Rätsel mehr in eurem Leben, und wenn ihr es anwendet, seid ihr vollkommene menschliche Wesen.

Wenn ihr euch in jemanden oder etwas versetzt, dürft ihr eure eigene Form nicht beibehalten! Ihr sollt eins werden mit dem anderen und euch so verwandeln, wie das Wasser, das in unseren Körper eintritt. Um anderen zu helfen, müßt ihr Verwandlung verstehen. Nur dann könnt ihr ihnen so helfen, wie sie es wünschen. Jemandem zu helfen, indem man versucht, ihn zu ändern, ist nicht der richtige Weg. Wenn ihr z. B. einem Hund helfen wollt, müßt ihr euch in den Hund verwandeln und genau das tun, was er will. Wenn ihr einem Kanarienvogel helfen wollt, setzt ihr ihm nicht einen Hut auf den Kopf und Stiefel an die Füße. Doch wenn ihr Menschen helfen wollt, tut ihr genau das! Ihr übertragt eure eigenen Vorstellungen auf den andern und dehnt euch auf diese Weise in ihn aus. Dies führt unweigerlich zu Konflikten. Stellt euch vor, die Kartoffel auf eurem Teller würde sagen: ,,Ändere dich, oder ich ernähre dich nicht!" Wäre euch das angenehm? Die Kartoffel ändert sich freimütig — das ist das universale Gesetz. Es ist so klar, doch der Mensch ist zu stupide, um dieses große Gesetz zu verstehen. Ich verwandle mich in das andere, und das andere verwandelt sich in mich. Das ist perfekte Einheit, vollkommene Harmonie.

Laßt uns noch einen anderen Aspekt dieses Gesetzes betrachten! Wenn ich Wasser trinke, verwandelt sich das Wasser in mich, wenn ich aber Feuer nehme, muß ich mich in Feuer verwandeln. Von diesem Standpunkt aus ist alles Wandelbare gut und alles Unwandelbare schlecht. Wein verwandelt uns. Unsere Haltung wechselt, wir reden laut und fühlen uns groß. Wenn der Alkohol weggeht, fühlen wir uns wieder klein. Wenn ihr also jemanden wirklich ändern wollt, müßt ihr dies ganz und gar tun, und dürft nicht zulassen, daß er daraus aufwacht, d. h. die Änderung dürfte nicht nachlassen. Könnt ihr das? Ein Mensch mit großer Kraft und tiefem Verständnis kann mit anderen tun, was er will, aber es muß hundertprozentig geschehen — wenn der eine zehn wird, muß der andere null werden. Halb-halb ist keine Harmonie. Wirkliche Änderung zu induzieren, ist wie eine Ladung Dynamit in der Erde zu vergraben. Zu Buddhas Zeiten betonten die Buddhisten die Notwendigkeit der Befreiung vom physischen Körper. Aber das ist keine wahre Lehre. Der Buddha lehrte dies nur, um die Schüler vom täglichen Leben weg und zum Klosterleben hin zu führen. Er betonte den geistigen Körper und sagte deshalb: „Vergeßt den physischen Körper und das weltliche Leben!" Aber Zen lehrt, daß wir diesen physischen, diesen wandelbaren Körper benutzen sollen, um Kontakt herzustellen. Wenn man jemandem helfen will, der am Boden liegt, muß man sich neben ihn legen. Man kann nicht sagen: „He du, steh auf!" Man benutzt den verwandlungsfähigen Körper, *nirmāṇakāya*.

Nirmāṇakāya wird durch den Bodhisattva Avalokiteshvara mit den tausend Augen und Armen symbolisiert. Dieser verwandelt sich täglich auf unzählige Arten und Weisen.

Der Buddhist übt Nicht-Ich. Er kann sich verwandeln wie ein Körnchen Weihrauch, das zu Feuer, Asche und Rauch wird. In einem der großen buddhistischen Sutras, dem *Avalokiteśvara Sūtra* wird erzählt, wie sich die heilige Lotosblume — der geistige Körper — öffnete und den wandelbaren Körper sah. Das ist Nicht-Ich. Alle einfachen Dinge der Erde lehren uns dies von morgens bis abends, aber wir sehen es nicht. Deshalb ist es nicht verwunderlich, daß es kein Ende der Schwierigkeiten gibt auf Erden. Der heilige Lotos muß sich öffnen und diese wandelbare Welt sehen! Dies ist die Hauptaussage des *Avalokiteśvara Sūtra*, sie umfaßt die ganze Lehre des Mahayana Buddhismus.

Ihr sollt euer Auge öffnen und den wunderbaren, heiligen, verwandlungsfähigen Körper sehen, *nirmāṇakāya*!

S AMBHOGAKĀYA *Wenn ihr* saṃbhogakāya *versteht, wißt ihr, daß es das Eine ist und das Viele. Aus dem Einen kann man vieles machen, und die Vielheit kann auf das Eine reduziert werden.*

Bevor ich in die Vereinigten Staaten kam, verstand ich Japan nicht sehr gut. Aber nachdem ich hier angekommen war und auf mein Land zurückschaute, über ein 7000 Meilen breites Wellenmeer, spiegelte es sich in meiner Seele deutlich. Ich nehme an, daß es jedem so geht, wenn er sein Land verläßt, sei es nun ein Amerikaner, der nach Frankreich geht, oder ein Franzose, der Frankreich verläßt.

Ich habe ein Stück Stahl, aber ich kenne seine Qualität nicht. Wenn ich daraus ein Messer mache und etwas zerschneide, weiß ich, ob der Stahl gut oder schlecht ist.

Ein kleiner Sprößling erscheint im Frühling. Man kann nicht wissen, was daraus wird. Doch wenn er zu einem Baum herangewachsen ist, seine Blüten öffnet und Früchte produziert, dann weiß man es — oh, eine Orange!

Ein Kind kommt aus dem Schoß seiner Mutter, niemand kennt es. Eines von ihnen trank in seinem hohen Alter Gift aus einem Becher in Athen — nun kennt es jeder — es ist Sokrates. Nachdem jemand gestorben ist und im Sarg liegt, kann man ihn beurteilen. Wenn ein Vogel aus dem Käfig entwichen ist, erkennt man seinen Wert. Um zu entdecken, daß man ein guter Ballfänger ist, muß man erst einen Ball gegen die Wand werfen und auffangen.

Jeder Mensch und jedes Ding hat eine Seele — Feuer, Wasser, Gräser, Bäume, Insekten, höhere Tiere, Menschen — alle diese Wesen haben eine Seele[1]. Ist das wahr? Ihr wißt, daß der Baum eine Seele hat, aber wie weiß es der Baum? Ihr wißt, daß ein Kind eine Seele hat, aber wie weiß es das Kind? Der Baum schläft. Das Kind schläft nicht, aber es ist sich seiner selbst noch nicht be-

---

[1] ,,Seele" bedeutet nicht eine individuelle Wesenheit, hier bedeutet es *saṃbhogakāya*, Seinskörper (Anm. d. Übers.).

wußt. Wie ist es beim Feuer? Feuer ist nicht tot, aber es lebt nicht als empfindendes Wesen. Auch die Tiere können nicht erkennen, daß sie eine Seele haben.

Wir haben eine Seele und wissen es, aber wie können wir es beweisen? Weiß die Seele darum, oder weiß es etwas anderes? Womit erkennen wir? Wir haben fünf Sinne, und wie Bäume öffnen wir Blüten und bringen Früchte hervor. Wir handeln und ernten die Früchte unserer Handlungen. Als Folge davon sind wir uns unserer Seele bewußt. Wir nehmen Erscheinungsformen wahr und werden uns dadurch unserer Wahrnehmung bewußt. Wir strahlen Leben aus und nehmen es um uns herum wahr. Wenn man den Vater tötet, rächt ihn der Sohn. Schlägt man jemanden, wird man zurückgeschlagen. Wenn wir uns nicht kundtun, erhalten wir kein Resultat. Dieser Aspekt heißt *sambhogakāya*. Wir nehmen wahr und empfangen das Resultat unserer Handlungen.

Nirmāṇakāya ist vergleichbar mit den Fingerspitzen, *sambhogakāya* mit dem Handgelenk. Die Wurzel des Verwandlungskörpers, der Manifestation, ist die Wahrnehmung. Ohne die fünf Sinne könnten wir *sambhogakāya* nicht erkennen. Der Säugling schreit nach der Brust seiner Mutter und sucht mit seiner kleinen Hand danach, aber solange er nicht sehen und hören kann, kann er sich seiner selbst nicht gewahr werden. Solange euer Körper nicht fertig ist, erkennt ihr die Seele nicht. Nur durch den Körper seht ihr das Universum, Sonne, Mond usw., und erst dann erkennt ihr, daß es einen Gott oder eine Seele gibt, ein Zentrum aller Manifestation. Wir geben diesem Zentrum viele Namen, aber es wurde nicht von der menschlichen Vernunft geschaffen. Wir haben das abstrakte Denken über die perfekte Liebe und den abstrakten Idealismus eines Plato, aber all dies gehört in den Bereich des menschlichen Wissens. Natürlich sind diese Ideen wunderbar, aber kann man das universale Zentrum erkennen, wenn man auf einem Standpunkt steht, der von diesem menschlichen Bewußtsein getrennt ist. Kann man es vom universalen Standpunkt aus erkennen?

Saṃbhogakāya ist eine abstrakte Idee, abstrahiert von seiner wirklichen Existenz, so wie ich den Fächer von meinem Gewand abstrahiert habe. Um euch den Fächer deutlich zu zeigen, muß ich ihn herausnehmen. Ebenso muß ich, wenn ich über *saṃbhogakāya* spreche, diesen von der konkreten Existenz abstrahieren. Wenn ihr aber denkt, er existiere als solches von den übrigen Körpern getrennt, macht ihr einen logischen Fehler. Ein dem Ozean entnommener Wassertropfen ist nicht der Ozean, außer man bringt ihn dorthin zurück. Etwas zu abstrahieren und dann zu behaupten, es sei die Wahrheit, ist grundfalsch. Bringt es zurück, dann ist es die Wahrheit! Viele Religionen machen diesen Fehler.

Wir müssen also unseren eigenen *saṃbhogakāya* hier in dieser Existenz, in diesem Körper finden. Stellt euch ins Universum — hier, all dies ist das Universum — hier seid ihr. Ihr seid mitten darin, es wurde vollbracht und kann nicht wieder vollbracht werden. Es ist grundfalsch, sich eine Idee von etwas zu machen, das außerhalb von einem selber ist, und sich dann in diese Idee hinein zu stellen.

Im Christentum spricht man von der Dreieinigkeit. Doch dann abstrahiert man Gott, wirft ihn hinaus in den Himmel und verehrt ihn dort. Es ist töricht, Tempel zu bauen, diese mit Götterbildern zu füllen und davor zu knien oder in die Hände zu klatschen wie die Japaner es tun, und auf diese Weise etwas zu verehren, das nicht wirklich ist, sondern abstrakt. Diese Religionsform stammt aus der Zeit, in der der menschliche Geist noch unentwickelt war, aber heutzutage sollten wir verstehen, daß alles in uns selber ist. Es ist nicht nötig, den *saṃbhogakāya* zu abstrahieren. Ich habe ihn und kann ihn benutzen. Die fünf Bewußtseinsarten in uns, welche die sogenannte Seele bilden, sind seine natürliche Funktion. Wir sind der Schrein, der Tempel. Die Gottheit ist hier in uns. Wie können wir ihr huldigen? Wir sitzen still und lassen ab vom Denken und Reden — auf diese Weise verehren wir sie. Der Buddha erreichte die höchste Erleuchtung, indem er sich unter den Bodhibaum setzte. Er verehrte nichts außerhalb seiner selbst, er suchte keinen Gott im Himmel.

Wenn ihr *saṃbhogakāya* versteht, wißt ihr, daß es das Eine ist und das Viele. Aus dem Einen kann man vieles machen, und die Vielheit kann auf das Eine reduziert werden.

146 SAṂBHOGAKĀYA

Vom Standpunkt der Vielheit kann man das System der Reinkarnation verstehen. Doch wie verhält es sich mit Reinkarnation vom Standpunkt der Einheit? *Sambhogakāya* ist die ursprüngliche Einheit der Seele, die in Bäume, Menschen usw. eintritt — trotzdem ist es nur *ein sambhogakāya*. Vom Standpunkt des Verwandlungskörpers jedoch, vom *nirmāṇakāya* aus, kann man alle Trennungen sehen und von Reinkarnation sprechen. Dann kehrt man zu *sambhogakāya* zurück und befreit sich von jeder Seelenwanderung. Wenn man an diesem Standpunkt bleibt, kann man allerdings niemehr in einen menschliche Körper zurückkehren. Denn aus der Sicht, wo das ganze Universum nur *eine* Seele ist, gibt es keine Menschen, keine Bäume, keine Insekten usw.

Es gibt eine Geschichte von einem bösartigen Dämon, mit einem egoistischen Gemüt, welcher glaubte, daß sämtliche Seelen im ganzen Universum einzelne, voneinander getrennte Wesen seien. Er liebte es, unter den Menschen Verwirrung zu stiften. Also wechselte er eines Nachts, als alle schliefen, zwei Seelen aus. Der Morgen kam, aber nichts geschah. Keine Verwirrung trat auf, denn niemand bemerkte einen Unterschied; alles war völlig in Ordnung. Das ist der Standpunkt der Einheit, *sambhogakāya*. Die Idee eines Jüngsten Gerichts dagegen, kommt aus der pluralistischen Sicht. Beide Ansichten sind richtig: Von Anfang an sind alle Seelen getrennt, und alle Seelen sind untrennbar. Unser Gehirn kann sowohl pluralistisch als auch monistisch denken (zwei Nasenlöcher ergeben eine Nase). Wir können das Viele als Eines sehen und das Eine als Vieles. *Sambhogakāya* ist der Körper, der die Resultate unserer Handlungen wahrnimmt und der Körper der Einheit. Wir nennen ihn auch den Körper der Freude, denn hier kommt alles in einem Punkt zusammen, und dies erfüllt uns mit Freude.

Dieser Körper der Freude in uns wird durch den Bodhisattva Samantabhadra symbolisiert, welcher auf einem weißen Elefanten reitet und eine Lotosblume in der Hand hält. Der Name Samantabhadra bedeutet „simultan" oder „dasselbe" und „Weisheit". Er symbolisiert also dieselbe Weisheit in allen, alles empfangend und alles manifestierend. In diesem Standpunkt kommen alle Religionen zusammen. Der silberne weiße Elefant bedeckt das ganze Universum wie Schnee: Die große Natur hat nur eine Farbe.

DER BUDDHA IM SHALAHAIN *Wer starke Willenskraft hat, kann seinen Geist durch Übung kontrollieren, diejenigen, die jedoch keine starke Willenskraft haben, müssen sich auf etwas Äußeres verlassen, wenn sie die Ruhe des Geistes finden wollen.*

Als der Buddha acht Jahre alt war, sah er im Garten hinter dem Palast ein kleines Insekt mit anderen spielen. Da kam ein größeres Insekt und verschluckte das kleine. Ein Vogel kam und verschluckte das größere Insekt und wurde schließlich selber von einem größeren Vogel gefangen und verschluckt. Der achtjährige Prinz Siddhartha fühlte sich ob diesem Geschehen unglücklich und sagte zu einem Höfling: ,,Das, was ich eben gesehen habe, ist sehr traurig. Gibt es keine Regel in der Welt, die verhindert, daß der Stärkere den Schwächeren tötet?'' Der Höfling antwortete: ,,Eure Hoheit, das Gesetz der Welt ist genau so, wie Sie eben beobachtet haben. Der Stärkere tötet den Schwächeren, der Größere verschluckt den Kleineren.'' Siddhartha weinte.

Dieses Ereignis wurde in einem buddhistischen Sutra beschrieben. Ich vermute, daß sich hinter dieser einfachen Geschichte etwas Ernsteres und Wichtigeres verbirgt, das durch den Geist des jungen Prinzen blitzte. Shakyamunis Land war sehr klein. Es lag am südlichen Fuße des Himalayagebirges. Der Shakyastamm gehörte zur Kaste der Kshatriya, der zweiten der vier Klassen Indiens, bestehend aus Bauern und Kriegern. Die höchste Klasse bildeten die Brahmanen. Sie waren die Priester. Man glaubte allgemein, diese seien den übrigen Einwohnern Indiens geistig überlegen. Wenn die Brahmanen Krieg führten, heuerten sie dafür die Kshatriyas an.

Die Brahmanen waren aus dem Westen gekommen, über das Kaukasusgebirge, den Ufern des Kaspischen Meeres entlang, nach Afghanistan, und von dort nach Nordindien, wo sie die Ureinwohner vertrieben. Eine Gruppe war nach Galicia (Griechenland) gewandert, während eine andere nach Indien kam. Sie nannten sich selber „die reine Rasse", „die Kinder Gottes". Die Shakyas bezeichneteten sich nicht als „Kinder Gottes", sondern nannten sich „Abkömmlinge der Kartoffel", denn sie glaubten, ihre Vorfahren seien einer Kartoffel entsprungen.

Neben dem Shakya Land lag ein größeres Land, Magadha genannt. Der Raja von Magadha hatte einen Sohn namens Bimbisara (schöner Knabe). Die zwei Knaben, Siddhartha und Bimbisara, waren sozusagen Rivalen. Da Siddharthas Land sehr klein war und Magadha sehr groß, machte sich der junge Prinz Siddhartha Sorgen, die Herrscher von Magadha könnten sein Land angreifen. Da er den Kampf ums Leben nicht liebte — im Grunde dachte er, das Leben sei den Kampf nicht wert — genoß er es nicht, ein Prinz zu sein. Diese Sorge und die geistigen Kämpfe führten ihn später dazu, seine Heimat zu verlassen und ein Asket zu werden. Denn während Könige eine positive Haltung einnehmen, nahm Shakyamuni, der Weise der Shakyas, die negative Haltung ein, d.h. er hatte den Wunsch, die Welt nicht mit Waffen, sondern durch seine Gedanken zu besiegen. Er wurde zum Sieger. Er besiegte ganz Asien durch seine Gedanken, und seine Religion lebt immer noch, während die Schwerter der Rajas seit langer Zeit zerbrochen sind. Wir sehen hier zwei verschiedene Einstellungen im menschlichen Leben, die Haltung des Heiligen und die Haltung des Königs.

In Asien schlafen die buddhistischen Mönche mit dem Kopf gegen Norden, während die Könige auf ihrem Thron nach Süden schauen. Der Hof des Königs öffnet sich immer gegen Süden, doch die Mönche verneigen sich nach Norden. Das symbolisiert die negative Haltung der Mönche bzw. die positive Haltung der Könige. Die buddhistischen Laien pflegen in ihrem täglichen Leben sowohl die negative als auch die positive Haltung. Wenn sich ihr Geist im Konflikt des Lebens zerstreut, ziehen sie sich in sich selber zurück und kontrollieren ihren Geist. Das ist die negative Haltung. Dann öffnen sie die Augen und lächeln, um mit ihren Freunden in Kontakt zu treten, und sie gehen in die Stadt und erledigen ihre Geschäfte. Das ist die positive Haltung.

Wer starke Willenskraft hat, kann seinen Geist durch Übung kontrollieren, diejenigen, die jedoch keine starke Willenskraft haben, müssen sich auf etwas Äußeres verlassen, wenn sie die Ruhe des Geistes finden wollen. Als ich jung war, kam einmal eine Frau in unseren Tempel. Irgend eine Angelegenheit hatte sie schrecklich aufgeregt, und sie wünschte, ihren Geist zu kontrollieren und zu beruhigen, damit sie nicht verrückt würde. Mein Lehrer zeigte ihr einen Stein: „Nun, junge Frau, dieser Stein ist ein Gott. Wenn du ihn verehrst, wirst du geheilt werden." Die junge Frau glaubte das. Es war ein Stein, welchen einer meiner Tempelbrüder im Garten aufgelesen hatte. Da er von schöner Form war, hatten wir ihn gewaschen und unserem Lehrer gegeben, welcher ihn in einer Nische aufbewahrte. Als der Lehrer der jungen Frau sagte, sie solle den Stein verehren, lachten wir innerlich, doch unser Lehrer meinte es ernst. Ich verstand den springenden Punkt damals und auch viele Jahre später nicht, doch nun verstehe ich ihn. Das Geheimnis liegt darin, etwas aus der Außenwelt zu verehren und sich ganz darauf zu konzentrieren. Durch Konzentration kontrolliert man den Geist. Dieser kristallisiert sich und speichert seine mächtige Kraft. Doch wenn die Kraft andauernd nach außen ausstrahlt, wird sie schwach, und der Geist verliert das Gleichgewicht. Einem Stein jeden Morgen ein Gebet darzubringen, ist wie Meditation. Die Leute der alten Zeit haben, bewußt oder unbewußt, dieses Geheimnis erfaßt — einen Gegenstand mit Konzentration zu verehren, kontrolliert den Geist und heilt Krankheiten. Das ist wahr.

Shakyamuni verehrte nicht die Außenwelt, sondern fand Gott in sich selber durch Meditation. Da es ein universeller Gott war, kontrollierte er sowohl seinen Geist als auch seinen physischen Körper. Natürlich war Shakyamuni ein schöner Mann. Er verließ sein Heim und verbrachte sechs Jahre in den Wäldern, wo er zur Wirklichkeit gelangte. Dann begann er zu lehren.

Als der Buddha in Kosala war, einem Land nördlich des Ganges, verweilte er eines Nachts unter einem Shalabaum. Der Shalabaum entspricht etwa unserem Kirschbaum, doch seine Rinde ist weiß wie die einer Birke. Im Mai leuchten seine bleichen Blüten wie Schnee. Der Buddha meditierte die ganze Nacht hindurch im Shalahain.

Dieser spezielle Shalahain gehörte einem Brahmanen, der in der Nähe einige Felder besaß. Als der Brahmane in der Morgendämmerung in seinen Garten kam, sah er von weitem einen Bettelmönch mit gekreuzten Beinen auf weichen Kräutern sitzen und meditieren. Seine Körperhaltung drückte vollkommene Ruhe aus. Augen, Nase und Mund erzeugten den Eindruck der Stille selbst. Dem Brahmanen schien es, als ob der Bettelmönch von einem schwachen, mysteriösen Licht umgeben sei, welches von seinem Körper ausstrahlte. Er erkannte, daß es sich hier nicht um einen gewöhnlichen Bettelmönch handelte. „Ah", dachte er, „das ist dieser Prinz des Shakyastammes. Ich habe gehört, daß er seine Heimat vor langer Zeit verlassen und die höchste Erleuchtung erreicht hat. Der Abkömmling aus dem Bauerngeschlecht ist jetzt ein Heiliger."

Der Brahmane fühlte sich unbehaglich. Shakyamunis vollkommene Gelassenheit verletzte seinen Stolz. „Was macht er? Schließlich ist er ein Mensch. Muß man sich vor ihm verbeugen, bloß weil er lebt ohne zu arbeiten und sich Nahrung sucht von Tür zu Tür wie ein Bettler?" Das Dorf, in dem der Brahmane lebte, war berüchtigt. Kein buddhistischer Mönch schämte sich, wenn er dort keine Almosen bekommen konnte. Es war ein antibuddhistisches Dorf. Und dieser Brahmane war auch antibuddhistisch. Er näherte sich Shakyamuni und stellte ihm eine Frage in Form eines Gedichtes, das er aus dem Stegreif machte, wie es Sitte war unter den gebildeten Menschen jener Zeit.

„O Bettelmönch, was tust du in diesem Wald? Was genießest du, wenn du allein bist unter den Bäumen dieses Waldes?"

Shakyamuni erwiderte: „Ich tue nichts in diesem Wald. Das Leben der Bäume wurde vor langer Zeit ausgerottet. Deshalb sehe ich in diesem Wald überhaupt keine Bäume. Ich genieße meine Kontemplation in diesem Wald nicht." Das war Buddhas Antwort, und das Sutra endet hier.

Diese alten Sutras wurden unmittelbar nach dem Tod des Buddha verfaßt und dann während mehr als 200 Jahren mündlich überliefert. Dann, 270 Jahre nach dem Tod des Buddha, wurden sie auf Muschelschalen geschrieben. Zu jener Zeit gab es kein Material, auf das Aufzeichnungen gedruckt wurden. Diese kurzen Anekdoten sind sehr wichtig im Buddhismus, weil sie von den direkten Schülern des Buddha stammen. Wir interpretieren sie natürlich entsprechend unserem heutigen Wissen:

Der Brahmane fragte den Buddha: *„Was tust du in diesem Wald? Was genießest du, wenn du allein unter diesen Bäumen sitzst?"* Shakyamuni antwortete, in dem er mit „diesem Wald" die ganze Welt meinte: *„Ich tue nichts in diesem Wald"*, was soviel heißt, wie „ich tue nichts in dieser Welt".

„Das Leben der Bäume wurde vor langer Zeit ausgerottet". Es geht hier nicht um das individuelle Leben, sondern das Leben des Universums selber. Der Baum kennt das LEBEN nicht, deshalb ist das Leben des Baumes ausgerottet. Der Buddha wies diesen Brahmanen auf etwas hin, als er dies sagte. Er meinte damit: „Du bist der Baum dieses Waldes, Brahmane, aber dein Leben ist von der Wurzel des LEBENS abgetrennt. Du bist ein Egoist, du bist nicht mit dem Leben des Universums verbunden. Du bist gottlos."

„In diesem Wald sehe ich überhaupt keine Bäume". Für Buddha gab es keine physischen oder phänomenalen Bäume, alles in und von der Welt war Wirklichkeit für ihn. Er nahm die Welt nicht als Form oder Farbe wahr, sondern als Wirklichkeit selber; für ihn war alles transparent. Sein Geist haftete nicht an Form oder Farbe, Schönheit oder Häßlichkeit. Transparenz ist ein wunderbares Wort, um Wirklichkeit zu erklären.

„Ich genieße meine Meditation in diesem Wald nicht", heißt: „Ich genieße keine Meditation über diese phänomenale Vergänglichkeit, oder diese Erscheinung. Ich genieße Schönheit. Aber diese ist vorübergehend. Sie vergeht — sie vergeht wie eine Wolke am Himmel." *„Ich tue nichts…"*: Er arbeitete nicht wie

ein Hund. Er kämpfte nicht wie ein Tiger. Er zerstörte kein Leben. Natürlich hat ein König, der ein Land „verschluckt" und dann von einem anderen Land „verschluckt" wird, eine andere Einstellung zum Leben. Der Buddha verachtete den bedeutungslosen Kampf ums Leben. Also nahm er die negative Haltung ein. Im frühen Urbuddhismus wurde diese negative Haltung betont.

Ihr sollt euch hüten vor gewissen religiösen Lehren, die dies mißverstehen und euch in die Irre führen. Ich arbeite von morgens bis abends. Ich esse, ich lerne, ich sterbe. Es ist wie die Wellen des Ozeans. Es hört nie auf zu fließen, aber grundsätzlich geschieht nichts. Die Wellen bewegen sich, doch das Wasser bewegt sich nicht fort. Der Schaum bewegt sich. Was verursacht den Schaum? Die Wissenschaft nennt es Spannung. Was ist Spannung? Niemand weiß es. Jemand singt ein Lied in Chicago. In New York hört man das Lied am Radio, doch das Lied selber hat sich nicht fortbewegt. Elektrizität bewegt sich fort, doch Protonen und Elektronen tun es nicht. Was bewegt sich? Einstein versuchte es zu erklären, ebenso Eddington. Es liegt ein Geheimnis in dieser Bewegung. Für uns bewegt es sich, doch der Buddha sagte: „Ich tue nichts in dieser Welt."

Der Brahmane hatte in beleidigender Art gefragt: „Was tust du bettelnd in diesem Wald, allein, ohne Freunde? Was genießst du daran?" Der Buddha antwortete: „Es gibt nichts in diesem Wald. Niemand kann mich vertreiben. Ich lebe nicht nach deinen Maßstäben. Dein Leben ist vom großen Leben des Universums getrennt. Für mich ist dieser Wald nichts anderes als Transparenz. Ich meditiere nicht in sichtbaren Dingen, ich meditiere in ewiger Wirklichkeit, in der *einen* Existenz." Der Shalahain ist das Symbol der Einheit, der Welt der einheitlichen Sicht.

ĀŚRĀVA UND ANĀŚRĀVA *Wenn man realisiert, daß es weder Himmel noch Erde noch die eigene Person gibt, erreicht man den Zustand von* anāśrāva.

Āśrāva ist ein Sanskritwort und bedeutet „Auslaufen", „Durchsickern" oder „Ausströmen". *Anāśrāva* ist das Gegenteil und bedeutet daher „Nicht-auslaufen".

Āśrāva bezieht sich auf *kleśa*, welches ich gewöhnlich als Kümmernisse oder Leiden übersetze. Es sind die vielen unnützen Gedanken und Vorstellungen, die aus dem Zustand von *saṃskāra* oder *saṃjña* in den Geist durchsickern und von dort durch die Tore der sechs Wurzeln des Bewußtseins *(indriya)* ausfließen, wie Wasser aus einer gesprungenen Wanne. Wenn die reine objektive Existenz durch unnütze Gedanken getrübt wird, kann man ihren ursprünglichen Aspekt nicht sehen. Jemand, der zwei Menschen flüstern hört, interpretiert dies in der Regel entsprechend seiner eigenen Einbildung. Oder man sieht eine Person, die man liebt, als Schönheit, selbst wenn sie es nicht ist. Oder ein Bauer, der sehr stolz auf seine Düngermischung ist, empfindet sie als Wohlgeruch.

Ihr Menschen des Westens habt dieses Herausfließen von Geistesinhalten offenbar auch bemerkt. Ihr nennt es den „unterbewußten Geist". Dieser „unterbewußte Geist" — im Sinne eurer analytischen Psychologie — entspricht unserem *āśrāva*. Der bewußte Geist ist die Kontrolle. Wenn man die Kontrolle über seinen Geist verliert, fließen die Vorstellungen wie tropfendes Wasser heraus.

Unsere Leiden erzeugenden Vorstellungen fließen aus unserem Geist aus, wie Eiter aus einem Geschwür. Im *Kośa Śāstra* heißt es, daß diese unkontrollierbar fließenden Leiden aus sechs Arten von Geschwüren fließen. Diese sechs Geschwüre sind unsere Sinnesorgane — Augen, Ohren, Nase, Mund, Haut und der denkende Geist. Auch der Buddha verwendete dieses Bild. In einem frühen Sutra der Agamas sagt er, daß unsere Leidenschaften wie Eiter aus einem Geschwür auslaufen. *Āśrāva* ist somit ein sehr alter buddhistischer Begriff.

Dieses Sinnbild des Auslaufens wird in keiner anderen mir bekannten Religion verwendet. *Āśrāva* und die damit verbundenen Begriffe *anāśrāva* und *anāśrāvakṣaya* drücken spezifisch buddhistische Auffassungen aus, die der buddhistische Meditationserfahrung entspringen. Ohne die Erfahrung der Meditation wird man ihren Sinn nie verstehen. Aber wenn man Meditation übt, erkennt man sofort, was *āśrāva* ist.

Anfängern rate ich, zur Übung über sämtliche Geräusche, die sie hören, zu meditieren: das Klavierspiel im Nebenraum, die laute Stimme, Autos, raschelndes Papier, das Klopfen des eigenen Herzens usw. Meditiere aber nicht über ein Geräusch nach dem andern, sondern über alle gleichzeitig! Öffne dein Ohr ganz weit! Meditiere über die Geräusche, bis alle Geräusche in dich eintreten! Dabei meditierst du über das Äußere, da aber alle Geräusche in uns selber entstehen, meditierst du auf diese Art ganz von selbst über deinen eigenen Geist.

Wenn man so über das Geräusch im eigenen Geist meditiert, vergißt man den eigenen Geist und daß man sich auf den Hörsinn konzentriert, und etwas Anderes taucht auf. Dieses Andere besteht aus Vorstellungen, Ideen, Gedanken: ,,Oh ja, ich habe Frau Soundso vor drei Jahren fünf Dollar geliehen. Ich werde sie anrufen und ihr sagen, sie müsse das Geld zurückzahlen.'' Es bildet sich ein Knäuel, von dem aus die Vorstellungen weitergehen, ein Gedanke folgt dem andern, und sie drehen sich im Kreis wie bei einem Ringelreihen. Das ist das Durchsickern des unterbewußten Geistes. Das Gesicht des Meditierenden verändert sich, und der Lehrer, der dies beobachtet, schreit ihn an. Dann kehrt man wieder zur Meditation zurück.

Bei Tageslicht vergißt man den unterbewußten Geist gewöhnlich, aber nachts zeigt er sich als Traum. Manchmal, wenn man tagsüber nichts zu tun hat, erscheint er als Tagtraum. Sobald die Kraft des bewußten Geistes schwach wird, und dieser die Kontrolle verliert, beginnt *kieśa* durchzusickern oder auszufließen. Es ist dasselbe, wie wenn jemand das ganze Jahr über gesund war. Er spürte zwar den Keim einer Krankheit im Körper, behielt ihn aber unter Kontrolle. Dann geht er in die Ferien, liegt herum und läßt sich gehen. Sofort wird der Körper schlaff, die Energie verläßt ihn, und die Person fühlt sich schlecht. Ihre Gedanken werden unruhig und gehen im Kreis herum. Wenn der Geldbeutel leer und die Ferien vorbei sind, hören die Störungen am Tag der Wiederaufnahme der Arbeit im Büro sofort auf.

Es gibt verschiedene Arten von *āśrāva*, ihre Namen lauten: *rūpa-āśrāva, kāma-āśrāva, arūpa-āśrāva, bhāva-āśrāva (āśrāva* als solches), *avidyā-āśrāva (āśrāva* der Unwissenheit).

In *rūpadhātu* besteht *āśrāva* z. B. aus den Farben, die aus dem Auge auslaufen, und den Geräuschen, die aus dem Ohr ausfließen. Von unserem getäuschten Standpunkt aus meinen wir, Farbe komme von außen ins Auge und Klang von außen ins Ohr. Aber die weißen vorbeiziehenden Wolken, auf die man schaut, sind in Wirklichkeit das Produkt des eigenen Geistes.

In der *arūpadhātu*-Meditation erfährt man zuerst nichts als Raum, dann nur Zeit. Diese Zeit und dieser Raum, die man als Bewegungslosigkeit des Bewußtseins über dem Bewußtsein fühlt, ist das *āśrāva* des Bewußtseins. Es ist das, was als *bhāva-āśrāva* bezeichnet wird und bedeutet „an-und-für-sich-existierendes *āśrāva*" oder „*āśrāva* als solches". In diesem Zustand, in dem es kein Begehren und keine Leidenschaft gibt, ist die reine Existenz von Sehen oder Nicht-Sehen das Durchsickern von *āśrāva*.

Nach dem Durchlaufen der drei Zustände von *kāmadhātu, rūpadhātu* und *arūpadhātu* tritt man in *avidyā* ein, den Zustand der Unwissenheit, in welchem man sich der eigenen Existenz, aber auch des Zustandes der Wirklichkeit nicht gewahr ist. Die Ketzer nannten diesen Zustand der ursprünglichen Unwissenheit „Nirvana". Der Buddha jedoch war anderer Ansicht. Wir kommen hier zu einem sehr tiefgründigen und erhabenen Aspekt des Buddhismus: Wenn man mit seinem unbewußten Geist im bewußten Zustand steht, ist man sich der Wirklichkeit nicht gewahr, d. h. man schläft. Man ist in einem unbewußten Zustand. Da gibt es kein Licht der Weisheit, das diese Dunkelheit erhellt. Aus diesem Grund akzeptierte der Buddha dies nicht als Nirvana. Seine Auffassung von Nirvana war ganz anders. Deshalb wird dieses *avidyā*, auch *āśrāva* genannt, es ist das *avidyā-āśrāva*. Solange ihr in eurer Meditation noch in Dunkelheit seid und eure Augen und Ohren schließt, vergeßt ihr euer eigenes Bewußtsein und überwintert in der Bergeshöhle. Dieser Zustand ist noch nicht Nirvana. Erst wenn das letzte Stadium der Meditation und die ursprüngliche Dunkelheit vollkommen zerstört sind, kommt man in den Zustand von *anāśrāva*. Diesen Zustand nennt man *āśrāvakśaya*. Es gibt zahlreiche bildhafte Beschreibungen für diesen Meditationsvorgang: Der Geist ist leer, und mit diesem leeren Geist meditiert man über Leerheit, oder der Himmel ist leer, und man meditiert über den Himmel. Aber wenn der Himmel zerstört ist, wenn man realisiert, daß es weder Himmel noch Erde noch die eigene Person gibt, erreicht man den Zustand von *anāśrāva*. Wenn man über den Spiegel meditiert, schaut man auf die Bilder, die sich darin reflektieren, und realisiert, daß diese nicht das Wesen des Spiegels sind. Man vermeidet alle diese Bilder des Spiegels und wird zum Spiegel selber, man ist wie ein Spiegel in einem leeren Raum, ohne Reflexionen darin. Man denkt, das sei der Zustand von *anāśrāva*, Nirvana. Doch dieser Spiegel muß vollständig zerstört werden, dann erst realisiert man den wirklichen Zustand von *anāśrāva*.

In der Zen Sprache heißt es, daß man, wenn man das *ālaya*-Bewußtsein (das fundamentale Bewußtsein) mit einem Dolch tötet, seine Urnatur erreicht. Den wirklichen Zustand von *anāśrāva* zu erreichen, ist sehr schwierig.

Die Jünger des Buddha, die *āśrāva* mittels ihrer heiligen Weisheit vernichtet hatten, befanden sich in *āśrāvakśaya*, dem Zustand der Vernichtung von *āśrāva*.

Mit dem Wissen von *nirodha* (Vernichtung — s. S. 93) erreicht man reines *śila*, reines Samadhi und reines *jñāna* (s. S. 45), und mit diesen vernichtet man alle Leiden und erreicht Nirvana. Deshalb ist *nirodha* die Voraussetzung für *anāśrāva* und dem Zustand von Nirvana. Das Erreichen des Zustandes von Nirvana ist das Resultat von *anāśrāva*, dem Zustand des Nicht-Auslaufens.

Nachdem ein Jünger des Buddha den Zustand von *anāśrāva* erreicht hat, realisiert er, daß es in seinem Leben nichts mehr zu lernen gibt. Man findet dies oft in Sutras beschrieben. So ein Mensch ist ein Arhat und hat alle Leiden vernichtet. Er wird in seinen zukünftigen Verkörperungen nicht mehr ins weltliche Leben zurückkehren. Sein Geist wird immer im Zustand der Wirklichkeit bleiben, welcher der Zustand des Nichtdurchsikkerns ist. Nichtdurchsickern ist also auch ein Synonym für die Wirklichkeit.

Wenn ein Jünger des Buddha ein Arhat wird, hat er seinen weltlichen Körper überwunden und den Körper der Wirklichkeit erreicht. Wir sagen dann auch, er habe *dharmakāya* erreicht. Wir üben dies in der Begegnung mit dem Lehrer beim Sanzen. Sanzen ist in Wirklichkeit etwas sehr Reines. Manchmal verhalten sich die Studenten im Sanzen jedoch sehr nachlässig, sie vermischen es mit ihren eigenen Empfindungen, Gefühlen und Ansichten. Die wahre Bedeutung von Sanzen liegt in der Begegnung zwischen Lehrer und Schüler im *dharmakāya*-Zustand. Wenn man Sanzen im *dharmakāya*-Zustand empfängt, ist es, als trage man ein gefülltes Ölgefäß, wobei kein Tropfen verschüttet werden darf. Oder man gleicht einer Katze, die eine Maus beobachtet: Der Geist ist ganz konzentriert, da ist kein Raum für das übliche *kleśa*.

Im Buddhismus lernt man, daß es sechs übernatürliche Kräfte gibt. Eine davon ist die Fähigkeit, das Leiden zu vernichten. Wenn wir von übernatürlichen Fähigkeiten sprechen, meinen einige Leute, es handle sich dabei um Wunderkräfte oder sonst etwas Mysteriöses. Das ist dilettantisches Denken. Jemand, der wirklich *dharmakāya* erreicht, wird dies nie so falsch auffassen. In der *dharmakāya*-Übung könnt ihr erkennen, daß euer Oberkörper der blaue Himmel und euer Unterleib die schwarze Erde ist. Ihr könnt euch in den Feuer- und Wasserkörper verwandeln. Das sind die „Wunder", die in den Sutras beschrieben werden. Auch ihr könnt dies im *dharmakāya* üben und dadurch selber beweisen. Hört nicht auf die Worte von Dilettanten! Ein wirklicher Buddhist liest die Sutras anders.

Ein Schüler des Buddhismus, der Befreiung verwirklicht hat, ist sich gewahr, daß er befreit ist, und er erlangt das Wissen, wie andere von ihren Leiden zu befreien sind.

Im Prozeß der Vernichtung aller Leiden gibt es zwei Stadien. Im ersten werden die Leiden durch das, was man erreicht hat, vernichtet, aber die eingewurzelten Gewohnheiten bleiben noch erhalten. Das ist das Stadium eines Zen Schülers, der z.B. folgende Koan gelöst hat: ,,Joshus Mu", ,,Pappelbaum im Garten", oder Ma Taishis ,,Sonnengesicht-Buddha, Mondgesicht-Buddha". Dieser Zen Schüler hat seine Leiden durch die Kraft dieser Koans vernichtet und hat denjenigen Zustand erreicht, der durch Koan erreicht werden kann, aber die durch viele Inkarnationen eingeprägten Gewohnheiten sind noch nicht vernichtet. Deshalb sind sein Wissen und seine Taten noch unvereinbar.

Das zweite Stadium ist jenes, in dem nicht nur das Durchsikkernlassen durch Einsicht vernichtet wurde, sondern auch die eingewurzelten oder subtilen Gewohnheiten.

Das erste ist das Stadium des Bodhisattvas, das zweite dasjenige des Buddhas. Der Bodhisattva hat mit Manjusris Schwert alle Leiden abgeschnitten, ist aber noch in den Banden der durchdringenden Leiden, die er auf Grund seiner Inkarnation in sich trägt. Buddha dagegen vernichtete seine Leiden mit dem Schwert seiner Weisheit und befreite sich auch von den langlebigen Gewohnheiten des Leidens.

DIE FÜNF SKANDHAS VON BUDDHA *Die Befreiung ist etwas, daß man wirklich ergreifen kann, oder besser gesagt, etwas, worin man sich verkörpern kann, so wie ich in diesem Körper verkörpert bin und weiß, daß ich hier bin.*

Es gibt nichts, das sich mit den *skandhas* von Buddha vergleichen läßt. Buddhas *skandhas* sind die *skandhas* von jemandem, der über allen Dingen steht. Es sind die *skandhas* der höchsten Erleuchtung. Denn Buddhas erleuchteter Geist ist ohne ,,undichte Stelle". Die gewöhnlichen fünf *skandhas* sind die des durchsikkernden Geistes. In der Meditation könnt ihr sehen, fühlen und erkennen, wie viele Dinge aus eurem Geist sickern. Aber Buddhas Geist ist im Stadium des Nichtdurchsickerns, dem Stadium von Nirvana.

Die Chinesen übersetzten Buddhas fünf *skandhas* als die fünf Teile des Dharmakörpers *(dharmakāya)*. Buddhas Körper ist aus diesen fünf Teilen der Geistes-Essenz zusammengesetzt. Im Hinayana Buddhismus gelten diese fünf Teile der Geistes-Essenz als der *dharmakāya* der Person Buddha. Sie sind wie fünf Äste, die sich zu einer *dharmakāya*-Wurzel verbinden. Im Mahayana Buddhismus hingegen ist *dharmakāya* der Körper, der über Buddha als Person hinausgeht. Er hat keine Teile. Doch im Hinayana ist der lebendige Körper des Buddha selber ein *dharmakāya* und enthält fünf tugendhafte Teile: *śīla-skandha, samādhi-skandha, prajñā-skandha, vimukti-skandha* und *vimukti-jñāna-darśana-skandha*.

Śīla wird gewöhnlich als „Gebote" übersetzt. Die Menschen haben von Natur aus einen Kompaß in ihrem Geist, wie der Kompaß eines Schiffes, dessen Nadel immer nach Norden zeigt. Die Menschen haben einen entsprechenden Richtungsanzeiger in ihrem Geist. Wenn ihr zuviel trinkt, greift ihr euch an den Kopf und sagt: „Warum habe ich soviel getrunken?" Euer Kompaß zeigt auf die Richtung des Gleichgewichts.

Buddhas *śīla-skandha* ist von allen Übertretungen, wie sie gewöhnliche Menschen begehen, befreit. Jede Handlung Buddhas, das Karma, das durch seinen Körper, seinen Mund und Geist verursacht wird, ist vollkommen frei von Vergehen. Buddha erreichte den reinen Körper, welcher die Tugend der Gebote enthält. Die Gebote, die Buddha einhält, sind nicht Gebote, die ihm von jemand anderem auferlegt wurden, wie die Gebote, die die Mönche beachten. Der Mönch befolgt die Gebote, die ihm sein Lehrer gegeben hat: „Du sollst nicht töten, stehlen, lügen, Ehebruch begehen usw." Der Mönch nimmt diese Gebote an, um sie zu befolgen. Aber für Buddha ist die Befolgung der Gebote ein spontaner Akt, es ist Instinkt. Da er diesen reinen Körper der Gebote hat, sind seine Handlungen spontan. Was immer er tut, ist in Übereinstimmung mit *śīla*. Diese Tugend ist Buddhas *dharmakāya* angeboren, Buddhas wirklicher Körper der Gebote ist *dharmakāya*. Wenn wir die Gebote befolgen und studieren, realisiern wir plötzlich, daß *dharmakāya* der reine, wesentliche Körper der Gebote ist. Also brauchen wir alle diese Bücher mit Geboten und Verboten nicht mehr und können sie ins Feuer werfen, denn alle wesentlichen Gesetze sind in unser Herz geschrieben.

Meiner Meinung nach erreichen Mönche, die die Gebote befolgen, schließlich diesen reinen Körper, wenn sie realisieren, daß alle Gesetze aus unserem wirklichen Geist entstanden sind. Dann sind sie selber zu den Schöpfern der Gesetze geworden. Shakyamuni Buddha erreichte dies und darum nahmen ihn alle zum Beispiel und folgten ihm nach. Buddha befolgt die Gesetze instinktmäßig, so wie die Taube zu ihrem Nest zurückkehrt, obwohl sie nicht dazu erzogen worden ist. Ebenso kehren wir vom verwirrten, bewußten Handeln zur instinktiven Beachtung der Gesetze zurück. Dies ist unser Heiminstinkt.

Das ungeborene Kücken klopft an die Innenseite der Schale, um die Mutter wissen zu lassen, daß es bereit ist, herauszukommen. Fast im selben Moment pickt die Mutter an das Äußere der Schale, diese zerplatzt, und das kleine Kücken kann herauskommen. Ein Zen Meister hat denselben Instinkt: Kommt ein Schüler an diesen Punkt, packt er ihn und zieht ihn heraus. Manchmal muß der Meister den Schüler allerdings wieder in die Schale zurückstoßen! Ein Huhn kann dies mit seinem Jungen nicht tun. Doch ein Zen Meister kann den Auslöser zweimal drücken, aber selbst er kann kein drittes Mal ziehen.

Buddhas zweites *skandha* ist das *samādhi-skandha*: Buddhas ursprünglicher Geist ist jenseits aller Betrübnis und allen Leidens. Er ist ruhig und still. Buddhas ursprünglicher Geist ist instinktiv im Samadhi, in der Stille. Dieses Samadhi ist dreifach, das Samadhi der Leere *(śūnyatā)* ist ein Teil davon (s. S. 192). Buddha beobachtet, daß die Welt leidet, daß aber niemand in der Welt ein Selbst ist. Niemand leidet. Deshalb ist Leiden in Wirklichkeit ein Resultat des getäuschten Geistes. Wenn man sich von seinem Ego und vom Wohnort des Egos befreit, erreicht man das Samadhi der Leerheit. Dann, wenn man Leerheit erreicht, erlangt man den Zustand von Nicht-Form *(alakṣaṇa)*. Natürlich behält jeder seine Form als Mann, Frau oder Insekt, aber man ist von allen begrenzenden Formen der objektiven Existenz befreit. Dann erreicht man den Zustand der Vernichtung *(nirodha)*. Das ist der Zustand von Nirvana. Man realisiert, daß alle Wünsche und Hoffnungen gestillt sind. Alle empfindenden Wesen werden in dieses Nirvana einbezogen. Man realisiert, daß es keinen Buddhismus zu verkünden und keine empfindenden Wesen zu retten gibt. Man hat drei Dinge preisgegeben: Ego, Form und jede Absicht. So kehrt man zur eigenen Ruhe, zum eigenen Samadhi zurück.

Prajñā-skandha ist das dritte *skandha* von Buddha: Buddha erreichte die vollkommene Weisheit der Urnatur des *Dharma (dharmatā)*. Bei der Beobachtung des Koan: ,,Vor Vater und Mutter, was war dein Angesicht?'', ist es die Vernichtung des Koans, die diese vollkommene Weisheit herbeiführt. Ein Koan ist nicht etwas, worüber man nachdenken soll. Es ist etwas zum Zerstören. Wenn man die Macht der Weisheit hat, verschwinden alle Koans wie Schnee im Feuer. Wenn einem die Kraft der Weisheit jedoch fehlt, wird man vom Koan belästigt. Er belastet den Geist, beschmutzt seine Farbe und trübt ihn. Benutzt die Kraft eures Geistes zur Zerstörung des Koans! Der Koan ist der Prüfstein, der testet, ob eure Weisheit blankes Gold ist oder nicht. *Prajñā-skandha* ist die ursprüngliche Weisheit Buddhas. Sie ist wie das Licht einer Lampe; man fügt einer Lampe kein Licht bei. Elektrizität erzeugt Licht aus sich selber. Alles leicht Entzündliche wird von ihr zerstört. Buddhas *prajñā* ist wie Feuer. Mit seiner Kraft verbrennt es alles zu Asche. Auf diese Weise löst Buddha alle Fragen der empfindenden Wesen. Es ist sein Instinkt. Durch die Zerstörung aller Fragen der empfindenden Wesen ist er frei von allen Verwicklungen, frei von den Banden des Leidens und Zweifels. Er lebt nicht in Formen, Farben, Geräuschen oder Gedanken. Er erreicht den Zustand von Nirvana, aber er verkörpert alle Tugenden und die potentielle Kraft des Nirvana. Jemand, der den Zustand des Nirvana erreicht, stirbt nicht. Er fühlt, daß er wirklich die magnetische Mitte berührt hat. Das gibt ihm Stärke. Wenn ein Mensch schwach ist, ist er ganz verwickelt. Wenn jemand jedoch viele Jahre lang übt, so wie Shakyamuni Buddha unter dem Bodhibaum, wird er stark und zerstört alle Fallen und Schlingen. Er läßt sie hinter sich. Er erlangt Befreiung, *vimukti* auch *vimokṣa* genannt.

Das fünfte *skandha* Buddhas ist *vimukti-jñāna-darśana-skandha:* Hat man *vimukti* erreicht, weiß man, daß man vollkommene Befreiung erreicht hat. Man ist sich des Erreichten gewahr. Ohne dieses Gewahrsein kann man nicht sagen, daß man befreit, erleuchtet ist. Die Befreiung ist etwas, das man wirklich ergreifen kann, oder besser gesagt, etwas, worin man sich verkörpern kann, so wie ich in diesem Körper verkörpert bin und weiß, daß ich hier bin. Ein Scharlatan kann dies nicht. Ohne dieses Gewahrsein kann man andere nichts lehren.

Im Buddhismus wird dieses Gewahrsein der Befreiung „die nachträglich erworbene Weisheit" genannt. Zuerst tritt man ins Universum von *dharmakāya* ohne klare Bewußtheit. Wenn man seinen ersten Koan gelöst hat, steht man wie ein soeben geschlüpfter Vogel oder ein neugeborenes Kind in der Mitte des *dharmakāya.* Dann, von Tag zu Tag, konzentriert sich dieses Gewahrsein, und fließt in alle Einzelheiten und Verzweigungen des empfindenden Lebens ein. Es ist wie bei einem Baby, das von Tag zu Tag größer wird und sich seiner Mutter, seines Vaters, des Geschmacks der Milch und der Nahrung gewahr wird. Ihr müßt diese Bewußtheit in der Welt des *dharmakāya* haben. Ein menschliches Wesen soll sich seiner Befreiung, d. h. der Weisheit der vollkommenen Befreiung, gewahr sein.

Wenn man den Wesenskörper des Gesetzes erreicht, erkennt man die Form der Gebote. Man ist wie Feuer, das das ganze Feld verbrennt, wie Wasser, das das ganze Feld bedeckt oder wie Wind, der alles fortbläst. Die Form der Gebote wird gewöhnlich vom Standpunkt des *sambhogakāya* aus betrachtet. Mit der Kraft der Gebote kann man alles zerstören. Dann kommt man zum geschriebenen Gesetz, der *nirmāṇakāya*-Sicht.

Durch Befolgung der Gebote erreicht ihr Ruhe, wo auch immer ihr seid. Durch diese Ruhe erlangt ihr Weisheit und durch diese Weisheit erlangt ihr das Gewahrsein der Befreiung. Jemand, der Buddhas *skandhas* erreicht, wird von den niedrigeren empfindenden Wesen[1], den *devas, yakṣas, gandarvas, garudas, kinmaras, maghoragas* und *kumbandhus* unterstützt.

[1] Wesen, die Buddhas Predigten hören kommen: *yakṣas:* Dämonen der Erde, Lüfte und niedrigen Himmel, *gandarvas:* Wohlriechende Geister, die sich vom Weihrauch ernähren, *garudas:* Mysteriöse Vögel; Vehikel von Vishu, *kinmaras:* Musiker der Götter; sie haben einen Menschenkörper und einen Pferdekopf, *maghoragas:* Dämonen mit der Gestalt einer Boa, *kumbandhus:* Dämonen mit wasserkrugförmigen Hoden.

DER FUCHS SCHREIT IN DER NACHT *Die Güte Buddhas zu vergelten, bedeutet, eure eigene ursprüngliche Natur zu erkennen und das Gesetz zu verstehen.*

„So habe ich gehört: Als der Buddha sich im Park namens Karanda Venuvana aufhielt, hörte er einen Fuchs schreien in tiefer Nacht. Am nächsten Morgen nahm er seinen Sitz vor den Mönchen ein und sagte: ‚Habt ihr den Fuchs in der tiefen Nacht schreien gehört?' Die Mönche antworteten: ‚Ja, Lokanatha.'

Der Buddha fuhr fort: ‚Es ist ein räudiger Fuchs. Er schreit im Schmerz. Wenn jemand diesen Schmerz beseitigte, würde der Fuchs dessen Güte nie vergessen. Es gibt jedoch Menschen, die die Güte des anderen nicht kennen, und auch nicht wissen, wie sie sie vergelten können. Haltet ihr sie nicht für töricht? Deshalb, o Mönche, sollt ihr euch diese Lektion merken: Ihr müßt die Güte des anderen kennen und sie vergelten! Ihr müßt die Güte des anderen auch vergelten, wenn sie sehr gering ist! Von großer Güte gar nicht zu reden!'

Nachdem die Mönche dies gehört hatten, waren sie alle sehr froh und gelobten, dieses Gebot einzuhalten."

Es handelt sich hier um ein sehr kurzes und einfaches Agama-Sutra. Wenn ihr es nur ein- oder zweimal lest, werdet ihr es vermutlich nicht verstehen, denn es ist nicht leicht, zur wahren Bedeutung, die hier verborgen ist, durchzudringen. Es gibt viele solche kurzen Sutras in den Agamas, und es gibt viele Geschichten über den Fuchs. Nachdem man alle Fuchs-Sutras studiert hat, weiß man, worauf der Buddha zielte, als er dies zu den Mönchen sagte.

Die großen Mahayana Schriften sind eindrucksvoll ausgearbeitet, aber alles ist an der Oberfläche geschrieben. Die alten Hinayana Schriften dagegen sind so einfach wie ein gebrochener Ziegelstein oder ein Kieselstein auf der Straße. Ein Mahayana Sutra gleicht einem Brokat oder einer Pfingstrose, ein Hinayana Sutra gleicht einem Löwenzahn am Ufer eines Sees, wo jedermann darauf treten könnte. In diesen kleinen Schriften kann man den wahren Geist Buddhas finden. „*Als der Buddha sich im Karanda Venuvana aufhielt*". Nach Monier Williams muß man „Karanda" als „Spatz" übersetzen, Karanda Venuvana heißt demnach der „Spatz-Bambus-Garten". Ein Karanda ist jedoch nicht wirklich ein Spatz, sondern ein kleiner Vogel mit einem langen Schwanz und einer melodischen Stimme. Der Spatz-Bambus-Garten lag im südlichen Teil von Mogadha in Zentralindien. Er wurde Shariputra, von Bimbisara, dem König von Magadha gegeben, aber das war genau so, als ob er dem Buddha selber gegeben worden wäre. Der Buddha liebte diesen Garten. Er bestand aus einem sehr tiefen Bambusdickicht; kühle Bäche schlängelten sich hindurch, und es war dort sogar am Mittag relativ dunkel. Viele Mönche pflegten an den Bächen in diesem Garten zu meditieren.

Einmal meditierte ein kleiner Novize von ungefähr zwölf Jahren am Ufer eines Baches in diesem dunklen Venuvana. Da bemerkte er gelben Rauch, der aus einem Ameisenhügel aufstieg. Er ging zum Buddha und fragte, was sich in dem Ameisenhügel befinde. Der Buddha antwortete: „Geh dorthin zurück, grabe den Ameisenhügel auf und finde selber heraus, was darin ist!" Natürlich war es des kleinen Mönches eigener Geist, welcher sich im Ameisenhügel aufhielt, und es war sein Geist, aus welchem der Rauch aufstieg (s. S. 35). Diese Geschichte von dem jungen Novizen hat nichts zu tun mit dem Sutra, das wir heute besprechen, aber es zeigt die Atmosphäre dieses Ortes, der Schauplatz von vielen in den Sutras beschriebenen Begebenheiten war.

Es wird auch erzählt, daß zur Endzeit des Buddhismus in Indien Buddhas großer Schüler Maudgalyayana an diesem Ort starb, nachdem er von Andersgläubigen angegriffen worden war, indem sie Felsblöcke von einem Hügel rollen ließen und ihm dadurch die Knochen brachen. Es gelang Maudgalyayana, seinen gebrochenen Körper zum Tor dieses Venuvana zu schleppen — ein Ereignis, das in den Annalen des Buddhismus sehr berühmt ist (s. S. 27).

„Er hörte einen Fuchs schreien in tiefer Nacht". Vielleicht habt ihr noch nie einen Fuchs schreien gehört — der Fuchs hat eine sehr rauhe hohe Stimme. Wenn er sich einem Tempel nähert und herum schleicht und seine Nase in alles steckt und schreit, wachen die Mönche auf und bedecken sich die Ohren mit der Decke. Bevor ich nach New York kam, wohnte ich ziemlich lange in Montana. Einmal hörte ich im Mitternachtsschnee einen Koyoten heulen. Es war ein sehr einsamer Ton. Vielleicht fühlte sich der Fuchs auch einsam.

„Am nächsten Morgen nahm der Buddha seinen Platz vor den Mönchen ein . . .". Die Mönche saßen auf der Erde, und vielleicht breitete der Buddha sein Nishidana auf weichen Kräutern und Gräsern aus und setzte sich darauf. Das war die ursprüngliche Art.

Das Nishidana ist ein Tuch, worauf wir noch heute auf den Fersen in formeller Position sitzen. In Japan benutzen nur Zen Mönche dieses Nishidana; die Mönche anderer Sekten benutzen es nicht. Der Lehrer sitzt heutzutage auf einem reich geschmückten Stuhl. Aber der Buddha saß einfach auf der Erde und stellte eine einfache Frage:

„Habt ihr den Fuchs in der tiefen Nacht schreien gehört?". In der Erzählung heißt es, daß die Stimme des Fuchses wohlklingend war. Es ist natürlich kein Fuchs, der draußen schreit; der Buddha meinte den Fuchs im Geiste der Mönche — Leiden, Sorgen, Begehren. Wenn ihr beschäftigt seid, vergeßt ihr diese, aber wenn ihr nachts zu Bett geht, spinnt ihr sie aus, so wie man einen Faden aus Baumwollen spinnt: „Vor fünf Jahren lieh ich einem Mann, den ich für aufrichtig hielt, fünfzig Pfennige. Er hat sie nicht zurückbezahlt." Und ihr ruft ihn eines Nachts um Mitter-

nacht an. Ihr werdet böse und es gibt Ärger. Am nächsten Morgen schreit ihr im Büro eure Angestellten an. Das ist der Fuchs. Und die Angestellten schreien am Abend zu Hause ihre Frauen an, und die Frauen schreien am nächsten Morgen die Händler an, und dann schreit ganz New York.

Die Mönche antworteten: ,Ja, Lokanatha'. „Lokanatha" bedeutet Herr. Europäische Gelehrte übersetzen es als „Der Ehrwürdige". Aber buddhistische Schriften sollen in einfacher Sprache übersetzt werden; sie sollen nicht kompliziert oder übermäßig ausgeschmückt sein. Die indischen Mönche haben diese Sutras in so einfaches Chinesisch übersetzt, daß jedes Kind sie lesen kann. Aber europäische Gelehrte schmücken sie aus, und so werden sie poetisch und dramatisch. Da die Gelehrten die wahre Bedeutung nicht erfaßten, können wir aus ihren Übersetzungen nichts lernen. Die frühen Schriften sollten nicht auf diese Art übersetzt werden. Der Stil soll einfach sein, so wie bei einem feinen Gewand, wo die Außenseite auch sehr einfach ist. Erst später bemerkt man das schöne Futter.

„Der Buddha sagte: ,Es ist ein räudiger Fuchs'". Der Buddha spazierte gern draußen um Mitternacht. Ich hatte einen Freund, der einen der Gärten besuchte, in welchem der Buddha zu spazieren pflegte. Er sah dort die Steine, die Buddhas Spazierweg bildeten, einer dicht neben dem anderen. Als der Buddha dort um Mitternacht spazierte, sah er den Fuchs. In einer anderen Schrift heißt es, daß der Fuchs verschwand, als der Buddha ihn sah.

Unsere wahre Weisheit entdeckt den Fuchs im Geist. Mittels dieser wahren Weisheit beobachten wir in der Meditation alle nutzlosen Füchse in unserem Geist, die uns beherrschen. Im Buddhismus werden diese nutzlosen Geistesmächte als üble Geister angesehen. Diese üblen Wesen erzeugen andere üble Wesen und vervielfältigen auf diese Weise die üblen Kräfte. Man kann in den Schriften lesen, daß in der Meditation Götter und Dämonen vor einem stehen. Damit wird die Sphäre des subjektiven Geistes beschrieben.

Wie ihr wißt, leben wir in zwei Welten, in der objektiven Welt von Raum, Zeit und Gewicht, und in der subjektiven Welt. Die subjektive Welt ist größer. Sie hat Raum aber kein Gewicht. In der subjektiven Welt existieren alle Dinge am selben Ort, aber dieser Ort ist unermeßlich — man träumt von allen Dingen, aber man kann den Ort nicht finden, wo sie existieren.

In Wirklichkeit gibt es drei Welten *(tridhātu)*, die sichtbare, die halbsichtbare und die unsichtbare Welt, *kāma-, rūpa-* und *arūpadhātu.* Wir leben in diesen drei Welten. Denkt nicht, daß ihr nur in der sichtbaren Welt lebt. In der halbsichtbaren Welt unterhalten sich viele Götter und Dämonen mit euch und bezaubern euch. Es gibt viele, die im tiefen dunklen Wald des Fuchses leben, alle räudig und schreiend.

„Wenn jemand seinen Schmerz beseitigte, würde der Fuchs dessen Güte nie vergessen." „Jemand" ist Buddha, der Buddha innerhalb eures eigenen Geistes.

„Es gibt jedoch Menschen, welche die Güte des anderen nicht kennen." In der Sprache des Mahayana Buddhismus machte uns Buddha — die uns innewohnende Weisheit — ein Versprechen vor aller Schöpfung. Dies bedeutet: Die Natur hat die innewohnende Bestimmung, die Krankheiten des Menschen zu beseitigen, ihm Frieden zu bringen, seine Dunkelheit zu zerstören und ihm Erleuchtung zu geben, ihn in seiner Armut zu trösten und aus allem das Beste zu machen. Die Natur kämpft gegen Zerfall, so daß sie ihr höchstes Potential erfüllen kann. Es liegt in der Natur, dies zu tun, die innewohnende Weisheit erfüllt diese Funktion. Diese Funktion nennen wir das innewohnende Versprechen Buddhas. Dieser Buddha ist nicht Shakyamuni Buddha. Shakyamuni Buddha erreichte Weisheit, deshalb nennen wir ihn den „Buddha", aber wenn wir von Buddha als solchem sprechen, ist die innewohnende Weisheit des Universums gemeint. Sie ist überall latent vorhanden, sogar in der materiellen Existenz. Einmal sah ich in einer eingestürzten Scheune auf dem Land eine Efeupflanze, die in der Dunkelheit gesprossen war und nach Monaten aus der Erde aufstieg und dem Sonnenlicht dünne Sprösslinge entgegenstreckte. Dies war auch eine Manifestation des innewohnenden Versprechens, Dinge aus der Dunkelheit ans Licht zu bringen.

„... (und auch) nicht wissen, wie sie die Güte des anderen

vergelten können". Der „andere" ist Buddha — unsere innewohnende Weisheit, unsere ursprüngliche Natur. „Vergüten" oder „Vergelten" bedeutet daher, nach innen zu denken oder nach innen zu schauen. Ihr alle benutzt die innewohnende Weisheit, um euer tägliches Leben zu führen, aber gebt diese Weisheit nie sich selber zurück. Wir müssen durch die Meditation unsere zerstreuten Gedanken sammeln, ihre Unordnung entwirren und die Weisheit wieder zu ihrer eigenen tiefen Quelle bringen. Die Güte Buddhas zu vergelten, bedeutet, eure eigene ursprüngliche Natur zu erkennen und das Gesetz zu verstehen.

„Haltet ihr sie nicht für töricht?" Wenn ihr euch beruhigt, alle Fäden in euch selber sammelt, seid ihr dann nicht voll? Dann seid ihr zur All-Natur zurückgekommen. Doch wenn ihr die Weisheit in die ganze Schöpfung hinaussendet wie ein Radio, werdet ihr leer. Ihr sollt sie wieder sammeln und euch selber wieder füllen durch Meditation.

„Ihr müßt die Güte des anderen vergelten, auch wenn sie sehr gering ist, von großer Güte gar nicht zu reden." Im Buddhismus nimmt ein Lehrer Schüler an. Die Schüler bewahren die Lehre des Lehrers und geben sie ihren eigenen Schülern weiter. Das ist Vergütung. Wenn ich dem Lehrer Nahrung, Kleider und ein Haus zum Leben gebe, heißt das noch nicht, die Güte des Lehrers zu vergelten. Um seine Güte zu vergelten, müßt ihr selber Erleuchtung erlangen und das Dharma des Lehrers annehmen und es dann weitergeben. Dies bedeutet Vergütung im Sinne des Buddhismus. Es ist das Band der Kindespflicht — das Band zwischen Schüler und Lehrer.

Im Tempel meines Lehrers gab es viele Frauen und Männer, die dem Lehrer ausgezeichnete Speisen und Kleider aus wunderbarem Stoff gaben und ihm ein schönes Haus bauten. Aber da waren nur wenige, die das Dharma des Lehrers wirklich annahmen, die die geistige Sicht, die er hatte, wirklich erfaßten und sagten: „Alter Mann, dein Tag ist vorüber. Bitte, ziehe dich zurück! Gehe zu deiner Ruhestätte, alter Mann. Türme deine Kissen auf und schlafe gut!" „Gut, Kinder, gut." Der alte Mann ist sehr froh und zieht sich zurück. Das ist die Kindespflicht im Zen Buddhismus.

Manchmal kommt es vor, daß ein Schüler denkt: „Mein Lehrer akzeptiert meine Beobachtung des Koan nicht, weil ich keine Spende gemacht habe." Es gibt keinen solchen Lehrer im Zen. Im Gegenteil: Die Barriere eines Koan zu passieren, indem man die Sicht des Lehrers akzeptiert, bedeutet viel eher die Schuld, die man dem Lehrer gegenüber hat, zu bezahlen, als ihm $100 zu geben.

Die Zen Lehre ist sehr einfach. Sie beginnt bei unserem Zustand der Selbsttäuschung. Jedermann befindet sich zuerst in der ursprünglichen Dunkelheit. Man weiß nicht, wo man ist, und man weiß nicht, was das alles bedeutet. Das ist das erste Stadium.

Im zweiten Stadium realisiert man die eigene Urnatur, man erkennt den wahren Zustand der Wirklichkeit. Um dieses Stadium zu erreichen, befolgten junge Mönche der alten Zeit sehr strenge Gebote, entsagten der Welt und lebten ein asketisches Leben. Sie reinigten ihren Geist und Körper, konzentrierten sich mit Körper, Geist und Seele auf den Zustand, der Wirklichkeit genannt wird, und erreichten ihn.

Das dritte Stadium ist erreicht, wenn man den Zustand der Wirklichkeit erlangt hat und in ihm eingezogen ist. Es ist wie bei einem Haus: Viele Leute kaufen ein Haus, ziehen aber nie ein. Viele Leute reden über Wirklichkeit, leben aber nie darin. Wenn man eingezogen ist, kann man es nicht mehr den Zustand der Wirklichkeit nennen. Wir nennen es dann reine Existenz, wahre Leerheit. In diesem Zustand gibt es keinen Ausdruck der Leerheit mehr. Man weist nichts zurück in diesem Zustand.

Im vierten Stadium kommt man wieder zurück. Aber wenn man wieder zurückkommt, ist diese Welt nicht mehr der Ort der Täuschung. Dann vollzieht die reine Kraft der Leerheit ihre Wirkung in dieser Welt. Man ist erleuchtet. Deshalb sieht man das Gesetz. Im Sutra des „Perfekten Erwachens" wird dieses Stadium als „wunderbare Existenz" bezeichnet. Die Blume ist nicht die gewöhnliche Blume, der Mond ist nicht der gewöhnliche Mond, die Trauerweide ist nicht die gewöhnliche Trauerweide. Aber die Blume ist rot, die Trauerweide ist grün, und der Mond ist leuchtend. Das ist die ganze Lehre des Buddhismus und auch des Zen. Es ist die Lehre der wahren Leerheit. Diese wahre Leerheit ist das Prinzip des Buddhismus. Sie ist der Zweck von Bodhidharmas Kommen aus dem Westen[1].

Der Zweck des Bodhidharma ist das wahre Prinzip des Buddhismus. Das Hauptprinzip des Buddhismus ist nicht das *Wort* „wahre Leerheit". Ihr müßt *ES* erfassen, nicht bloß seinen Namen aussprechen. Ihr müßt diese wahre Leerheit erkennen und dann eure Haltung ändern und auch entsprechend manifestieren in *dieser* Welt.

Ich bringe diese Botschaft in den Westen, das ist mein Zweck. Es gibt viele Philosophen im Westen, welche die Wirklichkeit als das Numenale erklären, aber ihre Botschaft ist einseitig, denn sie kehren niemals von dort zurück. Ich brachte die vollständige Lehre aus dem Osten; aber selbst in Japan erreichen viele Mönche nur eine Seite.

[1] Koan: Ein Mann hängt mit den Zähnen an einem Ast, seine Hände und Füße hängen frei in der Luft. Ein anderer kommt und fragt ihn: „Was ist der Zweck von Bodhidaramas Kommen aus dem Westen?" Wie kann der Mann antworten, wenn er in den Zweig beißt? Wenn er ein Wort sagt, fällt er hinunter.

DER IDIOT UND DER FUCHS *Wenn eine Gewohnheit des Denkens das Bewußtsein durchdringt, bleibt sie dort als Samen über zahllose Verkörperungen hindurch erhalten.*

Eines frühen Morgens versammelte der Buddha die Mönche, bevor sie in die Stadt Rajagriha gingen um zu betteln. Das tägliche Betteln entsprach, wie ihr wißt, der damaligen Sitte. Die Mönche betteln auch heute noch um Nahrung. Man könnte denken: „Was haben die Mönche um Nahrung zu betteln?" Doch das gehört zur Gewohnheit ihres Standes, genauso wie andere in einem Büro oder einer Schule arbeiten und am Ende des Monats einen Lohn entgegennehmen.

Der Buddha fragte die Mönche: „Habt ihr den Fuchs gestern Nacht kurz vor der Morgendämmerung schreien gehört?" Die Mönche antworteten: „Ja, Lokanatha." Der Buddha fuhr fort:

„Es gibt einen Idioten, der scheinbar ein Fuchs sein möchte, denn er schreit dauernd wie ein Fuchs. Wenn er ein Fuchs sein will, wird er es in Zukunft sein. Deshalb, o Mönche, übt euch darin, solche Gedanken aufzugeben, damit ihr in Zukunft nicht eine üble Wiedergeburt erfährt."

Im Buddhismus gibt es ein Prinzip, das hier besprochen werden sollte: Wir nennen es das Prinzip der „Räucherung des Bewußtseins mit Gedanken". Gedanken sind wie Gerüche, Düfte; sie durchdringen das Bewußtsein, genauso wie Weihrauch oder irgendein anderer Geruch eure Kleider durchdringt. In der buddhistischen Ausdrucksweise nennen wir dies Räucherung.

Wenn eine Gewohnheit des Denkens das Bewußtsein durchdringt, bleibt sie dort als Samen über zahllose Verkörperungen hindurch erhalten. Wir warnen unsere Schüler: „Pflanze keine schädlichen Gedanken in den Geist von jemand anderem!" Auch wenn die Person es nicht annimmt, wächst es doch von selber unbewußt in ihrem Geist heran. Es ist wie mit Efeusamen im Wald. Wenn ein einziger Samen zu Boden fällt, bedeckt der Efeu nach fünfzig Jahren den ganzen Wald. Wenn man sich mit einem Gedanken, der schädlich ist, beschäftigt und diesen giftigen Gedanken im Geiste hegt, wird er wachsen und die Seele bedecken. Das ist es, woran der Buddha dachte, als er sagte, es gebe einen Idioten, der offenbar ein Fuchs zu werden wünsche, weil er wie ein Fuchs schrie. Da er ein Fuchs zu sein wünschte, würde er in Zukunft ein Fuchs sein. Man soll keine Samen von unrichtigen Gedanken im Geiste mit sich herumtragen, sagte der Buddha.

Im Mahayana Buddhismus führte die Auffassung, daß Gedankensamen als Erbe im Bewußtsein wachsen, später zur Entwicklung eines Prinzipes, dem Prinzip des *ālaya*-Bewußtseins. Nach diesem System besteht unser tiefstes Bewußtsein aus zwei Schichten, dem *ālaya*-Bewußtsein und dem *amala*-Bewußtsein. Das *amala* ist das tiefere der beiden und trägt keine Samen. Das *ālaya*-Bewußtsein trägt Samen. Unser höheres und seichteres Bewußtsein besteht aus dem *citta*-Bewußtsein und dem *manas*-Bewußtsein. *Citta* ist unser normales denkendes Bewußtsein, *manas* ist das Bewußtsein in unserem Herzen und den Gedärmen. Es ist das vegetative Bewußtsein, das wir mit Bäumen und

Kräutern gemeinsam haben. Das *ālaya*-Bewußtsein ist tiefer als das *manas*-Bewußtsein, aber es gehört noch in den Bereich des Bewußtseins der empfindenden Wesen. Das nichtempfindende Bewußtsein ist das *amala*-Bewußtsein. Im Buddhismus betrachtet man Feuer, Wasser, Erde und Luft weder als empfindend noch als nichtempfindend, sie liegen zwischen diesen Zuständen. Doch sie haben Bewußtsein; Feuer hat Bewußtsein, Luft hat Bewußtsein, alle Elemente haben eine Art Bewußtsein, schließlich sind sie nicht bloß Materie, es sind lebendige Wesen und als solche sind sie beseelt. Was verstehen die Buddhisten unter „nichtempfindend"? Der nichtempfindende Bereich ist Vakuum oder Raum, *ākāśa* genannt. Ihr nennt es Äther. *Ākāśa* ist der Raum zwischen den Sternen. Dort glänzt das Licht nicht, und die Hitze ist nicht heiß. Im *ākāśa* gibt es nichts Sichtbares und Fühlbares. Nach dieser Auffassung trägt das unempfindliche Bewußtsein also keine Samen, es wird nicht wiedergeboren. Heute müssen wir jedoch ein wenig weiter denken. Elektrischer Raum trägt Vibration und diese Vibration bleibt bestehen. Also gibt es auch Samen dort. Aus diesem Grund bleibt ein Gedanke, den ich in meinem Geist erzeuge, auch wenn er nicht beschrieben oder geäußert wird, erhalten und wächst und gibt uns unser nächstes Leben. Ihr sollt *ākāśa* in eurem Geist finden! Bleibt nicht im Zwischenraum zwischen dem alltäglichen Bewußtsein und dem *amala*-Bewußtsein stecken. Entdeckt das *amala*-Bewußtsein in eurem lebendigen Körper! Wenn ihr es kennt, wißt ihr, daß ihr keine Person seid, daß ihr kein individuelles Ego seid; ihr seid das *Eine*, das universal ist. Von diesem Standpunkt aus ist derjenige, der das nächste Leben, die nächste Verkörperung annimmt, nicht du oder ich. Einer, der dieses *amala*-Bewußtsein erreicht, wird nicht durch die Wiedergeburt von niedrigeren Bewußtseinsarten gestört. Es ist wie beim Rad: Die Peripherie dreht sich andauernd, aber das Zentrum dreht sich nicht. Von dem Tag an, an dem ihr dieses Zentrum in eurem Bewußtsein findet, ist eure Einstellung zum Leben des menschlichen Wesens völlig anders.

Das ist es, was der Buddha in diesem kurzen Sutra erklärte. Denn es gab einen Idioten in der Sangha. Der Buddha tadelte

damit einen Schüler, der in die Stadt gegangen war und einer Ver-
suchung erlegen war. Die unerfreuliche Nachricht davon kam
der Sangha zu Ohren. Der Buddha gab eine Warnung. Da ist einer, der wie ein Fuchs heult. Das bedeutet, daß er gewissen Widerstand zeigte und eine schädliche Tat ausführte, weil er ein
Fuchs zu sein wünschte in seiner nächsten Wiedergeburt — und
das würde er sein. Dieses Sutra war an die jüngeren Mönchen gerichtet.

DIE FORM DES GEISTES *Macht in eurer
Meditation keine Trennung zwischen dem
Außen, den fünf Sinnen und dem Bewußtsein. Das
wäre falsch. Ihr sollt darüber gleichzeitig und als ein
Ganzes meditieren! Auf diese Weise macht ihr weder
den Fehler, euch in euren eigenen Geist zu verkriechen, noch euch selber auf das Äußere zu projizieren.*

Eines Morgens, als der Buddha in der Stadt Shravasti weilte, zog
er seine Kutte an, nahm seine Bettelschale und ging ins Dorf, wo
er von Tür zu Tür bettelte. Dann kehrte er zu seiner Aufenthalts-
stätte zurück, nahm die Morgenmahlzeit ein und setzte sich auf
seinen gewohnten Sitz und lächelte.

Maudgalyayana, einer seiner größten Schüler, sagte: ,,O Lokanatha, ich weiß den Grund Ihres Lächelns. Ich sah dasselbe
wie Ihr heute Morgen. Es war ein sehr absurdes Monster, nicht
wahr? Sein Körper war groß wie eine Hauswand, und sein Gesicht war zerschmettert. Es kreischte durch den Himmel, und
sein Blut tropfte hinter ihm her.''

In denjenigen Agamas, die von den Unterhaltungen zwischen
dem Buddha und Maudgalyayana berichten, gibt es viele Geschichten über solche Monster.

Ich habe viele Jahre lang über diese Monster nachgedacht und
sie zu verstehen versucht. Ich kann diese Art Ungeheuer
manchmal auch sehen und lächle vor mich hin. Wenn ihr jeman-

den sehen würdet, dessen Augen am Rücken sind und der zwei Mäuler hat, je eines auf jeder Wange, und nur einen Finger an jeder Hand, würdet ihr ihn sicher für ein Monster oder einen Dämon halten. Doch wenn jemand einen derartig entstellten Geist hat, erkennt ihr es nicht. Wenn der Geist eines Menschen in Unordnung ist, ist es, als ob ihm die Füße aus dem Kopf und die Hände aus den Ohren wüchsen, auch wenn er einen perfekten Körper und ein sehr schönes Gesicht hat. Er gleicht einem Monster oder Dämon. Manchmal verbindet ihr euch mit solchen Menschen, ohne es zu wissen. Jedermann sieht es sofort, wenn jemand einen ungewöhnlichen Körper hat, aber die meisten Leute erkennen es nicht, wenn ihr Geist verdreht, verzogen und außer Form ist. Deshalb sollt ihr die Natur des Geistes verstehen, ihr sollt seine Beschaffenheit kennen und wissen, wie er benutzt werden kann.

Bevor ihr eure Fingernägel pflegt, sollt ihr euren Geist pflegen, bevor ihr eure Haut schrubbt, sollt ihr euren Geist in reinem Wasser waschen. Die Form eures Geistes zu kennen, ist der erste Schritt zum Verständnis von Buddhas Lehre. In der westlichen Hemisphäre gibt es natürlich die berühmte Wissenschaft der Psychologie, doch es schadet nichts, und ihr verschwendet eure Zeit nicht, wenn ihr hört, wie Buddhisten über die Gestalt des Geistes denken. Ich werde nun eine Darstellung der Basis unseres Geistes geben, so daß ihr es vermeiden könnt, auf dem Kopf stehend und am Himmel baumelnd in dieser Welt zu leben.

Buddhistische Lehrer lehren den Aufbau des Geistes gewöhnlich von der Basis aus. Diese Basis ist das *ālaya*-Bewußtsein, oder *ālaya-vijñāna*. Was ist das *ālaya*-Bewußtsein? Es ist das sehr tiefe unbewußte Bewußtsein, welches die Grundlage aller geistigen Aktivitäten bildet. So sind wir gelehrt worden. Aber ich entdeckte, daß die meisten Lehrer wichtige Punkte verschwiegen, damit ihre Schüler selber um wahres Wissen kämpften.

Wenn wir die Theorie, daß *ālaya-vijñāna* die Basis des Geistes ist, annehmen, müssen wir aber auch erkennen, daß dieses Bewußtsein allein nicht die Macht hat, Gewahrsein zu erzeugen. Bewußtsein braucht ein Objekt, genauso wie ein Spiegel ein Objekt braucht, das er spiegeln kann. Ohne das im Spiegel reflektierte Bild kann man sich der Existenz des Spiegels nicht gewahr werden.

Welches sind die Objekte, die dem *ālaya*-Bewußtsein die Fähigkeit geben, gewahr zu werden? Es sind die äußeren Objekte, die sog. Erscheinungsformen. Die nächste Frage lautet: Nimmt das *ālaya*-Bewußtsein allein und aus sich selber heraus die Erscheinungsformen wahr? Nein, das *ālaya*-Bewußtsein muß Sinnesorgane haben, um die Erscheinungsformen wahrzunehmen. Welches sind die Sinnesorgane des *ālaya*-Bewußtseins? Die Sinnesorgane des *ālaya*-Bewußtseins sind diejenigen unseres physischen Körpers, unsere Ohren, Augen, Nase, unser Mund usw.

Wenn man über das grundlegende Bewußtsein nachdenkt, kann man es nicht vom Äußeren abstrahieren, man muß das Äußere einschließen. Deshalb soll man beim Meditieren über das *ālaya*-Bewußtsein die Augen nicht schließen und sich nicht in die Dunkelheit des Geistes zurückziehen. Haltet eure Augen und Ohren offen und meditiert so über das *ālaya*-Bewußstein, über die ganze Natur! Das *ālaya*-Bewußtsein schließt immer die fünf Sinne und Sinnesobjekte mit ein. Macht in eurer Meditation keine Trennung zwischen dem Außen, den fünf Sinnen und dem Bewußtsein. Das wäre falsch! Ihr sollt darüber gleichzeitig und als ein Ganzes meditieren! Auf diese Weise macht ihr weder den Fehler, euch in euren eigenen Geist zu verkriechen, noch euch selber auf das Äußere zu projizieren. Statt euch in euren eigenen Geist zurückzuziehen, sitzt ihr darauf und habt alle Sinne offen! So werdet ihr die wahre Natur des *ālaya*-Bewußtseins entdekken. Vergeßt nie, daß ihr die Natur eures tiefsten Bewußtseins mißversteht, wenn ihr das Äußere und die fünf Sinne davon abtrennt und in die Dunkelheit zurückkehrt, euch selber darin begrabt und denkt, diese Dunkelheit sei die Basis eures Geistes! Diese falsche Vorstellung bewirkt große Schwierigkeiten im Leben.

Bedenkt, in was für einem Tumult ihr lebt, wenn ihr eine derartige Ansicht über das *ālaya*-Bewußtsein habt. Ihr zerstört euer Haus und schneidet euch selber den Kopf ab. Als ein Resultat davon haltet ihr diese Welt für unsauber, verhüllt euer Gesicht und den schmutzigen Körper und wünscht, nur in der Seele zu existieren. Also nehmt ihr keine Nahrung an, weder für den Körper noch für den Geist oder die fünf Sinne, und haltet euch für heilig.

Für einen Menschen mit dieser Vorstellung ist das grundlegende Bewußtsein eine absolute geistige Angelegenheit, die nichts mit dem physischen Körper zu tun hat. Er glaubt, daß das *ālaya*-Bewußtsein andauernd scheint, im Gegensatz zu der Sonne am Himmel aber keine Form hat. Er stellt es sich an irgendeinem hohen, leuchtenden Feuerhimmel vor. Und so wendet dieser Mensch sein Gesicht nach oben und öffnet die Augen weit zum Himmel, die Hände ununterbrochen gefaltet, als ob sie gebunden wären. Er verbringt sein ganzes Leben auf diese Art und vergißt alles auf dieser Erde. Seine Füße berühren den Boden nie, und wenn er auf euch herunterschaut, schaut er vom höchsten Himmel herab. Man trifft auf viele solche Menschen.

Ein anderer Menschentyp betont die Kraft als solche. Für ihn ist das *ālaya*-Bewußtsein reine Energie. Wenn solche Menschen die Welt regieren, richten sie großes Unheil an. Ihr habt Beispiele davon gesehen. Es gab einen Philosophen namens Nietzsche, welcher sagte, daß der Schwächere zu Grunde gehen und der Narr zum Narren gehalten werden müsse. Aber warum müssen wir zum Narren gehalten werden? Der Narr soll erleuchtet werden! Nietzsche mißverstand die Natur der Welt und der Menschen ganz eindeutig.

Ich habe diese Beispiele von falschen Auffassungen gegeben, damit ihr euch selber prüfen könnt. Denkt über euer Leben nach! Wenn ihr versucht, die konkrete Basis des Geistes zu finden, müßt ihr drei Dinge gleichzeitig akzeptieren: Das Äußere, eure Sinne und euer Bewußtsein. Ihr könnt diese nicht voneinander trennen, ihr müßt sie in Synthese verstehen. Auf diese konkrete Art und Weise denkt ein richtiger Buddhist. Ich bete nicht den Himmel an und verstecke mich nicht in der Erde. Ich bin hier zwischen Himmel und Erde, ich bin derjenige, der wirklich existiert und sich dieser Existenz gewahr ist.

Wir beobachten die natürliche Reaktion unseres Geistes auf das Äußere und beurteilen dadurch unsere Handlungen. Wenn wir dies nicht tun, leben wir wie ein Dieb in einem Warenhaus.

Der Dieb denkt, er sehe alles um sich herum, doch sein Begehren macht ihn blind. Er hört nicht auf die Reaktion seines Geistes auf seine Handlungen, er wird ganz von seinem Begehren beherrscht. Wenn er dann versucht, etwas zu stehlen, fühlt er viele Augen auf sich gerichtet und die Dinge verschwimmen vor seinen eigenen Augen. Seine Angst zeigt sich im Gesicht, und er wird natürlich erwischt. Wenn ihr eure Augen nicht zum Äußeren offen hält, wenn ihr nicht auf die flüsternde Stimme in euch hört und nicht versucht, euer Begehren zu akzeptieren, seid ihr wie Diebe und müßt leben wie Diebe. Ihr könnt das Äußere nicht eliminieren, wenn ihr *ālaya-vijñāna* verstehen wollt!

Im Buddhismus wird das Äußere die *„sechs rajas"* oder Staub genannt. Das bedeutet den Schmutz, die Dinge, die angehäuft sind. Weiter unterscheidet man sechs *indriyas* oder Wurzeln, das sind die fünf Sinnesorgane, und *manas*, der Geist, der unmittelbar reagiert. (Wenn ich meine Hand ins Feuer halte, ist es die natürliche Reaktion, sie schnell zurückzuziehen.) Zusammen mit den sechs *vijñāna* (Bewußtseinsformen) ergibt dies 18 Sphären des *ālaya*-Bewußtseins. Das ist die Basis unseres Geistes. Im Studium des Buddhismus befaßt man sich mit allen diesen Sphären. Ihr sollt darüber meditieren! Aber teilt sie nicht auf, akzeptiert sie als Einheit! Diese Denkungsart macht euch zu wahren Buddhisten.

DER OZEAN DER WEISHEIT *Wenn wir den schlafenden Zustand des Lebens beobachten, sehen wir viele verschiedene Bewegungen: den kämpfenden Geist einer Kiefer, die ihre Nadeln entfaltet, das sanfte Klettern der Glyzine, die Bewegungen der leidenschaftlichen Kamelie und der zarten Rose. Alle Wesen der Natur befinden sich im schlafenden Zustand, haben aber ihre eigene bestimmte Ausdrucksweise.*

In der westlichen Welt diskutiert man viel über Reinkarnation und Seelenwanderung. Im Fernen Osten spricht man nicht so viel darüber. Man sagt höchstens so etwas wie: „In meiner letzten Verkörperung war ich in diesem oder jenem Zustand oder in dieser oder jener Welt, und in Zukunft werde ich in diesem oder jenem Zustand oder in dieser oder jener Welt sein." Doch niemand erklärt genau, was die vergangenen oder zukünftigen Welten sind. Es ist schwierig, euch mein eigenes Verständnis mit einfachen Worten darzulegen, denn um es so zu erfassen, wie es *ist*, muß man die Türe zum mystischen Buddhismus, dem sogenannten esoterischen Buddhismus, öffnen. Wenn ich jedoch sinnbildlich spreche, werdet ihr es vielleicht besser verstehen.

Die Buddhisten nennen das Universum „Ozean der Weisheit". Sie betrachten dieses ganze Universum als eine Masse von Weisheit, *prajñā*. Ich kenne keine gute Übersetzung für *prajñā*, denn „Weisheit" ist nicht genau dasselbe wie *prajñā*. *Prajñā* ist die Kraft, die alles weiß, wahrnimmt und beurteilt, ohne Ausbildung, Erfahrung oder Lernen. Diese Kraft ist uns angeboren, ebenso wie sie dem Universum innewohnt. Sie existiert in Wasser, Feuer, Luft und Pflanzen, Insekten, Tieren, Menschen und Gott. Diese Weisheit, die allen Wesen angeboren ist, unterscheidet sich wesentlich vom angelernten Wissen, von der Erfahrung des täglichen Lebens oder von allem, was aus Büchern gelernt und im Gehirn analysiert und systematisiert wird. Sie ist eher verwandt mit der Intuition — vielleicht ist Intuition das beste Wort für *prajñā*, die Kraft, die ohne vorherige Erfahrung entscheidet und alles weiß. Dieses Universum ist also eine Masse von *prajñā*, ein Ozean der Weisheit. Auf der Oberfläche dieses großen Ozeans sind riesige Wellen, die bis zum Himmel reichen. Unterhalb der Wellen befindet sich eine schnelle Strömung. Im tiefsten Teil herrscht ewige Ruhe, hier gibt es keine Wellen und keine Strömung — nur festes, stilles Wasser.

Man kann sich die Anordnung der drei Welten von Vergangenheit, Gegenwart und Zukunft auf einer waagrechten Linie vorstellen. Wenn wir z. B. mit dem Schiff von San Francisco nach Japan reisen und in Hawaii einen Zwischenhalt einlegen, könnte man auf einer Waagrechten San Francisco als die Vergangenheit, Hawaii als die Gegenwart und Japan als die Zukunft bezeichnen. Eine andere waagrechte Darstellung wäre das Bild vom Körper meines Vaters, meinem eigenen Körper und dem Körper meines Kindes. Das ist die physische Reinkarnation durch drei physische Körper — Vergangenheit, Gegenwart und Zukunft. Der Körper wird durch diese drei Stufen übertragen. Eine andere Möglichkeit wäre es, sich Vergangenheit, Gegenwart und Zukunft als senkrecht übereinanderliegend vorzustellen, wie die Schichten eines Ozeans. Auf der Oberfläche des Meeres mag ein Sturm toben, mit welchem die mittlere Strömung nichts zu tun hat, und der Meeresgrund hat nichts zu tun mit der mittleren Strömung, die sich vielleicht mit großer Geschwindigkeit bewegt. Die tiefste Schicht bewegt sich nie, egal wie schnell die Strömung oberhalb fließt. Sie bleibt in ewiger Ruhe.

Im Ozean der Weisheit stellt die Oberfläche unsere physische Verkörperung dar. Die mittlere Schicht oder zweite Stufe ist unsere innere Erscheinungswelt, unsere geistige Haltung. Diese wird auch auf unsere Kinder übertragen: Kinder einer irischen Mutter haben eine irische Mentalität, Kinder einer japanischen Mutter haben eine japanische Mentalität. Jedes Land bewirkt eine bestimmte Geisteshaltung seiner Bewohner.

Unser körperliches Leben gleicht dem einer Pflanze: Unsere Haare und Nägel wachsen, aber wir haben nichts damit zu tun. In Afrika gibt es eine Pflanze, die bei Annäherung eines Insektes ihre Zweige senkt und das Insekt dadurch auffängt und dann verdaut, all dies ohne Wissen. Menschen schlafen manchmal mit offenen Augen. Sie schlafen, obwohl sie fünf Sinne zum Licht hin geöffnet haben. Sie sehen aus wie im Wachzustand, doch in Wirklichkeit schlafen sie. Wenn wir den schlafenden Zustand des Lebens beobachten, sehen wir viele verschiedene Bewegungen: den kämpfenden Geist einer Kiefer, die ihre Nadeln entfaltet, das sanfte Klettern der Glyzine, die Bewegungen der leidenschaftlichen Kamelie und der zarten Rose. Alle Wesen der Natur befinden sich im schlafenden Zustand, haber aber ihre eigene bestimmte Ausdrucksweise. Wir fühlen diesen Zustand in uns als Stimmung, *saṃskāra*, den großen Lebensstrom. Das ist das, was der mittleren Strömung entspricht.

Am Grund befindet sich das ewige *ālaya*-Bewußtsein. Das ist die dritte Stufe. Ihr wißt nichts davon, aber es trägt euer Leben. Ob ihr schläft oder wach seid, es ist immer vorhanden. Es ist die tiefste Seele, das tiefste Leben, die Wurzel unseres Daseins. Es hat nichts mit den Stimmungen und dem wechselhaften Leben der Oberfläche zu tun. Hier leben wir, auch wenn wir sterben, auch wenn das Universum im Kalpa-Feuer zerstört wird, das *ālaya*-Bewußtsein wird niemals zerstört[1].

Wenn wir entsprechend dieser senkrechten Darstellung auf unser Leben schauen — Vergangenheit, Gegenwart und Zukunft — sehen wir, daß man auf der Stufe des *saṃskāra* oder an der Oberfläche bleiben kann, ohne je den Grund zu erreichen. Doch in der Vergangenheit war jeder in der Tiefe — ich habe euch dort gesehen! Ihr kommt von dort, aber vielleicht seid ihr schon so lange hier an der Oberfläche, daß ihr die Tiefe vergessen habt.

Man kann von jedem Menschen sagen, woher er kommt, wohin er geht und woher er seinen Körper hat. Man kann Vergangenheit, Gegenwart und Zukunft beurteilen, noch während er im physischen phänomenalen Zustand ist. Man kann auch sehen, aus welchem Zustand des Ozeans der Weisheit ein Mensch gekommen ist. Manchmal sieht man einen Menschen, der nie lächelt und nie böse wird, seine Augen sind ruhig wie die eines Ochsen und er scheint sehr dumm. Er kommt vom Grund des Ozeans und ist nicht bekannt mit der Oberfläche, er hat nicht viel Erfahrung damit.

Es ist nicht nötig, bewußt in den Meditationszustand zu gehen, um diese drei Stufen — Wellen, Strömung, ewige Ruhe — zu erleben. Ihr könnt von der Oberfläche aus in den Strom gehen, und wenn ihr keine Bewegung im Geist fühlt, wenn keine Träume im Gehirn umherspuken und es nichts zu denken oder zu beobachten gibt, dann werdet ihr einfach *eine* Seele, eins mit dem Universum. Ihr spürt kaum, daß ihr atmet. Dann könnt ihr das Leben auf dem Grund des Ozeans, dem Meer der Weisheit erleben. Dort ist es nicht mehr euer Leben, sondern einfach Buddha.

[1] Im Gegensatz zu unserem individuellen Bewußtsein, welches mit dem Körper kommt und geht, ist das *ālaya*-Bewußtsein ein unpersönliches Bewußtsein, das als solches nicht an den individuellen Körper gebunden ist (Anm. d. Übers.).

Auf diese Weise könnt ihr eure wirkliche Heimat finden. Auf dem Grund des Ozeans gibt es keine Unterscheidung, keine Form oder Farbe. Das ist *dharmakāya*. Im mittleren Strom befindet sich das allgegenwärtige Licht. Hier steht ihr im Zentrum dieses Lichts, und es reicht bis ans Ende des Universums — ihr fühlt das Licht mit großer Freude. Wenn ihr eure Augen von da auf den phänomenalen Zustand, die Gegenwart richtet, könnt ihr die Vergangenheit sehen und euch die Zukunft vorstellen.

D IE VIER WEISHEITEN *Der Besitz dieser vier Weisheiten ist für alle empfindenden Wesen Voraussetzung für die Erleuchtung.*

Wenn ihr die höchste Weisheit erlangt, wird euer Bewußtsein zur Weisheit *(jñāna)* selbst. Das Bewußtsein, das vorher im Zustand der Durchlässigkeit war, wird für innere und äußere Störungen undurchlässig. Die All-Weisheit Buddhas ist im Zustand von *anāśrāva,* was ich als undurchlässig übersetze.

Buddhas Weisheit besteht aus folgenden vier Weisheiten:

1. Spiegelartige Weisheit *(ādarśa-jñāna)*: Die Weisheit, die wie ein perfekter Spiegel wirkt. Diese Weisheit nimmt alles Äußere und Innere als Einheit wahr.

2. Unterscheidungslose Weisheit *(samatā-jñāna)*: „*samatā*" wird meistens mit „Einförmigkeit" oder „Gleichheit" übersetzt, aber hier hat es die Bedeutung von Unterscheidungslosigkeit. Diese Weisheit nimmt die universale Natur aller empfindenden und nichtempfindenden Wesen ohne Unterscheidung, ohne irgendwelche Zuneigung oder Vorliebe unparteiisch wahr. Wenn der Esel in einen Brunnen schaut, tut er es mit Interesse oder Zuneigung, der Brunnen hingegen sieht den Esel ohne Zuneigung. In einem etwas anderen Sinn könnte *samatā-jñāna* als einheitliche Weisheit übersetzt werden — die Weisheit, die allen empfindenden Wesen gemeinsam ist (s. S. 147).

3. Die wunderbare beobachtende Weisheit *(pratyavekṣaṇā-jñāna)*: Diese Weisheit unterscheidet und beobachtet jedes De-

tail der äußeren Existenz und aller Erscheinungen, die sich im Geist abspielen. Sie beobachtet auch die Aktivität des Geistes selbst, dann ist es selbst-beobachtende Weisheit.

4. Ausführende Weisheit *(kṛtyānuṣṭhāna-jñāna)* : Mit dieser Weisheit handelt Buddha.

Die spiegelartige Weisheit ist unbeweglich wie Erde und ist die Basis für die anderen drei Weisheiten. Im achtteiligen Bewußtseinssystem der sogenannten „Nur-Bewußtseinsschule" *(vijñānamātra)*, entspricht sie dem *ālaya*-Bewußtsein. Das *ālaya*-Bewußtsein, das achte Bewußtsein, ist von Natur aus durchlässig, aber wenn es erleuchtet ist, wird es spiegelartige Weisheit.

Das siebte Bewußtsein dieses Systems *(kliṣṭa-mano-vijñāna)* ist ebenfalls im Zustand der Durchlässigkeit, wird aber, wenn es erleuchtet ist, zur unterscheidungslosen Weisheit.

Das sechste Bewußtsein ist unser denkendes Bewußtsein *(mano-vijñāna)*. Im erleuchteten Zustand entspricht es der beobachtenden Weisheit. Es beobachtet die Vorgänge in der Außen- und Innenwelt. Die restlichen fünf Bewußtseinsarten umfassen die fünf Sinne. In Buddhas Weisheit werden sie zur handelnden Weisheit.

Das spiegelartige Bewußtsein ist die dem Tathāgata zugehörige Kraft. Sie ist Eigenschaft seines Körpers *(buddhakāya)* und seines Erleuchtungszustandes *(buddhakṣetra)*. Alles wird in diesem Spiegel wahrgenommen, unbegrenzt durch Zeit und Raum.

Wenn jemand unterscheidungslose Weisheit erlangt, realisiert er, daß er kein Selbst hat. Er wird sich gewahr, daß sein Bewußtsein ein allen empfindenden Wesen gemeinsames Bewußtsein ist. Durch dieses Verstehen erwacht in ihm das große Mitgefühl mit allen Wesen. Aus diesem großen Mitgefühl heraus wirkt er ohne Parteilichkeit. Er behandelt diejenigen, die ihm nahe stehen und diejenigen, die ihm fremd sind, in der gleichen mitleidsvollen Art.

Mit der beobachtenden Weisheit beobachtet Buddha alle äußeren Existenzformen. Er beobachtet diesen menschlichen Körper während jeder Sinneswahrnehmung und in jedem Bewußtseinszustand. Dadurch gibt er uns das Wissen, durch welches wir Befreiung von Zweifel und Demütigungen erreichen können.

Mit der ausführenden Weisheit verwandelt sich Buddha in viele verschiedene Gestalten, schöne Tempel bauend, herrliche Musik spielend, wunderbare Fresken malend, mit vielen verschiedenen Ausdrücken redend, in Gold auf blaue Leinwand druckend, usw. Er verkündet seine Lehre und bekehrt die Leute, die im Zustand von Shravakas und Pratyeka Buddhas sind. Für Bodhisattvas wendet er keine Tricks an, aber für empfindende Wesen ohne Bodhisattvanatur gebraucht er allerlei Hilfsmittel *(upāyas)*. Für Laien benutzt er z. b. das tägliche Geschäftsleben — kaufen, verkaufen, austauschen, geben und nehmen.

Der Besitz dieser vier Weisheiten ist für alle empfindenden Wesen Voraussetzung für die Erleuchtung.

In der buddhistischen Sekte der Mantrayana oder Shingon wird noch eine weitere Weisheit zur spiegelgleichen Weisheit zugefügt.

Es ist die reine Weisheit, die Weisheit der reinen Natur des ganzen Universums *(dharmadhātu-svabhāva-jñāna)*. Sie entspricht dem *amala*-Bewußtsein. *Ālaya*-Bewußtsein ist empfindendes Bewußtsein, *amala*-Bewußtsein ist nichtempfindendes Bewußtsein (s. S. 172).

In diesem System der fünf Weisheiten entspricht die reine Weisheit *ākāśa*. Spiegelartige Weisheit entspricht dem Wasser. Unterscheidungslose Weisheit entspricht der Erde. Beobachtende Weisheit entspricht dem Feuer, da es alles in seiner eigenen Weisheit verzehrt, und handelnde Weisheit entspricht dem Wind; unter ihm schüttelt und rüttelt alles auf Erden.

Jeder der fünf Weisheiten ist eine Verkörperung des Buddha zugehörig.

1. Reine Weisheit: Vairocana Buddha, der große Sonnenbuddha.

2. Spiegelartige Weisheit: Akshobhya Buddha, der im östlichen Himmel wohnende Buddha, der Anfang aller Bewegung.

3. Unterscheidungslose Weisheit: Ratnasambhava Buddha, der Buddha des südlichen Himmels, der Buddha der produktiven Kraft. (Er produziert u. a. Juwelen.)

4. Beobachtende Weisheit: Amitabha Buddha, der Buddha des ewigen Lebens, der Buddha der untergehenden Sonne, des

westlichen Himmels. Im Lichte der untergehenden Sonne erscheint alles leuchtend und klar.

5. Handelnde Weisheit: Shakyamuni Buddha, der Buddha des nördlichen Himmels. In der Shingon Sekte heißt er Amoghasiddhi Buddha. Vairocana Buddha wohnt in der Mitte, und in den vier Ecken von Ost, Süd, West und Nord wohnen die anderen Buddhas. Zusammen manifestieren sie die All-Weisheit Buddhas.

D ER TÖRICHTE AFFE *Wenn ihr zuerst Meditation übt und dann die Sutras studiert, ist es so, als ob ihr einen Ort, an dem ihr gewesen seid, ohne seine geographische Lage zu kennen, nachträglich auf einer Landkarte findet.*

Das Sutra vom törrichten Affen ist sehr lang. Ich werde es euch deshalb schrittweise vorlesen: ,,*So habe ich gehört. Einmal, als der Buddha im Karandavenuvana in Rajagriha weilte, sprach er die Versammlung der Mönche folgendermaßen an: ,Zwischen den schneebedeckten Spitzen und eisigen Abhängen des Himalayagebirges gibt es einen Ort, den nicht einmal Affen erreichen können und die Menschen erst recht nicht'.*"

Der Buddha begann diese Predigt mit der Beschreibung des Himalayagebirges mit seinen ewig eisigen Abhängen und schneebedeckten Firsten. Laßt euch von dieser Beschreibung nicht ablenken, sondern achtet auf die wirkliche Bedeutung des Gesagten! Versteht ihr, wo dieser Ort ist, von dem der Buddha sagte, er sei von eisigen Felsabhängen und schneebedeckten Firsten umgeben und weder von Affen noch Menschen je erreicht worden? Diejenigen, die Meditation üben, sollten verstehen, worauf der Buddha hinwies.

Es gibt einen Ort in unserem Geist, wohin kein Wissen reichen kann. Wie können wir dann aber von diesem Ort wissen?

Wir können nicht darüber sprechen, wir können ihm keinen Namen geben, wir können ihn nicht sehen. Niemand kann die Natur dieses Ortes erklären, man könnte ihn höchstens als den Ort des Unerkennbaren bezeichnen. Vielleicht würde ein gelehrter Buddhist ihm den Namen *amala-vijñāna* geben. Dies bedeutet „makelloses Bewußtsein", das Bewußtsein, welches nicht durch Vorstellungen oder Wahrnehmungen beschmutzt ist. Ihr sollt um diesen Ort wissen.

Im Zen gibt es viele Koans, die auf diesen Ort, den niemand erreichen kann, hindeuten. Ein Mönch fragte z. B. den Meister Mitsu-an: „Was ist das reine Auge, das die Wirklichkeit des Dharma durchdringt?" „Ein zerbrochener Topf", antwortete Mitsu-an.

Oder der folgende Koan: Ein Mönch fragte Gyozan: „Versteht der *dharmakāya* deine Predigt?" Gyozan antwortete: „Ich kann dir nicht sagen, ob der *dharmakāya* meine Predigt versteht oder nicht, aber es gibt einen, der es dir vielleicht sagen könnte." „Wer ist das?", fragte der Mönch. Gyozan hob eine hölzerne Kopfunterlage[1] auf, hielt sie dem Mönch vor die Nase und sagte: „Das kann dir sagen, ob der *dharmakāya* meine Predigt versteht oder nicht."

Es ist sehr leicht, einen westlichen philosophischen Ausdruck wie „absolute Wahrheit" zu benutzen, um diesen Ort zu beschreiben, doch, obwohl jeder diese Worte versteht, kann doch keiner den Zustand verstehen. Ihr müßt dorthin gelangen! Aber ihr müßt diesen Ort direkt erreichen unter Umgehung der Erfahrungen, die auf den fünf Sinnen beruhen. Das ist die Hauptaufgabe eines Buddhisten. Das Mittel dazu ist Meditation und Intuition. Wir haben es nicht nötig, uns an eine Philosophie zu halten oder dem philosophischen Denken vorhergegangener Meister zu folgen, denn auch diese mußten diesen unerkennbaren Ort erst erreichen. Erst dann konnten sie den Weg dorthin beschreiben. Für junge Mönche ist die Erklärung nicht einmal wichtig, sie ge-

---

[1] Im alten Japan verwendete man keine Kopfkissen, statt dessen legte man den Kopf auf ein etwa 10 cm hohes hölzernes Gestell (Anm. d. Übers.).

langen mit ihrem jungen Geist direkt dorthin. Sie haben keine Zeit, um die Beschreibungen zu lesen, sie gehen einfach direkt hinein.

„Der Buddha fuhr fort: Dann gibt es Berge, auf denen sich Affen aufhalten können, aber die Menschen nicht!"

Nun spricht der Buddha über einen Ort, der so hoch gelegen ist, daß Menschen ihn nicht erreichen können, doch den Affen ist es möglich. Was für ein Ort ist das? Und was bedeuten die Affen? Wenn ihr die Sutras studiert, müßt ihr zwischen den Zeilen lesen. Könnt ihr auf Grund eurer Meditationserfahrung erkennen, was dieser zweite Ort ist? Unser menschliches Wissen gelangt nicht dorthin, doch etwas kann es. Nachts, auf den Flügeln der Träume, verliert man sich gelegentlich an diesen Ort. In Wirklichkeit ist es nicht nötig, auf die Flügel der Träume zu warten. Wenn man willentlich versucht, dorthin zu gelangen, gelingt es allerdings nicht, aber ab und zu findet man sich von selbst plötzlich dort.

Unser Geist ist in mehrere Stufen oder Zustände unterteilt. Der „menschliche" Geist, den wir jeden Tag benutzen, wird *citta* oder intellektueller Geist genannt. Wenn wir mit Hilfe von *citta*, d.h. mit Hilfe von Wörtern und deren Sinn, oder durch Vorstellungen, an diesen Ort zu gelangen versuchen, ist es dasselbe, wie wenn ein Mann in eisernen Schuhen mit einer Eisenstange gegen eine Steinbrücke schlägt. So geht es nicht. Wenn ein Poet irgendein feines Gefühl nicht in Worte kleiden kann, ohne langatmig zu werden, geschieht es manchmal, daß sein Bleistift plötzlich den entscheidenden Ausdruck findet und über die Seite fliegt. Man nennt dies „Inspiration". Vielleicht könnt ihr durch Inspiration an diesen geheimen Ort gelangen.

Manas ist die nächste Stufe unseres Geistes. Sie hat zwei Unterteilungen: *kliṣṭamanas* und *akliṣṭamanas*. *Kliṣṭamanas* ist der Teil, der *kleśa* oder Leiden in sich trägt; *akliṣṭamanas* enthält kein *kleśa*, kein Leiden.

Unsere Zunge ist der Träger des Leidens des Geschmacks — obwohl das nicht unbedingt unangenehm sein muß. Aber der Magen kennt dieses Leiden nicht. Die Zunge schmeckt die Nahrung, doch der Magen schmeckt nichts. Ein Teil unseres Geistes

— *kliṣṭamanas* — schmeckt Worte und deren Bedeutung, und durch diese Bedeutung leiden oder genießen wir, weinen oder lachen. Doch dieser Geschmack gelangt nicht zu jenem anderen Teil des Geistes, der sehr subtil ist und alles ohne Worte versteht und deshalb kein Leiden in sich birgt. Durch diesen Ort muß man erst hindurchgehen und dann, von dort aus, kann man zu dem Ort gehen, welchen absolut niemand erreichen kann, weder Affen noch Menschen.

Der Buddha spricht in diesem Sutra zuerst vom Höchsten und dann vom Zweithöchsten. Auf Grund eurer Meditationserfahrung solltet ihr in der Lage sein, dies zu verstehen. Denn wenn ihr zuerst Meditation übt und dann die Sutras studiert, ist es so, als ob ihr einen Ort, an dem ihr gewesen seid, ohne seine geographische Lage zu kennen, nachträglich auf einer Landkarte findet. ,,Ah, da ist der Ort!" Ihr seid sehr erfreut, ihn wiederzufinden. Meditation kommt natürlich zuerst, aber nachher solltet ihr auch die Sutras studieren.

,,*Der Buddha fuhrt fort: Doch es gibt andere Berge, auf denen sich sowohl Menschen als auch Affen aufhalten können.*"

Das ist der Ort, wo wir immer sind. Unser alltäglicher Geisteszustand ist der Ort, wo sich Menschen und Affen tummeln. Manchmal ist dieser Ort eiskalt, doch gewöhnlich ist er warm.

,,*Dorthin kommen die Affen und auch die Jäger. Die Jäger schmieren Leim auf das Gras, um die Affen zu fangen.*"

Die Affenjäger kommen und schmieren Vogelleim auf das Gras. Das ist eine klebrige, zähe Substanz, die gewöhnlich auf Zweige geschmiert wird, um Vögel zu fangen.

,,*Der weise Affe hält sich von diesem Gras fern.*" Es ist schön, auf das Gras zu schauen, besonders von den eisigen Felsen aus. Die weisen Affen schauen nur aus Entfernung auf das grüne Gras.

,,*Doch der törichte Affe kann sich nicht davon fernhalten.*" Gewiß sprach der Buddha zu den jungen Mönchen. Es gibt viele Dinge, viele klebrige Substanzen wie z. B. nette, schöne Wörter, welche die Mönche verführen. Der junge Mönch, der um Leerheit kämpft, sagt z. B.: ,,Die Null beweist die Eins, die Eins beweist die Null. Beides sind Zahlen, also sind sie nicht Leerheit.

Wahre Leerheit ist weder Null noch Eins. Schön, jetzt verstehe ich den ersten Zustand der Meditation *(dharmakāya)"*. Er ist von den Worten gefangen und kann sich nicht bewegen. Er trägt das Wort „Leerheit" dauernd mit sich herum. Solange er es im Geiste trägt, kann er nicht in wahre Leerheit eintreten. Diese klebrige Substanz, Worte genannt, hat ihn gefangen. Der Buddha benutzte dieses Sinnbild sehr geschickt. Dann fuhr er fort: „*Der törichte Affe streckt seine Hand aus, um das Gras zu berühren, und schon klebt die Hand fest. Er streckt die andere Hand aus, um die erste zu befreien, und schon ist die zweite Hand gefangen. Er beißt ins Gras, und sein Mund bleibt kleben. Nun ist er an fünf Stellen fest gefangen und fällt zu Boden.*"

Seine fünf Sinne sind gefangen und fixiert. Wie kann er jetzt durch Meditation sich selber transzendieren und wahre Leerheit finden?

So ist es auch mit denjenigen Menschen, die, weil sie Buddhisten sein möchten, ihr Leben lang Sutras lesen und doch nie wissen, was Buddhismus ist. Ihr Geist klebt an den Worten und ist nie frei. Sie haben ihren eigenen Geist und ihre eigenen guten Eigenschaften vergessen. Sie werden zu den Würmern und Motten, die man zwischen den Seiten der Sutras findet. Auch ihr werdet solche Würmer werden, wenn ihr eure eigene kostbare Natur vergeßt. Solche Leute wissen viel. Sie lesen von morgens bis abends Sutras, aber sie versetzen ihren Geist niemals in den wahren Zustand der Meditation. Es gibt viele solche Leute, nicht nur Buddhisten...

„*Nun kommen die Jäger und binden den Affen an eine Stange und tragen ihn auf den Schultern weg.*"

Der Affe wird an einen unbekannten Ort getragen und in einem Palast oder Schloß eingesperrt. Er muß fremde Nahrung essen und lebt unglücklich dahin.

„*Der Buddha fuhr fort: ‚O Mönche, ihr sollt die Bedeutung dieser Geschichte vom törichten Affen verstehen, der sein eigenes Gebiet und den Wohnort seiner Eltern verließ, um in den Gebieten anderer herumzuwandern, und sich damit dieses Elend und Leiden zufügte.*"

Der Buddha erklärt später, wer die Eltern eines Meditierenden sind.

„Genau so, o Mönche, ist es mit dem gewöhnlichen Narren unter euch, der in Abhängigkeit von menschlichen Zufluchtstätten lebt. Morgens zieht er die Kutte an, nimmt die Schale und geht ins Dorf, um zu betteln. Aber er schützt seinen Körper nicht mit Sorgfalt, noch bewacht er die Sinnespforten gut."

Die Sinnespforten sind Augen, Ohren, Nase usw. „Es riecht gut. Was ist es? Es muß Beefsteak sein" oder: „Was ist dieser schöne Duft? Ah, das ist das Parfüm einer Frau." Und er tritt direkt ins klebrige Gras.

„Sein Auge sieht Farbe, und daraus entsteht Anhaften. Sein Ohr hört Klänge, seine Nase riecht Gerüche, seine Zunge schmeckt Geschmack, sein Körper spürt Berührung — all dies erzeugt Anhaften."

Diejenigen, die meditieren, um das erste Gesetz Buddhas zu finden, können keine Zeit an rote Lippen und angemalte Gesichter verwenden. Obwohl es hier in Amerika keine jungen Mönche gibt, die dieses Sutra direkt angeht, so gilt es doch für die jungen Zen Studenten hier, die während der ersten sieben oder acht Jahre ihres Trainings keine Zeit haben, Beefsteak riechend und Wein schnüffelnd herumzugehen. Ihre Sinne würden gefangen werden.

„O törichte Mönche, eure fünf Sinne und eure fünf Sinnesorgane sind gefangen, und ihr folgt Mara[2], wohin auch immer er euch führt. Deshalb, o Mönche, müßt ihr ernsthaft üben. Verlaßt euch auf euren eigenen Wohnort und das Gebiet eurer Eltern und lebt dort! Wandert nicht in die Domäne und Felder anderer! O Mönche, wo ist euer eigener Aufenthaltsort, und was ist das Gebiet eurer Eltern? Es sind die vier smṛti: Der Körper und die Kontemplation über den Körper; die Sinne und die Kontemplation über die Sinne; der Geist und die Kontemplation über den Geist, Dharma und die Kontemplation über das Dharma."

Da in eurem westlichen Denken *smṛti* und Samadhi nicht existieren, ist es schwierig, diese Wörter exakt zu übersetzen. Wenn

[2] Mara: König der Welt des Bösen, Zerstörer.

ihr die Statuen aus dem alten Ägypten seht, jene symmetrischen, aufrecht sitzenden Figuren, spürt ihr etwas Ungewöhnliches darin. Das ist Samadhi. Samadhi bedeutet, im *hṛdaya*-Geist[3] absorbiert zu sein. Der sogenannte *hṛdaya*-Geist ist sehr ausgedehnt. Gräser, Bäume und andere wachsende Wesen leben darin — sie haben keinen *citta*-Geist.

Smṛti ist die Aktivität des scharfen, konzentrierten Geistes (nicht des alltäglichen oberflächlichen Geistes), durch welchen wir in *hṛdaya* einzudringen vermögen. Man unterscheidet vier *smṛiti*: 1. Meditation über den Körper, 2. Meditation über die Sinneswahrnehmung, 3. Meditation über *citta*, 4. Meditation über Dharma (grundliegende Leerheit, die sich mit *citta* vereinigt hat). Dharma ist schwer zu finden, doch durch *smṛti* könnt ihr es finden.

Zuallererst beobachtet man diesen Körper, *rūpa*. Was ist Körper? Der Körper ist ein Konglomerat aus den vier Elementen Erde, Wasser, Feuer, Luft. Der Körper ist unrein. Was ist Unreinheit? usw. Dann meditiert man über *vedanā*, Sehen, Hören usw. Was sind diese Fähigkeiten? Wer gibt sie uns? Haben wir sie, oder sind wir bloß ihre Agenten? Es gibt viele Fragen für den Meditierenden.

Meditation über *citta* ist Meditation über *saṃjña*, den denkenden Geist, den Geist, der sich seine eigenen Bilder schafft, Begriffe erzeugt, allem einen Namen gibt und sich Kenntnisse aneignet.

Indem man so durch viele Stufen meditiert, erreicht man Dharma, den Ort, den auch kein Affe erreichen kann.

Diese vier *smṛti* sind eure Eltern. Geht nicht von euren Eltern weg!

„Als der Buddha diese Predigt beendet hatte, freuten sich alle Mönche, die seine Worte gehört hatten, und gelobten, seine Lehre aufrechtzuerhalten."

---

[3] *hṛdaya* bedeutet wörtlich „Herz" oder „Essenz", und der *hṛdaya*-Geist ist das vegetative Bewußtsein, *manas* (s. S. 172). (Anm. d. Übers.).

DIE DREI SAMADHI *Mit dem Wissen der drei Samadhi verbrennt man die ganze illusorische Welt, und wenn die Welt verbrannt ist, muß man auch sein Wissen verbrennen. Auf diese Weise verwirklicht man das endgültige Nirvana.*

Befreiung ereignet sich in zwei Zuständen des Geistes, und zwar im „auslaufenden" Zustand und im „nicht-auslaufenden" Zustand. Ereignet sie sich im auslaufenden Zustand, geschieht es durch die sogenannten „drei Samadhi", tritt sie im nicht-auslaufenden Zustand ein, wird es die „Dreitürige Befreiung" genannt. Wenn man in der Meditation das *ālaya*-Bewußtsein in Spiegel-Weisheit verwandelt (s. S. 183), ist der auslaufende Zustand aufgehoben. Nun sind alle Täuschungen zerstört, und man hat das Samadhi der Vernichtung erreicht, den nichtauslaufenden Zustand.

Die älteste Beschreibung der drei Samadhi findet man im 16. Band des *Angutarra Nikāya* und im *Digha Nikāya*.

Wenn man sieht, daß die Dinge *(sarvadharma)* vollkommen leer sind, erreicht man das erste der drei Samadhi, das Samadhi der Leerheit. Wenn man erkennt, daß die Dinge formlos sind, erreicht man das zweite Samadhi, das Samadhi der Nicht-Form, und wenn wir unser Anhaften an unsere Absichten aufgeben und nicht an eitlen Wünschen leiden, erreichen wir das Samadhi des Nicht-Begehrens.

Im Samadhi der Leerheit beobachtet man, daß die Dinge relative Erscheinungen sind. Man bemerkt, daß in einem selber kein Ego wohnt, kein Atman; man besitzt nichts, das einem persönlich gehört. Euer Auge gehört nicht euch, euer Ohr gehört nicht euch, euer Körper gehört nicht euch. Ihr habt kein Ego und keinen Ort, wo sich ein Ego aufhalten könnte. Wenn ihr dies erlebt habt, habt ihr das Samadhi der Leerheit erreicht.

Die erste der Vier Edlen Wahrheiten[1], das Leiden, enthält drei

---

[1] Die vier edlen Wahrheiten: Grundlegende Lehre des Buddha über Leiden, Ursache des Leidens, Vernichtung des Leidens, Weg zur Vernichtung des Leidens (Anm. d. Übers.).

Elemente: Veränderlichkeit, Leerheit und Nicht-Ich (s. S. 127). Das Samadhi der Leerheit entspricht dem Nicht-Ich dieser Wahrheit.

Das Samadhi der Nicht-Form steht ebenfalls mit den Vier Edlen Wahrheiten in Verbindung. Es ist der Schlüssel zur Vernichtung des Leidens, *nirodha*.

Der Zustand von *nirodha* wird auch Nirvana genannt. In ihm gibt es verschiedene Tiefen und verschiedene Elemente: Vernichtung, Ruhe, Frieden, Stille, Herrlichkeit, Ekstase, Schönheit, Güte, Losgelöstheit, Absorption. In *nirodha* gibt es keinen Lärm. Es ist der herrliche Zustand, erhaben über alle anderen Zustände. In *nirodha* gibt es weder Farbe, Klang, Geruch, Geschmack und Berührung, weder die Gestalt eines Mannes, noch die Gestalt einer Frau. Da gibt es keine Form, keine Geburt, kein Verweilen und keinen Zerfall.

Das eben Aufgezählte sind die sogenannten zehn Zustände der Nicht-Form. Durch das Üben des Samadhi der Nicht-Form erreicht man Nirvana. Im Zustand der Wirklichkeit gibt es keine Formen, doch die empfindenden Wesen klammern sich an die zehn Formen und halten sie für wirklich. Vom Standpunkt der Wirklichkeit aus gibt es weder eine noch viele Formen.

Gedanken sind mentale Formen, also erkennt man im Samadhi der Nicht-Form auch die Formlosigkeit der Gedanken. Ein Glas Wasser enthält keine Gedanken, und das Wasser hat keine eigene Form. Dieses Ding hier, ich selber, hat keine eigenen Gedanken und keine Form. Gedanken und Form sind relativ zum Augenblick. In diesem Augenblick gibt es keine Form von Sokei-an, noch gibt es in diesem Augenblick irgendwelche Gedanken in Sokei-an. Indem man sich nach dieser Erkenntnis richtet, erreicht man das Samadhi der Nicht-Form.

Im *Lotos Sūtra* heißt es, daß der Buddha, als er alt war, eines Tages sagte: ,,Ich bin erschöpft. Ich übe nur noch das Samadhi in der Leerheit, das Samadhi in der Nicht-Form und das Samadhi im Nicht-Begehren." Auf diese Art akzeptierte der Buddha sein Alter und seinen erschöpften Körper. Er sagte: ,,O Mönche, da ihr in eurem Samsara nichts von den drei Samadhi wißt, werdet ihr nie zum erleuchteten Zustand erwachen."

In einer alten chinesischen Übersetzung heißt das Samadhi des Nicht-Begehrens auch das Samadhi des Nicht-Tuns oder das Samadhi des Nicht-Beabsichtigens. Wir müssen die Umstände so akzeptieren, wie sie sind; volkstümlich ausgedrückt heißt das: „Da kann man nichts machen."

Die Menschen leiden, weil alles veränderlich ist. Es gibt das Leiden der Geburt, das Leiden des Alters, das Leiden der Krankheit und das Leiden des Todes. Wenn wir uns begegnen, müssen wir wieder auseinander gehen. Manchmal haben wir mit jenen zu tun, die wir mögen, manchmal müssen wir uns mit jenen abgeben, die wir nicht mögen. Das sind die Leiden, die sich aus der Veränderlichkeit ergeben. Wenn wir dies verstehen, erbitten wir von niemandem etwas. Wir erbitten nichts von Gott. Deshalb wird dieses Samadhi des Nicht-Begehrens auch das Samadhi des Nicht-Erflehens genannt.

Dieses Samadhi steht in Beziehung zur zweiten edlen Wahrheit, zur Ursache des Leidens. Die ursprüngliche Dunkelheit ist die Ursache von allem. Auf Grund von *avidyā*, Unwissenheit, häufen wir Illusionen in unserem Geist an, und als Resultat dieser Anhäufung werden wir geboren. Danach vermehren wir unser Leiden durch mentale Aktivitäten in dieser illusorischen Welt. Durch das Samadhi des Nicht-Begehrens verlassen wir diese Welt der Illusionen und Leiden und kehren zum Zustand von Nirvana zurück.

Diese Loslösung vom Ozean des Leidens erfährt man durch das Koan von Ma Taishi: „Mondgesicht-Buddha, Sonnengesicht-Buddha" (s. S. 73) oder durch das Koan: „Wie kannst du im Moment des Todes der Todesqual entfliehen?" Wenn ihr keinen Tropfen Wasser oder Medizin mehr trinken könnt, oder wenn ihr eure Kinder, die um euer Bett stehen, nicht mehr sehen könnt, wenn euer Körper im Fieber brennt und ihr vollkommen hilflos seid — wie könnt ihr dann der Todesqual entfliehen? Oder wenn das Schiff untergeht und keine Hoffnung auf Rettung besteht — in einem solchen Augenblick realisiert man dieses Samadhi des Nicht-Begehrens. Wir befinden uns in jedem Augenblick des täglichen Lebens wie auf einem sinkenden Schiff. Dieses Leben sinkt jeden Moment, umgeben vom Ozean des Leidens und den Wellen der Anhäufungen. Wir brauchen das Samadhi des Nicht-Begehrens oft im Leben.

Mārga, der Weg zur Aufhebung des Leidens, ist die vierte edle Wahrheit. Auf diesem Weg gehen wir von einem Ort zum andern. Habt ihr einmal das Sosein verwirklicht („ich bin nicht verschieden von *Diesem*, *tathā*, ich bin dasselbe wie *Dieses*"), dann sind eure Aktivitäten von morgens bis abends die Aktivitäten von *mārga*.

Durch diese drei Samadhi könnt ihr euch von den Banden der illusorischen Welt lösen und Erleuchtung *(bodhi)* erlangen.

Mārga ist wie ein Boot oder Floß. Man benutzt es, um zum Nirvana zu gelangen. Doch dann muß man das Boot verlassen. Am Schluß gibt man alle Werkzeuge des Buddhismus, alle *upāyas*, auf. Man wirft alle Koan, die man beobachtet hat, einen nach dem andern weg. Im Nirvana gibt es nichts, woran man sich klammert. Durch diese drei Samadhi erfährt man die vollkommene Verwirklichung von Nirvana.

Nāgārjuna machte im *Mahāprajñāpāramitā Śāstra* ein Gatha als Kommentar zu den drei Samadhi. In meiner Übersetzung lautet es:

Zum Himmel und zur Erde schauen,
sich bücken und strecken,
kommen und gehen,
einander begegnen,
Worte wechseln...
Ihr müßt wissen, daß es in diesen Taten und Worten
keine Wirklichkeit gibt.
Der Wind bewegt sich entsprechend seinem eigenen Bewußtsein,
aber in diesem Bewußtsein gibt es keine Form.
In keinem Moment seiner Bewegung gibt es Gedanken.
Männer und Frauen in dieser und jener Form
pflegen ihr Ego.
Sie klammern sich an diese illusorische Sicht,
weil sie unwissend sind.
Ihre Form ist eine Knochenstruktur,

bedeckt mit Fleisch und Haut.
Sie bewegen sich wie Automaten aus Holz.
Es gibt keine Wahrheit in ihnen, obwohl sie
wie Menschen aussehen.
Alle wurden durch Bedingungen erzeugt,
und sind wie Schatten schimmernden Goldes im Wasser,
oder wie ein Buschfeuer, das einen Bambusgarten verbrennt.
Durch ihre relativen Verbindungen machen sie
viel Lärm.

Der Arhat beobachtet die Leerheit und das Nicht-Ich der
Dinge zuerst mit seinem weltlichen Wissen (auslaufenden
Geist). Als nächstes tritt er in Nirvana ein. Nun beobachtet er
den Zustand des Nirvana mit seinem nichtauslaufenden Geist
und erkennt, daß Vernichtung nichts anderes ist, als die Form
des Wissens, durch welches er beobachtet, daß alles leer ist.
Schließlich tritt er in dieses Nirvana ein (*rūpadhiśeṣa-nirvāṇa*). In
diesem Zustand gibt er den drei Samadhi andere Namen: *śūnya-
tā-samādhi, animitta-samādhi, apraṇīta-samādhi.* Zusammen
bilden sie das „Dreitürige" Samadhi, und die entsprechende Meditation heißt die „Wiederholung der Samadhi". Warum Wiederholung? Weil der Arhat beobachtet, daß die Dinge leer sind und
dann diese Ansicht ebenfalls vernichtet. Auf diese Weise entdeckt er, daß auch Leerheit leer ist, und erreicht das wirkliche
Nirvana.

Der Zustand dieses wahren Nirvana ist jenseits von Worten.
Ihr müßt es durch eure eigene Erfahrung erkennen. Dafür ist das
Koan Studium da. Es ist dasselbe, wie wenn jemand einen toten
Körper mit Hilfe eines Stockes verbrennt. Nachdem der Körper
verbrannt ist, ist auch der Stock verbrannt. Das Wissen der drei
Samadhi ist genau dasselbe. Mit diesem Wissen verbrennt man
die ganze illusorische Welt, und wenn die Welt verbrannt ist,
muß man auch sein Wissen verbrennen. Auf diese Weise verwirklicht man das endgültige Nirvana.

DIE VIER NAHRUNGEN[1] *Jeder Mensch ist ein Land von Tausenden von empfindenden Wesen, d. h. er wird von diesen Wesen bewohnt.* In einem Sutra sagt der Buddha: „Ich komme durch viele Länder, und in jedem Land kommen eine Million Buddhas und viele Millionen Bodhisattvas und verbeugen sich vor mir."

Einmal hielt sich der Buddha in einem lichten Wald auf, in der Nähe eines Dorfes, dessen Bewohner alle Brahmanen waren. Es gab keinen einzigen Einwohner einer anderen Kaste. Als sich der Buddha mit seinen Schülern frühmorgens auf den Weg machte, um im Dorf zu betteln, sah ihn der Dämon Papiyan und beschloß, die Dorfbewohner aufzuhetzen, so daß niemand Nahrung geben würde. (Papiyan ist ein Dämon, der nur im Menschengeist auftaucht, niemals im Himmel. Er erscheint nur in dem Raum, der dem menschlichen Auge unsichtbar ist, nicht aber dem geistigen Auge.)

Im Dorf angekommen, verteilten sich der Buddha und seine Anhänger, und jeder stellte sich vor eine Haustür mit der Bettelschale in der Hand und wartete geduldig. Doch die Brahmanen gaben ihnen nichts. Die Religion, die der Buddha gegründet hatte, war ihnen unannehmbar, also weigerten sie sich, ihn und seine Anhänger zu unterstützen.

Unterdessen kleidete sich Papiyan in eine Kutte und mischte sich unter die Mönche. Als Buddha ihn sah, sagte er zu ihm: „Du hast uns lange genug belästigt, von nun an wird dir dies nicht mehr gelingen. Du sollst bestraft werden, magst du dich noch so gut als einer meiner Schüler verkleiden."

Ihr sollt verstehen, daß diese Erzählung darauf hinweist, daß Buddhas Mönche Gedanken des Zweifels hatten: „Warum müssen wir hungrig weggehen? Ist Shakyamuni wirklich der Buddha, usw." Der Buddha wußte dies und benutzte die Gelegenheit, um über die Lehre der vier Nahrungen zu sprechen. Er sagte:

[1] Dieses Kapitel wurde aus mehreren Vorträgen zusammengestellt.

„Für die Menschen der Welt gibt es vier Nahrungsarten *(cata-vāri-āhāra²)*, doch die Menschen in der transzendentalen Welt haben fünf Nahrungsarten. Die vier Arten von Nahrung sind:
1. Materielle Nahrung *(kabalinkara-āhāra)*
2. Fühlbare Nahrung *(sparśa-āhāra)*
3. Mentale Nahrung *(mano-saṃcetana-āhāra)*
4. Bewußtseinsnahrung *(vijñāna-āhāra)*"

Die materielle Nahrung, Brot, Suppe usw., ernährt unseren physischen Körper. Sie muß mit dem Mund gegessen werden und gilt als grobe Nahrung. Die Chinesen nennen sie *danjiki*, das bedeutet „aufgeteilte" oder „zerkleinerte" Nahrung. Die Lebewesen können ihre Nahrung nicht in der ursprünglichen Quantität und Vielfältigkeit auf einmal zu sich nehmen. Sie muß zerkleinert werden. Das Wort *„dan"* kann außer „zerkleinert" auch „Treppe" bedeuten. Aus diesem Grund haben wohl einige Westler *„danjiki"* als „Nahrung auf der Treppe" übersetzt. Ich war sehr amüsiert zu hören, daß ein europäischer Gelehrter dies damit erklärte, daß die bettelnden Mönche ihre Nahrung vor der Haustüre des Spenders, auf der Treppe sitzend, aßen!

Während man die materielle Nahrung mit dem Mund ißt, riecht die Nase den Duft. Beim japanischen Kabayaki ist der gleichzeitig vorhandene Aalgeruch wesentlich. Kabayaki aus Büchsen entbehrt diesen vorzüglichen Geruch und ist deshalb kein wirkliches Kabayaki. Auf diese Weise sieht man, daß auch unsere Nase Nahrung aufnimmt.

Einmal lebte ich in einem Haus neben einem guten Restaurant in Tokyo. Eines Tages kam der Inhaber des Restaurants, der wußte, daß ich ein Zen Schüler war, und sagte: „Herr Sasaki, sie ernähren sich vom Duft unserer Speisen. Ich verlange, daß Sie dafür bezahlen." Ich konnte nicht sofort antworten, doch ich erzählte es meinem Lehrer, und dieser gab mir die Antwort. Der Wirt kam wieder und verlangte, daß ich bezahle. „Ja", erwiderte ich, packte eine handvoll Kupfermünzen, warf sie zu Boden und sagte: „Nehmen sie den Klang, aber lassen Sie das Geld!"

² *catavāri:* vier; *āhāra:* Nahrung.

In der buddhistischen Symbolsprache wird gesagt, daß Buddha seine Nahrung von den vier Königen bekommt, welche die vier Himmelsrichtungen bewachen. Der erste Schutzkönig, Jikoku-ten, schützt die Erde. Er steht im Osten. Socho-ten, der im Westen steht, pflegt das Wachstum aller Dinge. Komoko-ten, der großäugige König, steht im Süden. Er beobachtet alle empfindenden Wesen mit seinen weit offenen Augen und sorgt für alles. Er symbolisiert warmherziges Mitgefühl. Der Schutzkönig im Norden, Tamon-ten, ist der König, der alles hört. Beim Hören kommen alle Formen zusammen, so wie im Herbst alle Formen eines Baumes — die Form des Stammes, der Äste, Blätter und Blüten — in den Samen zusammenkommen und aufbewahrt werden. Hören ist ein Symbol des Wissens.

Diese vier Könige bringen Buddha Nahrung dar. Ihr müßt euch klar darüber sein, daß dieser Buddha nicht Shakyamuni Buddha ist, sondern Tathāgatha, die Buddha Natur.

Die Lehren des Buddhismus werden oft durch solche schönen Allegorien oder Parabeln dargestellt. Eine weitere lautet folgendermaßen: ,,Einmal hielt sich der Buddha in Vaishāli auf. Dort befand sich ein großer Wald, durch den der Fluß Nairanjana floß. Eines Tages wuschen die Mönche wie immer ihre Eßschalen im Fluß und stellten sie zum Trocknen an die Sonne. Auch Buddhas Schale, die ihm die vier Könige gegeben hatten und die aus kostbarem Stein[3] gefertigt war, wurde gewaschen und an die Sonne gestellt. Da näherte sich ein alter Affe, packte Buddhas Schale und rannte damit weg. Alle Mönche rannten hinter ihm her, aber der Buddha lächelte und sagte: ,Laßt ihn in Ruhe. Er wird meine Schale zurückbringen'!''

Der Affe ist der menschliche Geist, euer alltäglicher Geist. Wenn der Affe wild herum rennt, kann man ihn nicht kontrollieren. Euer Geist nahm Buddhas Schale an sich und machte sich damit davon. Buddhas Schale dient dazu, dem Buddha Nahrung darzubringen. Es ist die Schale oder das Bewußtsein, welches der Seele Nahrung gibt. Also nahm der Affe die Schale der geistigen Nahrung weg. Wenn sich euer Geist in diesem Zustand befindet,

---

[3] In einigen Erzählungen ist es Lapislazuli, in anderen Jade.

verliert ihr das Werkzeug, um der Seele Nahrung darzubringen. Euer Geist bringt euch durcheinander, aber eure Seele weiß, daß er zurückkommen wird.

Der Affe kletterte auf einen Baum, wo er die Schale mit Honig füllte, und brachte sie dem Buddha zurück. Dieser schaute auf die Schale und schüttelte den Kopf. Er akzeptierte sie nicht, weil sich zu viele Unreinheiten wie Insektenflügel und Holzwürmer im Honig befanden. Ihr tut dies manchmal auch, doch euer Buddha akzeptiert es nicht. Der Affe ging weg und las alle Insektenflügel und anderen Unreinheiten aus dem Honig heraus und brachte die Schale zu Buddha zurück. Doch der Buddha schüttelte wieder den Kopf, denn das Äußere der Schale war noch immer klebrig, ebenso die Hände des Affen. Der Buddha wollte dies nicht annehmen. Der Affe nahm die Schale, wusch sie und brachte sie wieder zurück. Nun akzeptierte der Buddha sie. In großem Entzücken tanzte der Affe zurück und sprang vor Freude hoch in die Luft. Dabei stürzte er vom Felsabhang, fiel in den Fluß und starb.

Ich hoffe, daß euer Affen-Geist bald stirbt...! Der Buddha hatte Erbarmen mit dem Affen und schlug mit seinem Stock dreimal auf die Erde. Da entledigte sich der Affe seines Affenkörpers und wurde im vierten Himmel wiedergeboren, der in der Erzählung als Triastrisma-Himmel bezeichnet wird.

Das ist eine berühmte Geschichte zur Darstellung der Reinigung des Geistes. Sie wird gewöhnlich im Zusammenhang mit der ,,materiellen Nahrung'' angeführt. Die Nahrung, die dem Buddha dargeboten wird, muß rein sein. Der Affe wurde nicht böse oder entmutigt durch Buddhas Ablehnung, er wusch die Schale viele Male und brachte sie Buddha zurück. Sein Gemüt wurde rein und ehrlich.

Eine weitere Allegorie im Zusammenhang mit der materiellen Nahrung lautet folgendermaßen:

,,Ein Mönch reiste durch die westliche Wüste. Nach der roten Wüste erreichte er die blaue Wüste, d.h. die Wüste des blauen Sandes. Er war furchtbar durstig und müde und suchte nach Wasser, aber er konnte keines finden. Da stieß er auf eine Höhle unter einem Felsabhang, die in die Tiefe führte. Er stieg tiefer und tiefer. Er bemerkte, daß der Sand feucht wurde, und erwartete, bald auf Wasser zu stoßen. Er ging noch tiefer, bis er zu einer größeren Höhle kam. Im Dämmerlicht sah er eine Million *pretas* (hungrige Geister), schreiend und sich an die Kehle greifend. Er erkannte, daß sie sehr durstig waren. Millionen Jahre lang hatten sie nach Wasser gesucht und keinen Tropfen gefunden. Der Mönch rief: ‚Wasser!‘ Da schrien die *pretas*: ‚Wasser — das ist das Wort für das, was wir suchen — Wasser‘.“

Diese Geschichte illustriert das jahrelange Sehnen und Suchen, das Gefühl, es müsse etwas geben. Die Menschen wissen, daß sie etwas suchen, aber sie wissen nicht was. Empfindende Wesen, die in einem weitentfernten Land geboren sind, haben die zivilisierte Welt weder gesehen noch davon gehört; noch haben sie je den Namen einer Religion gehört. Und es gibt jene *pretas* in den Elendsvierteln von New York, denen nie ein Wort eines Weisen zu Ohren gekommen ist. Sie kennen die Bedeutung des menschlichen Lebens nicht; sie haben das Gesetz des menschlichen Lebens nie gehört. Niemand hat ihnen die Worte „gut“ oder „schlecht“ gesagt oder ihnen das Mitleid eines menschlichen Herzens gezeigt. Sie sind in den Elendsvierteln geboren und werden dort sterben. Sie haben nie von Buddha oder den drei Körpern oder den drei Kleinodien des Buddha gehört. Sie haben nie etwas über das menschliche Bewußtsein gehört und dessen fünf Schatten, noch wissen sie etwas von Samsara oder Nirvana. Sie sind *pretas*. Sie sehnen sich ihr Leben lang nach etwas, von dem sie den Namen nie gehört haben. Dann kaufen sie vielleicht irgendwo ein billiges Gefäß für Räucherstäbchen mit einer ihnen fremden Form. „Was ist das?“ fragen sie. „Es ist Buddha.“ „Oh!“ Das ist dasselbe, wie als der Mönch „Wasser“ schrie. Ohne materielle Nahrung, wie wir sie jeden Tag zu uns nehmen, kann kein empfindsames Wesen leben, keine Seele existieren.

Die nächste Nahrung ist die fühlbare Nahrung. Kleider sind Nahrung für den Körper, und Sonnenschein ist Nahrung für die Haut. Die Empfindung von Regen, Wind und Stoff ist Nahrung für die Sinne. Die Liebe der Mutter ist Nahrung für das Baby. Eine Hundemutter nährt die Körperempfindung ihrer Welpen, indem sie sie unter ihrem Bauch warm hält. Ohne diese Wärme sterben die Welpen. Dasselbe gilt für junge Hühner und für menschliche Säuglinge. Zusätzlich zur materiellen Nahrung braucht der Körper auch eine gewisse Behaglichkeit. Ohne diese fühlbare Nahrung sterben wir.

Als ich den Buddhismus sorgfältiger studierte, erkannte ich, daß es mehrere Wege gibt, um für Kinder zu sorgen. Einige Schildkrötenarten legen Eier in den Sand und gehen weg, ohne je zurückzuschauen oder sich an den Platz zu erinnern. Wenn es Zeit ist, werden die Jungen aus den im Sand versteckten Eiern geboren. In einem Sutra steht geschrieben, daß die Schildkröte, obwohl sie das Ei verläßt, Tag und Nacht an das Junge denkt. Ihr konzentrierter Geist, *smṛti,* ist die Nahrung für das Junge in der Schale. Wenn die Mutter stirbt, stirbt das Junge im Ei. Ich weiß nicht, ob das wahr ist oder nicht, aber so steht es geschrieben.

Die Speisen, die durch den Mund gegessen, durch die Nase gerochen oder durch Berührung gefühlt werden, gehören zu *kāmadhātu,* der Welt des Begehrens. Doch ein Teil dieser Nahrung ist weniger schwer und gehört zu *rūpadhātu*, der Welt von *vedanā*, der reinen Wahrnehmung. Man könnte sie ästhetische Nahrung nennen.

Schönheit ist auch eine Nahrungsart. Auch Entspannung in Meditation ist Nahrung. Dasselbe gilt für die Freude in der Meditation und alle Arten von Samadhi und tieferem *samāpatti*[4]. Diese werden gewöhnlich nicht der Nahrung des Geistes zugeordnet, sondern bilden einen Teil der taktilen Nahrung. Natürlich kann man keine scharfe Grenze zwischen diesen Nahrungsarten ziehen. Wenn man sehr aufgeregt ist, wird einem heiß im Magen; die Nahrungen des Geistes und der Empfindungen sind nicht genau getrennt. Die empfindenden Wesen, die in *rūpadhātu* leben, essen die feine Speise der Meditation und des Samadhi. Ebenso der Zen Schüler — er braucht jeden Tag einen ruhigen Moment der Meditation.

Die dritte Nahrung ist die für den Geist. In Wirklichkeit ist es

---

[4] *samāpatti*: Meditationsform, in der man die aufsteigenden Geistesinhalte beobachtet (Anm. d. Übers.).

die Nahrung für den Körper des menschlichen Wesens. Die ersten zwei Nahrungsarten sind für den tierischen Körper. Wenn kein menschliches Wesen in unserem Körper wohnt, unterscheiden wir uns nicht von den Tieren. Das menschliche Wesen ist ein unsichtbares Wesen, und sein Körper, der Geist-Körper, ist nicht deutlich sichtbar. Wir sehen ihn, wenn er aktiv ist und seine Instrumente benutzt — Worte. Natürlich benutzt er auch den physischen und den emotionellen Körper, doch hauptsächlich spricht er durch unsere Augen und Zungen. Auf diese Weise können wir ihn direkt erfahren. Seine Nahrung ist Bildung oder geistige Nahrung.

Durch diese Nahrung stärken wir unseren Geist. Wir lesen, diskutieren und denken philosophisch, wir sehen, hören, genießen Musik und tanzen. Auf diese Weise ernähren wir unser Denken und können auch im Falle von großer materieller Armut am Leben bleiben.

Ein Mensch mit großem materiellem Reichtum kann geistig so mager sein, daß er sich unter Freunden nicht getraut, seinen Mund zu öffnen, weil er fürchtet, seine geistige Armut könnte sich zeigen. Gewöhnlich achten wir darauf, daß die Nahrung für den Körper rein ist. Aber die Nahrung für den Geist ist heutzutage sehr unrein. Deshalb leiden wir.

Das menschliche Wesen ernährt sich ähnlich wie eine Pflanze. Die Nahrung der Pflanzen besteht aus Wasser, das die Essenzen der Gesteine, Eisen, Kupfer usw. enthält. Die empfindenden Wesen, die in tierischer Form leben, ernähren sich von den Pflanzen. Es liegt in der Natur der Tiere, daß sie ihren Körper durch den Körper anderer Wesen erhalten. Die höheren Wesen, die im Geist leben, essen auch Tiere. Dann gibt es aber noch höhere Wesen, die den menschlichen Geist essen. Sie essen ihn nicht nur, sondern kultivieren ihn sogar als Nahrung, so wie die Ameisen andere Insekten als Nahrung heranzüchten.

Jeder Mensch ist ein Land von Tausenden von empfindenden Wesen, d. h. er wird von diesen Wesen bewohnt. In einem Sutra sagt der Buddha: „Ich komme durch viele Länder und in jedem Land kommen eine Million Buddhas und viele Millionen Bodhisattvas und verbeugen sich vor mir." „Jedes Land" bedeutet „jeder Mensch". Ihr müßt das so verstehen, daß eine Million Menschen in ihrem Geist Buddha annehmen.

Auch die Sutras sind Nahrung für die höheren empfindenden Wesen. Ihr müßt sie richtig lesen lernen! Ebenso sind alle Worte, alle Emotionen und all das, was in eurem Geist auftaucht, Nahrung für empfindende Wesen. Hoffnung z. B. ist auch mentale Nahrung. Man kann dies am Beispiel eines verhungernden Menchen zeigen. Solange er hoffen kann, daß irgendwo Nahrung auf ihn wartet, wird er dadurch ernährt. Wenn seine letzte Hoffnung schwindet, stirbt er. Die mentale Nahrung ernährt den menschlichen Körper durch ihr Karma.

Nun kommen wir zur vierten Nahrungsart. Diese ist sehr wichtig. Jedermann spricht über die Nahrung für den Magen und den Geist, aber kaum jemand erwähnt die Nahrung für den Bewußtseins-Körper. Die Sanskritausdrücke für diesen Körper sind *jñāna* (Weisheit) und *vijñāna* (Bewußtsein). Man kann ihn auch als Seele bezeichnen. Die Nahrung für diesen Körper ist das menschliche Bewußtsein. Ihr habt wahrscheinlich gedacht, Bewußtsein sei das Letzte und niemand esse es. Aber Bewußtsein ist ebenfalls Nahrung.

Neulich habe ich euch die vier *dhyānas* erklärt (s. S. 21). Diese und andere Bewußtseinszustände liefern die Nahrung für die empfindenden Wesen, die im Bewußtsein leben. Welche Wesen sind das? Der Buddha sagte: „Diejenigen empfindenden Wesen, die in der Tiefe der Hölle leben, ernähren sich durch die Verzehrung ihres eigenen Bewußtseins." Aber auch diejenigen Wesen, die in den ersten drei Stadien der *arūpadhātu* leben, halten sich durch dieses Bewußtsein am Leben. Es gibt viele Bewußtseinszustände, in denen empfindende Wesen leben. Diejenigen, die im Zustand des Denkens leben, wie die Philosophen z. B., ernähren sich von Worten. Sie denken in Worten und überlegen in Worten. Sie gleichen Ochsen, die ihren Wagen unter dem Joch der Philosophie ziehen. Ein Musiker denkt alles in Klängen. Er denkt an Berge und Flüsse, aber er denkt in Klängen und nicht in Worten. Dann gibt es andere, die in Stimmungen und Launen denken. Sie benutzen keine Worte oder Symbole. Ihr Denken ist blitzschnell, Frage und Antwort erscheinen im gleichen Augenblick. Ihre Kraft ist die Intuition. Wir nennen dies das Stadium von Mahabrahma. Wenn sich die Seele eines Menschen noch höher entwickelt, benötigt dieser keine Methode, keine bestimmte Denkungsart mehr. Er lebt in der Wahrheit und ist zufrieden und entspannt. Er hat keine Fragen und braucht deshalb keine Antworten. Alle diese Zustände liefern Nahrung für das Bewußtsein.

Im Hinayana Buddhismus glaubt man, daß die Bewußtseinsnahrung in unserem gegenwärtigen, alltäglichen Bewußtsein aufbewahrt wird. Im Mahayana Buddhismus hingegen hält man das *ālaya*-Bewußtsein für den Aufbewahrungsort dieser Nahrung, während das alltägliche Bewußtsein die mentale Nahrung aufbewahrt. Das *ālaya*-Bewußtsein ist der Speicher für die Samen des Karma, welches ihr oder ich oder irgend jemand erzeugt hat und noch erzeugt. Indem wir diese Samen ins *ālaya*-Bewußtsein fallen lassen, erzeugen wir unbewußt zukünftiges Leben. Aus diesem Grund ernährt das *ālaya*-Bewußtsein das bewußte Leben der empfindenden Wesen und hält das Bewußtsein durch viele Inkarnationen hindurch aufrecht. Natürlich sprach der Buddha nicht von *ālaya*-Bewußtsein. Er sagte einfach Bewußtsein *(vijñāna)*, erst später unterschied man zwischen unserem gegenwärtigen Bewußtsein und dem immerwährenden Speicherbewußtsein, *ālaya*-Bewußtsein.

Die drei Nahrungsarten, materielle Nahrung, Nahrung der Berührung und Nahrung des Denkens, ernähren das Bewußtsein, welches seinerseits die Existenz dieser drei Nahrungsarten aufrecht erhält. Das ist die gewöhnliche Ansicht im Buddhismus. Meine Ansicht über die Bewußtseinsnahrung ist etwas anders und ungewöhnlich, denn vom Zen Standpunkt aus kann ich sagen, daß es etwas anderes gibt, das dieses Bewußtsein konsumiert.

Als ich noch ein Schüler war, stellte ich meinem Lehrer folgende Frage: ,,Bewußtsein ist die Basis. Wie und für wen kann es Nahrung sein?" Er antwortete: ,,Ich weiß, wer diese Bewußtseinsnahrung ißt, aber ich kann es dir nicht sagen. Wenn ich es dir sage, wirst du es dein Leben lang nicht sehen."

Ich dachte, er verberge etwas vor mir, aber er war sehr gütig.

Bewußtsein ist nicht das Letzte. Bewußtsein ist ein Bindeglied zwischen zwei Dingen. Es ist wie bei einem Spiegel mit zwei Seiten. Die Vorderseite ist die Erscheinungswelt, die Rückseite die unendliche Leerheit.

Unser Bewußtsein ist die Nahrung für *DAS*; für das, was keinen Namen und keine Gestalt hat, aber der Ursprung von allem ist. Wir sind der Mikrokosmos von diesem *Einen*. Der Bewußtseinskörper ist der zentrale Körper. Wir ernähren ihn durch die drei Nahrungsarten und dadurch, daß wir in der Stille weilen. Das sind die vier Nahrungen für den Menschen dieser Welt.

Für den Menschen, der diese Welt transzendiert hat, gibt es eine fünfte Nahrungsart. Diese besteht aus Meditation, Gebet, Konzentration, Befreiung und Dankbarkeit.

Ich habe mich bemüht, euch die Lehre von den vier Nahrungen näherzubringen. Die Kommentare des Abhidharma (Sammlung der buddhistischen philosophischen Abhandlungen), die diese vier Nahrungen betreffen, stimmen nicht immer überein. Die verschiedenen Schriften erklären die vier Nahrungen unterschiedlich. Die Unterschiede sind zwar nicht groß, aber doch vorhanden.

D ER GOLDSCHMIED *Euer Geist ist nichts anderes als die Schatten eures Bewußtseins. Ihr schafft diese Schatten zwischen der Innenseite und der Außenseite selber, dann hegt und pflegt ihr sie als eure kostbaren Gedanken, klebt an ihnen und wollt sie unter keinen Umständen ändern. Und so gelingt es euch nicht, in wirkliche Harmonie mit euch und anderen zu kommen.*

Buddhismus ist ein unermeßlicher Ozean, der 2500 Jahre alt ist und ungefähr 250 verschiedene Sekten umfaßt. Es ist für einen buddhistischen Mönch wichtig, diesen ganzen Ozean des Buddhismus kennenzulernen und die Anwendung eines bestimmten Teiles davon zu seinem Beruf zu machen. Fast alle buddhistischen Schriften sind aus dem Sanskrit ins Chinesische übersetzt worden. Diese Arbeit dauerte 1700 Jahre, und das Ergebnis füllt 5048 Bände. Es ist unmöglich für einen Menschen, alle diese Bände auch nur durchzusehen. Ich studierte beides, den Urbuddhismus und Zen. Zuerst widmete ich mich den Samyukta Agamas, welche zu den ältesten Schriften des Buddhismus gehören, dann studierte ich Zen, einschließlich der fünf verschiedenen Sekten und vielen Schulen. Diese können auf verschiedene Arten studiert werden. Ich tat es vor allem durch Koan. Als ich ins Kloster eintrat, war ich zwanzigjährig, und als ich meine Studien vollendet hatte, war ich 47 Jahre alt. Wenn wir Buddhismus studieren, dürfen wir die Zeit nicht als etwas Wertvolles betrachten, denn der Buddhismus ist wertlos — er kostet keinen Pfennig. Andererseits kann ihn auch niemand für eine Million Dollar kaufen.

Für den heutigen Vortrag wählte ich einen kurzen Teil eines Sutras aus dem 47. Band der Agamas aus. Die älteste Niederschrift dieses Sutras ist in Pali. Der Titel besteht aus zwei Wörtern, von denen eines ,,pressen'' und das andere ,,erziehen'' oder ,,formen'' bedeutet. Es geht darum, einen Menschen zu pressen oder zu erziehen, so wie man bei der Herstellung von Wein die Trauben preßt und dann alle Unreinheiten aus dem Saft entfernt. In den Agamas lautet der Titel desselben Sutras jedoch ,,Der Goldschmied''. Folgendes ist ein Auszug aus diesem Sutra:

,,Es ist genau so, wie bei einem Goldschmiedlehrling, der vom Meister ausgebildet wird, die Unreinheiten aus dem rohen Gold zu entfernen. Wenn der Lehrling das Gold nicht läutert, ist es weder hell noch weich noch glänzend. Es bricht, wenn es gebogen wird, und kann nicht zu einer Verzierung verarbeitet werden. O Mönche! Wenn ihr Samadhi erreicht, entsagt ihr allem Besitz und findet Stille. In Ruhe und Frieden erlangt ihr Dharma. In der Einheit von Geist und Seele vernichtet ihr alles Ausrinnen von Geistesinhalten und alle Leiden.

Es ist genau so wie ein Goldschmied seinen Lehrling ausbildet, alle Unreinheiten aus dem rohen Gold zu entfernen, um es hell, weich und glänzend zu machen. Dadurch wird es schmiegsam und läßt sich leicht bearbeiten.

O Mönche! Wenn ihr Beobachtung und Gewahrsein aufgebt, werdet ihr das zweite, dritte und vierte Stadium von *dhyāna* erlangen."

Dieses Sutra über den Goldschmied ist sehr berühmt und gilt als eine der Lehrreden, die der Buddha selber gehalten hat.

„Es ist genau so, wie bei einem Goldschmiedlehrling, der vom Meister ausgebildet wird, die Unreinheiten aus dem rohen Gold zu entfernen." Mit dem Meister ist der Buddha gemeint, und die Schüler sind die Lehrlinge. Der Buddha trainiert sie, Unreinheiten aus ihrem rohen Geist zu entfernen. Die Lehre des Gautama Buddha ist immer negativ, nicht wie die Mahayana Lehre, die später entwickelt wurde. Buddha war der Verneiner — er verneinte alles, und mit dieser Verneinung bildete er das Fundament des menschlichen Lebens. Seine Vorschrift war: „Begehrt nicht, liebt nicht, haftet nicht an!" Seine grundlegende Lehre war, daß man die Leiden im eigenen Geist vernichten muß. Auf den ersten Blick ist das sehr verschieden von der Lehre Christi. Christus bejahte alles, der Buddha verneinte alles.

Wenn ihr den Buddhismus jedoch vom Anfang bis zum Ende studiert, werdet ihr das Verneinen des Buddha verstehen. Der Buddha verneinte, um zu bejahen. Bevor man seine Nahrung einnimmt, räumt man auf, wäscht sich die Hände, kämmt sich die Haare, entfernt alle Unreinheiten aus dem System und geht dann zu Tische. Alle Unreinheiten aus dem Geist zu entfernen, ist der erste Schritt zum Akzeptieren der ganzen Welt in ihrem Sosein. Jede Verzerrung und jeder Aberglaube müssen vernichtet werden, um die wirkliche Welt und das wirkliche menschliche Leben zu akzeptieren. Merkwürdigerweise betonte der Buddha jedoch nicht Annahme der Welt und des menschlichen Lebens, sondern setzte die Betonung auf die Verneinung.

Euer Geist ist nichts anderes als die Schatten eures Bewußtseins. Ihr schafft diese Schatten zwischen der Innenseite und der Außenseite selber, dann hegt und pflegt ihr sie als eure kostbaren Gedanken, klebt an ihnen und wollt sie unter keinen Umständen ändern. Und so gelingt es euch nicht, in wirkliche Harmonie mit euch und anderen zu kommen.

Ein Laie fragte den Buddha: „Warum lehrt Ihr uns nicht die andere Seite?" Der Buddha sagte: „Es hat keinen Zweck, euch die andere Seite zu lehren, man kann sie auf natürliche Weise erreichen." Viele buddhistische Mönche erklären diese „andere Seite" als das Leben nach dem Tod. Für sie bedeutet die Antwort des Buddha, daß es nutzlos ist zu lehren, was nach dem Tod geschehen wird, man werde es natürlicherweise erfahren. Diese Erklärung ist nicht klar und muß geändert werden. Die „andere Seite" bedeutet das Leben eines Laien im Gegensatz zum Leben des Mönches. Jeder wirkliche Zen Student muß die Lebensweise eines Mönches annehmen als eine Periode der Disziplin. Das ist die eine Seite. Wenn ein Kind zu Hause mit Mutter und Vater lebt, wird es erzogen, um erwachsen zu werden. Es muß dies als eine Periode der Disziplin akzeptieren. Später, wenn es erwachsen ist, führt es sein eigenes Leben.

„Wenn der Lehrling das Gold nicht läutert, ist es weder hell noch weich noch glänzend. Es bricht, wenn es gebogen wird, und kann nicht zu einer Verzierung verarbeitet werden." Ein Kind, das sich wie ein erwachsener Mensch zu benehmen versucht, kann in der Welt nicht leben, denn seine Natur ist noch nicht fügsam, seine Tugend nicht glänzend, sein Geist nicht weich und seine Haltung nicht klar. Sein Geist ist schwer, grob, dunkel und widerspenstig wie rohes Eisen. Das Eisen muß geschlagen, und die Unreinheiten müssen daraus entfernt werden. Dann muß es zwischen Feuer und Wasser gehärtet werden.

„O Mönche! Wenn ihr Samadhi erreicht, entsagt ihr allem Besitz und findet Stille." Im christlichen Glauben hat man Vertrauen zu Gott, man glaubt an Gott und nimmt alle Umstände als Absicht Gottes an. Das ist manchmal sehr schwierig. Doch für den Buddhisten ist es nicht schwierig, weil er glaubt, daß Gott in ihm ist und zum Herzen spricht, wenn man darauf hören will. Also hört man auf ihn, und mit diesem Wissen bedauert, bereut, hofft man und akzeptiert das eigene Karma. Angenommen, alle Menschen meiner Umgebung schauen mich wie einen Fremden an und weisen mich als Freund ab, und ich bin einsam wegen etwas, das ich ihrer Meinung nach getan habe. Alle sprechen über mich, und meine Welt ist sehr eng. Indem ich auf diese Weise von

Freunden mißbraucht werde, zahle ich meine alten Schulden des Karmas ab. Ich warte still und nehme jeden Mißbrauch ruhig an, und so gehen fünf oder zehn Jahre vorbei. Nach einer gewissen Zeit sind alle alten Schulden getilgt und die Freunde nehmen mich mit lächelndem Gesicht an, weil ich auf mein eigenes Herzensgeflüster gehört habe. Um das zu tun, muß mein eigener Geist jedoch zum universalen Geist zurückkehren. Er darf nicht ich-gebunden sein.

In der Stille werdet ihr diesen universalen Geist finden und alle Irrtümer der Vergangenheit ins Gedächtnis zurückrufen, ihr reinigt euren Geist durch Meditation und erlangt in Ruhe und Frieden Dharma. Dharma bedeutet hier wahre Religion, wahre Erleuchtung. Wenn ihr Ruhe und Frieden erreicht, versteht ihr euch selber und die Ursache des Leidens. In dieser Meditation analysiert ihr alles, gesteht euch selber alles ein und erreicht Samadhi. Dann seid ihr in vollkommenem Kontakt mit dem Universum und vergeßt eure eigene Existenz, jede objektive Existenz.

Wenn ihr zum ersten Mal ein Pferd reitet, seid ihr euch des Pferdes bewußt und das Pferd ist sich eurer bewußt, das Pferd führt euch. Dann vergeßt ihr das Pferd und ihr führt es. Dann vergeßt ihr euch beide gegenseitig, das Pferd ist sich eurer nicht bewußt und ihr seid euch des Pferdes nicht bewußt. Das Pferd und ihr galoppiert als Eins. Das ist Samadhi. Wenn ich euer Wort „Gott" benutze, heißt es, ihr und Gott müßt Eins werden. In einem solchen Moment müßt ihr euch selber alles eingestehen und auf allen Besitz eures eogistischen Geistes verzichten.

„*In der Einheit von Geist und Seele vernichtet ihr alles Ausrinnen von Geistesinhalten und alle Leiden.*" Das Ausrinnen von Geistesinhalten kann mit etwas, das aus der Haut schwitzt, verglichen werden (s. S. 154). Anstatt daß man Eins mit seinem Bewußtsein ist, rinnen alte Erinnerungen aus dem Geist. So versucht man z. B. in der Meditation, eins mit Gott zu werden, doch plötzlich rinnt etwas aus: „Oh, ich habe ihm 25 Cents geliehen..." und schon ist die Sicht verzerrt. Man begegnet einem Freund im Geist und verändert sich völlig. Dieses Ausrinnen muß vernichtet werden.

„Es ist genau so, wie ein Goldschmied seinen Lehrling ausbildet, alle Unreinheiten aus dem rohen Gold zu entfernen, um es hell, weich und glänzend zu machen. Dadurch wird es schmiegsam und läßt sich leicht bearbeiten." Der Schmied formt haarfeine Ornamente aus gereinigtem Gold, und das Gold kann zu schönem Brokat gebogen oder gewoben werden. Doch wenn es roh ist, bricht es. Man kann nichts damit anfangen. Der menschliche Geist ist ebenso wie dieses rohe Gold. Er muß hell, glänzend und biegsam gemacht werden, so daß alle ihn benutzen können. Dann kann auch er alles benutzen.

„O Mönche! Wenn ihr Beobachtung und Gewahrsein aufgebt, werdet ihr das zweite, dritte und vierte Stadium von dhyāna erlangen." Das erste der sogenannten vier Stadien der Meditation gleicht einer Kombination von Erde und Wasser. Man benutzt die Materie und die Kenntnis dieser Materie, um alles zu analysieren und die Wahrheit zu finden. Dieses erste Stadium umfaßt Beobachtung und Gewahrsein. Das zweite ist wie eine Kombination von Wasser und Feuer. Das dritte gleicht Luft und Äther. Das vierte — der Zustand des Feuerhimmels genannt — ist reiner Äther, alles ist kristallklar. In diesem Stadium befaßt man sich nicht mit Wörtern. Da gibt es nur reines Bewußtsein, aber nicht ohne Rhythmus und Emotion. Wie in der absoluten Musik gibt es hier keine bestimmte Bedeutung und nichts Vorstellbares, aber man fühlt den Rhythmus aller Erfahrungen darin.

D IE SECHS PARAMITAS *Die buddhistische Null ist weder Null noch Eins. Sie wird Nicht-Existenz genannt. Natürlich existiert sie nicht, aber wenn wir sehr genau über diese Nicht-Existenz nachdenken, stellen wir fest, daß sie wirklich existiert.*

Eines der größten Prinzipien des Urbuddhismus ist der sogenannte „Edle Achtfältige Pfad" (s. S. 214). Diesem Hinayanaprinzip entspricht das Mahayanaprinzip der sechs *pāramitās*. Gewöhnlich werden die sechs *pāramitās* und der Achtfältige Pfad als ganz verschiedene Prinzipien aufgefaßt, doch es gibt viele enge Beziehungen zwischen den beiden.

Pāramitā heißt „Das andere Ufer erreichen". Bei den sechs *pāramitās* handelt es sich um sechs Wege oder Regeln, um von dieser menschlichen Welt aus das andere Ufer des Nirvana zu erreichen. Man kann es auch das Ufer der Leerheit, *śūnyatā*, nennen. Diese Wörter sind synonym.

Die sogenannten sechs *pāramitās* sind: Geben *(dāna)*, Befolgen der Gebote *(sīla)*, Geduld *(kṣānti)*, Anstrengung *(vīrya)*, Meditation *(dhyāna)* und Erlangen der Weisheit *(prajñā)*. Was das sechste *pāramitā* anbetrifft, ist zu sagen, daß Weisheit natürlich innewohnend ist, so daß sie eigentlich nicht erlangt werden muß, aber man soll sie im eigenen Geist erkennen.

Meditation und Erlangen der Weisheit sind auch im Achtfältigen Pfad enthalten, ebenso das Befolgen der Gebote und die Anstrengung. Nur das *pāramitā* des Gebens und das *pāramitā* der Geduld sind nicht im Achtfältigen Pfad enthalten.

Es gibt zwei Arten des menschlichen Wissens: Das eine ist irdisches Wissen, das andere ist — um mit euren Worten zu sprechen — himmlisches Wissen. Irdisches Wissen ist dasjenige, welches durch Worte oder Begriffe übermittelt werden kann. Wenn ihr eure Kinder lehrt, daß 1 + 1 = 2 ist, benutzt ihr als Mittel der Übertragung Begriffe, die in den Worten „eins plus eins gleich zwei" Form annehmen.

Im „himmlischen" Wissen hingegen gibt es weder eins noch zwei, weder plus noch minus. Daher könnt ihr es eure Kinder nicht mit Worten lehren. Wenn ihr sagt, himmlisches Wissen sei Null und dabei Null wie eine Zahl behandelt, ist das ein mentaler Begriff. Leerheit wie Null zu verstehen, ist ein großer Fehler, den auch einige Buddhisten machen. Wahre Leerheit enthält keine Begriffe, Worte oder Symbole. Das ist der Grund, warum Leerheit im Buddhismus so schwer zu verstehen ist. Man kann die Idee von Null verstehen, weil es Eins gibt. Wenn es aber von Anfang an nur Null, nicht aber Eins gegeben hätte, könnte man sich keinen Begriff von Null machen.

Die buddhistische Null ist weder Null noch Eins. Sie wird Nicht-Existenz genannt. Natürlich existiert sie nicht, aber wenn wir sehr genau über diese Nicht-Existenz nachdenken, stellen wir fest, daß sie wirklich existiert. Wenn wir uns die Nicht-Existenz als Raum vorstellen, denken wir sofort an das Universum. Doch es gibt viele unermeßliche Räume, die nie in den Bereich unseres Intellektes gekommen sind. Unermeßlicher Raum ist unfaßbar, daher existiert er nicht im Bereich des menschlichen Intellektes. Daran können wir nichts ändern.

Wenn wir uns die Leerheit als Zeit vorstellen, können wir wohl einige Millionen Jahre zurückverfolgen, doch wir können nicht vor die Schöpfung des Universums zurückgehen. Wir vermuten heute, daß die ganze Existenz des Universums aus einer schwarzen Nebula — einem zerstörten Stern — oder aus Protonen und Elektronen wirksam wird, aber vor den Elektronen und Protonen muß etwas existiert haben. Das nennen wir die Leerheit.

Doch wir brauchen nicht auf so abwegige Art und Weise zu argumentieren. Wir können unmittelbar beweisen, daß die Wirklichkeit mit diesen mentalen Vorstellungen von Leerheit nichts zu tun hat. Der chinesische Zen Meister Isan fragte einen Novizen folgendes: ,,Bevor deine Mutter dich geboren hatte, was warst du?" Der Novize überlegte: ,,Ich war natürlich im Leib meiner Mutter, aber damals wußte ich nicht, daß ich existierte. Ich wußte nicht, welche Seite Osten und welche Westen war." Mit diesen Überlegungen gelang es ihm allerdings nicht, die Frage seines Meisters zu beantworten. Der sechste Patriarch formulierte die Frage so: ,,Bevor dein Vater und deine Mutter in dieser Welt geboren waren, was warst du?" Hier umfaßt das ,,bevor" einen etwas größeren Zeitraum als bei Isans Fragestellung.

,,Das andere Ufer erreichen" heißt, Leerheit erreichen. Diese Leerheit ist keine tote Leerheit, keine Sackgasse. Es ist allmächtige Leerheit. Wenn ich sage, ich meditiere über die Leerheit, sagen meine amerikanischen Freunde: ,,Du vergeudest deine Zeit. Aus Leerheit kann kein Wissen kommen." Unsere Vorstellung von Leerheit ist nicht so materialistisch. Wir sprechen nicht von einer Art Leerheit, die der Leerheit einer leeren Schachtel gleicht. Unsere Leerheit ist eher zu vergleichen mit einem Glas voll reinem Wasser. Es ist Leerheit, aber *feste* Leerheit. Diese feste Leerheit wird im Buddhismus Nirvana genannt.

Wenn sich unsere intellektuelle Kraft verdichtet und zu einem einzigen scharfen Punkt wird, bleibt der Intellekt als solcher bestehen. In der westlichen Erkenntnistheorie befaßt man sich mit dieser innewohnenden Weisheit. Es ist wichtig für uns zu wissen, was dieser Intellekt, den wir natürlicherweise besitzen, ist. Im Buddhismus meditieren wir über diesen reinen Intellekt. Wenn ihr darüber meditiert, dürft ihr ihn allerdings nicht von eurem eigenen Intellekt abstrahieren. Meditiert einfach darüber, und Leerheit wird vom Zentrum aus aufbrechen. Das ist alles, was ich mit Worten erklären kann. Ihr müßt es selber erfahren. Dann werden zum ersten Mal euer Geist, Körper, eure Seele und die Welt alle gleichzeitig in diese Leerheit eintauchen. Ohne diese Welt, euren Körper, euren alltäglichen Geist oder das Universum zu verlieren, geht ihr in diese Leerheit hinein. Das ist der erste Schritt in der buddhistischen Meditation, und es ist auch das Zuhause des Buddhisten; unsere geistige und körperliche Heimat ist hier!

DER ACHTFÄLTIGE PFAD *Wenn ihr übt, eins zu werden mit dem Universum, werdet ihr in dieses eintreten und es in euch.*

Der Achtfältige Pfad ist die Beschreibung der Übungen zum Erreichen der Erleuchtung. Dazu gehört:
1. *Richtiges Sehen:* Technisch bedeutet dies, die Vier Edlen Wahrheiten bzw. Überzeugungen — Leiden, Ursache des Leidens, Aufhebung des Leidens, Weg zur Aufhebung des Leidens — zu akzeptieren. Der Buddha sagte, Leben ist Leiden. Schaue dieses Leiden richtig an, ohne ihm auszuweichen oder es abzulehnen. Schaue es richtig an! Akzeptiere es, gehe hindurch und vernichte es! Es gibt einen Koan, der lautet: „Wie befreist du dich im Moment des Todes?"

Wenn man einen Fluß oder einen Berg sieht, muß man ihn so betrachten, wie er ist. Doch betrachtet ihn nur ein Mal! Schaut ihn nicht zwei Mal an! Habt ihr ihn mit eurem reinen und klaren Geist angeschaut, sollt ihr ihn nicht noch einmal mit dem irregeführten, getäuschten Geist anschauen. Eure Empfindungen haben keine absolute Existenz. Vom richtigen Standpunkt aus ist New York durchsichtig.

2. *Richtiges Denken:* Die Aktivität des Denkens gehört zum Bereich der Willenskraft. Wenn man will, kann man aufhören zu denken. Man denkt z. B. an seine Mutter. Da kommt ein Freund, und man denkt nicht mehr an die Mutter, sondern wendet sich dem Freund zu. Richtiges Denken heißt, sich von Begehren, Ärger und Unwissenheit freizumachen. Leidenschaft kommt vom unwissenden Instinkt. Wenn ihr das Licht eures Geistes darauf richtet, könnt ihr diesen Instinkt zu Weisheit machen und sehen, daß es Liebe oder Mitleid ist.

3. *Richtiges Reden:* Seid aufrichtig! Wenn ihr unwissend seid, ist jedes Wort eine Lüge. Jemand sagt z. B. zu euch: ,,Glaubt an Gott'', doch er selber hat keinen Glauben.

4. *Richtiges Beobachten:* Mit dem Üben der richtigen Beobachtung muß man anfangen, sobald die Sonne am Morgen am Horizont aufgeht. Wenn man die Dinge richtig sieht, denkt man richtig. Wenn man ohne Sinne geboren wäre, könnte man nicht denken, man wäre sich der eigenen Existenz nicht gewahr. Wie würdet ihr dieses ursprüngliche Stadium nennen? Die Buddhisten nennen es *śūnyatā*. Es ist leer. Wenn man von diesem Standpunkt aus etwas denkt oder sagt, ist es richtiges Denken bzw. richtiges Reden.

5. *Richtiges Handeln:* Das Handeln wird durch die Gebote geregelt. Im Zen haben diese eine erweiterte Bedeutung. ,,Du sollst nicht töten'' bezieht sich auf sämtliche Lebewesen (s. S. 100). Ein junger Novize kam zum Bad, während sein Lehrer badete. Dieser befahl dem Novizen, kaltes Wasser zur Abkühlung zu bringen. Als der Lehrer genug hatte, goß der Novize das restliche Wasser auf den Boden. Der Lehrer schrie ihn an: ,,Du tötest das Wasser! Warum gibst du es nicht den Pflanzen?''

Zum richtigen Handeln gehört auch der richtige Lebensunter-

halt. Verdiene deinen Lebensunterhalt, ohne die Gesetze und
Gebote des Landes zu mißachten!

6. *Richtige Anstrengung zum Erreichen der Erleuchtung:*
Liegt ein schlechter Weg vor, vernichte ihn! Liegt ein guter Weg
vor, schütze ihn und mache ihn besser!

7. *Achtsamkeit:* Tut alles mit tiefer Achtsamkeit. Positiv beobachtet ist die ganze Welt rein, da alles aus den vier Elementen
besteht, von denen jedes rein ist.

8. *Samadhi:* Das ist die Meditation, in welcher man eins mit
dem Universum wird. Wenn ihr im Kino Greta Garbo seht, geht
ihr in sie hinein, ihr verliert euch selber und werdet eins mit ihr
— weint sie, seid ihr eins mit ihr, lacht sie, ist es dasselbe — Samadhi. Wenn ihr übt, eins zu werden mit dem Universum, werdet ihr in dieses eintreten und es in euch.

F RIEDEN *Ein Buddhist sucht Frieden und
nicht Glück. Glück ist eine Ursache des Leidens,
denn um Glück zu erlangen, muß man leiden. Es gibt
auch Leiden im Erlangen von Frieden, doch das ist
anders. Wir fürchten dieses Leiden nicht.*

Wenn ich einen Buddhisten treffe und in seinem Verhalten oder
in seinen Augen keinen Frieden und keine Ruhe sehe, dann weiß
ich, daß er kein wahrer Buddhist ist. Denn Nirvana, Friede, ist
das Resultat des Buddhismus.

Der Begriff „Nirvana" hat viele Bedeutungen: Erlöschen,
Vernichtung, manchmal Tod; aber Friede ist immer dabei. Es
gibt sechs Wege, um Nirvana zu erreichen, die sechs *pāramitās*,
die einen von diesem Ufer der Unruhe zum anderen Ufer des
Friedens führen (s. S. 211).

Geben, *dāna-pāramitā*, ist einer dieser Wege. Der Buddhist
gibt ohne Zweck und empfängt ebenso, ohne anderes Motiv,
ohne zu unterscheiden, ob er gibt oder bekommt, denn er erkennt, daß nichts ihm gehört. Die Mönche üben dies durch Betteln: „Ich, der ich um etwas bitte, bin nicht ich selber — ich bin

Buddha; du, von dem ich etwas empfange, bist nicht du selber — du bist Buddha." Deshalb gibt es keinen, der gibt und keinen, der empfängt. In Übereinstimmung mit diesem ersten Prinzip gibt der Bodhisattva ohne bei Form, Klang, Geschmack oder Gefühl zu verweilen. In der Bibel steht: „Wenn du mit der rechten Hand gibst, laß es die linke Hand nicht wissen!" Vielleicht ist das dieselbe Idee. „Es reut mich, dir dies zu geben", ist sicher nicht die richtige Art des Gebens. Wenn Hitze in die kühle Luft kommt und sie wärmt, sagt sie nicht: „Jetzt komme ich." Kalte Luft sagt nicht: „Jetzt werde ich warm." Hitze kommt und geht, ohne bei der Form zu verweilen. Könnt ihr etwas messen, wenn ihr in den leeren Himmel schaut? Der östliche Himmel ist unermeßlich, der westliche Himmel ist unermeßlich, der leere Himmel ist unermeßlich. Wenn der Bodhisattva gibt, ohne an der Form zu haften, ist das Verdienst ebenso — unermeßlich.

Das Beachten der Vorschriften, *śila*, wird gewöhnlich als das zweite *pāramitā* angeführt. Wenn wir in unserer Lebenshaltung einigermaßen natürlich sind, brauchen wir keine Gebote. (Jemand, der nicht trinkt und nicht raucht, braucht keine Gebote bezüglich des Trinkens und Rauchens.) Indem man die Gebote beachtet, wird man verstehen, daß es kein Selbst gibt. Man ist ein Teil der großen Natur. Die Gesetze von Himmel und Erde sind in euren Geist und Körper geschrieben. Wenn ihr dies erkennt, ist das Einhalten der Gebote eine leichte Aufgabe — sie zu verletzen ist dann viel schwieriger. Wenn ihr zum Schluß kommt, daß da keiner ist, der die Gebote beachtet, und daß es in der ganzen Welt keine Gebote gibt, dann seid ihr im Nirvana und habt es durch eure eigene Weisheit erreicht, durch *prajñā-pāramitā,* den sechsten Weg. Ein Buddhist sucht Frieden und nicht Glück. Glück ist eine Ursache des Leidens, um Glück zu erlangen, muß man leiden (s. S. 126). Es gibt auch Leiden im Erlangen von Frieden, doch das ist anders. Wir fürchten dieses Leiden nicht.

Es ist möglich, in Frieden zu sterben. Im alten Japan und China gab man einem Sterbenden Wasser, indem man es ihm mit einer Vogelfeder tropfenweise auf die Lippen legte, um seinen Frieden nicht zu stören. Der Sterbende kann nicht sehen und nicht hören, er erleidet den Moment der Todesqual, doch sein

Geist ist nicht tot — er enthält Frieden. Dieser Friede ist nicht leicht zu erlangen.

Ich war in einem Kloster, bevor ich in den russisch-japanischen Krieg eingezogen wurde und acht Monate auf dem Kampffeld zubrachte. Bis dahin hatte ich gedacht, ich sei ein guter Buddhist, doch auf dem Kampffeld realisierte ich, daß etwas nicht stimmte. Ich hatte keinen inneren Frieden. Mein Lehrer hatte oft gesagt: „Wenn du ein wahrer Buddhist bist, ist dein Geist immer friedvoll — sogar an der Schwelle von Leben und Tod."

Wenn man sich selber wahrhaftig versteht, stellt sich der Frieden des Geistes ein. Man kann diesen nicht kaufen — man kann ihn bei Armen und Reichen finden. Frieden ist sehr leicht zu erlangen, wenn man den Weg wirklich findet. Indem man deutlich versteht, wo man sich in diesem Universum befindet und was man als Person tut, kann man Geistesfrieden haben.

Natürlich ist die Freiheit von Störungen eine Voraussetzung dafür. Man muß seine eigenen Störquellen kennen. Man kann z. B. gestört werden durch falsche Anweisungen oder durch Interesse an einer seltsamen Religion, oder durch das Lesen über irgendeinen „ismus", an welchen man glaubt, so daß man dann sein ganzes Leben und Sein aus diesem Blickwinkel betrachtet. Ihr müßt sorgfältig beobachten, wie euer Leben durch solche Störungen verändert wird.

Um in Ordnung zu kommen, müßt ihr meditieren und tief in euer Herz und euren Geist eindringen. Das ist *dhyāna-pāramitā*. Wenn ihr eure Fehler korrigiert, werdet ihr das wahre Sein sehen, die wahren Gesetze des Menschen, des Himmels und der Erde. Diese drei machen Religion aus. Dann werdet ihr das Gesetz des Landes, der Leute, der Familie und des Individuums verstehen. Indem ihr dies versteht, stellt sich richtige Sicht ein.

Das Gesetz des Menschen wird Moral genannt. Das Gesetz des Himmels kennt keine Diskriminierung, keine Strafe oder Belohnung, keine Heiligen oder Kriminellen — alles kann in gleicher Weise empfangen werden von denen, die im reinen Licht zu leben verstehen, in dem alles gleich ist. Das Gesetz der Erde ist anders: da ist alles in dauernder Veränderung. Wasser wird zu

Dampf, den kein Feuer zerstören und kein Schwert durchschneiden kann. Doch wenn sich das Wasser in Eis verwandelt, kann es von einer Säge zerschnitten und vom Feuer geschmolzen werden. Jedes Individuum, jede Familie und jedes Land hat seine eigenen Gesetze. Es bestehen große Unterschiede zwischen den Gesetzen von Japan und denjenigen der Vereinigten Staaten. Eine andere Ursache für Störungen kommt aus der Vergangenheit. Das System der Reinkarnation ist schwierig zu erklären. Heutzutage spricht man über Atavismus und Vererbung. Die menschliche Familie ist in Wirklichkeit wie ein einziger Baum. Man hat in der Vergangenheit gelebt und wird in der Zukunft leben. Das menschliche Individuum ist ein Konglomerat, es besteht nicht nur aus einem einzelnen Element. Geist und Körper sind ein Organismus aus vielen Elementen. Manchmal hebt sich dieses Element hervor, manchmal jenes. Die Buddhisten zählen fünf oder sechs Elemente, welche die geistige Natur eines Einzelnen bilden. Wenn man mit jemandem spricht und alle Schlüsseltasten drückt, kann man das stärkste Element in seiner Natur finden. Neben den uns innewohnenden Elementen gibt es auch parasitische Elemente, die auf dem wahren Bodhibaum des Lebens schmarotzen. Diese sind es, die unseren Geist stören und unser Leben führen. Wir müssen deshalb die wahre Natur, in die wir gehören, finden, wir müssen unsere eigene Ebene finden.

Wenn ihr euer Leben sehr sorgfältig beobachtet, werdet ihr die Faktoren finden, die darauf hinweisen, was ihr tun sollt. Folgt nicht blindlings! Um euer Leben zu erweitern, müßt ihr das Muster, das in euch enthalten ist, erkennen. Dann werden euch unbewußte Faktoren nicht länger stören.

Erworbene und falsche Elemente können ziemlich leicht durch genaue Beobachtung eliminiert werden, angeborene dagegen sind schwierig in Ordnung zu bringen. Das ist eine lebenslange Schule für den Buddhisten.

Durch Meditation werden die unbewußten Zustände, Gedanken und Erfahrungen offenbar, und man kommt nach und nach zur Vollkommenheit. Diese Vollkommenheit im Bereich der Personalität führt zur Vollkommenheit des Seins. Das ist das buddhistische Ideal. Die vollkommene Personalität ist ein

Buddha. Das ist natürlich schwer zu erreichen, doch durch Weisheit, *prajñā-pāramitā*, können wir vollendete Wahrheit, vollendete Tugend, vollendete Schönheit erreichen. Das ist Befreiung durch Weisheit. Jemand, der diese Vollkommenheit erreicht und die Befreiung verwirklicht, erreicht wirkliches Nirvana — vollkommenen Frieden von Geist und Körper. Das unaufhörliche Streben nach absoluter Vollkommenheit ist die Hauptlehre des Buddhismus.

WIE ERREICHT MAN SATORI?
Wenn ihr sehr bescheiden werdet und alles bewundert, werdet ihr die weiche Geisteshaltung und damit den Grund der Natur erreichen.

Im Satori kommt man nicht zu einem Schluß. Es ist, wie wenn ein Kind zu seiner Mutter geht. Ich empfand dies zum ersten Mal, als ich zu meditieren begann, und später, wenn ich über einen Koan meditierte. Es war, als ginge ich zum Schoß meiner Mutter zurück.

Ihr habt euren Geist aufs äußerste benutzt, aber noch immer nicht Satori erreicht. Aber dann, wenn ihr alles aufgebt und zum Schoß der Mutter zurückkehrt, erlebt ihr das wirkliche religiöse Gefühl. Ihr verehrt das ganze Universum, die ganze Natur und bringt euch selber zum Schoß der Natur zurück, welche eure Mutter ist. Dann werdet ihr von der ganzen Kraft der Natur getragen. Dieses Zen ist anders als alles in der Philosophie. Zen ist wie Kunst. Die ganze Aufrichtigkeit und Verehrung geht zurück zum Schoß der Natur. Ich entdeckte diesen Kniff, zum Schoß der Natur zurückzukehren, weil ich ein Künstler war und die Natur verehrte. Von diesem Gefühl aus betrat ich Zen sehr schnell. Wenn ihr einen Koan habt und die Antwort auf philosophischem Weg erwartet, könnt ihr das Tor nicht finden, sondern steht vor einer kahlen Wand. Aber wenn ihr diesen Weg zurückgeht, erkennt ihr Bewußtsein. Behaltet das Gesicht zur phänomenalen Welt gerichtet und geht zurück, so daß das große Universum euch umfängt, während ihr zu seiner Bewegung zurückkehrt. Das ist die einzige Art der Meditation. Wie weit könnt ihr zurückgehen? Wie tief könnt ihr meditieren? Der Weg des Zen unterscheidet sich von allen anderen Wegen. Man kann es nicht aus Büchern lernen. Viele lesen Dr. Suzuki und denken: ,,Nun weiß ich es und kann über Zen lehren.'' Das ist töricht und kindisch. Ihr müßt zuerst mit Hilfe eures philosophischen Denkens danach streben, dann dieses Seil festhalten und zurückgehen. Wenn ihr in der Philosophie nicht zu einem Ende kommt, könnt ihr nichts erkennen. Wenn man schläft, geht man zum Schoß der Natur zurück, aber dabei hat man keine Weisheit. Doch was ist Natur? Nicht die Sonne, Berge, Sterne und der Mond. Natur ist in eurem Geist. Wenn ihr sehr bescheiden werdet und alles bewundert, werdet ihr die weiche Geisteshaltung und damit den Grund der Natur erreichen.

Ich habe oft über den philosophischen Teil des Zen gesprochen; manchmal ist es nötig, darüber zu reden, wie man es erreicht.

A M MITTAG *Nachdem ihr die Erfahrung von Zen hattet, dachtet ihr, ihr würdet nie mehr Zweifel haben. ,,Ich habe Nirvana erreicht'', sagt ihr, ,,meine innewohnende Weisheit, mein intuitives und empirisches Wissen wurden zu einem einheitlichen Zustand vereinigt.''*

Etwas Charakteristisches des Buddhismus ist die Pflege der Stille. Sie wurde seit Beginn dieser Religion betont. Bei unseren Zusammenkünften bitte ich euch, die Stille eures Geistes zu wahren.

Zur Zeit von Shakyamuni Buddha war das Land von Indien unter viele Könige, Rajas, aufgeteilt. Jeder Raja war in Kriege mit anderen Rajas verwickelt. Die damalige Situation war ähnlich wie die der heutigen Welt.

Der Buddha war der Kronprinz von Kapilavastu. Er akzeptierte diese Lebensweise nicht und verließ seine Heimat, um die Stille seines Geistes zu erhalten. Seine Nachfolger haben diese Stille des Geistes während 2500 Jahren bewahrt. Stille zu wahren ist immer noch das prinzipielle Anliegen im Buddhismus. Die Stille des physischen Körpers bezwingt die Störungen des Geistes. Den Geist zu kontrollieren ist wichtig, um Frieden im eigenen Land zu wahren, aber das Predigen von Frieden ist töricht. Das ist so nutzlos, wie wenn man versucht, Wasser zusammenzudrücken. Friede muß vom Individuum gehalten werden, nicht von den Herrschern. Wenn wir die moderne Zivilisation mit der Zivilisation der alten Zeiten vergleichen, müssen wir erkennen, daß die modernen Menschen letztlich keinen Frieden wollen. Sie jagen der Unruhe und dem Leiden nach. So müssen sie, z. B. um im Leben glücklich zu werden, etwas erfinden, wodurch sie mehr und mehr Güter produzieren können. Jeder Mensch muß arbeiten und produzieren. Ich wundere mich, ob sie auf diese Weise wahren Frieden finden können. Natürlich ist es für die modernen Menschen fast unmöglich, diese Stille, diese Haltung der Ruhe zu bewahren, weil alle rennen. Einer rennt ohne Grund, ein anderer macht es ihm nach, ein weiterer folgt, dann folgt noch einer, dann Hunderte und Tausende und Millionen — schließlich rennen alle. Es ist unmöglich, zurückzubleiben. Man kann nicht anders, als mit den anderen zu rennen — wozu? Swami Bodhananda sagte einmal: ,,Diese materialistische Zivilisation muß zerstört werden.'' Manchmal bin ich mit ihm einverstanden, doch eigentlich brauchen wir nicht die Zivilisation zu zerstören, sondern bloß das geistige Leiden.

Ich werde eine Beschreibung aus dem Leben der Mönche zur Zeit des Buddha wiedergeben, die von ihrem stillen Leben zeugt. Ihr werdet fühlen, wie weit wir von dieser Zeit entfernt sind und wie verschieden unsere Haltung von der der Mönche ist. Der Titel des betreffenden Sutras lautet ,,Zur Mittagszeit''. Es beginnt folgendermaßen: ,,*So habe ich gehört: Als der Buddha im Jetavana weilte, war dort ein Bhikshu. Dieser meditierte im Wald um die Mittagszeit...*''

Jetavana ist der Name eines von Buddha bevorzugten Tempelgartens nicht weit von Shravasti entfernt.

Europäische Gelehrte haben das Wort „*bhikṣu*" als „Bettelmönch" übersetzt, weil ein Bhikshu von Tür zu Tür geht und um Nahrung bettelt. Als ich zum ersten Mal in die USA kam, und zwar nach Seattle im Staate Washington, fragte mich ein Beamter, wer ich sei. Ich sagte: „Ein Bettelmönch", worauf ich beinahe verhaftet wurde. „Sie sind ein Berufsbettler?" „Ja, das bin ich." Mein Freund erklärte dem Beamten, daß ich ein Mönch sei, was in meinem Land „Bettler" bedeute.

Im Fernen Osten ist es für Mönche üblich, von Tür zu Tür zu gehen und zu betteln. Ihr zahlt euren Professoren Löhne und baut teure Schulen aus Steuergeldern. Im Ostasien der alten Zeit waren die Tempel die Universitäten und die Mönche die Lehrer. Heute haben die Mönche nichts dergleichen zu tun, sie haben sich ihrer öffentlichen Aufgaben völlig entledigt; dadurch haben sie Zeit, nur zu meditieren. Sie sind wirklich zu Berufsbettlern geworden. „*Dieser Bhikshu meditierte im Wald um die Mittagszeit.*" Mönche bettelten gewöhnlich in den Dörfern zwischen 10 und 12 Uhr und aßen die erhaltene Nahrung irgendwo unter den Bäumen oder auf den Treppen eines Hauses. Wenn sie von einem Laien zum Essen eingeladen wurden, betraten sie das Haus nicht, sondern setzten sich beim Eingang nieder. Danach kehrten sie zu ihrem Lager zurück. Viele wohnten im Freien, da Indien ein sehr heißes Land ist. Manche Mönche hatten nie ein Dach über dem Kopf. Aber es gab das Gebot, nie zweimal unter demselben Baum zu schlafen, weil alle Bindungen aufgegeben werden mußten. Heutzutage erklären wir natürlich alles mit ökonomischer Vernunft und denken deshalb, daß die Dorfbewohner die Mönche nicht unter denselben Bäumen haben wollten, damit sie nicht von ihnen gestört wurden.

Dieses Sutra berichtet, daß der Geist des Mönches, der nach dem Essen unter einem Baum im Wald meditierte, unbewußt gestört war. Es gelang dem Mönch nicht, seinen Geist im Gleichgewicht zu halten. Er fürchtete sich vor irgendetwas, und diese Furcht beunruhigte und bedrückte ihn.

Ich glaube, es geht allen manchmal so. Dann denkt man: „Ich habe Geld auf der Bank, Nahrung, eine Wohnung, Familie und eine feste Stelle, warum sollte ich beunruhigt sein? Es ist dumm von mir, so bedrückt zu sein." Man versucht vergeblich, sich zu kontrollieren. Schließlich packt man den Hut, stürzt auf die Straße, läuft dreimal um den Park herum, geht ins Kino, dann in einen Nachtklub und glaubt schließlich, der Geist sei beruhigt. Diese Herren im Nachtklub, die ihren Geist still zu halten versuchen, sind von dieser unbewußten Furcht ergriffen. Der Geist soll immer im Gleichgewicht gehalten werden, aber das kann man nicht von einem Tag auf den anderen bewerkstelligen, ihr sollt jeden Tag zehn oder fünfzehn Minuten lang üben. Ein Japaner sagte einmal: ,,Wie viel Benzin würde gespart, wenn alle Amerikaner zehn Minuten pro Tag meditierten."

Der Bhikshu drückte seine Gedanken in einem Gatha aus: ,,*Zu dieser klaren Mittagszeit waren alle Vögel in den Wäldern still. Plötzlich hörte ich eine Stimme im leeren Feld. Furcht befiel mich*..."

Westliche Menschen mögen dies für ein dummes Gedicht halten, welches jedes Kindergartenkind machen könnte. Aber vom Standpunkt der Buddhisten aus ist es sehr deutlich.

,,*Zu dieser klaren Mittagszeit*..." Wenn der Himmel klar ist, vergißt man alles, das Denken verschwindet. Himmel bedeutet Geist. Östliche Dichter geben Schlangen keine Beine, sie sagen einfach: ,,Zu dieser klaren Mittagszeit..." — das ist genug.

,,*... waren alle Vögel in den Wäldern still.*" Es gibt nicht nur physische Wälder, sondern auch geistige Wälder. In der Meditation ist die ganze Umgebung ,,Wälder" — nicht nur Bäume, sondern Himmel, Berge, Rot, Grün, Gelb und Regen. In der Meditation schwankt der Körper nicht, aber der Geist schwankt. Man empfindet, wie der Druck steigt, und der Geist schwankt mit. Plötzlich schießt es einem durch den Kopf! ,,Herr Soundso hat fünf Dollar von mir geborgt", und man verschwendet eine oder zwei Minuten an diese Art von Vogelgesang. Oder vielleicht näht man ein Kleid und denkt plötzlich: ,,Wo ist mein Ehemann nun?" Manchmal ist es kein Vogelgesang, sondern Tigergebrüll.

,,*Plötzlich hörte ich eine Stimme im leeren Feld.*" Fast unhörbar, so schwach. Sie flüstert aus seinem Gewissen. Sie kommt von irgendwoher, wie die Stimme des Dämons des Sokrates — es ist mysteriös. Es beunruhigt diesen Mann.

Nachdem ihr die Erfahrung von Zen hattet, dachtet ihr, ihr würdet nie mehr Zweifel haben. „Ich habe Nirvana erreicht", sagt ihr, „meine innewohnende Weisheit, mein intuitives und empirisches Wissen wurden zu einem einheitlichen Zustand vereinigt. Warum habe ich nun diesen Zweifel? Da ist etwas in meinem Geist noch nicht ganz fest, etwas ist falsch." Und das Fundament des Universums schwankt. „Aber das könnte jedem geschehen", sagt ihr zu euch selber. Euer Geist ist der Richter, und ihr seid der Verbrecher. Ihr klagt euch selber an.

Wenn ein Bodhisattva zweifelt, verwelken die Blumen, die seine Krone schmücken, seine Juwelen verlieren ihren Glanz und seine Kutte sieht schmutzig aus. Seine Haltung wird unsicher, und er hat keine Freude am Leben. Ich denke, eine schöne Frau erfährt etwas Ähnliches, wenn sie älter wird. Sie kann keinen annehmbaren Grund für ihre Verstimmung finden.

Das leere Feld beschreibt den Zustand der Meditation. „*Furcht befiel mich.*" Für den Buddhisten ist der eigene Geist ein halbempfindendes Wesen, das im großen GEIST lebt, ein Bewohner der Stadt der empfindenden Wesen. In der Meditation steht euer Geist, welcher in diesem Zustand erweitert ist, direkt vor euch wie ein Gott oder ein böses Wesen mit Macht. Er sagt zu euch: „Zur klaren Mittagszeit waren alle Vögel in den Wäldern still. Plötzlich hörtest du eine Stimme im leeren Feld. Angst befiel dich. Warum gibst du die Furcht nicht auf und bewahrst deinen Geistesfrieden?"

Das ist der Schluß des Buddhismus. Furcht kommt nicht von außen, sondern von innen. Wenn ihr Furcht empfindet, ist eure Meditation nicht rein. Furcht wovor? Vor der Unkenntnis eurer eigenen Weisheit? Wir haben unsere eigene Weisheit. Was ist sie? Ihr meditiert darüber, aber *wer* meditiert? Bewußtsein meditiert. Was ist Bewußtsein? Wer ist Bewußtsein? Wenn man es universales Bewußtsein oder *ālaya*-Bewußtsein nennt, hat man noch nicht das Ende erreicht. Wenn man denkt, Bewußtsein sei Gott, schafft man sich einen Gott — aber er ist nicht *der* Gott.

Das ist die Basis eurer Furcht. Ihr sollt den wahren Zustand mit eurem Bewußtsein als Basis finden.

Deshalb glaubte der Buddha nicht, daß sein Bewußtsein mit dem Bewußtsein des Erreichten identisch sei. Bewußtsein ist nicht das totale Ende. Bewußtsein ist ein Tor, und durch dieses Tor werdet ihr ankommen. Es gibt kein Wort für das Ende. Nach der Zeit Buddhas fanden sie einen Namen dafür: „*Tathā*", „*Das*". Wenn ich dieses schreibe, tue ich es mit Anführungszeichen und Großbuchstaben: „*Das*". Durch dieses Tor werdet ihr „Das" erreichen. Dieser Gott, der vor dem Mönch erschien, war sein Gewissen. Es sagte ihm, daß das, was er erreicht hatte, noch nicht vollkommen war.

D IE FÜNF AUGEN *Das Buddha Auge dringt durch alle Einzelheiten des menschlichen Geistes und seiner Gefühle. Indem Buddha einen Menschen mit diesem Auge sieht, kann er deutlich verstehen, was in seinem Leben und seinem Charakter falsch ist.*

Der buddhistische Begriff „die Fünf Augen" ist unter den Laienanhängern des Buddhismus ziemlich populär, doch die Bedeutung davon wird meistens mißverstanden. Die Leute glauben, die fünf Augen stünden in Beziehung zu irgendeiner mysteriösen Kraft, durch welche man z. B. durch Wände sehen oder Dinge aus großer Entfernung hören könne. Solch weltliche Mißverständnisse werden von authentischen Lehrern nicht geteilt.

Das erste der fünf Augen ist das physische Auge, das zweite das Deva-Auge, das dritte das Auge der Weisheit, das vierte das Dharma-Auge und das fünfte das Buddha-Auge. Der Buddha selber sprach oft über das Deva-Auge, und es gibt einige Beschreibungen des Dharma-Auges in den Sutras des Urbuddhismus, aber der Ausdruck „die Fünf Augen" findet man erst in den späteren Mahayanaschriften. Im *Mahāprajñāpāramitā Sūtra* (nicht in der kurzen Ausgabe, sondern in dem 600 Bände umfassenden Werk) fand ich folgende Zeile: „Wenn der Bodhisattva

Mahasattva die fünf Augen zu erhalten wünscht, muß er *prajñā-pāramitā* durch Üben lernen." ich glaube, dies ist das älteste Zitat bezüglich der fünf Augen, das in einer buddhistischen Schrift auftritt. Nāgārjuna sagt in seinem berühmten *Mahāprajñāpāramitā Śāstra:* „Mit dem fleischlichen Auge sehen wir das, was nahe ist, aber das, was weit weg ist, können wir nicht sehen. Wir sehen die Vorderseite, nicht aber die Rückseite. Wir können mit diesem Auge die Außenwelt sehen, aber nicht das Innere unseres Geistes. Bei Tag können wir alles sehen, aber nachts sehen wir nichts. Wenn wir nach oben schauen, können wir nicht gleichzeitig nach unten schauen."

Dieses nackte Auge ist ein sehr unbequemes und unvollkommenes Auge. Aus diesem Grund sind wir uns einig, daß wir nichts im Verborgenen tun sollen.

„Wegen der Beschränktheit des physischen Auges versuchen wir, das Deva-Auge zu erlangen. Wenn man das Deva-Auge hat, kann man Nah und Fern, Vorderseite und Rückseite, Innen und Außen zur gleichen Zeit sehen. Bei Tag oder Nacht kann man alles sehen. Man ist frei, das Oben und das Unten zu sehen." Das Deva-Auge ist das Eigentum der menschlichen Wesen, Tiere haben es nicht.

Vom westlichen New York aus gesehen scheint es, als ob die Sonne beim Untergang in New Jersey hineinfalle. Die Indiander pflegten über den Hudsonfluß zu rudern, um schnell dorthin zu gelangen, wo die Sonne verschwand. Meine Vorfahren glaubten, die Sonne habe die Größe eines Servierbrettes. Doch die Zivilisation hat den Menschen das Deva-Auge gegeben. Nun wissen wir, wie weit weg die Sonne ist. Wir wissen, daß sie sich am Abend weder in den Sümpfen von New Jersey versteckt, noch am Morgen aus Long Island aufsteigt. In der Welt von heute entspricht das wissenschaftliche Auge dem Deva-Auge. Damit können wir das Ausmaß der Sonne und die wirkliche Distanz zum Mond sehen.

Das ist eine ziemlich gute Erklärung des Deva-Auges. Aber die Buddhisten verstehen den wahren Sinn noch anders: Das Deva-Auge sieht Dinge, die relativ sind. Es sieht in Form und Farbe, Zeit und Raum, aber die Wirklichkeit der Dinge kann es nicht sehen. Also müssen wir dasjenige Auge erlangen, welches den Zustand der Wirklichkeit aller Dinge sehen kann, d. h. nicht nur die Wirklichkeit der objektiven Existenz, sondern auch die Wirklichkeit der subjektiven Existenz.

Wenn ihr das Auge der Weisheit erlangt, verschwinden alle unterschiedlichen Formen der Menschen und der Natur vor eurem Auge, und ihr seht nur eine Form und nur eine Natur der Existenz: die der Leerheit. Manchmal wird dies ,,Wirklichkeit", ,,Nicht-Form", ,,Nicht-Zweck", ,,Nicht-Schöpfung", ,,Nicht-Zerstörung" genannt. *ES* existiert vom anfangslosen Anfang an bis zum endlosen Ende. Niemand hat *ES* geschaffen, und *ES* wird nie zerstört werden. *ES* hat keinen Namen, keine Form, keine Farbe. *ES* ist der Urzustand des Seins. Mit unserem physischen Auge und unserem Deva-Auge sehen wir den Zustand der Wirklichkeit nicht. Aber mit dem Auge der Weisheit können wir *ES* sehen. Derjenige, der dieses Auge hat, ist erleuchtet. Alle Jünger des Buddha müssen dies schließlich erreichen.

In der Terminologie von Immanuel Kant würde dieses Auge ev. ,,intellektuelle Intuition" genannt werden, denn nach Kant gibt es zwei Arten von Intuition, intellektuelle und empirische Intuition. Der Geisteszustand, der die Wirklichkeit erkennt, entspricht der intellektuellen Intuition nach Kant.

Laien mißverstehen dies manchmal. Indem sie meinen, die Wirklichkeit sei irgendein mysteriöser Ort, machen sie sich falsche Vorstellungen davon und täuschen sich selber.

Mit dem Auge, welches das Auge der Weisheit genannt wird, könnt ihr die Leerheit sehen, aber nur für euch selber. Es ist nicht genug, um andere zu unterweisen. Obwohl man damit zur Erleuchtung für sich selber gelangt, kann man andere mit diesem Auge nicht zum Buddhismus führen. Um andere zu lehren, muß man ein noch höheres Auge erlangen, das Dharma-Auge.

Wenn ihr das Dharma-Auge habt, könnt ihr alle verschiedenen Schichten der Existenz sehen. Bevor man dieses Auge hat, kann man — obwohl man im Zustand der Wirklichkeit ist — die vielen verschiedenen Stadien oder Phasen noch nicht sehen. Es gibt Leute, die die große kosmische Schwingung gespürt haben, aber sie können es anderen nicht übermitteln. Viele kommen zu großen religiösen Erfahrungen, aber wenige können zeigen, wie man diese erreicht. Also braucht man das höhere Auge, welches das Gesetz der Natur beobachtet. In der Meditation analysieren wir den Geist und beobachten sein Gesetz, um dadurch das Dharma-Auge zu erlangen. Dann können wir den Geisteszustand von anderen sehen und erkennen.

Wir nennen das Auge der Weisheit den Stern der endlosen Welt des Nordens, und wenn jemand es erlangt, sagen wir, er sei in den Nordstern eingetreten. Aber nun muß er sich vom Nordstern aus umdrehen und auf den ganzen Tierkreis schauen, der sich südwärts ausbreitet. Der Wendepunkt der Erleuchtung befindet sich zwischen diesem Auge der Weisheit und dem Dharma-Auge. Man tritt in *ES* ein, und dann muß man sich umdrehen und sehen, von wo man gekommen ist. Dann kann man mit dem erleuchteten Auge alle menschlichen Gegebenheiten sehen. Man wird z. B. einem Menschen ansehen, daß er einen bestimmten buddhistischen Weg üben kann, aber keinen anderen. Er kann durch diese Straße gehen, aber nicht durch jene. Und so wählt der Bodhisattva für jeden Menschen das seiner Natur entsprechende Mittel, durch dessen Anwendung er zur Erleuchtung gelangen kann. Derjenige, der diese Sicht hat, kann das ganze Gesetz verstehen, und so kann er seine eigene Kraft auf einen anderen Menschen einstellen, so daß dieser sie spüren kann.

Aber obwohl der Bodhisattva, der das Dharma-Auge erlangt hat, das Dharma dem Buddhismus entsprechend versteht, durchdringt sein Auge nicht den Geist von Kriminellen, von verdorbenen oder verdrehten Seelen der niedrigeren empfindenden Wesen oder von jenen verloren Herumirrenden in der Hölle. Er kann seine Kraft nur guten, natürlichen Nachfolgern übermitteln. Um sämtliche Wesen zu erreichen, muß man das höchste Auge, das Buddha-Auge erlangen. Dieses Auge durchdringt alles, sogar den Geist derjenigen Menschen, die von der anfangslosen Dunkelheit der Unwissenheit und vom schlechten Karma, welches während vielen Kalpas erzeugt wurde, bedeckt sind.

Das Buddha-Auge kann das wahre Herz des wahren Geistes aller Menschen erreichen und sie von ihrem Leiden erlösen und ihnen Befreiung geben. Es sieht von allen Seiten, sieht alle Einzelheiten des menschlichen Geistes. Mit Mitleid und Mitgefühl beobachtet Buddha das Leiden der Verstrickung, der Unreinheit. Nichts kann vor ihm versteckt werden. Wenn er die Wäscherin sieht, von morgens bis abends fluchend und klatschend und schreiend zwischen Seifenblasen und Dampf, erreicht er die in ihrem Geist verborgene Wahrheit und kann ihr Befreiung geben. Das Buddha-Auge dringt durch alle Einzelheiten des menschlichen Geistes und seiner Gefühle. Indem Buddha einen Menschen mit diesem Auge sieht, kann er deutlich verstehen, was in seinem Leben und seinem Charakter falsch ist. Einer, der diesen Blick hat, wirkt wirklich für die Erlösung unter allen Arten von Menschen. Er sieht alles, was zu sehen ist. Er sieht die verborgene Psyche des Menschen und erlöst ihn.

Ein Zen Schüler fragte seinen Lehrer: ,,Ich habe gehört, daß alle erleuchteten Lehrer in die Hölle gehen. Warum ist das so?" Der Lehrer sagte: ,,Wie könnte ich dich retten, wenn ich nicht in die Hölle ginge?"

Gewöhnliche Menschen können zwei Arten von Augen erlangen, das physische Auge und das Deva-Auge. Buddhisten, die Erleuchtung erlangten, wie Shravakas und Pratyeka Buddhas, haben vielleicht drei Augen: das physische Auge, das Deva-Auge und das Auge der Weisheit. Ein Bodhisattva hat vier Augen. Nur ein Buddha hat alle fünf Augen. Um ein Buddha zu werden, müssen empfindende Wesen fünf Augen haben. Ich wünsche, daß ihr alle wenigstens das dritte Auge erlangt.

BLEICHER LOTOS *Diejenigen, die Zeuge waren von der Machtlosigkeit von Bleicher Lotos und sahen, wie sie die Form wechselte, gewannen tiefe Einsicht in das Dharma und erreichten dabei verschiedene Stadien der Erleuchtung.*

Als der Buddha im Bambusgarten weilte, kamen eines Tages die Löwentänzer, um in der nahegelegenen Stadt Rajagriha aufzutreten. Der Löwentanz ist eine Zeremonie, die in Verbindung mit gewissen buddhistischen Feierlichkeiten durchgeführt wird. An Straßenecken zu Musik getanzt, dient er der Anrufung der Löwenkraft zur Vertreibung böser Geister aus der entsprechenden Gegend. Der Hauptlöwentänzer trägt eine hölzerne Maske mit goldenen Augen und vergoldeten Lederstreifen als Haar. Manchmal bestehen Haar und Bart aus bunten Vogelfedern. An der Maske ist ein Tuch befestigt, unter welchem außer dem Haupttänzer noch zwei oder drei andere Tänzer stecken. Gelegentlich öffnet der Löwe sein Maul und zeigt die goldenen Zähne. Oft werden die Kinder dadurch erschreckt und rennen schreiend weg. Nachdem der Löwe getanzt hat, erscheinen viele kleine Löwen ohne Maske, doch mit federgeschmücktem Kopf und Schultern und zeigen akrobatische Kunststücke. Wir können diesen Tanz in Japan nicht mehr oft sehen, doch in Tibet ist er immer noch gebräuchlich wie zur Zeit des Buddha in Indien. Die Tanztruppe, die in Rajagriha erschien, wurde angeführt von einer jungen Frau namens ,,Bleicher Lotos". Sie war eine sehr bemerkenswerte Frau. Sie hatte sich nicht nur die 64 Künste des Tanzens, Singens und Musizierens angeeignet, sondern war auch bewandert in den verschiedenen Richtungen der philosophischen Schulen, die im Indien jener Zeit bekannt waren. Sie liebte philosophische Debatten, und niemand konnte sie in einem Streit dieser Art besiegen.

Bleicher Lotos zog mit ihren Tänzerinnen von einer Stadt zur anderen, und als sie nach Rajagriha kam, gaben die reichen Männer der Stadt ein Fest und stellten sie als Unterhaltungskünstlerin an. An diesem Fest tanzte sie wie eine Schlange, und sie war so schön, daß jedermann bezaubert war. Nach der Aufführung diskutierte sie über Philosophie, sie charakterisierte die Gesichtspunkte der Heiligen jener Tage mit wahrer Einsicht. Sie sagte: ,,Wenn mich irgendeiner in einem Streitgespräch besiegen kann, will ich mich diesem geben." Und sie fügte hinzu (denn sie war sehr eingebildet): ,,Es gibt nicht einen Menschen, der mich mit der Kraft seines Intellektes überwältigen könnte."

Darauf erwiderte einer der reichen Männer: ,,Ich weiß einen, der dich nehmen wird."

„Und wer ist dieser Mann?" fragte Bleicher Lotos.

„Es ist Gotama Buddha, er ist zur Zeit mit seinen Jüngern im Bambus-Garten. Geh und besuche ihn!"

Bleicher Lotos machte sich sofort auf und ging mit ihren Mädchen zum Bambus-Garten. Sie war neugierig zu erfahren, wer das war, der sich Buddha, Erleuchteter, nannte. Sie erreichte den Park und betrat den heiligen Garten laut singend und zwischen den Bäumen hin und her hüpfend und tanzend. Auf diese Weise kam sie in Sichtweite des Buddha. Als sie ihn entdeckte, lachte sie laut, wand ihren Körper wie eine Schlange und rief: „Sag mir, Gotama Buddha, was ist deine Religion?"

Die Jünger waren darüber sehr erstaunt und flüsterten: „Sie ist gewiß sehr stolz, daß sie sich nicht vor unserem Tathāgata verbeugt."

Der Buddha beobachtete sie für eine Weile, dann verwandelte er sie mittels seiner übernatürlichen Kräfte in eine 100-jährige Frau. Ihr Haar wurde weiß, ihr Körper krümmte sich, die Zähne lockerten sich, und ihre schöne Stimme wurde heiser. Als sie auf ihren Körper schaute und ihr faltiges Gesicht berührte, erkannte sie ihre plötzliche Verwandlung. Als sie in sich hineinschaute — auf den Zustand ihres Geistes — stellte sie fest, daß es dort auch keine Schönheit gab. Mit Entsetzen in ihrem Herzen rief sie aus: „Was ist mir geschehen?"

Diese Geschichte der Demütigung von Bleicher Lotos ist ziemlich berühmt, sie gleicht der Erzählung von Salome, welche Johannes dem Täufer begegnete und erkannte, daß sie für diesen wie ein Monster oder ein Teufel aussah. Bleicher Lotos war genau so gedemütigt, und sie sah ein, daß ihr Versuch, den Buddha zu einem philosophischen Gefecht herauszufordern, wirklich überheblich war, wenn sie auch eine schöne Tänzerin sein mochte. Als sie den Buddha anschaute, sah sie, daß er wie der von Sternen umgebene Mond war, und sie beschloß zu schweigen.

Der Buddha erbarmte sich ihrer und verwandelte sie durch den erneuten Gebrauch seiner übernatürlichen Kräfte in ihre ursprüngliche schöne Gestalt zurück. Ihre Lippen wurden voll, das Haar dunkel und duftend, ihr Herz sang in jugendlicher Lebensfreude. Der Buddha sagte zu ihr: „Du wurdest vor langer

Zeit zu meinem Dharma bekehrt. Könntest du nicht wieder eine Nonne werden?", und während sie auf diese Worte horchte, fiel ihr Haar ab und sie fand sich selber in einem buddhistischen Gewand.

Diese Geschichte von der Umwandlung von Bleicher Lotos ist auch berühmt, sie wird meistens im Zusammenhang mit der Bekehrung einer Person zum Buddhismus erwähnt. In diesem Fall bedeutet es nicht, daß das Haar der Person im wörtlichen Sinne abfällt, sondern, daß man in Gegenwart des Dharma endlich erkennt, daß man im Herzen schon immer eine Nonne oder ein Mönch war. Diejenigen, die Zeuge waren von der Machtlosigkeit von Bleicher Lotos und sahen, wie sie die Form wechselte, gewannen tiefe Einsicht in das Dharma und erreichten dabei verschiedene Stadien der Erleuchtung.

Die Jünger fragten den Buddha, warum dieses Wunder vollzogen worden sei, und dieser erzählte folgende Geschichte, so als ob es sich um eine Erinnerung aus einem lang vergangenen Zeitalter handelte. Doch es ist auch möglich, daß die Begebenheit in der Zeit seiner Wanderjahre vor der Erleuchtung stattgefunden hatte. „Vor langer Zeit", sagte der Buddha, „gab es einen Mann namens Koshi. Dieser lebte im Wald, wo er sich in *dhyāna* übte. Eines Tages kam eine Tochter der Kimnara in den Wald und sang wunderschön. Die Kimnara sind eine spezielle Rasse — mehr göttlich als menschlich, obwohl sie sich mit Menschen verbinden. Sie sind Musiker und Sänger und sehen immer sehr schön aus. Ihre Töchter haben langes, liebreizendes Haar. So auch diese Maid, die in den Wald kam, um Koshi zu bezaubern, indem sie wie ein schöner Vogel sang und tanzte. Doch der Name „Koshi" bedeutet „Eiche", und dieser widerstand den Verlockungen der Maid. Er sagte ihr, daß Schönheit nur so tief wie die Haut geht und daß alle Erscheinungen veränderlich sind. Als sie darauf die Häßlichkeit ihres Geistes erkannte, sagte sie zu ihm: „Wenn du deine höchste Erleuchtung erreicht hast, nimm mich bitte in deine Sangha auf. Ich will deine Schülerin sein."

„Nun", sagte der Buddha, „dieser Koshi war ich selber, und jene Tochter der Kimnara war Bleicher Lotos. Also warst du, Bleicher Lotos, schon vor langer Zeit meine Jüngerin". Als er diese Geschichte erzählt hatte, erreichten viele, die zuhörten, die Einsicht eines Arhat, denn sie sahen, daß Bleicher Lotos bekehrt war, und sie erkannten, daß sogar eine lebenslustige und schöne Tänzerin eine Nonne werden und den Pfad der Erleuchtung betreten kann.

NIRVANA

NIRVANA *Wie man den Zustand von Nirvana erlangen kann, ist natürlich ein großes Problem. Manche sagen, er wird nach dem Tod erreicht. Doch ohne die lebendige Weisheit, unsere Kraft des intuitiven Intellekts, können wir Nirvana nicht erlangen.*

Eines Tages ging Ananda im Wald spazieren und hörte einen Novizen mit lauter Stimme ein Sutra rezitieren. Er entdeckte, daß die Rezitation des jungen Mönches gänzlich verschieden von seiner eigenen war. Ananda seufzte: ,,Wie schade! Die Lehren meines Herrn werden noch zu meiner Lebzeit verfälscht. Das wahre Dharma wurde nicht aufrechterhalten. Ich werde diesen Mönch korrigieren.''

Er rief den Novizen herbei und sagte ihm, seine Rezitation sei falsch. Der Novize beharrte darauf, daß seine Rezitation, die ihm sein Lehrer, ein junger und weiser Mann, beigebracht habe, richtig sei, und fügte hinzu: ,,Du, Ananda, bist senil geworden. Halt dein Maul!'' Darauf gab Ananda den Versuch auf, die Rezitation des Sutra zu korrigieren.

Diese Geschichte von Ananda und dem Novizen hat die Veränderung der buddhistischen Theorie zum Thema. Wenn man diese von heute bis zu ihrem Beginn zurückverfolgt, kann man sehen, wie oft sie sich während 2500 Jahren verändert hat. Aber eines muß immer wieder betont werden: Das Erlangen des Zustandes von Nirvana, welches die wahre Basis des Buddhismus darstellt, hat sich seit Buddhas Zeit bis heute keineswegs verändert. Und, wenn man dieses Nirvana durch seine eigene Erfahrung erreicht, ist jede Frage des Buddhismus gelöst.

Als der Buddha starb, verlor die Sangha ihre Hauptzuflucht. Es hatte drei Orte der Zuflucht gegeben: Buddha, Dharma und Sangha, aber jetzt gab es nur noch die letzten zwei. Wir sagen heute immer noch: „Wir nehmen Zuflucht zu Buddha", aber dieser Buddha ist Buddha im Zustand des Nirvana. Genau gesagt ist das, was wir heute Buddha nennen, der Zustand des Nirvana. So muß man heute, um Buddha zu sehen, Nirvana realisieren. Wie man den Zustand des Nirvana erlangen kann, ist natürlich ein großes Problem. Manche sagen, er wird nach dem Tod erreicht. Doch ohne die lebendige Weisheit, unsere Kraft des intuitiven Intellekts, können wir Nirvana nicht erlangen, denn das Bewußtsein bleibt nach dem Tod nicht im empirischen Zustand. Es tritt nach dem Tod ins Nirvana ein, aber es kann dies nicht erkennen, weil dann die menschliche Erkenntniskraft nicht mehr vorhanden ist. Der Zustand des Nirvana nützt uns Menschen aber nichts, wenn wir ihn nicht erfassen können. Der Intellekt ist der einzige Schlüssel zum Zustand des Nirvana. Natürlich werden im Feuer der Meditation sowohl der Schlüssel als auch die Türe vernichtet, und in aller Wirklichkeit brauchen wir keine Türe zu öffnen, weil es keinen Raum gibt, um einzutreten. Aber wenn wir Nirvana zu erfahren wünschen, müssen wir es tun, solange wir diesen Intellekt, dieses Bewußtsein haben.

Es gibt viele Sutras, die von den Ereignissen an Buddhas Todestag und von der Feuerbestattung seines Körpers erzählen. Das älteste ist sehr kurz und besteht aus etwa zwanzig Zeilen. Es enthält ein Gedicht von Ananda, in dem er seine Verständnis von Buddha und von Nirvana ausdrückt. Es lautet:

„Der Körper des Tathāgata war in ein tausendfältiges Leichentuch gewickelt,
Alles verbrannte zu nichts, nur zwei Schichten blieben,
die oberste und die dem Körper des Tathāgata am nächsten liegende."

Ohne die Erfahrung der Meditation kann man die Bedeutung dieses Gedichtes nicht verstehen. Deshalb werde ich einen kurzen Kommentar dazu geben.

„Der Körper des Tathāgata bedeutet hier nicht den physischen Körper des Buddha, sondern den Zustand des Nirvana,

die Leerheit, den ursprünglichen Aspekt. Die tausend Falten des Leichentuches sind die Schichten des Bewußtseins *(skandhas)*. Die Mitte ist der Zustand der Wirklichkeit, das absolute Nichtsein. Dieses Nichtsein ist in die aufeinanderfolgenden Schichten des Bewußtseins eingehüllt, in die Schichten der Gedanken, Wörter, Vorstellungen und die unzähligen verschiedenen Geisteszustände menschlicher und niedrigerer Wesen. Alle diese Hüllen verbrennen im reinen Feuer der Meditation zu nichts; nur zwei bleiben, die oberste und die dem Körper des Tathāgata am nächsten liegende. *„Die oberste (Schicht)"* ist dieses materielle Dasein *(rūpa)*, *„die dem Körper des Tathāgata am nächsten liegende"* ist das immerwährende Bewußtsein *(ālaya)*. Bewußtsein ist nicht Nirvana, es liegt zwischen dem äußeren materiellen Dasein und dem Nirvana. Bewußtsein ist die Berührung zwischen dem „Inneren" und dem „Äußeren". Wenn es keine Berührung gibt, ist kein Bewußtsein vorhanden. Daher ist es das Mittel, wodurch wir Nicht-Bewußtsein berühren können.

Das ist alles. Buddha ist Nirvana *jetzt*. Wie dieses Gedicht zeigt, ist Buddhas Körper selber Nirvana. In diesem sehr interessanten und kostbaren Text kann man den Buddhismus des Buddha finden.

BUDDHAS TOD *Der Buddha wurde nicht durch ein von Menschenhand entzündetes Feuer verbrannt, er selber entfachte das Feuer aus seinem Herzen des Nirvana. Alle Existenzformen wurden verbrannt durch jenes Feuer, das alles vernichtet und die ganze Welt zu einer einzigen, einheitlichen Existenz macht.*

Buddha offenbarte uns Nirvana, und wir sahen sein Nirvana. Jeder kann Nirvana sehen. Wenn dein Vater gestorben ist, siehst du ihn in seinem Sarg liegend im Nirvana. Du siehst, daß er in einem anderen Zustand ist. Er spricht nicht zu dir, und er lächelt dich nicht an, er ist in der Tiefe von etwas. Dein nacktes Auge kann es sehen. Aber dein Verstand kann nicht dorthin gelangen. Es ist beinahe berührbar. Beinahe können es deine Fingerspitzen empfinden, dein Auge es ergründen, und dein Ohr diesen ewigen Klang des Nirvana hören. Und deine Intuition kennt diesen unbeweglichen, unendlichen Zustand. Aber dein Verstand kann nicht dorthin gelangen.

Buddha ist nun in diesem Zustand. Für uns ist der Zustand von Nirvana der existierende Buddha. Wenn wir Zuflucht nehmen in Buddha, ist dies der Buddha im Zustand, der weder Einbildung, noch Hypothese, noch Theorie ist, sondern eine wirkliche Tatsache. Wir wissen, daß Buddha dort ist. Der erleuchtete Geist gelangt direkt dorthin und kennt diesen Zustand. Das Auge des Erleuchteten kann ihn sehen, das Ohr ihn hören und die Hand ihn berühren. Nirvana ist klar, aber Nirvana ist mysteriös. Es gibt viele berühmte Geschichten über das Nirvana von Buddha.

Zu Buddhas Lebzeiten waren die Mönche in fünf Gruppen eingeteilt, wobei jede Gruppe angeblich aus 500 Anhängern bestand. Jede Gruppe hielt sich an einem anderen Ort auf. Mahakasyapa lebte mit seinen 500 Schülern in Pava, etwa 120 Meilen von Kusinagara entfernt, wo sich Buddha aufhielt, bevor er ins Nirvana eintrat. Kusinagara war die Hauptstadt der Mallas, eines der vielen Stämme des vereinigten Indiens jener Zeit. Eine Geschichte erzählt, daß Mahakasyapa eines Nachts einen unheilverkündenden Traum hatte und am Morgen eine seltsame Wolke sah. Er dachte: „Der Buddha tritt nun ins Nirvana ein. Wir müssen zu ihm gehen."

Mahakasyapa und seine Mönche brachen sofort auf und eilten nach Kusinagara. Unterwegs trafen sie einen Nirgrantha, d. h. einen Schüler der Sekte der Nackten, auch Jains genannt, der eine weiße, himmlische Blume mit sich trug. Dieser berichtete, daß der Buddha vor sieben Tagen ins Nirvana eingetreten sei und daß ihm Apsavas und Devas Räucherwaren und Blumen dargebracht hätten. Die weiße Blüte, die er mit sich trug, war eine davon. Als Mahakasyapa realisierte, daß der Buddha tatsächlich tot war, war er sehr traurig und weinte. Die Mönche, die mit ihm waren, riefen aus: „O Tathāgata, warum bist du nur so kurze Zeit auf Erden geblieben? Du kamst erst gestern und nun, noch bevor wir uns selber erleuchtet haben, hast du uns verlassen. Warum, o Tathāgata, Erleuchteter, Licht der Welt, bist du verschwunden?" Und sie schlugen sich auf die Brust, warfen sich zu Boden und wehklagten.

Als sie endlich das Tor von Kusinagara erreichten, kam ihnen Ananda entgegen, um Mahakasyapa zu empfangen. Ananda warf sich Mahakasyapa in den Schoß, wie sich ein verletztes Kind in den Schoß seiner Mutter wirft, und auch er weinte und wehklagte. Während dies geschah, kam ein alter Mönch — hier beginnt eine der Geschichten, die als Koan benutzt wird — und sagte zu Ananda: ,,Hör auf zu heulen! Als Buddha lebte, hat er uns immer gesagt, ,Tu' dies nicht, tu' jenes nicht'. Nun, da der Buddha gegangen ist, können wir tun, was wir wollen." Es wird berichtet, daß ein Deva diese Worte hörte und versuchte, den alten Mönch niederzuschlagen, doch Mahakasyapa hielt den Arm des Deva zurück und sagte zum alten Mönch: ,,Durch den Tod des Buddha haben wir alles verloren, worauf wir uns verlassen hatten. Nun, da der Buddha tot ist, haben wir nichts mehr, worauf wir uns verlassen können. Alle weinen. Aber du bist so · glücklich, weil du ein Idiot bist!" Als der alte Mönch dies hörte, zersprang etwas in ihm, und er hatte die Erleuchtung.

Der Sinn dieser Geschichte ist sehr tief. Der alte Mönch war kein Idiot, deshalb war er, als Mahakasyapa ihm mit seinem tiefen Verständnis die Wahrheit der Sache zeigte, erleuchtet.

In der Zwischenzeit bereiteten die Mallas, gemäß Buddhas Wunsch, die Verbrennung seines Körpers vor. Kusinagara war nicht Buddhas Geburtsort. Buddha starb in einem fremden Land, und das Ritual seines Begräbnises entsprach nicht der Sitte seines eigenen Stammes. Die Mallas bereiteten die Särge, das Holz und die wohlriechenden Kräuter für die Verbrennungszeremonie vor und brachten diese zu ihrem Schrein, einem Tempel namens Makuta-Bandhana, am Ufer des Hiranyavati-Flusses. Im Tempel Makuta-Bandhana badeten sie Buddhas Körper in warmem parfümiertem Wasser, hüllten ihn in frische Watte und wickelten ihn in ein sehr langes feines Baumwolltuch. Dann legten sie den Körper in einen goldenen Sarg und übergossen ihn mit duftendem Öl. Den goldenen Sarg legten sie in einen eisernen Sarg und diesen eisernen Sarg in eine Kiste aus wohlriechendem Sandelholz. Darüber und darunter schichteten sie viele wohlriechende Hölzer und Kräuter, so daß eine Pyramide entstand. Während diesen Vorbereitungen tanzten viele Menschen um den Sarg und sangen Lieder, wie es bei Begräbniszeremonien üblich war. Sie streuten Blumen auf den Boden, brachten auserlesene Speisen, Weihrauch und Getränke dar, spielten auf Musikinstrumenten, sangen und tanzten, alles zur Vorbereitung der Verbrennung des heiligen Körpers des Buddha.

Dann nahm der Premierminister der Mallas, sein Name war Raja Malla — ein Freund Anandas, als dieser noch Laie war — eine Fackel und hielt sie an das wohlriechende Gras und das aufgeschichtete Holz. Aber das Holz entzündete sich nicht, und das Gras brannte nicht. Dann näherte sich Maha Malla, der Patriarch der Mallas, ergriff die Fackel und hielt die Flamme ans Gras und ans Holz, aber der Holzstoß fing noch immer kein Feuer.

Darauf sagte Anuruddha, ein naher Verwandter von Buddha: „Haltet inne! Ihr seid unfähig, das Feuer zu entzünden, weil die Devas es nicht zulassen."

„Warum wollen die Devas nicht, daß wir den Sarg verbrennen?", fragten die Mallas.

„Die Devas warten auf Mahakasyapa und seine 500 Schüler", antwortete Anuruddha. „Diese sind auf dem Weg hieher, um Buddhas Körper zu sehen, bevor er verbrannt wird. Die Devas kennen Mahakasyapas Geist. Aus diesem Grund brennt das Holz nicht."

„Wir wollen dem Wunsch der Devas auf alle Fälle gehorchen", sagten die Mallas und beendeten den Versuch, den Holzstoß zu entzünden.

In früherer Zeit hatte ein Begräbnis eine bestimmte Bedeutung, und in seiner Würde und Feierlichkeit war es ein Ausdruck der Aktivität des menschlichen Geistes. Die Menschen warteten, bis die Verwandten da waren. Heutzutage schicken wir tote Menschen in ein Betonhaus und verbrennen sie mit Elektrizität. Wir riechen keinen Duft brennender Kräuter, wir sehen kein Tanzen, und wir hören keine Musik. Wir haben die Natur verlassen, die Natur der Materie und die Natur des Menschen. Wir haben die Erde verlassen. Plötzlich verschwindet ein Mensch aus unseren Augen. Wir sehen ihn aber nicht weggehen.

Nachdem die Begrüßungszeremonie beendet war, fragte Mahakasyapa Ananda: ,,Können wir den Körper des Buddha sehen?" ,,Nein", antwortete Ananda, ,,obwohl der Körper des Buddha noch nicht verbrannt wurde, könnt ihr ihn nicht sehen. Denn er wurde in warmem, wohlriechendem Wasser gebadet, in frische Watte gehüllt und in ein Baumwolltuch aus 500 Längen gewickelt. Dann wurde er in einen goldenen Sarg gelegt und mit duftendem Öl übergossen. Der goldene Sarg wurde in einen eisernen Sarg gelegt und der eiserne Sarg in eine Kiste aus Sandelholz. Und alles wurde bedeckt mit aufgetürmtem Holz und wohlriechenden Kräutern. Wir können den Körper des Buddha nicht wiedersehen."

Dreimal stellte Mahakasyapa dieselbe Frage, und dreimal gab Ananda genau die gleiche Antwort: ,,Wir können den Körper des Buddha nicht sehen."

Darauf näherte sich Mahakasyapa dem Holzstoß und sagte mit trauriger Stimme: ,,Heute wissen wir nicht, in welcher Richtung Buddhas Kopf oder Füße liegen." Als er dies gesprochen hatte, öffnete sich der Sarg, und Mahakasyapa sah Buddhas Füße hervordringen. Mahakasyapa kniete nieder, nahm Buddhas Füße in seine Hände und preßte sie an seine Stirn.

Diese Geschichte ist so wichtig, daß sie viele viele Male erzählt werden muß. In einem Sutra dürft ihr eine solche Stelle nicht übersehen. Ihr sollt solchen Zeilen Aufmerksamkeit schenken. Ananda sagte: ,,*Der Körper des Buddha wurde in warmem, wohlriechendem Wasser gebadet, in frische Watte gehüllt und in ein Baumwolltuch aus 500 Längen gewickelt. Dann wurde er in einen goldenen Sarg gelegt und mit duftendem Öl übergossen. Der goldene Sarg wurde in einen eisernen Sarg gelegt und der eiserne Sarg in eine Kiste aus Sandelholz. Und alles wurde bedeckt mit aufgetürmtem Holz und wohlriechenden Kräutern. Wir können den Körper des Buddha nicht wiedersehen.*"

Wie konnte dann aber Mahakasyapa Buddhas Füße sehen? Und wie konnte er diesen Füßen huldigen? Wenn Mahakasyapa Buddhas Füße außerhalb des Sarges entdeckte, warum konnte

Ananda sie nicht sehen? Ihr müßt diese Frage an euch selber richten. Was sind die Füße? Könnt ihr hier mit eurem Zen Wissen die verborgene Bedeutung erkennen? Diese Beschreibung wurde sehr sorgfältig formuliert und enthält eine geheime Lehre, die, wenn auch nicht sofort ersichtlich, trotzdem nicht verborgen ist. Ananda wurde immer ausgelacht, weil er so langsam war. Er hatte alle Lehrreden des Buddha gehört, denn er war als dessen Gehilfe immer an seiner Seite. Aber, obwohl er alle Lehrreden des Buddha im Gedächtnis hatte, blieben es doch nur Worte für ihn. Er begriff Buddhas geheime Lehre nicht, welche im Satori, d. h. in der plötzlichen Erleuchtung, besteht. Ananda erreichte die Erleuchtung erst nach Buddhas Tod. Im Zusammenhang damit werden Zen Schüler mit folgendem Koan konfrontiert: Um die Lehre des Buddha zusammenzutragen und die Sutras zu verfassen, rief Mahakasyapa nach Buddhas Tod eine Versammlung von 500 Arhats zusammen. Unter diesen entdeckte er Ananda. Da Ananda kein erleuchteter Mann war, kein Arhat, warf Mahakasyapa ihn aus der Tempelgrotte, in welcher die Versammlung stattfand. Gebrochenen Herzens irrte Ananda im Wald umher. In der Morgendämmerung wollte er, erschöpft wie er war, etwas ruhen, und im Moment, wo er seinen Kopf auf einen gefallenen Baum legte, war er plötzlich erleuchtet. „Ich verstehe! Mahakasyapa war sehr freundlich zu mir", rief er aus. Er ging zur Grotte und klopfte an die Tür. Mahakasyapa sagte: „Wenn du erleuchtet bis, komme durch das Schlüsselloch herein!" Und Ananda ging durch das Schlüsselloch in den Tempel und trat vor Mahakasyapa. Ein seltsames Koan!

Der Buddha trat vor 2500 Jahren ins Nirvana ein. Obwohl sein Körper mit Raum und Zeit bedeckt ist, existiert er, und wir können ihn sehen. Doch als Ananda von Mahakasyapa gefragt wurde, ob er den Körper Buddhas sehen könne, beharrte Ananda darauf, daß er ihn nicht sehen könne.

Nun, denkt über das duftende Wasser nach, in welchem Buddhas Körper gebadet wurde! Ist es nicht *saṃskāra*, das subtile Bewußtsein? Und die zwei Metallsärge, sind diese nicht der Geist und der Körper? Und die Sandelholzkiste, bedeutet diese nicht das Gehäuse, in dem wir leben, unsere fünf Sinne?

Die Füße bedeuten das, worauf man steht. Bewußtsein ist das, worauf man steht, Bewußtsein, *vijñāna,* sind die Füße! Zwei Füße ergeben einen Menschen ... Mahakasyapa wußte, Ananda wußte nicht.

Als Mahakasyapa vor dem Sarg stand, rezitierte er ein Gatha, das er spontan verfaßte. Da brach von Buddhas Herz ein Feuer aus, das durch die Särge brannte und den Holzstoß entzündete. Es breitete sich in alle Richtungen aus und konnte nicht aufgehalten werden. Die Menge wurde unruhig und rief nach Wasser. Doch Anurruddha sagte: ,,Das Feuer wird auf natürliche Weise aufhören". Und die Bäume umringten den Holzstoß, warfen ihre Blätter auf das Feuer und erstickten es.

Hier liegt auch eine Lehre vor: Der Buddha wurde nicht durch ein von Menschenhand entzündetes Feuer verbrannt, er selber entfachte das Feuer aus seinem Herzen des Nirvana. Die goldene, die eiserne, und alle anderen Existenzformen wurden verbrannt durch jenes Feuer, das alles vernichtet und die ganze Welt zu einer einzigen einheitlichen Existenz macht.

Mahakasyapas Gatha

Buddha ist ein Fahrzeug
uns zu tragen
über die Tiefen von Leben und Tod
zum Nirvana.
Buddha ist ein grenzenloses Licht,
das geworfen ist
über die Dunkelheit der Unwissenheit,
zum Heil der Menschheit.
Buddha hat großes Mitleid,
Buddha, der Gerechte!
Unzählige Leben hat er gerettet,
nun liegt er still.
O zeige uns,
Gnädigster,
durch die Kraft Deiner großen Tugend,
das Licht Deines reinen Körpers!

Erlaube Devas und Manus,
ihr Maß an Glückseligkeit
größer zu machen,
nach ihrem Verdienst.
Buddha öffnete uns
und allen Wesen
das Gesetz des Universums
zum Wohle für alle.
Das Rad von Leben und Tod
können wir alle anhalten,
können die wahre Sicht erlangen,
und Erleuchtung erreichen.
Schuldner Deiner Gunst,
ergreifen wir Deine Füße.
Aber mit tiefer Sorge in unserer Seele
sehen wir Deinen goldenen Sarg.
Buddha ist nun transzendiert.
Für diejenigen, die zweifeln:
Gelassenheit, Stille hat er,
allgegenwärtig ist er.

LEBEN UND TOD *Verneinung und Beja-hung gehören zum menschlichen Denken. Aber das große Sein hat nichts mit dem menschlichen Denken zu tun. Es ist vor allem anderen dagewesen, vor der menschlichen Wahrnehmung, vor dem menschlichen Wort, vor dem menschlichen Denken.*

„So habe ich gehört: Einmal weilte der Buddha im Karanavenuvana in Rajagriha. Sthavira Mahakasyapa und Sthavira Shariputra hielten sich zu der Zeit auf dem Berg Gridhrakuta auf. Damals gab es viele Ketzer, und eines Tages kamen einige von ihnen zu Shariputra. Als sie den Sthavira sahen, grüßten sie ihn und erkundigten sich nach seiner Gesundheit. Dann traten sie zur Seite, und nachdem sie sich gesetzt hatten, richteten sie folgende

Frage an ihn: ‚Was denkst du, o Shariputra, wird der Tathāgata in der Zukunft Leben und Tod haben?'

Shariputra antwortete den Ketzern: ‚Lokanathas Antwort auf diese Frage war *avyākṛta*.'

Die Mönche fragten weiter: ‚Was denkst du, o Shariputra, wird der Tathāgata nicht Leben und Tod haben in der Zukunft?'

Shariputra antwortete den ketzerischen Mönchen: ‚Der Buddha antwortete auf diese Frage mit *avyākṛta*.'

Wieder fragten sie Shariputra: ‚Wird der Tathāgata in Zukunft beides haben, Leben und Tod sowie nicht Leben und Tod?'

Shariputra erwiderte: ‚Auf diese Frage antwortete Lokanatha mit *avyākṛta*.'

Sie fragten weiter: ‚Shariputra, wird der Tathāgata weder Leben und Tod noch nicht Leben und Tod haben in der Zukunft?'

Shariputra antwortete: ‚Lokanatha antwortete mit *avyākṛta*.'

Noch einmal richteten sich die ketzerischen Mönche an Sthavira Shariputra: ‚Warum antwortete Lokanatha auf diese Fragen — ob der Tathāgata Leben und Tod habe in der Zukunft, oder ob er nicht Leben und Tod habe in der Zukunft, oder ob er sowohl Leben und Tod als auch nicht Leben und Tod habe in der Zukunft, oder ob er weder Leben und Tod noch nicht Leben und Tod habe in der Zukunft — mit *avyākṛta*? O Sthavira, das ist die Antwort eines Idioten oder Narren. Sie entscheidet nichts und erklärt nichts. Buddha ist wie ein Kind, er hat keine Selbsterkenntnis.'

So sprachen die Ketzer. Dann erhoben sie sich und gingen weg.

Zu jener Zeit pflegten Sthavira Mahakasyapa und Sthavira Shariputra die übliche Mittagsmeditation unter einigen Bäumen zu praktizieren, die nicht weit auseinander lagen. Als Sthavira bemerkte, daß die ketzerischen Mönche aus dem Garten verschwunden waren, begab er sich zu Sthavira Mahakasyapa. Sie grüßten einander, und jeder erkundigte sich nach der Gesundheit des anderen. Dann trat Sthavira Shariputra zur Seite, und nachdem er sich gesetzt hatte, berichtete er Mahakasyapa über den Besuch der ketzerischen Mönche und sagte:

‚O Sthavira Mahakasyapa, aus welchem Grund und zu welchem Zweck hat Lokanatha nie ein Wort gesagt zur Frage, ob der Tathāgata Leben und Tod habe in der Zukunft, ob er nicht Leben und Tod habe in der Zukunft, ob er beides, Leben und Tod sowie nicht Leben und Tod habe in der Zukunft, oder ob er weder Leben und Tod noch nicht Leben und Tod habe in der Zukunft?'

Sthavira Mahakasyapa antwortete Sthavira Shariputra: ‚Wenn der Tathāgata gesagt hätte, er habe Leben und Tod in der Zukunft, hätte er *rūpa* als Wirklichkeit anerkannt. Wenn der Tathāgata gesagt hätte, er habe kein Leben und Tod in der Zukunft, hätte er ebenfalls *rūpa* anerkannt. Auch wenn er gesagt hätte, er habe beides, eine Zukunft und keine Zukunft, hätte er *rūpa* anerkannt. Tathāgata ist derjenige, dessen *rūpa* vollständig vernichtet worden ist, dessen Geist vollkommene Befreiung erlangt hat, und unergründlich, grenzenlos, zeitlos ist, und der im Nirvana weilt, dem Zustand absoluter Vernichtung. Wenn deshalb jemand sagen würde, der Tathāgata habe zukünftig Leben und Tod, wäre seine Ansicht nicht richtig. Wenn jemand sagen würde, Tathāgata habe kein Leben und Tod in der Zukunft, oder er habe sowohl eine Zukunft als auch keine Zukunft, oder er habe weder Zukunft noch keine Zukunft, wäre auch das nicht richtig.

O Shariputra, wenn der Tathāgata gesagt hätte, daß er Leben und Tod habe in der Zukunft, hätte er *vedanā* (Sinneswahrnehmung), *saṃskāra* (das Unterbewußte) und *vijñāna* (Bewußtsein selber) als Wirklichkeit anerkannt, er hätte Bewegung, Denken, Täuschung, Zweckdenken und Anhaften anerkannt.

Wenn der Tathāgata gesagt hätte, er habe weder Zukunft noch keine Zukunft, wäre es genau dasselbe, wie das eben Dargelegte. Tathāgata hat Anhaften vernichtet, er hat Befreiung erlangt. Hätte er also gesagt, daß es eine Zukunft gebe, wäre seine Sicht nicht richtig gewesen. Hätte er gesagt, es gebe sowohl eine Zukunft als auch keine Zukunft, oder es gebe weder Zukunft noch keine Zukunft, wäre das auch nicht richtig gewesen. Tathāgata hat Anhaften vernichtet und Befreiung erreicht. Sein Geist ist unergründlich, grenzenlos, zeitlos und weilt im Nirvana, dem Zustand absoluter Vernichtung. O Shariputra, das ist der Grund und der Zweck dafür, daß Tathāgata auf alle diese Fragen mit *avyākṛta* antwortete.'

Nach diesem Gespräch kehrten Mahakasyapa und Shariputra beide zu ihrem eigenen Aufenthaltsort zurück."

Dieses Sutra ist in sehr einfacher Form geschrieben, doch es ist sehr wichtig, weil es den wirklichen Drehpunkt des Buddhismus zum Thema hat. Dieser Drehpunkt ist *avyākṛta*. In den Agamas gibt es viele Erzählungen, die mit der Frage, ob der Buddha in Zukunft Leben und Tod erfahren werde, im Zusammenhang stehen. Der Buddha antwortete darauf immer mit *Schweigen*. Dieses Schweigen wird durch das Wort *avyākṛta* angedeutet. Wörtlich bedeutete es, der Buddha „sagte nichts". Doch das genügt nicht. Es ist auch nicht richtig, *avyākṛta* bloß als „Stille" zu übersetzen. Buddhas Schweigen ist nicht dasselbe, wie wenn man einfach nichts sagt, und seine Haltung ist nicht bloß Ausdruck der Stille. Die Chinesen benutzen für dieses Schweigen den Ausdruck „lautloser Donner". So ein wichtiges Prinzip des Buddhismus kann nicht mit Worten erklärt werden, es muß demonstriert werden. Doch alle Götter und Göttinnen, alle empfindenden Wesen, Katzen, Hunde, Bäume und Sträucher verstehen es. Dieser Zustand des Wortes existierte vor dem ersten Wort, welches „A-a-a" war, und wird nach dem letzten Wort existieren, welches „Ha-a-a" sein wird. Mit euren Worten ausgedrückt heißt das, daß dieses Schweigen vor Alpha und nach Omega existiert. Es ist allgegenwärtig, seine Weisheit allwissend und seine Kraft allmächtig. Der buddhistische Glaube wird durch dieses Tor betreten, und jeder, der Erleuchtung erlangen will, muß dieses Schweigen üben. Das ist Meditation. Die Wirklichkeit dieses *avyākṛta* ist also etwas sehr Großes.

Natürlich gibt es viele Ausdrücke zur Beschreibung dieses Zustandes: *ākāśa, śūnyatā,* Leerheit usw. Man kann auch den buddhistischen Ausdruck *dharmakāya* benutzen und sagen, Buddhas *dharmakāya* ist allgegenwärtig, allmächtig, allwissend. Oder man verwendet westliche philosophische Begriffe wie „Realität", „Wirklichkeit" oder „absolutes Nichts".

Die Mönche, die Shariputra die Fragen stellten, waren Brahmanen und Jains, d. h. Mönche, die nicht zur Sangha des Buddha gehörten und deshalb aus der Sicht der Buddhisten Ketzer waren. Sie glaubten an die Existenz eines Ichs. Sie glaubten, daß es eine individuelle Seele gebe, die nach dem Tod irgendwo weiter lebe. Buddhisten glauben nicht an ein solches Ich. Unser Ich ist kolossal, grenzenlos, es ist das ganze Universum. Es hat keinen Kern. Dieses ganze Universum ist Einheit, Bewußtsein, Seele, Ich. Es ist nicht nötig, kleine Ichs hineinzustellen wie kleine Punkte. Das ganze Universum ist Ich selber, Ich ist das Universum. Doch die ketzerischen Mönche verfolgten eine bestimmte Absicht mit ihren Fragen. Sie wollten nämlich Shariputra eine Falle stellen und dachten: „Wenn er sagt, der Tathāgata werde nach dem Tod existieren, können wir ihn fragen, *wo* er existieren werde."

Die Fragen der Mönche wurden in der üblichen, der Logik Indiens entsprechenden Form gestellt. Die Konstruktion der Hindu-Logik ist: ,,ja", ,,nein", sowohl ,,ja" als auch ,,nein", weder ,,ja" noch ,,nein". Man nennt dies die Frage auf vier Füßen. Wir sagen gewöhnlich ,,ja" oder ,,nein" — das sind zwei Füße, doch die Inder sagen auch ,,sowohl ja als auch nein" und ,,weder ja noch nein". Die europäischen Gelehrten lassen diese Formen oft als Ballast beiseite, doch Buddhisten müssen sich daran halten.

Diese vier Fragen sind zusammengefaßt in der einen Frage: ,,Hat der Buddha Leben und Tod nach dem Tod, hat er Leben und Tod nach Nirvana?". Es ist eine große Frage.

Gewöhnlich antwortet man auf die Frage, ob es Leben nach dem Tod gebe: ,,O ja, es gibt ewiges Leben." ,,Wie lange dauert das?" ,,Oh, es dauert Äonen, endlose Kalpas." Ein Kalpa ist eine sehr lange Zeit. Es dauert solange, bis ein Engel, der alle hundert Jahre ein Mal aus dem Himmel kommt, um mit dem Ärmel seines Schleiergewandes ein Mal über den Kalpastein zu fahren, diesen Stein schließlich ganz und gar weggewischt hat. Der Buddha antwortete nicht so. Seine Antwort war *Schweigen*.

Im Sanskrit wird Buddhas Haltung oder Zustand „*tathā*" genannt. „*Tathā*" bedeutet nichts anderes als „*Dies*" oder „*Das*". Man kann es nicht mit Worten erklären. Es ist die absolute Wahrheit, der Zustand der Wirklichkeit. Es kann nicht erklärt und nicht verstanden werden, der menschliche Intellekt kann es nicht erfassen. Gott hat keinen Namen. Doch es gibt einen zutreffenden Ausdruck dafür, ein absolutes „Wort", das die Bedeutung vermittelt: es ist *Schweigen*. Dieses Schweigen ist ein Seinszustand. Stellt euch vor, daß es im ganzen Universum nichts gibt, außer diesem „*tathā*". In euren Worten ausgedrückt, heißt das: „Gott existiert, Gott *ist*". Im Sanskrit heißt diese Existenz „*bhūtathatā*", „so seiend" und ist Ausdruck der „Sein-heit" (engl. „Isness") oder des Soseins. Das Universum wurde von niemandem geschaffen, doch es existiert vom anfangslosen Anfang bis zum endlosen Ende. Der Buddha kam von dort und kehrt dorthin zurück. Deshalb nennen wir ihn „*Tathāgata*" („*gata*" bedeutet „gekommen"): „So ist er gekommen, und so wird er gehen". Buddha ist von nirgends gekommen und wird nirgends hingehen. Er kam in die Welt, sich umgestaltend in die menschliche Form mit zwei Beinen, genau als „Das", *bhūtathatā*. Deshalb ist es töricht, Fragen zu stellen wie: „Hat Tathāgata ein zukünftiges Leben oder nicht?" Shariputras Antwort an die Mönche, *avyākṛta*, war genau und klar. Es ist nicht nötig, „ja" oder „nein" zu sagen. Wenn das Auge der Mönche dieses Schweigen hätte sehen können, hätten sie sofort verstanden, ohne ein weiteres Wort zu verlieren. Wenn man diese Antwort auf dem Papier beschreiben will, kann man natürlich nicht einfach eine leere Stelle lassen, also benutzt man das Wort, *,avyākṛta*". Auf einem Musikblatt ist der leere Raum zwischen den Noten *avyākṛta*. Das ist der wirkliche Drehpunkt des Buddhismus.

Die ketzerischen Mönche waren von Shariputras Antwort enttäuscht: *,,O Sthavira, das ist wie die Antwort eines Idioten oder Narren. Sie entscheidet nichts und erklärt nichts. Buddha ist wie ein Kind. Er hat keine Selbsterkenntnis. So sprachen die Ketzer, dann erhoben sie sich und gingen weg."*

Schweine erkennen den Wert eines Diamanten nicht. Shariputra gab eine wunderbare Antwort. Seine Rede war laut wie Donner, doch Taubstumme konnten kein Wort hören.

In einem anderen Sutra nimmt diese Art der Unterweisung ein anderes Ende: Ein Jain stellte dem Buddha dieselben Fragen: „Hat Buddha Leben und Tod nach seinem Tod? Hat Buddha nicht Leben und Tod nach seinem Tod? Hat er sowohl Leben und Tod als auch nicht Leben und Tod nach seinem Tod? Hat er weder Leben und Tod noch nicht Leben und Tod nach seinem

Tod?" Buddha antwortete auf jede dieser Fragen mit *Schweigen*. Darauf verbeugte sich der Jain tief und sagte: „O Tathāgata, durch Eure Güte, Euer *mahāmaitrī*[1] und Euer *mahākarunā*[2] habt Ihr mein geistiges Auge geöffnet. Ich habe Buddhas Wissen erreicht." Dann ging er weg.

Ananda war bei dieser Begegnung dabei und hörte aufmerksam zu. Nachdem der Jain gegangen war, sagte Ananda: „Lokanatha, warum sagtet Ihr kein Wort zu ihm? Ich kann nicht verstehen, warum dieser Jain sagen konnte, daß er sein geistiges Auge öffnete, wegen Eurem *mahāmaitrī* und *mahākarunā*, wo Ihr doch nicht ein Wort gesagt habt. Bitte enthüllt mir Euer Geheimnis!"

Der arme Ananda konnte Buddhas Geist nie verstehen und stellte dem Buddha viele Fragen. Dieser antwortete ihm immer geduldig und freundlich: „O Ananda, dieser Jain war wie ein gutes Pferd. Er sah den Schatten der Peitsche und rannte." Ein gutes Pferd rennt, bevor es von der Peitsche getroffen wird. Dieser Jain war wie ein gutes Pferd. Der Buddha lobte ihn.

Das tiefgründige Prinzip des Schweigens wird auch in der folgenden Erzählung behandelt: Als der Buddha einmal am Straßenrand meditierte, gab es ein Gewitter. Ein Blitz schlug in einen riesigen Baum ein, spaltete ihn in zwei Hälften und tötete neun Ochsen auf dem Feld. Ein Fußgänger sah den Buddha am Straßenrand meditieren und sagte: „O Buddha, habt Ihr diesen schrecklichen Donnerschlag gehört?" Der Buddha antwortete: „Nein". Der Fußgänger war sehr erstaunt. „Eure Meditation war so tief, daß Ihr den Donner nicht gehört habt? Der Blitz sauste durch einen großen Baum und schlug ihn entzwei. Habt Ihr das Krachen nicht gehört?" Der Buddha blieb still. „Der Blitz hat neun Ochsen getötet. Wisst Ihr das?" „Nein." Der Fußgänger lobte das tiefe und bodenlose Samadhi des Buddha. „Buddha, Ihr seid wunderbar, Ihr habt den schrecklichen Donner nicht gehört."

---

[1] *mahāmaitrī:* Grenzenlose Güte.
[2] *mahākarunā:* Grenzenloses Mitleid.

Wenn die Leute dieses Sutra lesen, denken sie gewöhnlich, der Buddha habe den Donner tatsächlich nicht gehört. Wie dumm! Man kann den Buddhismus nicht verstehen, wenn man die Sutras so falsch interpretiert. Wie könnte ein Mensch in der Meditation sein gegenwärtiges Bewußtsein so taub machen, daß er einen Blitz, der einen Baum spaltet und neun Ochsen tötet, nicht hören kann? Ein derartiger Glaube ist Unsinn! Natürlich erkannte der Buddha in der Meditation das Geräusch des krachenden Donners sehr genau und sah den Blitz, sah den Baum auseinanderfallen und neun Ochsen töten. Aber er beobachtete diese Erscheinung vom Standpunkt des *bhūtathatā* aus, dem Standpunkt des wesentlichen Seins des Universums, und gab diesem Ausdruck: Da war kein Geräusch, kein Blitz, kein Baum, weder Donner noch Ochsen, weder Raum noch Zeit, weder Vergangenheit noch Gegenwart noch Zukunft. *ES* ist absolut, *ES* ist unendlich.

Dieses Schweigen ist der Stützpunkt des Buddhismus. Was ist der Stützpunkt des Christentums? Es ist Gott! Im Buddhismus nennen wir es ,,*DAS*". Zu Beginn meiner Vorträge sitze ich immer eine kleine Weile im Schweigen. Jemand sagte einmal: ,,Osho, machen Sie doch nicht so ein komisches Gesicht, ich muß einfach lachen, wenn Sie so dasitzen." Es tut mir leid, ich mache kein komisches Gesicht. Ich sitze nur hier im *Schweigen*. Es gibt keinen anderen Weg, um *DAS* auszudrücken. Das ist der Anfang meines Vortrages.

Früher dachten die Zuhörer, wenn ich im Schweigen dasaß, ich hätte ein Wort vergessen, und versuchten, es zu finden. Manchmal sagte jemand: ,,Hochwürden, brauchen sie ein Wörterbuch?" Nein, ich brauche kein Wörterbuch. Das, was ich ausdrücke, steht nicht im Wörterbuch. Es gibt kein Wort dafür. Das menschliche Wesen kann *DAS* nicht erklären. Ich sage ,,*DAS*", ich sage nicht ,,diese Haltung" oder ,,dieses Schweigen". Menschliche Wesen können *DAS* nicht erklären. Bevor ich meinen Mund öffne für einen Vortrag, bilden wir alle zusammen eine vollkommene Einheit in derselben Natur des Geistes, in *avyākṛta*.

Dieses Schweigen wird auch *raja-yoga-samādhi* genannt. Es

ist das Höchste aller *yoga-samādhi*. Theoretisch gesprochen werden die vier Aspekte „haben", „nicht haben", „sowohl haben als auch nicht haben" und „weder haben noch nicht haben" in diesem Schweigen vollständig vereinigt und ausgedrückt. Ja und Nein verschmelzen vollkommen, deshalb wird es *raja-yoga-samādhi* genannt. Wenn jemand in einem Zen Tempel auf diese Art spräche, würde er allerdings geschlagen. Eine derartige Erklärung ist nicht Zen. Kümmert euch nicht um solche Erklärungen, folgt der Antwort des Buddha!

Mahakasysapa antwortete auf Shariputras Frage, warum der Buddha nie ein Wort sagte, wenn er gefragt wurde, ob er Leben und Tod habe in der Zukunft: „*Wenn Tathāgata gesagt hätte, er habe Leben und Tod in der Zukunft, hätte er* rūpa *als Wirklichkeit anerkannt.*" Das ist eine wunderbare Antwort. Sie bezieht sich auf die fünf *skandhas: rūpa, vedanā, saṃjña, saṃskāra, vijñāna.* Wenn der Buddha gesagt hätte, er habe Leben und Tod in der Zukunft, hätte er seinen Körper als Wirklichkeit anerkannt. Er hätte zugegeben, daß er endlos im physischen Körper leben würde. Hätte er gesagt, „Nein, es gibt keine Zukunft für den Tathāgata", hätte er seinen physischen Körper ebenfalls anerkannt, denn dieses „Nein", diese negative Antwort, wäre aus der Bejahung gekommen: „Jetzt habe ich einen Körper, doch in der Zukunft werde ich keinen haben." Deshalb sagte er kein Wort.

Für den Buddha ist *DAS* weder Existenz noch Nicht-Existenz. *ES* hat keinen Anfang, also wurde *ES* nicht geschaffen. Aber wenn es im ganzen Universum keinen Anfang gäbe, wäre überhaupt nichts vorhanden. *DAS* ist ein Sein, — wir können nicht darüber sprechen, doch *DAS* existiert. Wir können nicht sagen *DAS* existiere nicht. In diesem Fall sind die Worte „ja" oder „nein" vollkommen nutzlos. Wir brauchen dieses Sein weder zu verneinen noch zu bejahen. Verneinung und Bejahung gehören zum menschlichen Denken. Aber das große Sein hat nichts mit dem menschlichen Denken zu tun. *DAS* ist vor allem anderen dagewesen — vor der menschlichen Wahrnehmung, vor dem menschlichen Wort, vor dem menschlichen Denken. Also brauchen wir kein Wort darüber zu sagen. Wir enden bei *avy-*

ākṛta. Das ist der Anfang, die Mitte und das Ende des Buddhismus.

Fast jedermann ist damit einverstanden, Körper, Sinneswahrnehmung, Gedanken und das Unterbewußte als unwirklich zu betrachten, aber alle bejahen das zentrale Bewußtsein, *vijñāna*. Das ist die Seele.

Warum hat der Buddha dann aber nicht gesagt: „Sicher, nach meinem Tod existiert Bewußtsein?" Warum bestätigte der Buddha dieses Bewußtsein nicht?

Das wäre nicht Buddhismus. Unser Bewußtsein existiert nach dem Tod nicht. Es existiert nur solange, wie es Spiegelung gibt. Wenn es keine Spiegelung gäbe, entstünde kein Bewußtsein. Bewußtsein erscheint, wenn der physische Körper mit seinen Sinnen erscheint. Wenn der physische Körper verschwindet, brauchen wir kein Bewußtsein. Wenn Bewußtsein sein eigenes Gewahrsein verliert, ist es nicht mehr Bewußtsein.

Wir können weder über Existenz noch über Nicht-Existenz sprechen. Wenn wir versuchen, etwas gedanklich zu erfassen, suchen wir immer nach einer Grundlage für den verbalen Ausdruck und bauen dann auf diesen verbalen Gedanken auf. Deshalb gelingt es uns nicht, die wirkliche Grundlage herzustellen. Buddhisten finden die Grundlage im *Schweigen*. Philosophen verschwenden Millionen von Wörtern, um die Definition des Lebens zu finden. Wir Buddhisten sagen kein Wort, doch die Definition ist hier: —, Schweigen. Das ist wirklich die Grundlage und die Definition des alltäglichen Lebens. Wir bewegen uns von dort aus. Ihr könnt euch natürlich zur Unterhaltung dem Denken hingeben und darin schwelgen, aber im Zen ist der Ausgangspunkt Schweigen, *avyākṛta*. Auch die fünf *skandhas* beruhen darauf.

Nachbemerkung:
Diese Art Sutra ist schwierig zu lesen und zu verstehen. Wenn man einfach ein Buch kauft und liest, kann man den springenden Punkt kaum erfassen. Doch wenn man ein solches Sutra einmal aus dem traditionellen Wissen eines echten Buddhisten erklärt bekommen hat, wird man es nie vergessen.

DAS SCHWEIGEN DES SURABHA

Wenn jemand auf die Bergspitze geht und dann in sein kleines Dorf zurückkehrt, ist seine Stimme anders. Auch der Ton des Schweigens dessen, der dieses Leben transzendiert hat und dann zurückkehrt, um es zu leben, ist anders.

Die Lehre des Buddha geht in zwei Richtungen. Es ist wie weggehen und zurückkommen, aufsteigen und herabsteigen oder ein Boot stromaufwärts rudern bis zur Quelle und dann stromabwärts fließen lassen bis zum Ozean. Im Studium des Buddhismus geht man vom Hier aus, vom täglichen Leben. Man benutzt viele Werkzeuge (Systeme, Analysen, Koan usw.) und erreicht dann Nirvana. Wenn man Nirvana erreicht hat, wendet man sich auf natürlicher Weise von dort wieder dem gewöhnlichen, alltäglichen Leben zu. Man findet seine eigene Stellung zwischen Himmel und Erde. Man findet sein wirkliches Selbst und ist damit zufrieden und frei von allen üblichen Leiden.

Aber es gibt immer jemand, der fragt: ,,Warum müssen wir überhaupt auf die Spitze des Berges steigen, wenn es nur darum geht, wieder herunter zu kommen und am Fuße des Berges einen Platz zu finden, wo wir zufrieden sein werden? Warum nicht am Fuße des Berges bleiben und solch nutzlose Anstrengungen vermeiden?"

Andere sagen: ,,Auf den Berg zu gehen, ist Sache der Mönche, wir Laien brauchen diese Tat nicht zu vollbringen." Manche Buddhisten machen sich solche Vorstellungen, um mit sich selber zufrieden sein zu können. Viele Leute denken auch, Zen sei Schweigen, da sie gehört haben, daß der Buddha auf zahlreiche schwierige Fragen mit Schweigen antwortete. Oder sie denken: ,,In der Zen Schule wurde uns gelehrt, still zu sein, also laßt uns ruhig bleiben. Letztlich gibt es ja sowieso nichts zu sagen, warum sollen wir also nach ,,Nicht-Sein" streben und im Streben danach schließlich bei unserer ursprünglichen Dummheit

ankommen?" Solcher Art sind die Argumente von „halb-gebak-
kenen" Buddhisten.

Einmal, als sich der Buddha auf dem Berg namens Geier-
Spitze aufhielt, weilte in der Nähe ein Häretiker mit dem Namen
Surabha, der einst ein Schüler des Buddha gewesen war. Er war
kein junger Mann, sondern ungefähr in Buddhas Alter. Er
prahlte oft vor seinen Schülern, indem er sagte: „Ich weiß alles
über das Dharma des Buddha. Ich habe alles darüber gewußt,
bevor ich Buddhas Schüler wurde, und nun habe ich es ganz und
gar aufgegeben. Ich habe Buddhas Dharma vollkommen verlassen."

Die Mönche des Buddha, die frühmorgens in Kutten gekleidet
und mit Bettelschalen in der Hand ins Dorf kamen, hörten zufällig, was dieser Häretiker Surabha sagte.

Nachdem sie mit dem Bettelgang fertig waren, kehrten sie
zum Garten auf dem Berg zurück, nahmen ihr Essen ein und wuschen ihre Schalen und Füße. Dann gingen sie zum Buddha, ver-
beugten sich vor ihm, kehrten zu ihren Sitzen zurück und wie-
derholten, was sie von Surabha gehört hatten. Sie sagten: „Wir
bitten Euch, Tathāgata, geht dort hinunter und sprecht zu ihm
aus Mitleid." Der Buddha, der die Bitte schweigend annahm,
ging hinunter zum Ufer des Flusses, wo Surabha sein Lager auf-
geschlagen hatte. Als der Buddha und seine Schüler ankamen,
war Surabha gerade dabei, zu seinen Schülern zu sprechen. Wie
zuvor hatte er gesagt: „Ich weiß alles über das Dharma des
Buddha. Ich habe alles darüber gewußt, bevor ich ein Schüler des
Buddha wurde, und nun habe ich all dies aufgegeben. Der
Buddha ist mir gleichgültig. Ich habe ihn verlassen. Eines Tages
werde ich gehen und dem Burschen die Hölle heiß machen!"
Noch während er sprach, sah er den Buddha näher kommen.
Was für eine Überraschung! Was nun?

Der Buddha kam mit seinen Schülern herbei, hell wie der
Mond unter den Sternen, mit einem Gesichtsausdruck so ruhig
wie klares Wasser. Surabha breitete schnell sein Nishidana auf
dem Boden aus zum Willkomm. „Bitte, setzen Sie sich!" sagte
er. Er konnte nicht anders, Buddhas Erscheinung wirkte wie die
ungehinderten Strahlen der leuchtenden Sonne. Wenn man in ein

derartig leuchtendes Licht schaut, muß man die Augen schließen. Der Buddha grüßte Surabha, ging zum Sitz und setzte sich
mit gekreuzten Beinen nieder.

Unverzüglich fragte der Buddha Surabha: „Hast du wirklich
gesagt, daß du alles über mein Dharma weißt, daß du es gewußt
hast, bevor du mein Schüler wurdest, und daß du es nun aufgegeben hast und dich nicht mehr um mein Dharma kümmerst?
Sage mir, ist das wahr?" Surabha verbeugte sich schweigend und
antwortete kein Wort.

Der Buddha sagte zu ihm: „Surabha, warum schweigst du?
Du tätest besser daran, etwas zu sagen. Wenn deine Antwort gut
ist, werde ich erfreut sein. Wenn sie unvollkommen ist, werde
ich sie vervollkommnen, und du wirst damit zufrieden sein."

Doch Surabha blieb still. Imitierte er den Buddha? War das
Schweigen des Surabha wie das Schweigen des Buddha, der oft,
wenn ihm jemand eine Frage stellte, nichts sagte? Ich bin mit
niemandem einverstanden, der denkt, daß dem so ist. Das
Schweigen des Surabha war das Schweigen eines Feiglings.

Stellt euch die Verwirrung von Surabhas Schüler vor, als diese
die Feigheit ihres Lehrers sahen und seine Unfähigkeit, ein Wort
zu sagen. Einer von ihnen, ein junger Mann, ergriff das Wort
und sagte: „Mein Lehrer, ich denke, Ihr solltet wiederholen,
was Ihr uns eben gesagt habt, nämlich, daß Ihr alles über Buddhismus gewußt habt, bevor Ihr ein Schüler des Buddha wurdet,
und daß Ihr ihn nun verlassen habt. Ich denke, Ihr solltet reden.
Ihr sagtet immer, Ihr werdet zu Buddha gehen und ihm die Hölle
heiß machen. Nun, der Buddha kam zu Euch. Warum macht Ihr
ihm jetzt nicht die Hölle heiß? Sagt ihm alles, was Ihr uns über
Shakyamuni Gotama gesagt habt! Der Buddha sagte, wenn Eure
Ansicht gut ist, sei er erfreut, und falls sie nicht gut sei, werde er
sie vervollkommnen. Warum zögert Ihr, mit ihm zu sprechen?"

Aber Surabha verharrte schweigend, die Augen geschlossen,
den Kopf gesenkt. Langsam öffnete der Buddha die Lippen und
hob zu sprechen an. Der Buddha war ein freundlicher und liebe-
voller Mann, aber seine Liebe war nicht lau. Sein Mitgefühl war
wie Feuer! Er sagte: „Wenn irgend jemand sagt, Shakyamuni
Gotama sei nicht Tathāgata und habe nicht die höchste Erleuch-

tung erreicht, will ich wissen, aus welchem Grund er dies sagt. Falls seine Auffassung falsch ist, will ich ihm ein guter Freund sein, seinen Irrtum mit ihm besprechen und ihm Gründe und Erklärungen dafür geben."

Das war Buddhas Haltung. Es war ein sehr interessanter Augenblick. In einem solchen Moment sieht man Zen. Was wird nun geschehen? Surabhas Schüler sagten kein Wort, aber sie dachten sich einiges. Plötzlich schrie Buddha Surabha mit einem kurzen „Ah-h-h" an. Es war das Gebrüll eines Löwen. Wenn es Rinzai gewesen wäre, hatte er Surabha ein „Kwatsu"! gegeben. Dann sagte der Buddha: „Diejenigen, die außerhalb des wahren Dharmas sind, verhalten sich so wie du, Surabha, mit deinem Schweigen."

Als Surabha weiterhin still blieb, sagte Buddha kein Wort mehr und machte sich auf den Rückweg.

Nachdem der Buddha gegangen war, sagte der junge Schüler zu Surabha: „Du warst wie ein Ochse mit gestutzten Hörnern, der auf einer leeren Weide in Position geht, um einen großen Lärm zu vollführen. Du kannst in Anwesenheit deiner Schüler brüllen, aber in Anwesenheit eines richtigen Löwen verharrst du schweigend. Du bist wie eine Frau, die auf der Bühne einen Helden imitiert, sie trägt sein Kostüm und nimmt seine Charakterzüge an, aber die Stimme dieses „Helden" ist die einer Frau. Vor einem richtigen Löwen bist du still geblieben. Dein Schweigen war das eines Fuchses in einer Höhle."

Dieses Sutra ist nicht sehr wichtig in Bezug auf Buddhas Lehre. Aber es ist interessant zur Illustration von Buddhas Umgebung und um zu zeigen, was mit den Worten gemeint ist: „Wenn jemand auf die Bergspitze geht und dann in sein kleines Dorf zurückkehrt, ist seine Stimme anders." Diese Geschichte gibt euch eine klare Vorstellung von dem Unterschied zwischen dem Schweigen des Buddha und dem Schweigen des Surabha. Auch der Ton des Schweigens dessen, der dieses Leben transzendiert hat und dann zurückkehrt, um es zu leben, ist anders.

DIE SCHWARZSTEIN-GROTTE

Wenn man im Moment des Todes von seinem Bewußtsein abhängig ist und dieses zerfallen sieht, schreckt man vor der bodenlosen Leere zurück. Es ist, als ob man endlos falle, und man bekommt es mit der Angst zu tun.

In Arizona oder Nevada kann man gelegentlich Männer sehen, die in alleinstehenden Hütten in den Berger oder in der Wüste leben. Es handelt sich dabei aber nicht um Eremiten, sondern um Kriminelle oder Strolche. Zu der Zeit des Buddha gab es in Indien viele, die in den Wäldern oder Steingrotten unter einem Kliff lebten, das waren jedoch nicht Außenseiter oder Vagabunden, sondern Denker. Einer von diesen war Vakkali. Vakkali war ein Mann von guter Herkunft, ein Brahmane. Die Höhle, in der er lebte, befand sich nicht in einem hohen Gebirge, sondern an einem sehr steilen Hügel.

Eines Tages sah Vakkali den Buddha vorbeigehen, als dieser von Shravasti nach einer anderen Stadt zog. Vakkali war ergriffen von der Würde des Buddha, von seinem ruhigen Ausdruck und seinem schön geformten Körper. Der Buddha erschien ihm wie der Mond unter den Sternen.

Wenn wir über den Buddha sprechen, erwähnen wir oft die 32 physiognomischen Merkmale, durch die seine ideale Erscheinung gekennzeichnet war, die Zeichen seiner Buddhaschaft. Es gibt noch ein 33. Merkmal, doch dieses ist unbeschreibbar. Deshalb wird es normalerweise nicht den Zeichen am Gesicht und Körper des Buddha zugerechnet.

Als der Buddha an Vakkalis Grotte vorüberzog, betrachtete der Einsiedler die wunderbare Erscheinung wie in einem Traum. Plötzlich wurde ihm klar, daß er ein Anhänger des Buddha werden mußte. Doch es war schon spät, der Buddha war mit seinen Anhängern bereits zum Fuße des Hügels hinuntergestiegen. Vakkali begann, ihnen nachzueilen, doch er befürchtete, er würde sie nicht einholen können. Es war Abend. Als Vakkali merkte, daß er in seiner Hast in der Dunkelheit vom Weg abkam, warf er sich über den schroffen Abhang des Hügels und fiel direkt vor die Füße des Buddha. In der Beschreibung heißt es, daß der Buddha Vakkali auffing, gerade bevor sein Körper den Boden berührte. Es gibt viele solche Beschreibungen in den buddhistischen Sutras. Man muß diese Stellen als poetischen Anstrich des Verfassers verstehen. Es war, als ob Vakkalis Entscheidung, Buddhas Anhänger zu werden, so überwältigend war, daß er von einem Felsen sprang, um zu den Füßen Buddhas zu fallen. In genau dem Augenblick, als seine Füße den Boden berührten, ergriff der Buddha seine Hand, so daß er aufrecht zu stehen kam. Es gibt noch mehr symbolische Andeutungen in diesem Sutra, doch da sie nebensächlich sind und nicht ganz zum Thema gehören, gehe ich jetzt nicht darauf ein.

Vakkali war fasziniert von dem bildschönen Antlitz des Buddha und dessen erhabenem Ausdruck. Er heftete seinen Blick auf den Buddha und konnte sich nicht davon abwenden. Er war an die äußere Erscheinung des Buddha gebunden. In Sanskrit nennt man dies *rūpalakṣaṇa*. Tag und Nacht folgte Vakkali dem Buddha, hielt ihn im Auge wie eine Katze ein Mausloch, meditierte über seine Erscheinung und konzentrierte sich darauf. *Rūpalakṣaṇa* hat eine ganz bestimmte Bedeutung. Es bezieht sich nicht auf die *wirkliche* Erscheinung des Buddha — man kann die Wirklichkeit von Buddha nicht sehen —, sondern es bedeutet das Bezaubertsein von seiner physischen Erscheinung. Es ist dasselbe, wie wenn man von der Erscheinung eines Filmschauspielers fasziniert ist, und sich deshalb immer wieder den selben Film anschaut.

Der Buddha erkannte, was Vakkali tat, und schätzte es nicht. „Es ist schrecklich, wie er dauernd auf meinen Körper und mein Gesicht schaut, von Kopf bis Fuß, Tag und Nacht." Er befahl Vakkali wegzugehen. „Ich verbiete dir, mir zu folgen, geh weg!" Vakkali war äußerst enttäuscht. Er wollte nicht leben, ohne die wunderbare Erscheinung des Buddha zu sehen. Was für ein Anhänger! Er beschloß, Selbstmord zu begehen, und wollte sich von einem Felsabhang stürzen. Es handelte sich um den Adlerförmigen-Berg in der Nähe von Rajgriha. Der Adlerförmi-

ge-Berg war kein hoher, wohlgeformter Berg, sondern eine Anhäufung von gigantischen Felsblöcken.

Als der Buddha Vakkalis Absicht durch seine übernatürliche
Kraft wahrnahm, enthüllte er ihm plötzlich seinen ganzen Körper, und Vakkali sah *ES*. Am Rande des Felsabhanges stehend,
einen Fuß bereits in der Luft, sah er den ganzen Körper Buddhas. Das ist eine wunderbare, tiefgründige Beschreibung. Als er
mit je einem Fuß auf beiden Seiten stand — Wesenheit und
Nicht-Wesenheit — sah er plötzlich die *Wirklichkeit*.
Vakkali sah nicht den physischen Körper, sondern die Wirklichkeit Buddhas. Er öffnete das geistige Auge und sah den voll-
ständigen Körper des Buddha, sah alle 33 Merkmale. Vorher
hatte er nur die 32 üblichen Merkmale gesehen, doch in diesem
Augenblick sah er auch das verborgene Zeichen.

Es handelt sich hier natürlich um eine bildliche Beschreibung.
Vakkalis Denken hatte sich im Dualismus von Materie und Geist
befunden, eine Seite phänomenal, die andere numenal. Doch in
diesem Augenblick sah er etwas, das weder phänomenal noch
numenal ist, sondern Wirklichkeit. In diesem Augenblick sah
Vakkali *ES* und erkannte *ES* — ah-h-h! Er erkannte, daß Buddha
ihn gerettet hatte, und er wurde ein Buddhist. Es ist etwa so, wie
wenn man das Anfangsstadium von Zen betritt, d.h. wenn man
nach dem Passieren von zwei oder drei Koan Einheit erkennt.
Das ist das Tor zum Buddhismus: weder Materie noch Geist, nur
Einheit. Doch der Eingang ist nicht das Allerheiligste, es gibt einen Zwischenraum zwischen dem Eingang und dem Allerheilig-
sten. Vakkali ging nur durch den Eingang. Die Beschreibung ist
sehr schön und poetisch: einen Fuß in der Luft, den anderen am
Rand des Felsabhanges, sah er plötzlich die ganze Erscheinung
Buddhas. Ich denke, es braucht immer einen solchen Moment,
um die Wirklichkeit, Buddha genannt, zu sehen.

Doch dieser Vakkali war ein Pechvogel. Kurz nach diesem
Geschehen wurde er krank. Er hatte furchtbare Schmerzen in
seinem Leib. Er konnte nichts essen, denn sobald er etwas aß,
brachten ihn die Schmerzen beinahe um. Das klingt wie die Er-
krankung an Magenkrebs. Die Krankheit hatte ihn eines Tages
überfallen, als er in Rajagriha um Nahrung bettelte und vor dem

Haus eines Stadtbewohners stand. Plötzlich spürte er einen heftigen Schmerz im Magen und fiel hin, danach war er Tag und Nacht in großer Pein. Eine Nonne namens Punya sah dies zufällig und fühlte, daß sie ihm helfen sollte. Sie pflegte ihn im Haus eines Töpfers drei Monate lang. Während dieser ganzen Zeit wurde Vakkali von den Schmerzen geschüttelt. Endlich sagte er zu der Nonne: ,,Ich kann diesen Schmerz nicht länger aushalten. Ich werde Selbstmord begehen, doch bevor ich es tue, möchte ich meinen Buddha noch einmal sehen. Ich bitte dich, Punya, gehe zu ihm und bitte um sein Mitgefühl für mich!'' Punya ging zum Buddha, und, nachdem sie sich verbeugt und seine Füße in den Händen gehalten hatte, gab sie ihm die Nachricht von Vakkali.

Der Buddha hatte Mitleid mit Vakkali und ging den Adlerförmigen-Berg hinunter nach Rajagriha in das Haus des Töpfers, wo er Vakkali von starken Schmerzen hin und hergeschleudert, stöhnend vorfand. Als Vakkali den Buddha kommen sah, versuchte er, sich zu erheben, doch der Buddha hieß ihn, liegen zu bleiben. Der Buddha setzte sich Vakkali gegenüber und stellte ihm folgende Frage: ,,Vakkali, denkst du, dieser Körper ist ewig?'' Ich bin nicht sicher, ob der Buddha in einem solchen Augenblick eine derartige Frage stellen würde, doch so steht es geschrieben. Vakkali antwortete: ,,Nein, mein Lokanatha, dieser Körper ist vergänglich. Er ist wie eine Wolke am blauen Himmel, welche nur kurze Zeit existiert und sich dann im Blau auflöst und verschwindet. Das ist Vergänglichkeit.''

Der Buddha sagte: ,,Ja, Vakkali, das ist Vergänglichkeit, und Vergänglichkeit ist Leiden.''

Vakkali stimmte dem Buddha zu: ,,Ja, mein Lokanatha, diese Vergänglichkeit des Körpers bedeutet Leiden. Dieser Körper ist unbeständig und veränderlich. Von diesem Augenblick zum nächsten ändert er seine Erscheinungsform. Ich kann mich nicht auf diesen Körper verlassen. Ich kann nichts tun gegen diese Veränderlichkeit. Das ist Leiden.''

Darauf sagte der Buddha: ,,Wenn du Nicht-Ich erreichst, wirst du ewige Leerheit sehen. Wenn du dich in ewige Leerheit verwandelst und von diesem Standpunkt aus die Veränderlichkeit beobachtest, wirst du erkennen, daß das Nicht-Ich ist. Wenn du Nicht-Ich erreichst, siehst du, daß dein Leiden nicht Leiden ist, und daß das Leiden nicht dein Leiden ist." Zen Schüler sollten dies auf Grund ihrer Erfahrung mit dem Koan über die Todesqual verstehen.

Vakkali sagte: ,,Ich habe Eure Lehre oft gehört, doch bitte, sagt mir, wie ich diesem Schmerz, diesem Leiden, entfliehen kann. Wenn Ihr erlaubt, werde ich mir mit meinem Dolch die Kehle durchschneiden und diesen vergänglichen Körper verlassen."

Darauf sagte der Buddha kein Wort, drehte sich um und ging zum Adlerförmigen-Berg zurück.

In der folgenden Nacht erschienen dem Buddha zwei Devas, ein männlicher und ein weiblicher. Einer sagte: ,,Vakkali beschloß, Selbstmord zu begehen." Der andere sagte: ,,Er will sich selber vom Leiden befreien." Dann verschwanden beide im Himmel, ihre langen Gewänder hinter sich herziehend, ohne eine Spur zu hinterlassen. Es war wie ein Traum. Ihr müßt verstehen, daß dies eine Beschreibung von Buddhas Gedanken ist.

Am nächsten Morgen befahl der Buddha seinen Jüngern, den Berg hinunter zu steigen. Er erzählte ihnen von den zwei Devas und fühlte, daß etwas geschehen war. Die Jünger gingen zum Haus des Töpfers, um nach Vakkali zu sehen. Doch dieser hatte in der vergangenen Nacht Punya gesagt, daß er Selbstmord begehen werde, und ihr befohlen, wegzugehen. ,,Bitte die Angehörigen dieser Familie, mich zur Schwarzstein-Grotte zu tragen. Ich will dort Selbstmord begehen, da ich nicht im Haus eines Laien sterben will. Doch sage niemand etwas davon!" So lauteten seine Worte.

Die Schwarzstein-Grotte befand sich in der Nähe vom Tor zu Shravasti. Den Buddhisten galt sie als unheilverkündender Ort. Früher war sie von den Jains, den nackten Mönchen, bewohnt worden. Doch als die Anhängerschaft des Buddha größer wurde, verließen die Jains die Grotte. Diese war so dunkel und unheimlich, daß niemand dort meditieren wollte.

Nachdem Vakkali die Schwarzstein-Grotte erreicht hatte, bat er die Männer, die ihn getragen hatten, nach Hause zu gehen. Dann hatte er seinen Dolch gezogen und ihn in die schmerzhafteste Stelle seiner Brust gestoßen. Dann war er gestorben.

Vakkali hatte seinen Körper in der Schwarzstein-Grotte verlassen, die schwarze Luft der Grotte war sein Leichentuch. Als der Buddha am Morgen die Grotte betrat, sah er Vakkalis Körper im Blut gebadet und wandte sich ab. Die Jünger fürchteten sich vor dem Körper, und keiner trat näher. Sie standen unschlüssig herum und wandten ihr Gesicht ab. Der Buddha sagte: „Seht die schwarze Luft um ihn. Der Nebel hatte seinen Körper berührt und ihn in Staub verwandelt. Vakkali sieht nicht wie ein Bhikshu aus, sondern wie ein Dämon. Dadurch, daß er sich selber tötete, wurde er ein Dämon."

Die Jünger fragten: „Wo ist sein Bewußtsein nun?" Der Buddha antwortete: „Er tötete sein Bewußtsein mit seinem Dolch."

Die ganze Erzählung dieses Sutras gipfelt in dieser Aussage: „Er tötete sein Bewußtsein mit seinem Dolch, also lebt sein Bewußtsein nicht mehr."

Vakkali beging Selbstmord bevor er das wahre Verständnis des Buddhismus erreicht hatte. Sein Verständnis ging so weit, daß er das Bewußtsein als das Zentrum des Universums sehen konnte. Wenn ihr mit Buddhismus anfangt, klopft ihr euch auf die Brust und sagt: „Das ist das Zentrum." Doch was bedeutet das? Vakkali nahm seinen Dolch, stach sich in die Brust und starb. Glaubte er vielleicht, sein Bewußtsein sei im Herzen?

Wenn ein Arhat im Moment seines Todes in das bodenlose Nichts hineingeht, erreicht er Nirvana. Doch wenn er während der Meditation plötzlich vor dem bodenlosen Nichtsein steht, hat er Angst. „Ich kann Nirvana nicht erreichen, wenn ich in dieses bodenlose Nichts gehe", denkt er.

In vielen Religionen ist Gott Bewußtsein. Bewußtsein ist der Himmel, das Universum. Man sucht nach einem Bewußtseinszentrum, das irgendwo existieren soll. Doch wenn man im Moment des Todes von seinem Bewußtsein abhängig ist und dieses zerfallen sieht, schreckt man vor der bodenlosen Leere zurück. Es ist, als ob man endlos falle, und man bekommt es mit der Angst

zu tun. So war es auch bei Vakkali. Jedermann, der glaubt, sein
Bewußtsein sei das Zentrum, begegnet dieser Angst, wenn er
stirbt. Als er in die bodenlose Hölle, ins Nichts, schaute und
glaubte, sein Bewußtsein verschwinde, dachte er: ,,Solange ich
mein Bewußtsein noch halten kann, will ich den Dolch benutzen
um in einem anderen Zustand wieder geboren zu werden." Er
hoffte, daß er seinen Körper mit diesem Bewußtsein verlassen
könne, bevor das Bewußtsein verschwindet. Also tötete er sich
selber, um sein Bewußtsein zu behalten und mit ihm in einen anderen Körper zu gehen. Das war sein Fehler. Denn mit seiner
Willenskraft zerstörte er sein Bewußtsein. Er dachte, er könne
dem Leiden entfliehen. Doch er war tot, bevor er den Kern des
Buddhismus, Nirvana, erreicht hatte. Der Buddha sagte: ,,Sein
Bewußtsein lebt nicht mehr. Er tötete es mit seinem Dolch."

D IE 32 HEILIGEN KENNZEICHEN
BUDDHAS Es gibt einen Koan: ,,Welches sind
die 32 heiligen Kennzeichen an Buddhas Körper?". Wie lautet
eure Antwort? Ihr müßt jede buddhistische Ausdrucksweise von
allen Seiten beobachten. Ihr sollt nicht einfach die Behauptung
akzeptieren, daß es in Buddhas Physiognomie heilige Zeichen als
Merkmale seiner Buddhaschaft gab.

Am Morgen erscheint die Sonne im Osten, und nach Sonnen-
untergang geht der Mond auf. Tag und Nacht folgen aufeinan-
der. Die Berge erheben sich hoch in den Himmel, der Ozean erscheint dem Auge beinahe unermeßlich. Innerhalb einer Woche
gibt es etwa vier sonnige und drei regnerische Tage. Im Frühling
blühen die Blumen, im Herbst fallen die Blätter. Im Frühling
pflügen die Bauern den Boden und die Vögel singen. Das sind
die heiligen Kennzeichen des Buddha.

In der Tradition wird Buddhas Körper als der Ort beschrieben, an dem sich die 32 heiligen Zeichen offenbaren. Doch ihr
sollt zur inneren Bedeutung dieser sorgfältigen Beschreibung
vordringen.

D ER BOTE DER HÖLLE *Ihr könnt weder in den Himmel noch ins Wasser noch in Stein schlüpfen, um euer Leben zu retten. Wenn ihr die Idee aufgebt, in irgend etwas einzutreten, könnt ihr dem Tod entgehen.*

Als kleiner Junge ging ich manchmal zu einem buddhistischen Tempel, wo auf einer spanischen Wand das Bild der Hölle gemalt war. Dies war ein schrecklicher Anblick für ein Kind — Schwerter, Säbel, Wölfe, Bluthunde und Feuer. In dieser furchtbaren Hölle litten die verlorenen Seelen in unendlicher Qual, während die Dämonen, die die toten Geister quälten, recht vergnügt zu sein schienen. Sie lächelten belustigt, während sie ihrem Handwerk nachgingen. Einer der Dämonen hatte Hörner, und sein Körper war mit Schuppen bedeckt, wie bei einem Fisch oder einem Krokodil. Er trug kurze Hosen aus einem Tigerfell. Mit einer Eisenstange in der Hand trieb er eine Frau auf einen Baum aus Schwertern. Die Frau kletterte voller Angst auf die Spitze dieses Baumes, bis ein Ast, der natürlich auch ein Schwert war, brach, so daß die Frau herunter fiel und in Stücke zerschnitten wurde.

Ich bin der Sohn eines Shintopriesters. In der Shinto Religion gibt es keine Hölle, deshalb glaubte ich nicht, daß solch ein Ort unter der Erde existiert. Ich hielt ihn für ein Produkt der menschlichen Einbildungskraft. Boshaft legte ich mir eine Frage zurecht, die ich dem Tempelmönch stellen konnte. Als ich ihn auf der Veranda traf, fragte ich ihn: ,,Warum leiden die Dämonen der Hölle nicht, während alle menschlichen Seelen leiden?'' Der Mönch, der wußte, daß ich der Sohn eines Shintopriesters war, antwortete: ,,Junge, du stellst eine gute Frage, aber du mußt wissen, daß diese toten Seelen immer noch ein Gewissen haben und deshalb leiden. Die Dämonen haben kein Gewissen und leiden deshalb nicht. Wenn du etwas Schlechtes tust, leidest du, weil du ein Gewissen hast. Aber diese Dämonen sind böse Wesen, sie wurden in der Hölle geboren. Da sie keine Gewissensbisse haben, leiden sie nie." Ich ging nach Hause und fragte meinen Vater. Dieser sagte: „Sowohl gute als auch böse Menschen haben ein Gewissen." Ich ergötzte mich über diese Antwort meines Vaters.

Nachdem ich die Weisheit des Buddhismus erreicht hatte, stellte ich einem alten Mönch die gleiche Frage. Er sagte, es gebe eine Antwort auf diese Frage in einem Śāstra, das von Asanga verfaßt wurde. Dort heißt es: „Die Dämonen der Hölle sehen keine Hölle. Die Hölle wird von denen gesehen, die gesündigt haben. Die Hölle existiert subjektiv. Die Dämonen und der König der Hölle können in der Hölle leben, aber für sie ist es kein Ort der Qual, denn sie haben kein Verbrechen und keine Sünde begangen. Indem sie die toten Seelen der sündigen Menschen quälen, zeigen sie ihr Erbarmen mit diesen Menschen." Ich war etwas verwirrt, denn ich konnte diese Antwort zuerst nicht verstehen. Aber heute glaube ich, alle Gefängnisbeamten denken, sie seien sehr gütig zu den Gefangenen. Sie leben im Gefängnis, aber sie leiden nicht. Die Richter, die die Verbrecher für schuldig erklären, leiden nicht, aber der Verbrecher leidet.

Ich suchte die Stelle im Śāstra von Asanga heraus und fand, daß er die Hölle als etwas erklärte, das nur im Geiste der Menschen existiert. Sie existiert nirgends objektiv. Der Kampf im Geiste der Menschen ist die Hölle.

Der König der Hölle schickt seinen Boten in die menschliche Welt und läßt ihn diesen oder jenen rufen: „Deine Zeit ist um, komm in die Hölle hinunter!" Und der Betreffende muß gehen. Mara, der Dämon, flüsterte Shakyamuni Buddha ins Ohr: „Tathāgata, deine Zeit ist um. Du mußt ins Nirvana eintreten!" Nicht einmal Shakyamuni Buddha konnte diesem entgehen. Er sagte zu Ananda: „Mara flüsterte mir zu. In drei Monaten muß ich ins Nirvana eintreten. Darauf sprach er das wunderbare Nirvana Sutra, welches mit den Worten beginnt: „Mara flüsterte mir zu..."

Als Shakyamuni Buddha im Bambusgarten war, kamen gelegentlich Brahmacarins dorthin. Sie waren Anhänger der Brahman Lehre, und die Buddhisten betrachteten sie als Häretiker, aber sie blieben trotzdem gute Freunde. Einmal kamen vier Brahmacarins, um mit den Mönchen über die Hölle zu sprechen.

,,Wenn der Bote der Hölle zu uns kommt, können wir ihn nicht abweisen. Wie stark müssen wir sein, d. h. welche Kraft und Fähigkeit müssen wir besitzen, um diesem Schicksal zu entgehen, das der Bote der Hölle uns bringt?"

Noch während sie darüber sprachen, kam der Bote der Hölle und flüsterte ihnen zu: ,,Eure Zeit ist um, ihr könnt nicht länger in dieser Welt bleiben. Ich warte auf euch am Eingang eurer Gruft." Dann verschwand er. Während sie über den Tod diskutiert hatten, hatte sich dieser bereits genähert. Nun gab es keine Zeit mehr, darüber zu diskutieren, sie mußten augenblicklich entscheiden, wie sie ihm entfliehen konnten.

Einer der Brahmacarin floh in den Himmel. Er besaß die fünf mysteriösen Kräfte. Er konnte das ganze Universum ungehindert sehen. Er konnte durch alle Phänomene hindurch sehen und alle Klänge des Universums hören, während die gewöhnlichen Menschen nicht einmal das Geräusch des Windes hören können. Er konnte den Geist aller Menschen hören und verstehen — er kannte die Tiefen, die Qualitäten, die Weisheit und alle anderen Eigenschaften des Geistes. Dies ist eine der mysteriösen Kräfte. Und er kannte seine Vergangenheit, Gegenwart und Zukunft. Außerdem hatte er wahre Freiheit seiner Willenskraft: in seinem Stuhl sitzend, konnte er auf dem Himalayagebirge stehen, oder in die Tiefen der Meere steigen oder ins Feuer eintreten. Sein Oberkörper konnte Feuer erzeugen, und sein Unterkörper Wellen. Er konnte das Segelboot auf dem weitentfernten Meer anhalten oder den Gong im fernen Tempel. Er konnte aus einem Fisch Millionen Fische machen, den Sturm anhalten, und auf dem Wasser gehen. Er konnte die Toten zum Leben erwecken.

Alle Hindu Lehrer sagen, daß die Brahmacarins diese fünf übernatürlichen Kräfte haben müssen. (Ich wünschte, ich könnte einem Brahmacarin begegnen, es ist mir aber noch nicht gelungen.) Die Buddhisten haben noch eine sechste mysteriöse Kraft. Diese ist die Kraft von *nirodha*, die Kraft, völlig zu verschwinden. Einer, der diese Kraft besitzt, kann im ganzen Himmel oder in der Hölle von keinem Dämon gefunden werden. Der Buddha hatte diese Kraft. Es ist die Kraft eines Buddhisten.

Dieser erste Brahmacarin versteckte sich also im Himmel und starb dort. Er hängte sich wie ein Kokon in den Himmel und starb einen elenden Tod. Dies ist schwierig zu verstehen, aber mit modernen Begriffen könnte man sagen, daß dieser Brahmacarin ein Materialist war, Er dachte, alle Phänomene könnten auf Äther zurückgeführt werden. Deshalb würde er nach dem Tod zu Äther werden und in diesem elementaren Körper für immer leben. Aber dadurch, daß er Luft wurde, wurde er geistlos, er verlor seine Seele. Heutzutage erklären die Gelehrten alle menschlichen Aktivitäten mit elektrischer Spannung. Also könnten wir sagen, daß der erste Brahmacarin in der Elektrizität verschwand und dann starb. Das ist der Tod eines Materialisten. Der ,,Himmel" bedeutet eine materielle Existenz und unterscheidet sich deshalb von unserem elementaren Körper des *dharmakāya*. Für diesen Brahmacarin ist dieses Element Materie, im Gegensatz zum nicht materiellen *dharmakāya*.

Der zweite Brahmacarin verbarg sich im Wasser und starb dort. In der östlichen Symbolik bedeutet Wasser ,,Kraft". Für ihn bestand der Kosmos aus Energie, also dachte er: ,,Wenn ich zu Kraft werde, lebe ich für immer." Obwohl es leicht ist, sich für diese Idee der Dynamik zu entscheiden und zu sagen, alles bestehe aus Schwingung der dynamischen Kraft, so kommen wir hier doch an den Punkt, wo sich Religion selber begrenzt. Mit dieser Ansicht verliert die Religion ihre Kraft als Religion und stirbt.

Der dritte Brahmacarin versuchte, sich im Feuer zu retten, und er starb dort. Er starb einen thermo-dynamischen Tod. Für ihn war Wärme die Wirklichkeit. Wir finden dies bei manchen europäischen Gelehrten, für sie ist alles nur Wärme, ein Komposthaufen aus Hitze. Wenn ein Mensch Hitze ansammelt, wird sein Gehirn aktiver. Alles, was Geschwindigkeit hat, ist heiß, also ist Geschwindigkeit in Wirklichkeit Hitze selbst. Und so wurde dieser Brahmacarin zu Feuer und starb darin.

Der vierte Brahmacarin verbarg sich im Stein. Hier bedeutet Stein ,,Zahl", und dieser Brahmacarin starb einen pythagoräischen Tod. Für die Anhänger des Pythagoras ist das Universum ,,Zahl", es gibt nichts außer Zahlen. Der Brahmacarin verbarg sich in der Zahl Null wie in einem Kokon, und starb darin.

Buddha beobachtete diese vier Brahmacarins und ihren seltsamen Tod mit seinem übernatürlichen Auge und verfaßte folgendes Gedicht:

„Ihr könnt weder in den Himmel noch ins Wasser noch in Stein schlüpfen,
um euer Leben zu retten.
Wenn ihr die Idee aufgebt, in irgend etwas einzutreten,
könnt ihr dem Tode entgehen."
Man kann sowieso in nichts eintreten, da alles vergänglich ist. Schlüpft in das Wasser — es wird zu Dampf, und der Dämon fängt euch. Schlüpft in den Dampf — er wird zu Eis, und der Dämon fängt euch. Das ganze Leben ist Leiden, ihr könnt keinen Ort finden, wo kein Leiden ist.

Ihr denkt, „ich bin", und schaut nach oben. Doch da ist jemand über euch. Dann geht ihr ins oberste Stockwerk eines Wolkenkratzers und da, über euch, ist der Fensterputzer.

Ihr braucht wirklich in nichts hineinzuschlüpfen. Ihr könnt da, wo ihr jetzt seid, verschwinden. So könnt ihr euch retten. Ein Bote der Hölle sagte zu einem Mönch: „Hochwürden, Eure Stunde ist gekommen. Kommt in die Hölle hinunter." Der Mönch sagte: „Ich bin sehr beschäftigt, ich habe vieles zu tun. Warte drei Tage, bis ich fertig meditiert habe." Der Bote der Hölle sagte: „Gut, in drei Tagen warte ich am Eingang Eurer Gruft." Er kehrte zum König der Hölle zurück und berichtete ihm, was geschehen war. Der König der Hölle sagte: „Du Narr, geh sofort zurück und hole ihn, sonst verschwindet er." Der Bote der Hölle ging zurück. Der Mönch war verschwunden —. Auch ihr könnt euch vom Tode retten.

DIE WELT DES GRENZENLOSEN
LICHTES *Es ist nicht leicht, die wahre Bedeutung des grenzenlosen Lichts zu verstehen — aber es gibt einen Weg, um dorthin zu gelangen. Ihr könnt in euren innersten Funken eintreten und euch mit diesem Funken selber vernichten.*

Es gibt eine Geschichte von einer Königin in Indien, die unschuldigerweise in ein Verließ eingesperrt worden war, ohne Hoffnung auf Flucht. Shakyamuni Buddha schickte Ananda, um ihr zu sagen, daß sie sich durch Meditation befreien könne. Ihre Seele könne in jedem Moment aus ihrem Körper hinaustreten und im grenzenlosen Licht des Universums Zuflucht nehmen. Das ist der Ursprung der Amida-Sekte. Amida bedeutet endloses Licht oder grenzenloses Licht. Wir sind Funken dieses Lichtes, jeder Mensch wird zu ihm zurückkehren.

Es wäre wunderbar, wenn wir dies jetzt sofort tun könnten — einfach aus unserer Haut hinaustreten! Wir alle möchten hinaus, es ist uns, als ob wir in einem Verließ eingesperrt wären. Aber es kann uns nicht gelingen, wenn wir nach etwas außerhalb von uns selber suchen. Es gibt nur einen Weg, um jederzeit hinauszutreten. Shakyamuni Buddha entdeckte diesen Weg und lehrte ihn uns. Stellt euch vor, ihr wäret eine Frucht mit einem Kern in der Mitte. Ihr müßt immer zu diesem Kern zurückkehren, von dort kann man hinaustreten, denn dieses Zentrum ist die einzige Stelle, die laut über die Wahrheit des Universums spricht. Könnt ihr dieses Zentrum in euch selber finden? Wir haben keinen berührbaren Kern, aber jedermann hat zweifellos ein Zentrum in sich selber. Wo ist es? Wenn ihr es zu finden versucht, sucht ihr vergeblich, aber wenn ihr nicht sucht, ist es da wie das Bild des Mondes im Wasser. Man kann es nicht ergreifen — berühre es nicht! Der Mond schwebt auf der Oberfläche der Wellen. Wenn ihr euer Interesse allen Dingen gegenüber ganz aufgebt, werdet ihr in dieses Zentrum kommen. Was ist es? Man denkt, sieht, hört, riecht, tastet, schmeckt; man ist sich seiner selber bewußt.

Wo ist das Zentrum? Fast alle denken, Bewußtsein sei das

Zentrum, aber ihr sollt diesen Fehler nicht machen. Wer ist es, der *weiß*, daß euer Bewußtsein alle Phänomene spiegelt? Wer *kennt* dieses Bewußtsein? Kann Bewußtsein sich selber kennen, oder hat etwas anderes das Wissen? Es gibt etwas Tieferes in uns, welches weiß, daß unser Auge wiederspiegelt. In der Meditation wißt ihr, daß es ein Zentrum gibt, auf dem sich alle Schatten spiegeln. Stellt euch vor, in euch befinde sich eine Kristallkugel, in derem Zentrum das Wissen ist. Aber der Wissende kann nicht gefangen werden, denn der Wissende *ist* der Fänger — nur der Wissende weiß sein Wissen! Es ist, als stünde man auf einer Nadelspitze; man kann sich nicht von diesem zentralen Fokus in sich selber wegbewegen. Dieser Punkt ist der eine Kern in der Frucht, und ihr befindet euch in diesem Kern. Man kann nur von *dort* heraustreten. Es gibt nichts weiter dazu zu sagen, und ich kann es nicht besser erklären als so. Alles, was bleibt, ist die Anwendung. Geht also in dieses Zentrum zurück und tretet hinaus! Aber macht euch nicht die Vorstellung, daß ihr im Zentrum des Lichtes stehen und wie ein Vogel hinausfliegen werdet.

Es ist nicht leicht, die wahre Bedeutung des grenzenlosen Lichtes zu verstehen — aber es gibt einen Weg, um dorthin zu gelangen. Ihr könnt in euren innersten Funken eintreten und euch mit diesem Funken selber vernichten. Wenn ihr euch dies selber beweist, seht ihr, daß es sich völlig von euren vorherigen Vorstellungen unterscheidet. Doch niemand kann auf dem Trockenen schwimmen lernen — man muß es im Wasser tun. Also müßt ihr dies in der Meditation üben.

DIE DREI ARTEN VON KARMA *Unser Universum ist ebenso vergänglich wie die Wolken am Himmel. Es wird weggewischt und wieder geschaffen werden, doch es erscheint dem Menschen endlos.*

Die Lehre vom Karma ist eine panasiatische Theorie, die in Indien schon vor dem Buddhismus existierte. Sie ist verbunden mit der Idee von Samsara, dem sich ewig drehenden Rad der Wiedergeburt, Jeder karmische Akt zieht einen anderen nach sich, und dieser wird die Ursache eines nächsten, und so dreht sich die ganze Kette wie ein Rad ohne Anfang und ohne Ende. Der Buddha lehrte nicht das Gesetz des Karmas, aber er fand einen Weg, um Karma zu einem Ende kommen zu lassen und sich selber vom Samsara zu befreien. Buddhismus ist der Weg zur Befreiung von Karma. Bevor ich die Entstehung von Karma erkläre, muß ich über die Folgen von Karma sprechen. Das muß klar sein. Wir fühlen die Resultate von Karma vor allem in unserem Geist. Eure Gedanken, meine Gedanken sind das Ergebnis früheren Karmas. Durch diese Gedanken gelangen wir zu unseren Ansichten, unseren Vorstellungen. Wenn wir etwas sehen, lächeln, grinsen oder seufzen wir, je nach der Haltung, die wir bestimmten Vorfällen gegenüber gewöhnlich einnehmen. Diese Haltung ist das Resultat unseres vergangenen Karmas, damit reagieren wir auf gegenwärtige Umstände. Indem wir von dieser Ausgangslage her beurteilen und entscheiden, bilden wir unsere Zukunft. Unsere Zukunft hängt davon ab, ob wir, wenn wir auf menschliches Leben schauen, lächeln, hohnlächeln oder gleichgültig die Achseln zucken.

Jeder Mensch hat sein eigenes, gesondertes Karma gebildet, er hat es kultiviert und erntet es. Euer Karma ist das eure, nicht das meine, und das meine ist nicht das eure. Wir können die Ergebnisse dieses individuellen Karmas direkt beobachten, wenn wir träumen. Euer Traum ist eure eigene Schöpfung, nicht meine. Ihr habt etwas gesehen oder gedacht und träumt es. Etwas, das ihr getan oder gedacht habt, wird nie der Traum eines anderen werden. Das Schwein, das du sahst, erscheint in deinem Traum mit großen Brillengläsern. Es ist dein eigenes Karma. Das Karma, das du gemacht hast, führt dein Leben.

Außerdem gibt es das Karma der Affinität. Wir verkörperten uns im Schoß einer Frau und wurden dabei von ihrem Karma angesteckt. Man kommt aus dem Mutterleib mit einem wunderbaren Geist, welcher auch eigenes Karma ist, doch man kann diese wunderbare Macht des Gehirns nicht vollständig manifestieren, weil das Karma der Eltern mitgetragen wird. Die Buddhisten nennen dies *das sich wiederholende Karma* oder *angehäufte Karma*. Man mag in der jetzigen Verkörperung gut sein, doch man wiederholt die Resultate von schlechtem Karma aus früheren Äonen. Niemand kann den Folgen von Karma entfliehen.

Es gibt drei verschiedene Arten von Karma: Karma, das vom physischen Körper erzeugt wird, Karma, das durch unsere Gedanken oder Worte erzeugt wird, und Karma, das uns allen gemeinsam ist. Ich höre z. B. diesen Ton, und ihr hört ihn auch. Wir wissen, daß wir denselben Ton hören. Ich sehe das Kerzenlicht, ihr seht es auch. Es ist dasselbe für uns alle. Das ist das Ergebnis des Karma, welches uns gemeinsam ist, weil wir empfindende Wesen sind, die von einem bestimmten Ort kommen. So empfangen wir das Karma, das uns allen gemeinsam ist. Wir sagen, der Himmel ist blau, weil wir denken, der Himmel ist „blau"; doch das Pferd oder der Ochse können nicht „blau" denken, die kennen das Wort „blau" nicht, trotzdem erscheint der Himmel ihren Sinnen vielleicht in der gleichen Farbe wie den unsrigen. Ich sehe mit meinen Augen, doch an diesen Augen ist etwas, das größer ist als ich. Das Auge ist für uns ganz besonders mysteriös. Wie auch immer wir denken, ganz egal, wie sehr sich die Namen unterscheiden, wir alle sehen, sofern unsere Augen gesund sind, die gleichen Farben. Darin liegt ein großes Geheimnis. Das Auge, das uns so nahe ist, ist doch ein Schritt höher als wir selber. Es ist das Auge, mit welchem wir Weisheit und Gemütsbewegungen beobachten und ihre Resultate aufnehmen. Das Auge ist nicht getrennt vom menschlichen Wesen, aber es ist nicht so unrein wie die Gedankenwelt. Das Auge, das in unserem Körper ist, ist klar und rein, doch es ist nicht unser Besitz. Es ist ein wunderbares Wesen, dieses Auge. Wenn wir wie Bäume wären, würden wir unser wunderbares Universum nicht sehen. Das Auge gibt uns seine Wunder, und unsere Augen sind gleich, unabhängig davon, wie und was wir denken. Das ist allgemeines Karma.

Das ganze Universum, das wir sehen, ist der Traum des Auges. Der Traum, den wir im Schlaf träumen, ist unser privater

Traum, unser privates Karma. Doch dieser wunderbare Traum des Auges ist nicht privat. Es ist der öffentliche Traum. Was geschieht, wenn unser privater Traum zu seinem Ende kommt und wir den wunderbaren allgemeinen Traum des Auges sehen? Es ist sehr interessant, über diese Frage nachzudenken. Es gibt nur ein Wort im Buddhismus, das zu diesem bestimmten Punkt paßt — Nirvana. Nirvana erreichen ist Erleuchtung. Was gibt es dann dort? Man kann nicht darüber sprechen, denn alle Wörter, die wir brauchen, sind Namen für das Universum, welches wir mit unseren physischen und „gedanklichen" Augen sehen. Wir wissen, aber wir können nichts sagen.

Als ein alter Zen Meister gefragt wurde, was nach dem Tod geschehe, antwortete er: „Ich weiß nicht." „Warum nicht?" „Weil ich noch lebe." Dieser Dialog ist sehr einfach, aber dieses „Ich weiß nicht" ist sehr tiefgründig. *ES* kann nicht gewußt werden. Ihr müßt diesen Punkt verstehen! Wenn Bodhidharma auf die Frage des Kaisers, wer er sei, antwortete: „Ich weiß nicht, wer dieses Ich ist", könnte dieses „Ich" die Schöpfung Gottes genannt werden. Sein „Ich weiß nicht" hat den Klang von Etwas, das unendlich und grenzenlos ist.

Unser privater Traum existiert in unserem sechsten Bewußtsein (Bewußtsein des Auges). Dieses ist uns allen gemeinsam, aber unsere Vorstellungen darin unterscheiden sich gemäß unserem Karma. Über diesem Bewußtsein ist das *ālaya*-Bewußtsein, auch immerwährendes Bewußtsein genannt. Auch dieses ist uns allen gemeinsam. Es ist in Wirklichkeit allen empfindenden Wesen, allem Leben gemeinsam. Vielleicht könnte man dafür das Wort „Seele" benutzen. Es ist unser Bewußtsein, doch ist es höher als unser individuelles Ich-Bewußtsein. *Ālaya*-Bewußtsein denkt und erzeugt das Universum und beobachtet es. Vielleicht meint ihr, der denkende Geist sei höher als das Auge. Doch dem ist nicht so, das Auge ist höher, weil wir damit die Inhalte des *ālaya*-Bewußtseins sehen.

Ein Augenblick ist für das *ālaya*-Bewußtsein wie eine Million Jahre für den Menschen. Wenn wir tagsüber träumen, geht der Traum vorbei wie Zigarettenrauch, d. h. Gedanken kommen und gehen. Samsara dreht sich tagsüber sehr schnell. Doch nachts, wenn wir müde sind, scheint unser Traum ewig zu dauern. Wenn unser Bewußtsein schwach ist, bleiben die Gedanken lange Zeit darin bestehen, und wenn wir erschöpft sind, rutschen wir, noch während wir etwas denken, in einen Traum — das dauert nur eine Sekunde, doch in unserem Traum kann es Monate oder Jahre dauern.

Unser Universum ist ebenso vergänglich wie die Wolken am Himmel. Es wird weggewischt und wieder geschaffen werden, doch es erscheint dem Menschen endlos. Wir leben in einer mysteriösen Welt, dieser Traum ist der Traum des *ālaya*-Bewußtseins. Alles ist Traum. Leben ist Traum, doch ich genieße diesen Traum. Einige lieben das Leben nicht, doch mir ist es egal, was passiert, schließlich ist ja alles ein Traum. Manchmal hänge ich vielleicht an etwas, doch im Grunde hänge ich an gar nichts, weil es ein Traum ist. Hier haben wir die furchtlose Haltung des Buddhisten, die ihm grundlegend ist. Auch wenn wir mit Tod oder irgend einem Dilemma konfrontiert sind, sind wir nicht allzusehr beunruhigt, weil wir wissen, daß es ein Traum ist und daß es, wenn wir aus dem Traum herauskommen, keine Träume mehr geben wird, daß wir Nirvana betreten werden. Also ist Nirvana die wirkliche Grundlage unseres Lebens.

Wir empfangen drei Arten von Karma, weil wir drei Arten von Tod haben. Einer davon ist der Tod des Körpers. Buddhisten betrachten den Körper wie einen Holzofen oder eine Wasserpistole: der Ofen produziert nicht ewig Feuer, und die Wasserpistole enthält nicht immer Wasser. Die Gedanken, die wir haben, sind nicht in unserem Geist, sondern im Raum. Alle Gedanken, die „du" denkst, kehren zu diesem Geist zurück. Wenn der Tod kommt, betrittst „du" einen anderen Körper. Finde den Ort der Wiedergeburt durch Orientierung (Heim-Instinkt)! — Das ist karmisches Bewußtsein.

Dann gibt es den periodischen Tod. Ich hatte Kunst studiert, dann bin ich als Künstler gestorben und bin ein Mönch geworden, und dann habe ich hier nochmals ein neues Leben begründet.

Es gibt auch den momentanen Tod, man denkt und stirbt in einem Gedanken. Man denkt über Monismus, Pluralismus,

Buddhismus nach, und in jedem Moment stirbt man in diesen Gedanken.

Das Karma, das in der Vergangenheit geschaffen worden ist, erntet man, es gibt kein Entrinnen.

L UMBINI *Alles im menschlichen Leben hat Bedeutung, doch eine wahre Sache hat keine Bedeutung. Bedeutung ist etwas vom Menschenhirn Erfundenes. Wirklichkeit hat keine Bedeutung, sie ist transzendental.*

In der Sprache der Legende heißt es, daß der Buddha im Garten Lumbini geboren wurde und sofort sieben Schritte machte, in allen Richtungen um sich schaute, mit dem erhobenen rechten Zeigfinger zum Himmel und mit dem gesenkten linken Zeigfinger zur Erde zeigte und sprach: ,,Zwischen Erde und Himmel bin ich der Einzige, der am höchsten verehrt werden soll." Dieser Ausspruch wird meistens an Buddhas Geburtstag, dem 8. April, zitiert.

Ein junger Novize sagte zu seinem Meister: ,,Ich kann nicht verstehen, daß ein kleiner Säugling mit menschlichen Worten sagen konnte, ,Ich bin derjenige zwischen Himmel und Erde, der am höchsten verehrt werden soll'. Wie konnte er das sagen?" Der Meister antwortete: ,,Ich will dir zeigen, wie er das sagte: Wa-a-ah! Wa-a-ah!"

Hakuin Zenji zeigte dasselbe mit der Hand: ,,Kannst du das Geräusch der einen Hand hören?" Wenn ihr das Geräusch der einen Hand gehört habt, hat es das ganze Universum ausgefüllt. Ihr könnt es nicht mit diesem Ohr hören, aber in der Meditation wißt ihr, daß der Klang, den ihr hört, dieser universale Klang ist, welcher nicht im Trommelfell widerhallt. Es ist wahrhaftig der tiefste und dynamischste Klang. Wenn er durch die menschliche Stimme hörbar wird, ist es nur das Geschrei eines Babys, ,,Wa-a-ah". Vom Himmel kommt er als Donnerschlag. In der Zen Schule repräsentiert ihn dieses Geräusch der einen Hand. Aber das ist nicht bloß eine Hand. Diese Hand ist das Universum. Sie ist so groß wie das Universum. Sie reicht von einem Ende des Universums zum anderen. Sie ist so alt wie das Universum, und das ganze Universum ist darin enthalten.

Einige Zen Schüler treffen einen Zen Meister und dieser fragt: „Habt ihr das Geräusch der Hand gehört?" Der besonders Schlaue schlägt seine Hände zusammen und antwortet: „Welche Hand?", worauf ihn der Meister schlägt. Der Schläuling dachte, er könne den Meister mit seinem Witz erwischen. Zen ist keine so oberflächliche Sache.

Hakuin Zenji zeigte es in einer Hand. Gutei Zenji zeigte es in einem Finger: „Was ist Zen?" Er hob einen Finger. „Was ist das Universum?" Er hob einen Finger. „Was ist Buddha?" Er hob einen Finger. Welche Frage ihm auch gestellt wurde, er hob immer einen Finger. „Was ist Existenz?" „Was ist Nicht-Existenz?" Er hielt immer einen Finger auf.

Im Tempel des Gutei war ein schlauer, junger Novize. Wenn dieser ins Dorf ging und von den Leuten gefragt wurde: „Was ist die Lehre deines Meisters?" antwortete er, indem er einen Finger aufhielt. „Bedeutet das etwas?" Er hielt einen Finger auf. „Bedeutet es nichts?" Er hielt einen Finger auf. „Existiert das Universum?" Er hielt einen Finger auf. „Ist das Universum Nicht-Existenz?" Er hielt einen Finger auf.

Jemand berichtete dies Gutei, welcher auf eine Gelegenheit wartete, diesen kleinen Novizen zu erleuchten. Eines Tages erschien der Novize vor ihm. Gutei hob einen Finger, und der kleine Novize machte es ihm nach. Da zog Gutei ein Messer und schnitt den Finger des Knaben ab. „Yahhh!" Als der Knabe wegrannte, rief Gutei seinen Namen. Der Novize drehte sich um. Gutei hob einen Finger. Der Knabe machte es ihm nach und... oh! — er realisierte, daß er keinen Finger hatte. In diesem Moment war er erleuchtet. Er verlor einen Finger, aber ergriff das ganze Universum. Der Lehrer war sehr streng, aber sehr gütig. Er hatte einen Finger genommen, aber das ganze Universum gegeben; er hatte einen Finger genommen, aber Buddha gegeben.

Der Buddha zeigte dasselbe. Eines Tages, mitten unter den Mönchen, erhob er eine Lotosblume. Er sagte kein Wort, hielt nur die Lotosblume in die Höhe. Alle Mönche schauten auf den Lotos und wartete darauf, daß der Buddha sprechen würde. Buddha sagte kein Wort. Nur einer der Schüler, Mahakasyapa, verstand die Bedeutung. Er lächelte. Das war der Beginn der Zen Schule.

Ich halte den Hossu [1], es ist dasselbe: es heißt nichts Besonderes, aber es hat überragende Bedeutung. Diese Zeile: ,,*Ich bin der Eine, der am höchsten verehrt werden soll*'', ist die Bedeutung. Als der Buddha geboren wurde, zeigte er dies, in dem er ,,Waa-ah'' schrie. Zen ist seltsam, aber er ist unserem Herzen am allernächsten. Wir verstehen sofort, was es ist.

Ich hatte einen Schüler, der fünf Jahre lang zu mir kam. Schließlich sagte er: ,,Es ist bedeutungslos.'' Ich war froh, dies zu hören. Alles im menschlichen Leben hat Bedeutung, doch eine wahre Sache hat keine Bedeutung. Bedeutung ist etwas vom Menschenhirn Erfundenes. Wirklichkeit hat keine Bedeutung, sie ist transzendental. Sie hat transzendentale Bedeutung, welche niemand verstehen kann. Was wir mit Vernunft verstehen können, ist des Verstehens nicht wert. So kleine Dinge, wie sie der Mensch verstehen kann, brauchen wir nicht zu wissen. Ihr könnt es bei einem Namen nennen, ich kann es bei einem Namen nennen. Aber es gibt etwas, das namenlos, zeitlos und bedeutungslos ist. Die Bedeutung der Bedeutungslosigkeit ist eine wunderbare Bedeutung, nicht wahr?

[1] Fliegenwedel, der vor Beginn eines Zen Vortrages zur symbolischen Reinigung der Luft verwendet wird (Anm. d. Übers.).

DIE DREI KÖRBE *Jemand, der Erleuchtung erlangen möchte, muß an erster Stelle persönliche Wünsche aufgeben. In der gegenwärtigen Zivilisation ist dies sehr schwierig zu verwirklichen.*

In Buddhas Lehre gibt es drei Methoden zum Erreichen von *bodhi*, dem Erwachen im Zustand der aktuellen Wirklichkeit. Sie heißen: *sūtra*, *vinaya* und *abhidharma*.

Das sind drei bekannte Ausdrücke. Sie werden im Sanskritausdruck *tripiṭaka* zusammengefaßt. „*Piṭaka*" muß mit Korb übersetzt werden, was sehr merkwürdig klingt. „*Tripiṭaka*" heißt also „Drei Körbe". Es sind aber natürlich nicht drei Körbe voller Manuskripte oder Bücher, sondern drei Methoden, durch welche man *bodhi* erlangt.

Sūtra, *vinaya* und *abhidharma* waren also ursprünglich nicht die Titel einzelner Schriften, wie viele westliche Leute glauben, und *sūtra-piṭaka* ist nicht der Name eines speziellen Sutras. „*Sūtra*" ist das Gesetz der Übung, aber später brauchte man diesen Begriff auch zur Bezeichnung der entsprechenden Art von Schriften. *Sūtra-piṭaka* wurde der Name für eine Gruppe von Schriften, in denen viele Lehrreden des Buddha zum Thema Meditation aufgezeichnet wurden. Darin sprach der Buddha über seine Erfahrung in der Meditationsübung und lehrte seine Jünger, wie man meditiert und wie man sich auf die Meditationsübung vorbereitet. Der *sūtra-piṭaka* des Pali-Kanons besteht aus fünf *nikāyas* oder „Sammlungen" von kurzen Sutras: *digha*, *majjhima*, *samyutta*, *anguttara* und *khuddhaka*. Natürlich gibt es auch im Mahayana Buddhismus viele berühmte Sutras. Auch sie bestehen mehr oder weniger aus Erklärungen von Meditationserfahrungen.

Die *vinayas* sind die Aufzeichnungen der Gebote. Einige der *vinayas* wurden ins Englische oder in eine andere europäische Sprache übersetzt. Der vollständige *vinaya-piṭaka* wurde von den Indern an die Chinesen und von den Chinesen an die Japaner weitergegeben. Viele Bände sind aus dem Sanskrit ins Chinesische übersetzt worden. Somit haben wir genug davon, um die Mönche ein Leben lang mit Lesen zu beschäftigten!

Die *abhidharmas* sind die Schriften der buddhistischen Philosophie, der Theorie des Buddhismus. Wenn jemand lange Zeit Meditation geübt hat und *bodhi* erlangt hat, fängt er normalerweise an, darüber zu theoretisieren. Er macht sich Gedanken über das Wie, Wann und Was dieses Erwachens. Er versucht, eine vollständige Theorie seiner Erfahrung aufzustellen. Es ist so, wie wenn ein Wissenschaftler zufällig etwas „erfindet". Es funktioniert wunderbar. Aber wenn andere Wissenschaftler nach dem „Wie" und „Warum" fragen, kann er es nicht erklären, da er zufällig darauf kam. Ebenso geht es dem Buddhisten; er erfährt Erleuchtung, kann es aber nicht erklären. Er hat einen erleuchteten Geist, aber keinen Weg, darüber zu sprechen. Deshalb versuchten erleuchtete Menschen, ihre Erfahrung des Erwachens zu systematisieren und zu erklären, damit andere es theoretisch verstehen können. Seit der Zeit des Patriarchen Tashya Maudgaliputra, ungefähr fünf Generationen nach Buddhas Tod, wurde die buddhistische Philosophie stark entwickelt. Das ist das, was wir *abhidharma* nennen. Natürlich existierte eine buddhistische Philosophie schon zu Lebzeiten des Buddha. Das früheste *abhidharma*, das wir finden können, ist das *abhidharma* von Shariputra, einem der größten Jünger des Buddha. Auch es wurde ins Chinesische übersetzt.

Diese drei Arten von Schriften sind also die Aufzeichnungen von drei Methoden oder Anwendungsarten des Buddhismus: *sūtra* — Meditation; *vinaya* — Gebote; *abhidharma* — Philosophie und Theorie. Seit der Periode von König Ashoka, etwa 200 Jahre nach Buddhas Tod, gehörte es zur Pflicht eines Mönches, diese drei Methoden zu praktizieren. *Sūtra* ist die Methode, die in den Bereich des Geistes gehört. Damit ist aber nicht das Denken gemeint, sondern der Geist, der keine Worte enthält. Geist ist *Geist*, nicht Worte. Geist ist rein wie klares Wasser. Worte sind Symbole der Außenwelt, die wir in unserem Geist aufbewahren, sie gehören ursprünglich nicht zum Geist. Die Übung der Anwendung der Gebote, *vinaya*, gehört vor allem in den Bereich des physischen Körpers. Sie schließt Geist mit ein, aber es ist die Aktivität des Geistes, die speziell zum Körper gehört, zur physischen Tat. Besonders in der Hinayana Schule des Buddhismus war sie für das aktuelle Handeln bestimmend. *Abhidharma* gehört in den Bereich des Denkens bzw. der Worte.

Im Japanischen nennen wir diese drei Übungsarten von Körper, Wort und Geist, *shin-ku-i*. „*Shin*" heißt hier Körper, „*ku*" Worte, „*i*" Geist. Also bezieht sich *sūtra* auf Geist, *vinaya* auf Körper und *abhidharma* auf Worte. Um Erleuchtung zu erlangen, muß der Buddhist diese drei Methoden anzuwenden.

Die Laien, die in alter Zeit Buddhismus praktizierten, waren nicht in der Lage, alle Gebote zu befolgen. Also befolgten sie einige der weniger wichtigen und übten sich in *abhidharma* und *sūtra*.

Jemand, der Erleuchtung erlangen möchte, muß an erster Stelle persönliche Wünsche aufgeben. In der gegenwärtigen Zivilisation ist dies sehr schwierig zu verwirklichen, aber im alten Indien war es nicht so schwierig. Man nahm einfach Abschied von der Familie, schlief im Freien, trug eine Kutte, die aus drei Teilen gefertigt war, und bettelte um Nahrung, wenn man hungrig war. Es war Sitte, daß ein alter Mann, sobald sein Sohn verheiratet war, sein Vermögen weitergab und sein Heim verließ. Das war ziemlich traurig, doch der Brauch wollte es so. Manchmal verließ ein junger Mensch sein Heim, weil er Weisheit finden und sich nicht dem produktiven täglichen Leben verpflichten wollte. Seine Brüder sahen ihn den ganzen Tag nichtstuend herumsitzen und sagten: ,,Du bist faul, mach, daß du weg kommst!" Und der junge Mann antwortete: ,,Schon gut", ging in die Wälder zu den Asketen und verbrachte sein Leben in Meditation, um seine persönlichen Wünsche zu vernichten und Erleuchtung zu erlangen. Natürlich essen solche Menschen, aber sie essen, um ihren Körper zu erhalten und nicht, um ihren Geschmacksinn zu befriedigen. Sie folgen nicht einem Verlangen, wie jemand, der sagt: ,,Oh, dieses Beefsteak ist schrecklich gut, ich habe schon so viel davon gegessen, daß ich keinen Platz mehr habe, aber ich will doch noch ein Stück nehmen." Wenn einer von ihnen auf der Straße seine Mutter trifft, spricht er nicht zu ihr. Selbst wenn er durch Zufall an der eigenen Türe bettelt, und der Diener ihm etwas Reis in die Schale schöpft, geht er ohne ein Wort zu sagen fort. Dies geschieht, um jede Bindung an die Welt zu lösen, um seinen Geist losgelöst, rein und uninteressiert zu halten — immer in Bereitschaft, Erleuchtung zu erlangen. Aus diesem Grund befolgt man die Gebote und nicht, weil der Lehrer sagt: ,,Gehorche oder ich treibe dich aus dem Tempel!"

So ist die Übung von *vinaya* die erste Übung in der Einführung in den Buddhismus. Wenn man das Einhalten der Gebote übt, und der Geist ruhig und still wird, beneidet man seinen Freund nicht, der 100 Dollar in der Woche verdient oder eine schöne Frau heiratet — es bedeutet einem nichts. Man beneidet auch nicht einen Mann um seine schönen Kleider — es hat keine Bedeutung für einen. Nein, man setzt sich einfach hin und meditiert.

Buddhismus ist natürlich nicht identisch mit Philosophie, von allem Anfang an sind Buddhismus und Philosophie sehr verschieden. Wir meditieren nicht über Philosophie. Philosophie ist eine Methode, um die Wahrheit zu finden. Wahrheit ist etwas, das ein Objekt definiert. Solange ein Objekt vorliegt, kann man dessen Wahrheit finden. Hier ist ein Diamant, rund und hart, man kann seine Wahrheit finden. Aber wenn es kein Objekt im Universum gibt, wenn alles leer ist, dann gibt es nichts zu bestimmen, und Wahrheit ist unnötig. Solange die objektive Welt existiert, kann Wahrheit nicht beständig sein, denn die Welt ändert ihre Wahrheit andauernd. Was heute Wahrheit ist, ist morgen keine mehr. Was ist Wahrheit? Man soll diese Frage beantworten. Einmal sagte jemand: ,,Wahrheit ist, den Ziegenbock zu melken und die Milch in einem Sieb aufzufangen." Es gibt keine ,,Wahrheit" in der Wirklichkeit.

Der Buddhist meditiert also nicht über Worte, die zu einem Objekt gehören. Er meditiert einfach über seine Seele. Das ist alles. Es ist so einfach wie Wasser.

Doch wenn man versucht, *abhidharma* zu erklären, braucht es 5048 Bände, und dann sieht Buddhismus wie Philosophie aus. *Abhidharma* ist nur der philosophische Teil des Buddhismus, und das ist ein sehr kleiner Teil der buddhistischen Welt. Heutzutage, nachdem viel Zeit vergangen ist und nachdem sich der Zustand der menschlichen Welt verändert hat und die menschliche Natur sehr scharfsinnig geworden ist, finden die Menschen die Ausübung der Gebote oder der Meditation natürlich nicht wichtig. Deshalb fragte ein Amerikaner, der einmal ein japanisches Kloster besuchte und die Mönche den ganzen Tag sitzen und meditieren sah: ,,Warum verbringen sie ihre Zeit nicht damit, etwas zu produzieren, anstatt den ganzen Tag nichtstuend dazusitzen?"

DIE ACHTZEHN LEERHEITEN[1]

Der Bodhisattva, der dieser ewigen Leerheit begegnet, faltet die Hände und kniet davor nieder. Doch dies geschieht nicht aus Furcht. Ihr sollt dies mit eurem prajñāpāramitā *verstehen.*

Die achtzehn Leerheiten (*śūnyatās*) werden von Shakyamuni Buddha im *Mahāprajñāpāramitā Sūtra* erklärt. Dort heißt es: „O Shariputra, wenn du in den achtzehn Leerheiten zu verweilen wünscht, mußt du *prajñāpāramitā* üben." Die achtzehn *śūnyatās* sind die Schlußfolgerung von *prajñāpāramitā*. Sie heißen:

1. Die Leerheit des Innern
2. Die Leerheit des Äußern
3. Die Leerheit des Innern und des Äußern
4. Die Leerheit der Leerheit
5. Die Leerheit der großen Elemente
6. Die Leerheit der Wirklichkeit
7. Die Leerheit des schöpferischen Zweckes
8. Die Leerheit der Zwecklosigkeit
9. Die Leerheit des Endresultates
10. Die Leerheit des Anfangslosen und des Endlosen
11. Die Leerheit der Vernichtung der Phänomene
12. Die Leerheit der eigenen Natur
13. Die Leerheit der eigenen Erscheinung
14. Die Leerheit der ganzen Existenz
15. Die Leerheit des Ungreifbaren
16. Die Leerheit der Nicht-Existenz
17. Die Leerheit der Existenz
18. Die Leerheit der nicht-existierenden Existenz

---

[1] Dieses Kapitel ist eine Zusammenstellung mehrerer Vorträge. Sokei-ans Übersetzung der Sanskritausdrücke wurde unverändert übernommen, auch wenn sie nicht immer mit den üblichen Übersetzungen übereinstimmen (Anm. d. Übers.).

Im *Mahāprajñāpāramitāsūtra* heißt es, der Buddha habe acht Jahre lang *prajñāpāramitā* geübt. Wir besitzen 600 Bände über die Geschehnisse dieser Jahre. Die Leerheit ist der Eckstein des Buddhismus. Die achtzehn Leerheiten sind schwierig zu verstehen. In meiner 6jährigen Lehrtätigkeit in New York ist dies das erste Mal, daß ich darüber spreche. Eine gewisse Erfahrung im Buddhismus ist für das Verständnis dieser Lehre Voraussetzung. Doch wenn ihr diese achtzehn Leerheiten wirklich erfaßt habt, ist euer Studium des Buddhismus abgeschlossen.

Wenn man sich den Aufstieg in einem Dreieck von unten nach oben und den Abstieg von oben nach unten vorstellt, befindet sich *śūnyatā* an der scharfen Spitze des Wendepunktes. Es ist auch der Wendepunkt vom Hinayana zum Mahayana Buddhismus. Aus der Hinayana Auffassung ist die Leerheit der zu erreichende Endpunkt, das Ziel des Buddhismus. Aus der Mahayana Sicht ist die Leerheit die Basis des Buddhismus, der Ausgangspunkt.

1. Das Innere ist leer, *adhyātmaśūnyatā*

Adhyātma bedeutet „der eigene höchste Geist", der höchste Geist eines Individuums. Dieser individuelle Geist ist leer. Leer bedeutet: ohne Ego, ohne Selbst oder Atman.

Nach dem Buddhismus hat das Innere sechs *āyatanas* oder Eingänge. Was sind diese sechs Eingänge? Es sind die fünf Tore von außen nach innen — die fünf Sinne — plus ein zusätzlicher, der im Inneren verborgen ist. Demzufolge gibt es sechs Sinne. Der „innere" ist der allerhöchste Geist.

Die Menschen halten den innersten verborgenen Sinn für den König des Geistes und betrachten ihn als ihr Eigentum und identifizieren sich damit. Doch die Buddhisten betrachten ihn nicht als individuell, von ihrem Standpunkt aus gehört er niemandem. Es ist Bewußtsein, und Bewußtsein ist nicht eure Person. Es gibt kein Bewußtsein, zu dem man „du" oder „ich" sagt. Das Auge hat kein Ich, es gibt keinen Gebieter darin, und das Ohr hat kein geistiges Zentrum, noch haben die übrigen Sinne ein solches. Aus diesem Grunde ist das Innere leer.

2. Das Äußere ist leer, bahirdhāśūnyatā

Bahirdhā bedeutet außen — etwas, das verschieden ist vom eigenen Selbst. Was ist „das Äußere"? Es ist die Existenz dessen, was unseren Sinnen gegenübersteht: Farbe, Klang, Geruch, Geschmack und Berührung, einschließlich der „halbmateriellen" Gedanken und Geistesinhalte. All dies heißt *bahirdhā*. Man kann Farben sehen, aber es sind nur Erscheinungen wie bei einem Regenbogen. Sie haben keine wirkliche Existenz. Wir blicken in das phänomenale Universum als ob wir in ein Kaleidoskop hineinblicken. Die phänomenale Welt und die numenale Welt sind nur Erscheinung. In der Sprache der Wissenschaft sind es Schwingungen. Die Netzhaut des Auges schwingt mit den ätherischen Schwingungen mit, und dies führt zur Wahrnehmung von Farben in unserem Gehirn. Farben existieren nicht außen. Das Äußere ist leer.

3. Das Innere und das Äußere ist leer, adhyātmabahirdhāśūnyatā

Das bedeutet, daß die 12 *āyatanas* leer sind. Unter den 12 *āyatanas* verstehen wir: Auge, Ohr, Nase, Mund, Tastsinn, inneres Bewußtsein sowie Farbe, Klang, Duft, Geschmack, Berührung und Geistesinhalte. Sie sind leer. Das Innere ist leer, also ist auch das Äußere leer. Das Äußere ist leer, also ist auch das Innere leer. Das Äußere und das Innere ist leer.

4. Leerheit ist leer, śūnyatāśūnyatā

Vernichtet Leerheit mit Leerheit! Wenn ihr das Äußere und das Innere „geleert" habt und Leerheit findet, müßt ihr diese Auffassung ebenfalls leeren. Wenn ihr dies wirklich versteht, ist euer Studium beendet, dann habt ihr es nicht mehr nötig, zum Sanzen zu gehen.

Als ich jung war und mich auf alle Formen der Meditation konzentrierte, wurde es mir eines Sommers zur Gewohnheit, dabei in Unbewußtheit zu fallen — es war nicht Schlaf, aber etwas Ähnliches — ich war mir des bewußten Geistes unbewußt. Es war ein heißer Sommer, und ich wäre beinahe gestorben —

ich befürchtete, einmal nicht mehr aus diesem Zustand zurückzukommen. Eines Tages ging ich mit einem Hund auf einen Berg; der Hund paßte auf mich auf. Ich hörte das Geräusch einer Eisenbahn, öffnete die Augen und sah meinen *Körper*. Ich sagte mir: „Nach der Lehre des Buddhismus muß man eines Tages erkennen, daß dieser Körper nur eine Vorstellung ist." Ich sah meinen Körper auf einem Felsen sitzend mit dem Hund daneben, hörte den Pfiff des Zuges — und erkannte, daß ich zusammen mit dem ganzen Universum leer bin. Das ist der erste Schritt zum Mahayana Buddhismus. Es ist nicht nötig, sämtliche Phänomene wegzuwischen. Wir können diese Erkenntnis auch durch einen Koan erlangen. Natürlich sollt ihr weise genug sein, diese Leerheit zu erkennen, wenn ihr einen Koan beobachtet. Aber ihr beobachtet einen Koan so, wie ein Esel an einem Zaun vorbeigeht. Doch eines Tages werdet ihr es erkennen. Der menschliche Begriff von Leerheit ist Zen, aber ihr müßt dieses Zen zerstören — dann werdet ihr euch als eins mit dem ganzen Universum erfahren. Das ist *śūnyatā*.

5. Die großen Elemente sind leer, mahāśūnyatā

Mahāśūnyatā besteht aus den sechs großen Elementen Erde, Wasser, Feuer, Luft, *ākāśa* und Bewußtsein. Gewöhnlich sprechen wir von vier großen Elementen, aber hier sind es sechs. Das, was jenseits von Luft ist, wird *ākāśa* genannt, es ist völlige Dunkelheit, Vakuum, Raum. Dort manifestiert sich nichts in seiner eigenen Gestalt, Licht leuchtet nicht, Hitze ist nicht heiß. Erst im Bereich der Luft wird Licht zu leuchtendem Licht und Hitze zu Feuer. Im *ākāśa* aber gibt es nichts.

Weshalb fallen wir in der Meditation in die Dunkelheit? Weil wir in *ākāśa* hineinfallen. Das Wesen von *akaśa* ist Bewußtsein, aber wenn ihr versucht, Bewußtsein darin zu erkennen, findet ihr kein Bewußtsein. Ihr fühlt das Bewußtsein in diesem Stadium, aber wenn ihr dort eintretet, könnt ihr es nicht erkennen. Es ist nicht euer Bewußtsein — deshalb ist es leer.

In diesem Punkt unterscheidet sich der Buddhismus von anderen Religionen. Solange man nicht zur Leerheit gelangt, kann man wahre Weisheit nicht realisieren. Das ganze Universum wirkt und bewegt sich. Alle *saṃskāras* manifestieren ihre eigene elementare Existenz ohne Selbst. Die *saṃskāras* sind die Gestaltungen der schöpferischen Elemente unseres *ālaya*-Bewußtseins. Im Sanskrit gelten alle Laute als Bewußtseinselemente. Im Shingon-Buddhismus bedeutet der Vokal „U" *dharmakāya*, „A" ist *saṃbhogakāya*, „O" *nirmāṇakāya*. Auch im englischen Alphabeth sind alle Elemente der Gedanken enthalten. Blumen, Bäume und Gräser befinden sich ebenfalls in unserem Geist, nicht nur außen, wo man sie sieht. Ebenso sind auch alle Tiere — Katzen, Hunde, Tiger, Wölfe, Hühner, Bären — in uns enthalten. Man kann diese Elemente im Wesen einer Person beobachten. Jedermann zeigt gemäß seinem Karma zu gewissen Zeiten den Tiger, das Stinktier oder den Elefanten in sich. Wenn ihr Leerheit wahrhaftig versteht, seht ihr, wie alle diese Elemente hervortreten und das Universum schaffen. Es ist eine Tätigkeit aus sich selbst heraus, es gibt keinen Meister oder Gott. Das ist der Unterschied zwischen Buddhismus und Christentum. Im Buddhismus gibt es keinen Gott, der die Dinge am Montag und Dienstag schafft und am Sonntag ruht. *Wer* ist Gott? Wenn es ein Gott wäre, wäre es ein „Vor-Montag-Gott". Im Buddhismus hat niemand einen Gott gemacht. Deshalb ist Gott leer. Doch man kann die Tätigkeit des Universums sehen. Wenn ihr das Koan des 6. Patriarchen von der Fahne und dem Wind verstanden habt[2], versteht ihr Nicht-Ich und die ganze Schöpfung der Welt. Dann werdet ihr in der Tat das sog. *mahāprajñāpāramitā* sehen.

6. Die Wirklichkeit ist leer, paramārthaśūnyatā

Paramārtha bedeutet das höchste geistige Wissen. Was ist das höchste geistige Wissen im Buddhismus? Das ist ganz einfach zu beantworten: Wenn ihr Nirvana erreicht, habt ihr das höchste

---

[2] Zwei Mönche betrachteten die Fahne auf dem Tempeldach und stritten sich darüber, ob die Fahne sich bewegt oder ob der Wind sich bewegt. Der 6. Patriarch sagte: Weder Fahne noch Wind bewegen sich, es ist euer Geist, der sich bewegt.

geistige Wissen erlangt. Der Hinayanist glaubt, Nirvana sei Vernichtung, totale Leerheit. Doch man muß auch diese Idee von Leerheit vernichten. Alles ist leer, aber eure Vorstellung von Leerheit ist auch etwas. Zerstört deshalb auch diese Vorstellung! Dann werdet ihr die Wirklichkeit sehen. Was ist Wirklichkeit? Außerhalb dieser phänomenalen Welt gibt es keine Wirklichkeit, deshalb muß die Wirklichkeit in dieser phänomenalen Welt sein. Es gibt keine Wirklichkeit außerhalb meiner Weihrauchschale[3]. Als Zen Schüler müßt ihr dies beweisen. „Ist Wirklichkeit leer?", fragt ihr. Alle Phänomene sind Wirklichkeit (Sokei-an schlägt den Gong). Es ist das sog. „höchste Wissen", wenn ihr versteht, daß alle Phänomene Wirklichkeit sind.

Im *Mahāprajñāpāramitā Sūtra* steht der berühmte Satz: *„Rūpa* ist *śūnyatā, śūnyatā* ist *rūpa.“* Form ist Leerheit, Leerheit ist Form. Das ist der Eckstein des Buddhismus. Max Müller[4] las dieses Sutra und war sehr enttäuscht. „Alle diese Leute halten dieses Sutra für wunderbar, aber wie dumm..." Der große Max Müller! Ich wünschte, ich wäre sein Zeitgenosse gewesen, vielleicht hätte ich ihm etwas erklären können.

Wenn ihr das höchste geistige Wissen erreicht, *paramārtha*, werdet ihr euch bewußt, daß es in dieser Wirklichkeit wirklich nichts gibt. In dieser Wirklichkeit halte ich die Weihrauchschale in meiner Hand — nichts sieht wie Wirklichkeit aus. Was ist Wirklichkeit? — BEWUSSTSEIN. Es ist kein Vergnügen für einen Lehrer, über diese achtzehn Leerheiten zu sprechen. Man muß alle Gesichter der Schüler wie bei einem Federballspiel beobachten — tatsächlich, die Leerheit beweist sich dort — 9/10 der Leerheit!

7. Schöpferischer Zweck ist leer, saṃskṛtaśūnyatā
Die wörtliche Übersetzung von *saṃskṛta* lautet „zusammenstellen". Ihr alle kennt das Wort als den Namen der indischen Spra-

---

[3] Sokei-an hatte immer eine Schale auf dem Tisch, in der er während des ganzen Vortrages kleine Prisen von körnigem Weihrauch verbrannte.
[4] Berühmter engl. Sanskritgelehrter, † 1899

che Sanskrit. *Saṃskṛta* bedeutet dort „Worte, die absichtlich für Rituale oder religiöse Schriften zusammengestellt wurden". Für den weltlichen Gebrauch gibt es eine andere Sprache, Prakrit. Hier hat das Wort *saṃskṛta* jedoch nichts mit der Sprache zu tun. Hier bedeutet es „Tun" im üblichen Sinn, also ist Tun leer. Was ihr auch tut, alles kommt philosophisch zu einem Schluß, welcher leer ist.

Nāgārjuna, ein berühmter indischer Philosoph, erklärte die achtzehn Leerheiten sehr sorgfältig. Ich habe Nāgārjuna sehr gern, seine Theorie ist so knusprig, wie die japanischen Reiskuchen. Ich wünschte, ich könnte seine Schriften übersetzen, aber das wäre ein kolossales Unternehmen. Ich werde jedoch ein wenig über seinen Kommentar sprechen.

Warum ist handeln leer? Darauf gibt Nāgārjuna zwei Antworten. Erstens: „In diesem Handeln existieren das Ich und die Position (oder Stellung) des Ichs nicht. In diesem Handeln ist überhaupt nichts Dauerhaftes, deshalb ist es leer." Die zweite Antwort lautet: „Das Gesetz für das Tun ist unfaßbar und unerreichbar, deshalb ist Tun leer." Buddhistische Kommentare sind immer sehr kurz, man muß das eigene Gehirn benutzen, um die Frage zu lösen.

In diesem Tun existieren das Ich und die Position des Ichs nicht: Wenn wir etwas tun, wer „tut" es? Ihr denkt natürlich, daß ihr es tut. Philosophen denken darüber nach. Wenn ihr nicht essen würdet, könntet ihr nichts „tun". Wenn ihr nicht schlafen würdet, könntet ihr nichts „tun". Wenn ihr nicht geboren worden wäret, könntet ihr nichts „tun". Deshalb seid ihr es letzten Endes nicht selber, die etwas tut. *Ihr* verdaut eure Nahrung nicht selber. Wer verdaut? Ihr würdet vielleicht antworten „Herr Natur". Wer ist dann dieser Herr Natur? Es ist der Sohn Gottes[5], der Christos. Wer ist Gott? Niemand weiß es, Gott weiß es! Deshalb ist Tun nicht euer eigenes Tun.

Es ist ganz klar, ihr schaut etwas an, aber *ihr* schaut es nicht an. Etwas ohne Namen schaut. Es ist sehr seltsam, wenn man bei

---

[5] Im theologischen Sinne hat der Sohn Gottes als schöpferischer „Fiat" die Natur geschaffen (Anm. d. Übers.).

diesem Punkt angelangt ist. Man kann sich sofort im Sumpf der Religionen verlieren, wenn man darüber nachdenkt. *Wer* schaut auf dieses Licht? Ihr könnt nicht antworten. *„Ich und die Position des Ichs (chin. gagasho) existieren nicht.“* Elektrizität kommt in diese Birne (zeigt auf eine elektrische Lampe), nun ist die Birne der Aufenthaltsort, die Position der Elektrizität. Ohne die Birne käme die Elektrizität nicht zu diesem Ausdruck, ohne die Elektrizität würde die Birne nicht leuchten. Nehmt die Position weg — könnt ihr nun Elektrizität nachweisen? Die Position und das, was darin ist, sind wirklich untrennbar.

Wenn man im Buddhismus über die Seele spricht, spricht man auch über die Position der Seele, d. h. die Seele und der Ort der Seele gehören zusammen. Subjekt und Objekt kommen immer zur gleichen Zeit zum Ausdruck. Beide sind leer, beide existieren nicht. Darum denkt man, der Mensch existiere nicht, aber die Natur existiere. Man glaubt nicht an die Existenz des Ichs, aber an die Existenz der Natur. Der Buddhist versucht, diese Natur zu erfassen.

Das Gesetz des Tuns ist unfaßbar: Man spricht immer über Gesetze. „Man soll keinen Wein trinken — es ist schlecht“, sagten sie, und Amerika machte das Alkoholverbot. Dann sagten sie: „Wein ist schlecht, aber man darf Bier trinken.“ Heutzutage kann man alles trinken. Gesetze wurden seit urdenklichen Zeiten geschaffen und wieder abgeschafft. Man kann kein wesentliches Gesetz machen, das für Menschen zwei- oder dreitausend Jahre lang gültig ist. Es gibt nichts Bleibendes in einem Gesetz.

Wir sehen den Mond jetzt weit entfernt, doch in einer Million Jahren könnte er sich an der Oberfläche der Erde reiben und alles mit Trümmern überschütten — dann ändern sich alle Gesetz des Sonnensystems. Unser Leben ist so kurz, daß wir die Veränderungen im Gesetz des Universums nicht wahrnehmen können. Das Universum enthält keine festen Gesetze. Was ist dann Gesetz? In seiner innewohnenden Natur ist es unfaßbar. Daraus schließen wir, daß das Gesetz des Universums kein Ich enthält, daß kein Gott dieses Gesetz geschaffen hat, um das Universum zu einem bestimmten Zweck zu regieren. Da es nach der buddhistischen Doktrin keinen festen Plan oder Zweck in der Schöpfung des Universums gibt, ist Tun leer.

Sehen, Hören, Riechen, Schmecken, Tasten sind alles Handlungen. Doch ich „tue" nichts. Die zwölf Nidanas der Kausalkette der Existenz sind auch *saṃskṛta*, „tun". Ein Same des Bewußtseins wird im Schoß deiner Mutter gepflanzt, du wächst auf, bewegst dich unter der Sonne, siehst, ißt, und so tuend stirbst du — all das ist *saṃskṛta*. Alle schattenhafte Welten der Sinneswahrnehmung sowie die inneren Zustände des Bewußtseins sind in dieses *saṃskṛta* eingeschlossen. Tun, Sehen und Hören haben kein Ich, deshalb sind sie leer. Das ganze Universum ist veränderlich, nichts ist festgelegt und bleibend, um eine dauerhafte Erscheinung zu formen. Die ganze Natur ist nichts als Wolken am Himmel: veränderlich, ohne substantielles Selbst, leer.

8. *Zwecklosigkeit ist leer, asaṃskṛtaśūnyatā*

Ich übersetze *asaṃskṛta* mit „Zwecklosigkeit". Dieser Teil ist schwierig für Anfänger oder solche, die mit dem Buddhismus nicht bekannt sind, aber es ist wahrer Buddhismus und sehr wichtig. *Asaṃskṛta* ist immer negativ. Wörtlich heißt es „nicht zusammengestellt" oder „nicht zu einem bestimmten Zweck festgesetzt". Nāgārjuna sagt dazu in seinem Kommentar: „Man erreicht die Wirklichkeit und befreit sich von Geburt, Existenz und Tod."

Jeder, der die Wirklichkeit erreicht, kann diese Befreiung verstehen — befreit von *Geburt, Existenz und Tod*. Jedermann untersteht dem Gesetz der drei Phasen der Existenz. Es ist das Gesetz aller Erscheinungsformen des Universums. Doch derjenige, der die Wirklichkeit erreicht, befreit sich davon. Seltsam! Doch was ist letzten Endes Wirklichkeit? Derjenige, der die Wirklichkeit erreicht, erfährt, daß er von den drei Phasen der phänomenalen Existenz frei ist, und diese Erfahrung beweist das Nirvana. Im Dharma der Wirklichkeit gibt es jedoch keine faßbare Zwecklosigkeit und deshalb sagen wir: Zwecklosigkeit ist leer.

Was ist das Gesetz der Wirklichkeit? Man spricht über Wirklichkeit und ihre Zwecklosigkeit, aber in Wirklichkeit kann man Zwecklosigkeit nicht erfassen. Das ist sehr großspuriger Buddhismus. Es ist fast unmöglich, ihn verständlich zu machen, es sei denn, man benutze Koan dazu. Die Wirklichkeit ist das Erste, worüber man nachdenken soll. Diejenigen, die Sanzen nehmen, verstehen dies. Die Wirklichkeit ist grenzenlos, zeitlos, unermeßlich — keine Form zu fassen, keine Farbe zu sehen — aber sie existiert vom Anfang bis zum Ende des Universums. Jemand, der die Wirklichkeit erreicht, welche wirklich seine innewohnende Natur ist, befreit sich von den drei Phasen der phänomenalen Welt. Kurz gesagt, wenn man *dharmakāya* erreicht, läßt man sich vom Gesetz des *nirmāṇakāya* nicht stören. Nach dem Gesetz des *nirmāṇakāya* trinkt Herr Schmidt Wein und Herr Jones wird betrunken. Seltsam, nicht wahr? Wenn man ein Telegramm von Amerika nach Japan schickt, muß es durch einen Draht gehen. Wenn man aber die Nachricht per Rundfunk sendet, breitet sie sich wellenförmig in alle Richtungen aus.

In der Wirklichkeit sind in diesem Moment (Sokei-an schlägt den Gong) eine Million Jahre enthalten, und eine Million Jahre existieren nicht. Ihr eßt, trinkt, atmet in diesem Dasein, doch ihr seid noch nicht geboren worden, ihr existiert nicht. Philosophisch gesehen, existiert ihr nicht.

In dieser Wirklichkeit könnt ihr euch natürlich von Geburt, Existenz und Tod befreien — und in dieser Befreiung versteht ihr, was Nirvana ist, ihr versteht es nicht nur gedanklich, sondern könnt es auch verwirklichen. *Dharmakāya* ist Zwecklosigkeit, aber man kann dies nicht fassen. Wenn es auch nur ein ganz klein wenig Zwecklosigkeit enthält, ist es nicht *dharmakāya,* sondern eine Vorstellung oder Idee von *dharmakāya.* Ich verbrachte sechs Jahre in Zwecklosigkeit und eines Tages sagte ich mir: ,,Das ist bloß eine Idee, der ich nachlebe'', und ich kam heraus. Wahre Zwecklosigkeit ist leer.

9. Das Endresultat ist leer, atyantaśūnyāta
Atyanta bedeutet im Sanskrit ,,Grenze'', ,,lang dauerndes Ende'', aber ich übersetze es als Endresultat. Warum ist das

Endresultat leer? Er ist leer, weil „tun" leer ist. Weise dieses „tun ist leer" zurück, und es wird dich zur Zwecklosigkeit führen. Weise diese Zwecklosigkeit, diese Untätigkeit des *dharma-kāya* zurück, und du verlierst alles. Gibt deinen letzten Pfennig weg, und du fühlst dich arm, doch du bist noch reich, weil du Armut hast. Nimm diese Armut weg — was hast du dann? Das Endergebnis ist leer. Dies ist der Aufenthaltsort des Mönches. Er ist weder reich noch arm, er lebt das Endresultat, die Schlußfolgerung des menschlichen Lebens. Wenn ihr diesen Teil des Buddhismus versteht, ist alles sehr interessant.

10. Das Anfangslose ist leer

Als erstes müßt ihr erkennen, daß das Universum keinen Anfang hat. Noch hat es ein Ende. Wenn das Universum einen Anfang hätte, müßte es auch ein Ende haben, aber da es keinen Anfang hat, hat es auch kein Ende.

Unter dem Begriff „anfangslos" stellen wir uns in der Regel ein „Nichts" vor, wie eine Null die keine „Eins" erzeugt. Wenn es keinen Beginn in diesem Sinne gibt, fangen wir natürlich an, an der Existenz zu zweifeln. Was ist dann das? (Sokei-an schlägt den Gong.) Es muß etwas geben. Dann muß es aber irgendwo angefangen haben — das ist die logische Schlußfolgerung. Es ist anfangslos, aber wir können nicht darüber reden, denn wenn wir sagen, es ist anfangslos, heißt das logischerweise, daß es nichts gibt. Doch alles existiert. Wir können uns vom Anfangslosen also keinen Begriff machen, deshalb sagen wir „das Anfangslose ist leer." Wenn man den Koan „Vor Vater und Mutter, was war deine Urnatur?" beobachtet, erkennt man dies. Vor deinem Vater und deiner Mutter gibt es *nichts*. Doch dieses Nichts ist nicht Null — es ist etwas. Doch weil man dieses Etwas nicht fassen kann, ist das Anfangslose leer.

11. Das Vernichten (undoing) der Phänomene ist leer

Wie „vernichtet" man Phänomene? Man sieht sich z. B. die Farben der Umgebung an: gelb, rot, weiß, blau; dann „vernichtet" man sie und findet Numena. Gelb, Rot, Weiß und Blau sind

Wellenlängen des Äthers — alle Phänomene sind nichts als Schwingungen des Urstoffes. Wir können uns nicht vorstellen, was dieser Urstoff ist, also ist es leer. Dieses sogenannte Vernichten der Phänomene ist die Arbeit unseres Gehirns. Man schaut z. B. in ein Mikroskop, „Ja", sagt man, „das, was ich hier sehe, ist eine bestimmte Wellenlänge von Äther." Dann „vernichtet" man es — doch das Objekt bleibt bestehen: Man macht es ungeschehen, man kann es aber dadurch nicht zerstören. Deshalb ist Vernichten leer. In der Meditation vernichtet man alle Phänomene durch das Koan: „In allen drei Welten gibt es absolut nichts", aber alles existiert weiter. Durch Meditation und Philosophie „vernichtet" man, aber man kann nichts zerstören. Dieses „Vernichten" ist so, wie wenn man nach einem Tropfen Wasser in einem Glas jagen würde. Man nimmt einen Tropfen, zwei Tropfen, drei Tropfen heraus, doch man kann das Wasser nicht zerstören.

12. Deine eigene Natur und die Natur der Dinge ist leer

Heißes Wasser ist heiß — das ist seine Eigenschaft. Wenn es nicht heiß ist, ist es nicht heißes Wasser. Diese Hitze ist aber nicht die innewohnende Natur des Wassers, denn sie kommt erst durch die Verbindung von Wasser und Wärme zustande. Wenn die Wärme weg ist, ist es nicht mehr heißes Wasser. Euer Körper ist warm, aber diese Wärme ist nicht eure wahre Natur — sie wird durch die Verbindung der sechs großen Elemente erzeugt — Erde, Feuer, Luft, Wasser, *ākāśa* und *vijñāna*. Diese sechs großen Elemente verbinden sich und erzeugen eure „Natur". Doch das ist nur eine vergängliche Natur. Sie ist nicht substantiell oder ewig. Einige haben eine grobe Natur, andere eine sanfte, aber diese Natur beruht auf einem Konglomerat verschiedener Elemente, also ist es „Nicht-Natur". Deine eigene Natur ist leer.

Wenn es keine Luft, kein Wasser oder kein Feuer gäbe, gäbe es keine Erde. Diese Erde hat keine eigene ewige Natur. Wasser ist flüssig, doch wenn die anderen großen Elemente nicht dazu kämen, wäre kein flüssiges Wasser vorhanden — die Flüssigkeit ist nicht die wahre Natur des Wassers. Luft besteht aus den drei Elementen Feuer, Wasser und Erde. Heutzutage nennt man diese Elemente Kohlenstoff, Sauerstoff und Wasserstoff. Sie vereinigen sich zum Phänomen „Luft".

13. Die eigene Erscheinung ist leer
Man kann die menschliche Erscheinungsform aus zwei verschiedenen Gesichtspunkten betrachten, individuell und allgemein. Zur allgemeinen Erscheinung gehören zwei Augen, zwei Ohren, eine Nase, Arme, Beine, usw. Die individuelle Erscheinung ist charakteristiert durch Schönheit, Häßlichkeit, Größe, Umfang, usw. Aber alle diese Erscheinungen sind wie Wolken am Himmel — sie existieren für eine Weile und verschwinden dann — also sind sie leer. Die Natur des Mönches, d.h. der Mönch als Mönch, der die Gebote beachtet, und die Erscheinung des Mönches mit Kutte und Kahlkopf, existieren nur für kurze Zeit.

Die Natur als solche besteht aus fünf *skandhas,* und die Erscheinungswelt besteht aus den sechs *āyatanas* — den fünf äußeren Sinnen und dem einen inneren Sinn.

14. Skandhas und āyatanas sind beide leer, deshalb ist alles leer — die ganze Existenz ist leer, sarvadharmaśūnyatā
Die Leerheit unserer sogenannten Welt heißt *sarvadharmaśūnyatā.* Man kommt in diesen Bereich der Existenz und verkehrt miteinander mit Mitgefühl, aber getrennt in der Erscheinung als Frau, Mann, Vater, Kind; jeder wiederholt eine alte Beziehung im Karma. All dies ist so vergänglich wie ein Blitz. Alles, was wir mit den Augen sehen und mit dem Gehirn denken können, ist das Resultat unseres Auges und Gehirns. Im Ursprung gab es nur einen Turm der Leerheit, solides Bewußtsein natürlich, aber kein du oder ich — alles war eins. In diesem Stadium sind Anfang und Ende, Tun und Vernichten dasselbe. Das ist der wahre Boden unserer Seele, aber, durch unsere Sinne getäuscht, sehen wir einander als getrennt. Ursprünglich waren wir eins. Dann werden wir uns gegenseitig gewahr so wie ein Finger einen anderen Finger berührt und „Oh, da ist ein anderer Finger!" Aber man ist trotzdem noch eins. Für kurze Zeit erscheinen die Gestalten in der Luft und im Sonnenlicht, und wir sehen einander und lieben einander — ein kleiner Traum.

Der Bodhisattva, der dieser ewigen Leerheit begegnet, faltet die Hände und kniet davor nieder. Doch dies geschieht nicht aus Furcht. Ihr müßt dies mit eurem *prajñāpāramitā* verstehen! Kniet nieder, faltet eure Hände und konzentriert euch darauf! Ihr könnt beide Seiten sehen — Phänomenon und Numenon — ihr steht zwischen zwei verschiedenen Existenzen. Ihr seid *prajñā* und wißt, daß die zwei verschiedenen Erscheinungsformen leer sind. Das ist keine gedankliche Überlegung und keine Philosophie mehr. In eurem Herzen findet ihr allmählich den Buddhisten.

15. Das Ungreifbare ist leer, anupalambhaśūnyatā

Was bedeutet „das Ungreifbare ist leer"? Samsara, Nirvana und *sarvadharma* sind „ungreifbar". Samsara ist der Name für die ganze äußere Existenz, die sich wie ein Rad unendlich dreht. Nirvana ist die Vernichtung dieses drehenden Rades. *Sarvadharma* ist das All-Sein. Wenn ihr euer Auge öffnet, seht ihr das All-Sein. Am Morgen wird jemand geboren, und am Abend stirbt jemand. Wir denken, 50 oder 70 Jahre seien eine lange Zeit, doch im Vergleich zur Ewigkeit ist es nur ein Augenblick. Samsara steht zwischen Geburt und Tod. Es ist die eine Seite der Münze. Nirvana ist die andere Seite derselben Münze. Es besteht ein zeitlicher Abstand zwischen dem schmerzhaften Tod und der neuen Geburt — dieser Abstand ist Nirvana. Im Buddhismus ist „ahhh" der Klang der Geburt und „mmm" der Klang des Todes. Mit „ahhh" erscheint das ganze Universum und mit „mmm" verschwindet es. Zwischen „ahh" und „mmm" liegt Samsara, und zwischen „mmm" und „ahh" ist Nirvana. Um Nirvana zu verstehen, muß man nicht sterben. Man kann es sofort hier und jetzt verstehen. Es ist nicht nötig, die Augen zu schließen oder die Bewegung des Geistes anzuhalten. Wenn die Augen offen sind und man über etwas nachdenkt, existiert Nirvana im Hintergrund des Bewußtseins. Ihr sollt darüber Bescheid wissen, das ist alles. Wenn ihr zehn Dollar in der Tasche habt, braucht ihr diese nicht andauernd herausnehmen und zu zählen, ihr wißt einfach, daß sie da sind. Ebenso hat man Nirvana in der Tasche seines Bewußtseins — verschiebt die Beschäftigung damit nicht bis zum Augenblick des Todes!

Samsara und Nirvana sind wirklich alles. Samsara ist etwas und Nirvana ist nichts, doch dieses Nichts ist etwas und etwas ist nichts; auch ist etwas etwas und nichts nichts und beide sind leer. So verstanden sind Samsara und Nirvana ungreifbar.

Jetzt werde ich diesen Ausdruck „ungreifbar" im Lichte von drei buddhistischen Ansichten erklären:

1. Die fünf *skandhas*. Ihr könnt euch selber nicht in den fünf *skandhas* finden. Die Außenwelt besteht aus den fünf großen Elementen Erde, Wasser, Feuer, Luft und Äther. In all diesen fünf Elementen gibt es kein separates Ich. Ihr könnt euch selber nicht in Wasser, Feuer oder Luft finden, also könnt ihr euer Selbst nicht außerhalb eurer selbst finden.

Ihr könnt euch nicht in eurem physischen Körper *(rūpa)* finden, auch dieser besteht aus den fünf Elementen, also könnt ihr euch darin nicht finden.

Gedanken *(saṃjña)* sind Eindrücke von außen. Da ihr euch in der Außenwelt nicht finden könnt, könnt ihr euch selbstverständlich auch nicht in den Eindrücken von der Außenwelt finden.

Das „Unterbewußte" *(saṃskāra)* besteht aus unterschwelligen Gedanken und Geistesbewegungen. Ein westlicher Gelehrter nannte dies die „Gestaltungen der schöpferischen Kraft". Es besteht aus Fühlen und Emotion — den Launen der Natur. In der Außenwelt findet man alle diese Emotionen im Ausdruck der Natur dargestellt. Die Trauerweide weint, die Kiefer lacht, der Tiger ist wild, der Hund bellt und die Katze miaut. Diese schöpferische Kraft ist tatsächlich der Samen aller Existenz. In diesem *saṃskāra* kann man sich selber nicht finden — es besteht nur aus Schwingungen des Bewußtseins. Diese ändern sich wie Wellen — freut man sich, sind die Wellen glatt, ist man wütend, sind sie groß.

„Bewußtsein" *(vijñāna)* verdaut eure Nahrung, wacht auf und schläft ein, ihr habt nichts damit zu tun. Ihr habt keine Macht darüber, es gehört nicht euch, denn Bewußtsein ist nicht euer Selbst, und ihr könnt euch deshalb nicht darin finden. Deshalb ist es ungreifbar.

2. Shakyamuni sprach von den Toren oder Eingängen unseres

Bewußtseins (āyatana). Wir können das „Ungreifbar" auch von diesem Standpunkt aus erklären.

Ihr könnt euch selber in den Sinnestoren nicht finden, genau so wenig, wie ihr eure Faust in den fünf Fingern finden könnt. 3. Wenn ihr versucht herauszufinden, warum ihr nach dem Dharma sucht, könnt ihr keinen wirklichen Grund finden. Ist es aus Angst vor dem Tod? Euer Bewußtsein stirbt, aber ihr sterbt nicht. Euer Bewußtsein ist nicht identisch mit euch selber. Sucht ihr das Dharma, weil ihr verstehen wollt? Es gibt nichts zu verstehen, denn das ganze Äußere und das ganze Innere ist leer und ihr verschwendet bloß eure Energie. Es gibt also keinen plausiblen Grund, warum ihr nach Religion sucht, und doch fühlt ihr euch getrieben zu suchen. Ihr sucht nach etwas Greifbarem in der relativen Existenz. Wenn ihr erkennt, daß es keine substantielle Wirklichkeit in der Existenz gibt, befürchtet ihr, es sei unmöglich, die Wirklichkeit zu erfassen. Diese Furcht ist leer. Ihr braucht diese Furcht nicht, denn wenn ihr erkennt, daß es nichts zu greifen gibt, habt ihr es ergriffen. Diese Auffassung vom Ungreifbaren ist auch leer.

16. Nicht-Existenz ist leer, abhāvaśūnyatā
Der Zustand, in dem alle dharmas nicht mehr existieren, wird „Nicht-dharma" genannt. Nach dem universellen Feuer, in dem alles zunichte wird, haben wir diesen Zustand. Aber ist es wirklich „Nicht-dharma"? Es ist ja so, daß aus dieser Leerheit das neue Universum erzeugt wird. Aus abhāva, Nicht-Existenz, kommt bhāva Existenz, also ist Nicht-Existenz leer.

17. Existenz ist leer, bhāvaśūnyatā
Alle dharmas existieren in Übereinstimmung mit dem Gesetz von Ursache und Wirkung, doch die Existenz existiert nicht wirklich, deshalb ist sie leer. Wenn wir die Leerheiten wirklich verstehen, hören die Phänomene auf zu existieren.

18. Nicht-existierende Existenz ist leer
Zuerst müssen wir verstehen, daß alle objektiven Existenzformen leer sind. Dann müssen wir verstehen, daß Nicht-Existenz

und Existenz leer sind. Beides sind Konzepte, und solche subjektiven Vorstellungen sind immer leer. Was bedeutet also „Nicht-existierende Existenz ist leer"? Jemand, der an einer der zwei Vorstellungen (Existenz, Nicht-Existenz) festhält, kann deren Wirklichkeit nicht erkennen, deshalb sind sie leer. Zuerst verneinen wir die Existenz, an der wir festhalten, und dann verneinen wir diese Vorstellung der Verneinung.

So sind alle achtzehn *śūnyatās* leer, ihr braucht nicht weiter nachzudenken. Ihr sollt einfach hieher zurückkehren (zeigt auf das Herz). „Ja" ist leer, „Nein" ist leer, „Ja und Nein" ist leer, „Nein und Ja" ist leer. Dies ist das Ende des philosophischen Buddhismus und der Ausgangspunkt von Zen. Wenn ihr meditiert, setzt euch also mit gekreuzten Beinen hin, faltet die Hände, räumt euren Geist auf und tretet ins große Universum ein! Und das große Universum tritt in euch ein. Es gibt keinen Unterschied zwischen euch und dem großen Universum — ihr seid eins, die Gedanken verschwinden aus dem Geist und ihr tretet in die grenzenlose Existenz ein. Das ist der Anfang von Zen, das seid ihr nicht selber. Aus dieser Wahrheit kommt ihr nicht als eure eigene Persönlichkeit heraus, sondern genau als DAS — Tathāgata — als einer, der genau als DAS kommt.

BRINGT DAS STUDIUM DES BUDDHISMUS EINEN GEWINN[1]

Etwas zu tun, um einen Gewinn zu haben, ist eine absolut menschliche Angelegenheit. Doch wenn man etwas vom Buddhismus gewinnt, ist es nicht Buddhismus. Diese Idee von Vorteil ist so kleinlich. Muß es bei allem, was man tut, etwas zu gewinnen geben?

Der 15. Februar ist mein Geburtstag. Ich habe in diesem menschlichen Leben 60 Jahre erreicht. Ich bin Buddhas Lehre seit meinem zwanzigsten Lebensjahr gefolgt. Was habe ich durch dieses

---

[1] „Studieren" wird in diesem Text nicht im Sinne von aus Büchern lernen verwendet, sondern meint aktives Praktizieren (Anm. d. Übers.).

40jährige Studium gewonnen? Während etwa zwanzig Jahren habe ich gedacht, Buddhismus sei mir von großem Vorteil, aber in den letzten zwanzig Jahren habe ich alles „entwonnen", was ich gewonnen hatte. Folglich müßte ich sagen, ich habe nichts gewonnen. Diese Frage, die seit altersher von vielen gestellt wurde, finden wir auch in einigen Sutras: „Gibt es einen Gewinn durch den Buddhismus?", oder „Kann man sein Leben verbessern durch das Studium des Buddhismus?" In den Sutras stehen auch die Antworten. Eine Antwort lautet „nein", die andere „ja".

Eines Tages, als Ananda neben dem Buddha stand und ihm kühle Luft zufächelte, fragte Buddha ihn: „Wird es heute regnen oder nicht? Glaubst du, die Mönche können heute in der Stadt um Nahrung betteln oder nicht?" Ananda antwortete nicht. Stattdessen verließ er den Buddha und mischte sich unter die Mönche. Er sagte diesen, was Buddha ihn gefragt hatte, dann fragte er: „Ist es von irgendeinem Vorteil, solche Fragen zu stellen?

Ich betrachte diesen Teil des Buddhismus nicht von seinem weltlichen Sinn her, sondern von einem ganz anderen Standpunkt aus. Der Buddha kam in diese menschliche Welt und belehrte uns während 49 Jahren und bewirkte die Niederschrift von 5048 Bänden von Sutras. Doch von unserem Standpunkt aus ist dies nicht mehr als ein einziger Regentropfen. Folglich lautet Buddhas 49 Jahre dauernde Predigt nur: „Wird es heute regnen?" oder „Ein schöner Tag, nicht wahr?" Während diesen 49 Jahren haben wir von Buddha nicht mehr gehört, als die Frage: „Wie geht es Ihnen?"

Nichts hat sich im menschlichen Leben verändert, nichts Böses ist überwunden worden. Physisch haben wir vielleicht Epidemien und Distanzen überwunden, aber geistig haben wir nichts überwunden. In den 2500 Jahren, seit Buddha uns lehrte, ist nicht eine einzige gewinnbringende Tat von den menschlichen Wesen vollbracht worden. Vom buddhistischen Standpunkt aus gesehen hat der Buddha uns einfach etwas gesagt, und wir haben nichts gewonnen. Also bringt Buddhismus den Menschen keinen Gewinn.

Warum sollen wir dann aber dieser Lehre folgen und sie verbreiten? Warum soll ich meine eigenen Wünsche oder meine Familie opfern, Buddhas Gewand anziehen und über Buddhismus sprechen? Was ist der Vorteil davon? Als Ananda die Mönche fragte: ,,Was ist der Vorteil von solchen Fragen?", antworteten diese: ,,Durch die Frage nach den Wetterbedingungen oder ob das Betteln um Almosen heute leicht oder schwierig sein wird, können wir, die Mönche, gezielt über das Wetter und das Betteln nachdenken. Und durch dieses konzentrierte und gezielte Denken, in den Himmel schauend, sorgfältig die Bewegungen der Wolken beobachtend, oder die Hand ausstreckend im Versuch, einen Nieselregen zu fühlen, oder sich auf die Zehenspitzen stellend und die entfernte Stadt und die Bewegungen der Leute beobachtend, können wir entscheiden, ob es regnen wird oder nicht, welche Kutte wir tragen und welchen Weg wir gehen, und wir können die Menschen, die uns nachfolgen, warnen. Und indem wir unseren Nachfolgern der zukünftigen Welt dieses Wissen, wie man etwas ganz genau erfährt, übermitteln, können wir ihnen im Erreichen der Erleuchtung nützlich sein. Deshalb denken wir, daß es für uns von großem Vorteil ist, wenn der Buddha uns solche unbedeutenden Fragen stellt."

Es gibt also zwei Wege, um diese Frage nach Gewinn zu beantworten. Wenn ich mir die zwei Antworten überlege, komme ich zum Schluß, daß ich einerseits durch das Studium des Buddhismus nichts gewonnen habe, ihr aber andererseits durch meine Warnung an euch, daß ihr durch das Studium des Buddhismus nichts gewinnen werdet, dazu gebracht werdet, genau darüber nachzudenken, was es damit auf sich hat, daß ihr mir, diesem buddhistischen Mönch, folgt und seinen buddhistischen Predigten zuhört.

Den Ausdruck ,,nichts gewinnen" muß ich euch jedoch erklären, denn seine Bedeutung unterscheidet sich gänzlich von der gewöhnlichen Interpretation der Wörter ,,nichts gewinnen".

Ikkyu Zenji, einer der berühmten Zenmeister vom Daitoku-ji, sagte einmal: ,,Was für ein Spitzbube ist der, dessen Name Shakyamuni Buddha lautet; da kommt er in diese Welt und belästigt viele Leute." Was wollte er damit sagen?

Wir Menschen waren glücklich und einfach, aber durch die

Ankunft des Shakyamuni Buddha wurden wir schrecklich besorgt und sehr geschäftig. Er verwirrte uns. Und wenn wir zur Wirklichkeit erwachen, gibt er uns nichts. Wir finden uns genau da, wo wir vorher waren.

Jemand sagte, Buddhismus sei wie Zahnschmerzen: Wenn man vom Buddhismus angezogen wird, geht man in ein Kloster, hört sich die Lehrreden an, gibt seine Vergnügen und seine Zeit auf, kauft Bücher, bringt sie nach Hause und liest sie, ohne zu schlafen, gibt sein Leben hin für zehn, fünfzehn, zwanzig Jahre, und am Ende realisiert man: ,,Ich wußte es von Anfang an, da ist nichts zu gewinnen." Nun, der Zahnschmerz ist vorbei. Solange der Zahn schmerzt, läuft man Amok, aber wenn der Schmerz weg ist, lächelt man in sich hinein: ,,Es ist vorbei."

Für mich war es dasselbe: Ich ging durch schreckliche Leiden, um dieses Zen zu studieren. Ich verlor alles, was ich hatte und habe nichts gewonnen. Aber dieses ,,nichts gewonnen" ist wunderbar. Ich bin zufrieden. Als Bodhidharma nach China kam, stellte ihm der Kaiser Wu-Ti aus der Liang-Dynastie dieselbe Frage: ,,Ich baue viele Tempel; ich erließ ein Gesetz, das Männern erlaubt, Mönche zu werden; und viele Männer und Frauen wurden zum Buddhismus bekehrt. Bringt mein Tun irgend einen Vorteil?" Bodhidharma antwortete: ,,Kein Vorteil, da ist keiner".

Wir kauen diese Frage immer noch als Koan. Viele Studenten beschäftigen sich damit. Warum sagte Bodhidharma ,,Kein Vorteil, da ist keiner"?

Etwas zu tun, um einen Gewinn zu haben, ist eine absolut menschliche Angelegenheit. Doch wenn man etwas vom Buddhismus gewinnt, ist es nicht Buddhismus. Diese Idee von Vorteil ist so kleinlich. Muß es bei allem, was man tut, etwas zu gewinnen geben?

Natürlich leben wir in einer Zeit des Nutzdenkens — wir sind Nutzdenker. Jeden Augenblick erwarten wir, etwas von diesem oder jenem zu gewinnen.

Ein ganzes Leben verbringen und am Ende nichts gewinnen? Ein wunderbarer Schluß, man möge ihn annehmen und zur Grundlage des menschlichen Lebens machen!

Dieses „nichts gewinnen" wird im Buddhismus auch mit einem anderen Ausdruck bezeichnet: *anāśrāva* und ist „der Zustand ohne Täuschung". Keine Täuschung heißt kein Schmutz. *Anāśrāva* bedeutet die Abwesenheit von Schmutz oder Täuschung. Begehren ist Schmutz, Täuschung ist Schmutz, und an einer Überzeugung das ganze Leben lang festhalten ist Schmutz. Wenn ein Mensch seinen Geist von diesem Schmutz befreit, erreicht er den Zustand des leeren Geistes. Das heißt, das tote Gewicht des Geistes ist weg, die unbedeutenden Geistesinhalte sind entfernt, und man wird „reinen Geistes", „einfachen Geistes". Das bedeutet jedoch nicht, daß man stupide wird, im Gegenteil, man wird weise. Man kann alles klar sehen, denn jeder Nebel ist aus dem Geist gewichen, der schimmernde Dunst vergeht, man erreicht *samyag-dṛṣti*. Einige Gelehrte übersetzen dieses *samyag-dṛṣti* als „richtige Sicht". Seine Bedeutung ist „richtig sehen" entsprechend dem Wissen Buddhas. Ich denke manchmal, es könnte besser übersetzt werden als „rechtmäßige Sicht". Wenn man etwas mit „rechtmäßiger Sicht" anschaut, schaut man nicht mit Sympathie oder Antipathie, mit Emotionen oder Täuschungen oder Vorstellungen, sondern man schaut in Übereinstimmung mit dem Gesetz (Dharma).

Der Buddha erreichte Nirvana und betrat es heute, am 15. Februar. Dieses „Nichts Gewinnen" ist immer der Schluß des Buddhismus. Deshalb mache ich euch am Nirvanatag einmal mehr auf diese Lehre aufmerksam.

B RAHMADEVA

BRAHMADEVA *Es ist nicht nötig, auf Fleisch zu verzichten oder jeden Morgen ein Bad zu nehmen. Euer Geist wird von seinem Schlamm gereinigt, wenn ihr eure Urnatur erkennt, welche schon da war, bevor euch Vater und Mutter gezeugt haben.*

„So habe ich gehört: Einmal, als der Buddha in Rajagriha weilte, befand sich ein Arhat, namens Brahmadeva, in der Gegend von

Videha. Er wanderte von einem Ort zum andern und kam eines Tages zu einem Amrawald in der Nähe der Stadt Mithila.

Früh morgens zog der edle Brahmadeva die Kutte an, nahm die Schale und ging in die Stadt Mithila, um um Almosen zu betteln. Er bettelte von Tür zu Tür und kam auf diese Weise zum Haus seiner Familie.

In diesem Moment war seine bejahrte Mutter gerade dabei, in der Haupthalle dem Feuer Opferspeisen darzubringen, in der Hoffnung, dadurch im Brahmahimmel wiedergeboren zu werden. Sie bemerkte nicht, daß Brahmadeva am Außentor stand. Da kam der Schutzkönig Vaisravana, der Brahmadeva tief verehrte, durch den Himmel geritten, gefolgt von vielen *yakṣas*. Er sah den Edlen Brahmadeva am Tor stehen, während Brahmadevas Mutter in der Haupthalle ehrfürchtig Speisen und Getränke in den Händen hielt. Sie war mit dem Feueropfer beschäftigt und sah ihr Kind nicht am Tor stehen.

Als der Schutzkönig Vaisravana das beobachtete, stieg er vom Himmel, stellte sich vor Brahmadevas Mutter und sprach folgendes Gatha zu ihr:

O Brahmani,
weit entfernt wahrlich ist Brahmas Himmel.
Aus Sehnsucht, dort geboren zu werden,
opferst du hier dem Feuer.
Nicht so ist das Gesetz des Brahma-Himmels.
Warum betreibst du unnütze Verehrung?
O Brahmani,
vor deiner eigenen Türe steht Brahmadeva,
der Schlamm seines Geistes für immer entfernt.
Der Deva der Devas ist er,
gelassen ist er, keine Gedanken hegend.
Allein ist er und ohne Berufung.
Um Almosen bettelt er vor deiner Wohnung,
ihm sollten Opfer dargebracht werden.
Gut gezügelt sind sein Geist und Körper,
ein Acker des Segens ist er für Menschen und Devas,
weit entfernt vom Bösen,
und von keinem Makel befleckt.

Seine Tugend kommt derjenigen Brahmas gleich,
obwohl er im Körper eines Menschen weilt.
Kein Dharma bewirkt ein Anhaften in ihm,
wie ein gut gezähmter Drache ist er.
In *samyag-smṛti*[1] weilt dieser Bhikshu,
sein Geist ist zur Freiheit gelangt.
Weil er Buddhas Dharma aufrechterhält,
ist er ein Acker des höchsten Segens.
In ihn setze deshalb deinen Glauben,
und beeile dich, ihm zu opfern!
Heute errichte den irdenen Altar,
für morgigen Frieden und Freude!
Wenn du auf diesen einen Reinen schaust,
hast du den Ozean des Leidens überquert.
Vaisravana, der Schutzkönig,
hat dir dies enthüllt.
Gibt deine falsche Verehrung auf!

Darauf hieß die Mutter Brahmadeva eintreten, und dieser legte zum Heil seiner Mutter das Dharma in all seinen vielfältigen Aspekten dar und erläuterte ihr die Lehrreden. Dann machte er sich wieder auf seinen Weg."

„*Einmal, als der Buddha in Rajagriha weilte, befand sich ein Arhat, namens Brahmadeva, in der Gegend von Videha*". Der Bhikshu Brahmadeva war ein Arhat, d. h. ein erleuchteter Jünger des Buddha. Er reiste von Rajagriha nach seinem Geburtsort Videha, wo er von Tür zu Tür um Nahrung bettelte. Brahmadeva kann als „Reiner Engel" oder vielleicht besser als „Reines Heiliges Wesen" übersetzt werden.

Ihr müßt den Hintergrund dieser Geschichte kennen. Obwohl es nicht im Sutra geschrieben steht, wissen wir, daß sich die Begebenheit während einer Hungersnot abspielte. Der Buddha befahl den Mönchen seiner Sangha, sich zu trennen und zurück in ihre eigenen Länder zu gehen, wo sie bei Freunden und Verwandten um Nahrung betteln konnten. Das war eine der schwie-

[1] Richtige Achtsamkeit

rigsten Zeiten für die Sangha des Buddha. Es gab neun schwierige Zeiten während Buddhas Leben. Eine davon war diese.
„*Er wanderte von einem Ort zum andern und kam eines Tages zu einem Amrawald in der Nähe der Stadt Mithila*". Es gibt
viele Amravanas oder Mango-Wälder in Indien. Viele Mönche
lebten in diesen Wäldern. Es war den wandernden Mönchen
nicht erlaubt, auch nur eine Nacht im Haus eines Laien oder in
einem Hotel oder einer Herberge zu verbringen. Sie mußten im
Freien oder in einem kleinen Tempel schlafen. Dieses Gebot
wird heute noch in China und Japan beachtet. Ein echter Mönch
im heutigen Japan geht nicht in ein Hotel, sondern bittet eher in
einem buddhistischen Tempel um Unterkunft, auch wenn der
Tempel einer anderen Sekte angehört. Auch Brahmadeva be-
folgte dieses Gebot und verbrachte die Nacht im Wald.
   „*Früh morgens zog der Edle Brahmadeva die Kutte an, nahm
die Schale und ging in die Stadt Mithila, um um Almosen zu betteln. Er bettelte von Tür zu Tür und kam auf diese Weise zum
Haus seiner Familie*": Das war sehr ungewöhnlich. Noch bis zu
meines Vaters Zeiten kehrte ein Mann, der das Laienleben aufgegeben hatte, um Mönch zu werden, niemals in sein eigenes Haus
zurück. Heutzutage würde er, wenn seine Kinder, Brüder oder
Schwestern aus Sehnsucht danach, ihn zu sehen, einen halben
Tag lang vor dem Tempeltor stünden und einen jungen Mönch
dazubrächten, ihm heimlich eine Botschaft zu geben, vielleicht
für einige Minuten heraus kommen, aber er wäre sehr verärgert.
Früher wäre er überhaupt nicht gekommen. Es war vermutlich
eine durch die Hungersnot bedingte Ausnahme, daß ein Mönch
in sein Heimathaus zurückkehrte.
   „*In diesem Moment war seine bejahrte Mutter gerade dabei,
in der Haupthalle ein Feueropfer darzubringen, in der Hoffnung, dadurch im Brahmahimmel wiedergeboren zu werden. Sie
bemerkte nicht, daß Brahmadeva am Außentor stand*". Aus diesen Zeilen kann man vermuten, daß Brahmadeva der Sohn eines
reichen Mannes war, und daß er das Haus vor langer Zeit verlassen hatte. Sein Vater, Bruder oder seine Schwester waren nicht erwähnt. Er schien das einzige Kind zu sein.
   Der Wohnsitz der reichen Inder jener Zeit bestand aus meh-

reren Gebäuden. Das Tor war ein ganzes Haus; die Haupthalle war der Ort, wo man sich versammelte, Besucher empfing und den Göttern huldigte; in den hinteren Gebäuden lebte die Familie.

Die Mutter Brahmadevas war dabei, den Göttern zu huldigen, indem sie Opfergaben ins Feuer warf. Sie wünschte, im Brahmahimmel wiedergeboren zu werden, in welchem Brahmadeva[2], der Gott Brahma, lebte. Das ist nicht anders, als wenn man zu Gott betet und um eine Geburt im Himmel bittet. *Sikhin* oder Feuer ist der Bote Brahmas. Die Leute glaubten, daß sie durch Verehrung des Feuers im Brahmahimmel wiedergeboren würden.

Die Buddhisten denken natürlich nicht so. Für den Buddhisten ist dieses aufrechte Wesen keine individuelle Existenz. Genau so wie eine elektrische Birne ein Instrument ist, in welches Elektrizität eintritt, ist dieser Körper ein Werkzeug für das universale Bewußtsein und nicht eine individuelle Person. Und genau so, wie Elektrizität in einer Birne Licht erzeugt, so erzeugt das universale Bewußtsein in einem Körper ein lebendiges Wesen. Wenn es erlöscht, wird dieser Körper eine Leiche.

Buddhisten glauben, daß jedes bewußte Wesen aus vielen verschiedenen Bewußtseinselementen besteht. Es gibt acht niedrige Elemente, siebzehn höhere usw. Die höchste Stufe der ersten Sphäre der *rūpadhātu*, der Welt der reinen Form, ist der Ort von Mahabrahma, dem reinen Bewußtsein. Obwohl alle Menschen dieses Bewußtsein haben, können viele es nicht finden, denn es ist verdeckt. Wenn ihr dieses reine Bewußtsein — Brahmadeva — findet, seht ihr, daß ihr es nicht selber seid; es ist ein bestimmter Zustand des universalen Bewußtseins, welches seinerseits ewig dauert. Die Mutter Brahmadevas dachte, daß sie dieses Bewußtsein dadurch erreichen könnte, daß sie dem Feuer Opfer darbrachte. Sie hatte sich weit vom wahren Glauben entfernt.

„Da kam der Schutzkönig Vaisravana, der Brahmadeva tief verehrte, durch den Himmel geritten, gefolgt von vielen yak-

---

[2] „Bramadeva" wird in dieser Erzählung sowohl als Eigenname als auch als Symbol für einen Bewußtseinszustand verwendet (Anm. d. Übers.).

ṣas". Vaisravana war ein Gott und einer der vier großen Könige, die Buddhas Dharma bewachten. Er war der Führer der *yakṣas* und *rakṣas*. Das sind Dämonen, die manchmal gut und manchmal schlecht sind. Dieser Gott pflegte immer durch den Himmel dorthin zu gehen, wo der Buddha das Dharma predigte, um seine Lehre zu hören. Seine spezielle Fähigkeit war ,,Alles zu hören", d. h., er hörte alle Geräusche der Welt. Natürlich hat der Gott, der alle Geräusche gleichzeitig hören kann, eine gewisse Verwandtschaft mit dem Buddhismus. Der Ausdruck ,,Alles hören" ist, wenn man seine wahre Bedeutung nicht versteht, sehr mysteriös. ,,Alle Geräusche" bedeutet ,,keine Geräusche". Wenn ihr den Koan passiert: ,,Hast du das Geräusch der einen Hand gehört?" hört ihr kein Geräusch, und doch hört ihr alle Geräusche — ihr verpaßt nicht ein einziges. Das ist ,,Alles hören". Genau so wie ,,allgegenwärtig" bedeutet ,,nicht an einem bestimmten Ort zu sein", sondern ,,überall gleichzeitig". Denkt nicht, der japanische Mönch Hakuin habe diese Weisheit im Koan der ,,Einen Hand" erstmals entdeckt. Seine Lehre stammt aus dem alten Buddhismus.

,,*Er sah den Edlen Brahmadeva am Tor stehen, während Brahmadevas Mutter in der Haupthalle ehrfürchtig Speisen und Getränke in den Händen hielt. Sie war mit dem Feueropfer beschäftigt und sah ihr Kind nicht am Tor stehen.*

Als der Schutzkönig Vaisravana das beobachtete, stieg er vom Himmel, stellte sich vor Brahmadevas Mutter und sprach in der folgenden Gatha zu ihr . . .". Es gibt manche Geschichten in den Sutras über diesen Gott, der mit seinen *yakṣas* und *rakṣas* durch den Himmel geritten kam, um mit den Jüngern des Buddha oder mit deren Verwandten zu sprechen. Diesmal trat Vaisravana vor die Mutter des Brahmadeva und flüsterte ihr ins Ohr. Ich werde die Hauptpunkte seines Verses kurz erklären.

,,*O Brahmani, weit entfernt ist Brahmas Himmel. Aus Sehnsucht, dort geboren zu werden, opferst du dem Feuer hier*". Das ist immer der Weg der Leute, die danach trachten, im Brahmahimmel wiedergeboren zu werden. Sie denken hier darüber nach und beten darum, aber sie glauben, dieser Himmel sei an einem weitentfernten Ort.

„*Warum betreibst du vergebliche Verehrung?*". Zen Schüler verhalten sich anders. Wir suchen den Himmel nicht an einem weitentfernten Ort. Wir suchen ihn direkt hier, vor unserer Haustür und opfern dem Feuer Nahrung.

„*O Brahmani, vor deiner eigenen Türe steht Brahmadeva, der Schlamm seines Geistes ist für immer entfernt. Der Deva der Devas ist er*". Wenn ihr eure Urnatur erkennt, wird euer Geistesschlamm entfernt. Es ist nicht nötig, auf Fleisch zu verzichten oder jeden Morgen ein Bad zu nehmen. Euer Geist wird von seinem Schlamm gereinigt, wenn ihr eure Urnatur erkennt, welche schon da war, bevor euch Vater und Mutter gezeugt haben.

Ein Deva ist ein reines Wesen. „Der Deva der Devas" bedeutet der reine Geist.

„*Gelassen ist er, keine Gedanken hegend. Allein ist er und ohne Berufung*". Ihr sollt weder alle eure Gedanken aufgeben, noch an ihnen haften, noch sie hegen.

Das sind die Eigenschaften der Urnatur: sie ist unabhängig von allem und hat keinen Zweck. Eure Urnatur ist kein Zimmermann, kein Büroarbeiter, kein Priester — sie hat keinen Beruf.

„*Um Almosen bettelt er vor deiner Wohnung*". Er begleitet euer tägliches Leben von Moment zu Moment.

„*In ihn setze deshalb deinen Glauben*". Setz den Glauben nicht in euer Kind, sondern in eure eigene Urnatur.

„*Und beeile dich, ihm zu opfern*". Opfert die Nahrung nicht den Brahmahimmel, sondern dem Brahmadeva. Wenn ihr diesen einen seht, der unterstützt werden muß, müßt ihr ihm geben, was immer er braucht.

„*Wenn du auf diesen einen Reinen schaust, hast du den Ozean des Leidens überquert*". Wenn ihr diesen wahren Weisen mit euerem inneren Auge seht, könnt ihr das Meer des Leidens überqueren. Es war Leiden, nicht wahr? Doch von nun an ist es nicht länger Leiden.

Plötzlich erkannte die Mutter Brahmadevas, was sie tat. Sie lief aus der Halle und fand ihr Kind, das schweigend am Tor stand. Die Mutter fand ihren Sohn. Stellt euch ihre Aufregung vor! Sie gab ihm Nahrung, und vielleicht wusch sie ihm die Füße

mit ihren Tränen. Armes Kind, das vor so langer Zeit das Haus
verlassen hatte! "Darauf legte Brahmadeva zum Heil seiner Mutter das
Dharma in all seinen vielfältigen Aspekten dar und erläuterte die
Lehrreden. Dann machte er sich wieder auf seinen Weg". Brahmadeva legte seiner Mutter die Lehre des Buddha dar und ging
dann in den Amravana zurück, um zu schlafen.
Wenn ihr diesen Brahmadeva findet, seid ihr Brahmadeva. Unreinheiten, Begehren, Hypothesen sind für immer verschwunden. Ihr sollt in eurem elementaren Körper leben und nicht in
eurem aufrechten Körper. Wenn ihr einmal diese Leerheit erlangt habt, wird euer Bewußtsein rein wie das Wasser eines Sees
im Himalayagebirge. Ihr werdet nichts festhalten und keine Berufung haben, und doch wird alles in euren Besitz fließen. Ihr
müßt dem wahren Brahmadeva begegnen.

D ER STOCK *Ein Mensch mag sein ganzes
Leben lang Buddhismus studiert haben, aber
wenn er sich auf eine falsche Vorstellung verlassen hat,
überkommt ihn in seinem letzten Moment der große
Zweifel.*

"So habe ich gehört: Als sich der Buddha im Jeta-Hain aufhielt,
ging er eines Morgens früh in die Stadt Shravasti, um dort um
Nahrung zu betteln. Er war in ein Mönchsgewand gekleidet und
hielt eine Bettelschale in der Hand. Da traf er einen alten Brahmanen, der auch bettelte, und fragte ihn: "Warum bettelt Ihr, alter Mann, von Tür zu Tür um Nahrung, mit einer Schale in der
Hand und auf einen Stock gestützt?" Der Brahmane antwortete:
"O Gautama, ich gab alles, was ich hatte, meinem Sohn. Nachdem ich eine Frau für ihn gefunden hatte, verließ ich mein Heim.
Jetzt bin ich ein Bhikshu wie Ihr."

Wir heutigen Menschen halten es für wenig nützlich, den Sinn des Lebens finden zu wollen, nachdem man es gelebt hat. Unserer Auffassung nach sollte man über das Leben nachdenken, solange man jung ist. Die ökonomischen Umstände jener Zeit waren jedoch so, daß der Unterhalt einer Familie die Hauptaufgabe eines Mannes war und seine ganze Zeit und Kraft in Anspruch nahm. Nachdem er einen oder mehrere Söhne in die Welt gesetzt und einer von ihnen den Platz des Hausherrn übernommen hatte, gab es weder Verwendung noch Raum für den Vater im Haus, so daß der alte Mann zugleich frei und genötigt war, fortzugehen.

In extremen Fällen trieben die Kinder den Vater oder sogar die Mutter, wenn diese alt wurden und nicht freiwillig dieser Sitte folgten, in die Berge, wo sie sterben sollten. Manchmal war es der Befehl des Königs, daß die Familienvorsteher ihre alten Männer und Frauen in die Wüste oder Berge vertreiben mußten.

Es gibt eine berühmte Geschichte von einem jungen Mann, der auf einem fremden Gut aushalf, um für seine alte Großmutter zu sorgen. Der König befahl allen Familienvorstehern, die nutzlosen alten Männer und Frauen in die Berge auszusetzen, weil dem Land eine Hungersnot bevorstand; alle Flüsse waren ausgetrocknet, und die Oberfläche der Reisfelder war ganz hart. Der Jüngling nahm seine alte Großmutter auf die Schultern und ging in die Berge. Er führte seinen kleinen restlichen Nahrungsvorrat mit sich, damit die Großmutter so lang wie möglich überleben könnte. Auf der Suche nach einer Stelle mit Wasser, ging er so tief in die Berge hinein, daß er seinen Weg verlor. Als er erkannte, daß er den Rückweg nicht werde finden können, sagte die alte Frau zu ihm: ,,Sei unbesorgt mein Sohn, ich habe auf dem ganzen langen Weg Lattichsamen fallen lassen, einen neben dem anderen. Wenn der Mond aufgeht, werden die Samen sprießen und dir eine grüne Linie zeigen, welcher du nach Hause folgen kannst.''

Die Geschichte nahm ein glückliches Ende, denn der Enkel war so bewegt, daß er seine alte Großmutter wieder zurücktrug, und der König, der davon hörte, war so ergriffen, daß er beiden erlaubte, heimzukehren.

Die Knaben der Brahmanen traten in einem frühen Alter in *Brahmacarya*, das „reine Leben" ein. Bis zum Alter von zwanzig Jahren mußten sie die Brahmanen-Kultur studieren, dann heirateten sie und wurden Hausherren. Im Alter von fünfzig Jahren erwartete man von ihnen, daß sie dem Leben des Hausherrn entsagten und Asketen wurden, um die Frage der menschlichen Existenz zu lösen. Mit sechzig Jahren verließen sie ihr Heim endgültig, um niemals zurückzukehren. Solche alten Brahmanen sah man häufig, wie sie mit Schale und Stock in der Hand um Nahrung bettelten; ihre Stirne war mit weißem Lehm bemalt, ihre Haut mit Asche beschmiert, und langes Haar bedeckte Gesicht und Hals.

In diesem Sutra können wir der Haltung des Brahmanen entnehmen, daß er sich etwas unbehaglich fühlte. Vielleicht schämte er sich, dem Buddha zu begegnen, während er bettelte, obwohl er als Brahmane aus einer höheren Kaste stammte und der üblichen Sitte der Zeit folgte. Er zeigte die Haltung eines Mannes, dem Überzeugung fehlt, und der kurz, bevor er gefragt wird, zu erklären versucht, warum er das tut, was er tut. Er glich einem Zen Schüler, der, wenn er einem unbekannten Roshi auf der Straße begegnet, meint, er müsse etwas sagen, müsse sich selber erklären.

Der Buddha sagte: „Einer, der bettelt, weil er muß, ist kein Bhikshu. Ein Bhikshu ist einer, der es nicht nötig hat zu betteln, der es aber tut, um Erleuchtung zu erlangen." Darauf erwiderte der Brahmane: „O Gautama, wie kann ich ein Bhikshu werden? Wie Ihr sagt, bin ich kein wirklicher Bhikshu. Ich bettle hier um meine Nahrung, weil ich alles, was ich hatte, meinem Sohn gab. Doch ich möchte ein wirklicher Bhikshu sein. Wie kann ich es werden?"

Der Buddha antwortete: „Könnt Ihr Euch ein Gatha merken, das ich Euch geben werde, und es zu Hause in der Versammlung vor der ganzen Familie rezitieren?" Der Brahmane antwortete: „Ja, Gautama, das kann ich." Darauf rezitierte der Buddha folgendes Gatha:

Söhne gezeugt zu haben, macht dein Herz froh,
du sammelst Reichtümer für sie und gibst jedem eine Braut.

Dann geben sie dich auf und treiben dich aus dem Haus.
Der gefühllose Geizhals, der sich weigert, seinen Vater zu unterstützen,
mag in der Gestalt eines Mannes leben, doch sein Herz ist das eines Dämons.
Die ehrwürdigen Eltern fallen zu lassen, ist dasselbe,
wie einem ausgedienten Pferd das Futter zu verweigern.
Wenn die Kinder erwachsen sind und der alte Vater
die Nahrung von Tür zu Tür erbetteln muß,
ist es am besten, sich auf den Stock zu verlassen.
Es ist nicht die Zuneigung seines Sohnes,
welche den feurigen Bullen von ihm fernhält,
ihn sicher über den gefährlichen Pfad führt,
ihn schützt vor scharfen Hunden,
oder ihm in der Dunkelheit den Weg finden hilft;
noch rettet sie ihn aus dem tiefen Graben,
dem dunklen Brunnen, dem dornigen Dickicht.
Sich auf die Kraft seines Stockes verlassend,
steht er aufrecht und wankt nicht.“

Hinter den Worten dieses Gathas ist einiges der buddhistischen Lehre verborgen. Ich werde es euch zeigen:
Der Buddha war nicht sehr erfreut zu sehen, daß der alte Mann der brahmanischen Sitte folgte und das Haus im hohen Alter verließ, um für den Rest seines Lebens um Nahrung zu betteln und dann irgendwo zu sterben. Diese Lebensart war eindeutig anders, als diejenige eines buddhistischen Laien. Nach Ansicht des Buddha müssen die Kinder für die Alten sorgen. Der Buddha erachtete den Weg der Brahmanen als unnatürlich. Vom buddhistischen Standpunkt aus ist es falsch, ein Mensch ohne Hingabe und Liebe zu sein. Es gibt einige Leute, die sich nur dem Wissen widmen und sich nicht um Mitgefühl oder Mitleid mit anderen kümmern. Es gab auch spätere Buddhisten, die herzlos waren, doch diese hatten kein wahres Verständnis des Buddhismus.
Die Betonung dieses Sutras liegt natürlich auf dem Stock: „*Es ist am besten, sich auf den Stock zu verlassen*“. Mit dem Zen Auge gesehen, ist der Stock das Symbol des Dharma.

Die Kraft des Dharma schützt euch vor dem „*feurigen Bullen*", der zerstörenden Kraft. Indem ihr den Geboten der Sangha folgt, könnt ihr sicher über steile und jäh abfallende Wege gehen. „*Scharfe Hunde*" sind Ideen, falsche Ansichten. Mit dem Licht des Dharma könnt ihr durch die Dunkelheit der Unwissenheit gehen. „*Der tiefe Graben*" bedeutet philosophische Verwirrungen, und „*das dornige Dickicht*" ist diese Welt des Begehrens.

„*Der dunkle Brunnen*" steht für die falsche Ansicht der Vernichtung oder die abstrakten Ideen von Leerheit, die man für Dharma hält. Wenn ihr eure abstrakte Vorstellung der Leerheit nicht zerstört, werdet ihr wahre Leerheit nie verstehen. Wenn man seine Idee über die Leerheit für das wahre Dharma hält, denkt man logischerweise, daß es keine Zukunft, keine Belohnung, keine Bestrafung gibt, und daß man deshalb in diesem Leben tun und lassen kann, was einem beliebt. Schließlich anerkennt man kein Gesetz, keine Moral, gar nichts in dieser Welt. Der buddhistische Lehrer muß auf den Gang seiner Schüler aufpassen, wenn diese in die Nähe dieser gefährlichen Grube kommen, damit sie nicht hineinfallen. Leerheit ist wie eine Medizin, sie dient zur Reinigung des Geistes. Euer Geist soll rein sein, doch er darf nicht von falscher Leere sein. Geist ist Mensch, Mensch ist Buddha. Ohne Buddha hat es keinen Zweck, vom Buddhismus zu sprechen.

Der Hauptpunkt von Buddhas Lehre ist in diesem einen Satz enthalten: „*Es ist am besten, sich auf den Stock zu verlassen*". Ich brauche dies nicht zu erklären. Wenn ihr Buddhisten seid, versteht ihr die Andeutung Buddhas sofort. „*Sich auf die Kraft des Stockes verlassend, steht er aufrecht und wankt nicht*". Durch das Verständnis des Dharma könnt ihr aufrecht stehen.

Das Sutra hat einen zweiten Teil:

„Der alte Mann ging in seine Heimatstadt zurück und rezitierte das Gatha vor der Versammlung. Als der Sohn dies hörte, trat er hervor, kniete vor dem Alten nieder und drückte sein Bedauern aus. Dann nahm er ihn bei der Hand und führte ihn nach Hause. Dort wurde er wieder als Herrscher des Hauses verehrt.

Eines Morgens jedoch, als der alte Brahmane sich auf den Stock stützte, um aus dem Haus zu treten, öffnete er plötzlich das Auge seines Geistes. Er sagte: „Ich wurde durch die Rezitation des Gatha von Buddha erleuchtet. Jetzt verstehe ich, was es bedeutet, ein Bhikshu zu sein", und er beschloß auf der Stelle, dem Buddha als Schüler zu folgen."

Die Lehre des Shakyamuni ist klar, trotzdem hatte der Brahmane sie zuerst nicht verstanden. Auch sein Sohn gelangte nicht zur Kenntnis wahrer Kindespflicht. Er war nur furchtbar beschämt, daß die Nachbarn seinen Vater gehört hatten, als er das Gatha des Buddha vor der Versammlung aufsagte.

In der Zen Schule ist der Stock ein wohlbekanntes Zeichen. Manche Zen Meister in China trugen einen Stock bei sich. In der Kunst wird dieser normalerweise als ein langer Stecken aus unverarbeitetem Holz dargestellt. Manchmal wurden Schmuckgegenstände an der Spitze angebracht, die beim Gehen ein Geräusch verursachten. Diesen Stock pflegten die Meister zu „zeigen", wenn ihnen bestimmte Fragen gestellt wurden, wie z.B. „Was ist das Hauptprinzip des Buddhismus?".

Meister Unmon „zeigte" seinen Stock, indem er sagte: „Dieser Stock ist ein Drache und hat das ganze Universum verschluckt." Auch Anja der Lotosspitze trug einen langen Stock und benutzte ihn, indem er eine Linie von links nach rechts in die Luft zeichnete und fragte: „Wenn jemand hieher kommt, warum bleibt er nicht hier?" Diese Ausdrucksweise deutet auf die höchste Errungenschaft der Zen Praxis. Man sagt, daß Anja, als ihm keiner antworten konnte, den Stock auf die Schulter nahm und tief in die Berge ging, um niemals zurückzukehren.

Ich weiß nicht, ob es zwischen Buddhas Verwendung des Stockes als Symbol für das Dharma und der Benutzung des Stockes als Dharma selbst durch die Zen Meister eine Beziehung gibt, aber es ist auf jeden Fall eine interessante Übereinstimmung.

Könnt ihr erkennen, daß der Buddha nicht von einem materiellen Stock sprach, als er sagte: *„Es ist am besten, sich auf den Stock zu verlassen"*? Was ist das Beste, das Kostbarste in der Welt, worauf ihr euch stützen könnt? Stützt ihr euch auf Gott, auf Buddha, auf Geld, auf euren Vater, auf ein Geschäft? Oder habt ihr vielleicht vergessen, worauf ihr euch verlaßt?

Das kostbarste Organ unseres Körpers ist das Auge, aber wie

alle fünf Sinne beruht es auf dem Bewußtsein. Der Stock, der euch stützt und worauf ihr euch verlassen könnt, ist der Stock eures eigenen Bewußtseins.

Ohne euer Bewußtsein wißt ihr nie, wo ihr seid. Wißt ihr, wo ihr im Tiefschlaf seid? Am Morgen, wenn ihr euch auf dem Bett wiederfindet, wißt ihr: „Ah, hier bin ich." Doch im unergründlichen Bewußtsein der Dunkelheit — wo seid ihr dann?

Wenn ihr beim Zubettgehen daran denken würdet, daß ihr im Begriff seid, in die ewige Dunkelheit einzutreten – kein Raum, keine Zeit — würdet ihr euch wahrscheinlich ziemlich unbehaglich fühlen. Viele, die dachten, sie hätten die höchste Erleuchtung erreicht, sehen am Ende ihres Lebens die gähnende, ewige Dunkelheit der Hölle vor sich. „Ich dachte, ich würde am Ende meines Lebens ins Nirvana eintreten, aber nun scheint es die Hölle zu sein. Shakyamuni hat mich belogen."

Ein Mensch mag sein ganzes Leben lang Buddhismus studiert haben, dreißig, vierzig Jahre lang, aber wenn er sich auf eine falsche Vorstellung verlassen hat, überkommt ihn in seinem letzten Moment der große Zweifel. Es muß wirklich furchtbar sein, wenn man diesen Zweifel erst im letzten Moment vor dem Tod erfährt. Shakyamuni Buddha hatte nicht gelogen. Doch wird es auch für euch zu spät sein, wenn ihr erst in eurem letzten Moment zu der großen Frage kommt. Warum nicht jetzt mit diesem Problem fertig werden?

Worauf könnt ihr euch verlassen? Bewußtsein ist der Stock, der euch stützt. Meditiert über Bewußtsein mit eurem eigenen Bewußtsein! Dann könnt ihr die Wirklichkeit erkennen. Es ist der beste Weg. Dann werdet ihr am Ende eures Lebens keine Hilfe brauchen. Es wird keine Frage, keinen Zweifel in eurem Herzen geben. Mit dem Stock in der Hand könnt ihr ruhig sterben. „Es ist am besten, sich auf den Stock zu verlassen". Euch auf euer eigenes Bewußtsein zu verlassen, ist besser, als von der Zuneigung eurer Kinder abhängig zu sein. Im letzten Moment werden euch weder Ehepartner, Kinder, noch Geld helfen können. Nur euer eigenes Bewußtsein hilft euch durch die Dunkelheit der Unwissenheit.

DER LEERE OZEAN *Die Realität oder Wirklichkeit ist wahre Existenz. Die Buddhisten nennen es den leeren Ozean. Wenn ihr zu diesem Verständnis kommt, ist eure alltägliche Erfahrung von Grund auf nichtig.*

„Als sich der Buddha im Jetavana Anathapindikarama in Shravasti aufhielt, sagte er eines Tages zu den Mönchen: „Das, was der Ozean genannt wird, ist derjenige Ozean, den die Menschen, die nur in der Welt leben, als den Ozean kennen. Es ist nicht der Ozean, den der Erleuchtete kennt. Der Ozean, den die Menschen der Welt kennen, ist nur eine mehr oder weniger große Wassermasse. Für den erleuchteten Menschen jedoch ist das Auge ein Ozean und Farben sind die Wellen. Derjenige, der diesen Wellen standhalten kann, kann über den Ozean des Auges segeln. Wo immer die Wogen tosen und rollen, wo immer giftige Insekten und böse *rakṣasi* schwärmen, von da kann er entfliehen. Ohren, Nase, Zunge, Körper und Geist sind ebenfalls Ozeane, und Ton, Geruch, Geschmack, Berührung und Geistesinhalte sind die Wellen dieser Meere. Derjenige, der den Wellen der äußeren *dharmas* standhalten kann, kann über den Ozean des Geistes segeln."

„Als sich der Buddha im Jetavana Anathapindikarama in Shravasti aufhielt ...": Prinz Jeta hatte dem Buddha diesen Garten geschenkt. Anathapindika war ein alter Mann, der sehr wohlhabend und einflußreich war und in der Stadt Shravasti lebte. Der Tempel im Jetavana, in Sanskrit *,ārāma,'* war ein Geschenk von ihm und wurde deshalb Anathapindikarama genannt. Der Buddha liebte diesen Tempel und den parkähnlichen Garten sehr.

,Das, was der Ozean genannt wird, ist derjenige Ozean, den die Menschen, die nur in der Welt leben, als den Ozean kennen". Mit den „Menschen, die nur in der Welt leben", sind die gewöhnlichen Alltagsmenschen gemeint. In der chinesischen Übersetzung wird hier ein ganz anderer Ausdruck verwendet:

„Der Ozean, welchen die Idioten der Welt kennen..." Doch „Idiot" ist ein sehr starkes Wort, also modifizierte ich es ein wenig, um meiner Zuhörerschaft zu schmeicheln. Aber das richtige Wort wäre „Idiot".

„Es ist nicht der Ozean, den der Erleuchtete kennt". Statt „der Erleuchtete" könnte man auch „der Heilige" sagen. „Der Erwachte" wäre hier vielleicht am besten. Ich weiß nicht, welches Sanskritwort dieser chinesischen Übersetzung zu Grunde lag.

„Der Ozean, den die Menschen der Welt kennen, ist nur eine mehr oder weniger große Wassermasse." Als ich den pazifischen Ozean viele Male zwischen Amerika und Japan überquerte, erkannte ich, daß er nicht bloß eine Masse von Wasser ist. Der Ozean ist eine Manifestation von Kraft. Das Wasser ist der Träger dieser Kraft, so wie Kohle und Kupferdrähte die Träger der Elektrizität sind. Also segeln wir nicht über das Wasser von Japan nach Amerika, wir segeln über die Kraft des Universums. Es offenbart sich unsere Seele sehr klar, und es ist sehr schön: der Ozean ist nichts anderes als Wellen von Kraft.

„Für den erleuchteten Menschen jedoch ist das Auge ein Ozean". Es ist typisch buddhistisch zu sagen „das Auge ist ein Ozean". Nicht nur das Auge, auch Ohren, Nase, Zunge, Körper und Geist sind Ozeane. Warum ist das Auge ein Ozean? Wenn wir unsere Augen öffnen, sehen wir einen großen Ozean, vom Auge geschaffen. Der Himmel ist blau, das Wasser ist grün, die Erde ist gelb. Diese Farben sind nicht wirklich vorhanden, es sind Wellen des Äthers. Heutzutage ist es wissenschaftlich bewiesen, daß Farbe in der Außenwelt nicht existiert. Es ist nur eine Illusion.

Was ist dann aber das, was dort draußen existiert? Die Buddhisten nennen es *samudrā* — „der leere Ozean". Doch was ist es, wenn es nicht Farbe ist? Das ist eine sehr große Frage, nicht wahr?

Eure Philosophen nennen es „Realität". Die meisten Menschen denken, die Objekte der Außenwelt seien die Realität. Aber ihr könnt die Bedeutung dieses Wortes in einem Wörterbuch oder in jedem philosophischen Werk nachlesen. Erkenntnistheoretisch gesprochen ist die Realität das reine Sein, unabhängig von unseren fünf Sinnen. Man kann sie nicht durch unsere fünf Sinne erkennen. Zwar ist sie unserer Vernunft einsehbar, aber unsere Sinne oder unser Intellekt kennen den wahren Zustand der Realität nicht. Der Zustand der Realität existiert jenseits unserer Erfahrung. Also ist es unsere reine Vernunft, welche eine intuitive Vernunft ist, die den Zustand der Realität beweist. Einer eurer Philosophen schrieb vor vielen Jahren „Die Kritik der reinen Vernunft". Da ihr sie sicher alle gelesen habt, brauche ich nicht weiter darauf einzugehen.

Die Realität oder Wirklichkeit ist wahre Existenz. Die Buddhisten nennen es „den leeren Ozean". Wenn ihr zu diesem Verständnis kommt, ist eure alltägliche Erfahrung von Grund auf nichtig.

„Farben sind Wellen". Für das Auge sind Farben die Wellen des Ozeans. Durch dieses Auge sehen wir das Meer der Farben. Im unendlichen Universum existiert nichts außer der Wirklichkeit. Sie offenbart sich als Farben, Klänge, Gerüche usw. Im Wissen, daß es nichts gibt außer der Wirklichkeit, kommen wir durch diese Farben und Klänge in wunderbaren Kontakt mit dieser unverstehbaren Welt, und wir fühlen, daß wir am Strand eines endlosen Ozeans stehen. Normalerweise leben wir verwirrt und getäuscht in dieser Illusion, in der traumartigen Welt von Farbe und Ton. Wir sind wie Kinder, die ihre wahre Heimat verloren haben und von einem Ort zum andern wandern. Wir haben unsere wahre Heimat im Zeitalter der Bewußtwerdung verlassen. Die meisten haben nie von einer wahren Welt und von der Existenz eines wahren Seinszustandes gehört. Wir haben die wahre Form der Welt ganz und gar vergessen. Einige nennen die wahre Existenz „Gott" und geben ihr eine Form. Wir malen uns Gott in unserer Vorstellung aus und geben ihm eine menschenähnliche Gestalt. Und so bekommt Gott Augen, Nase und Mund, wie Michelangelos Fresken in der Sixtinischen Kapelle. Gott ist nicht so klein.

Im Westen studieren die Studenten in den Seminarien Ontologie, die Wissenschaft und Theorie der Wirklichkeit, haben aber den wahren Zustand der Wirklichkeit nie erfahren. Er kann erfahren werden, nicht durch unsere fünf Sinne, doch es gibt einen Weg dazu.

,,Derjenige, der diesen Wellen standhalten kann…''. Die Wirklichkeit kann erfahren werden durch die Erkenntnis, daß man, obwohl man in den Wellen von Farbe, im Sturm von Klang und im Gewitter von Geschmack und Berührung ist, davon nicht beeinflußt wird. So kann man direkt in diese wahre Existenz der Wirklichkeit eintreten.

,,… kann über den Ozean des Auges segeln. Wo immer die Wogen tosen und rollen, wo immer giftige Insekten und böse rakṣasi *schwärmen, von da kann er entfliehen.''* Das ist diese Welt voller Wirbel, in jedem Augenblick bereit, das Boot zu verschlucken. Ihr seid alle von diesen Wirbeln verschluckt, seid ertrunken, tot, und habt die wahre Existenz, Wirklichkeit genannt, vergessen. Ihr glaubt, diese Welt bestehe nur aus Farbe, Ton, Geruch, Geschmack, Berührung und Geist.

Wir wissen nichts über die Wirklichkeit hinter den Erscheinungen, und so leben wir in einer verkehrten Welt. Unsere Sicht ist immer auf den Kopf gestellt. Wie können wir dieser verkehrten Welt entfliehen? Wie können wir uns einigermaßen richtig stellen? Wie können wir Frieden auf Erden bringen? Wir müssen auf dem Boden der Wirklichkeit stehen und von da auf die Welt der Erscheinungen schauen. Steht nicht auf dem Boden der Erscheinungen! Wie können wir richtig denken, wenn wir uns auf die Erscheinungen stützen und nichts über die Wirklichkeit wissen? Wenn ihr die Welt des wahren Seins findet — nicht das Sein von einem Gott mit Bart, sondern das reine *Sein* — dann schaut von dort auf die Welt! Dann ist das Sein eine allen Wesen gemeinsame Seele, in euch, in mir, in jedermann, in Insekten und in Pflanzen.

Als eure christlichen Missionare mit den blauen Augen und den gelben Haaren in unser Land kamen, sagten sie zu uns: ,,Was ihr denkt, ist unsinnig. Eure Religion ist pantheistisch.'' ,,Oh, ist das so!'' Das Geschrei jener blauäugigen Missionare, daß Pantheismus falsch sei, erschreckte uns sehr. Heute brauchen wir es nicht Pantheismus oder Monismus zu nennen. Wir nennen es nicht Energie wie Nietzsche, doch wir wissen, was es ist. Und wir brauchen es auch nicht Realität zu nennen im Sinne von Kant, wir wissen, was es ist, und von da können wir alles im täglichen Leben deutlich erklären. Ich kann den europäischen Krieg von diesem Standpunkt aus sehr leicht erklären (1939). Um alle Fragen zu lösen, müßt ihr zuerst den wahren Zustand der Wirklichkeit erfassen. Dann könnt ihr sicher über die Wogen und Wirbel des Meeres der Erscheinungen segeln.

„Giftige Insekten...". Das sind die Garnelen und Langusten, die im Meer leben.

„Böse rakṣasi". *Rakṣas* waren Dämonen, und die *rakṣasi* waren die Töchter von Dämonen. Als der Buddha nahe daran war, die höchste Erleuchtung zu erreichen, sandte der König der Dämonen seine drei schönen Töchter, um die Meditation des Buddha unter dem Bodhibaum zu zerstören. Das waren *rakṣasi* — wunderschöne Frauen. In der hinduistischen Überlieferung gab es eine Insel südlich von Indien, auf welcher nur schöne Frauen wohnten. Wenn ein Seeman dorthin fuhr und Schiffbruch erlitt, verschlangen die Frauen seinen Körper. Heute wissen wir, daß das Land der *rakṣas* Sri Lanka war. Heutzutage gehen die *rakṣasi* überall über den Broadway, und ihre Stimmen locken die Männer an.

„... von dort kann er entfliehen". Es ist nicht nötig, von dort zu entfliehen, doch wir sollen nicht getäuscht oder versklavt werden davon. In unserer Form der Meditation ist das höchste Wesen immer äußerst bewußt, das niedrigste immer schlafend. Der wache Typ ist immer bereit. Wir meditieren, um Geistesschärfe zu kultivieren, nicht um Schlafen zu üben. Wir schlagen unser Bewußtsein, um es scharf zu machen. Das ist unsere Übung der Meditation. Ihr pflegt euren Körper, aber wir pflegen unseren Geist. Ihr hält alle möglichen Geisteszustände aufrecht, denkt alles mögliche und brennt vor Leidenschaft. Ihr seid im Wirbel der Phänomene verloren. Wenn ihr bloß euren Körper kultiviert, seid ihr wie die Wilden. Wenn ihr meditiert, tut es mit starkem, scharfem und klarem Geist! Dringt zum Körper der Wirklichkeit durch! Dann braucht ihr diesem Meer nicht zu entfliehen. Ihr könnt es genießen, darin zu bleiben.

„Ohren, Nase, Zunge, Körper und Geist sind auch Ozeane,

und Ton, Geruch, Geschmack, Berührung und Geistesinhalte sind die Wellen dieser Meere". Geist und Geistesinhalte müssen voneinander getrennt werden. Geist ist wie reines Wasser. Er gehört nicht euch, es ist eine natürliche Existenz. Ihr werft zuviel Zeug hinein. Ihr sollt in eurem Geist Ordnung halten. Deshalb müßt ihr die Inhalte ordnen, vom Geist trennen und den Geist frei davon halten.

„Derjenige, der den Wellen der äußeren dharmas standhalten kann …". Äußere *dharmas* bedeutet hier die phänomenale Existenz, alle Objekte der Außenwelt.

„… kann über den Ozean des Geistes segeln". Der „Ozean des Geistes" ist rein und transparent. Er gehört nicht euch und nicht mir, er gehört allen. Man kann über diesen Ozean des Geistes segeln und die Wirklichkeit erreichen. Geist ist immer in Bewegung, aber die Wirklichkeit bewegt sich nicht.

Am Ende seines Vortrages rezitierte der Buddha wie gewöhnlich ein Gatha:
„Über den Ozean, wo Wogen tosen und rollen
und giftige Insekten und böse *rakṣasi* schwärmen,
kann kein Mensch der Welt segeln.
Derjenige, der sich selber von *samudāya* befreit hat
und mit absolut entleertem Geist allen Schmerz vernichtet,
wird keine Existenz mehr erleiden
und in Nirvana eintreten."

„Samudāya" bedeutet im Buddhismus die Anhäufung von Begehren. Man ist z. B. in ein neues Haus eingezogen. Nun muß man eine Garage haben, muß mehr Land kaufen, muß Diener haben und einen Chauffeur. Das hindert uns daran, die Wirklichkeit zu erreichen. Der Mensch leidet auf jeden Fall immer.

„Absolut entleerter Geist" ist der von allen Geistesinhalten entleerte Geist. Denkt nicht, das bedeute, daß ihr wie Idioten werdet! Nein, der entleerte Geist ist scharf und hell, nicht durch viele Dinge getrübt.

„Er wird keine Existenz mehr erleiden". Ist er deshalb tot? Nein! Er stirbt nicht. Wenn jemand den ganzen Wirrwarr von Geistesinhalten los geworden ist, wenn sich alle verschiedenen Geisteszustände auflösen, existiert er nicht mehr in diesem Ab-

fallkorb der Welt des Begehrens. Sein Geist ist rein und immerwährend.

„*... und wird in Nirvana eintreten*". Nirvana wird in eurer
Sprache als „Erlöschen" übersetzt. Wenn ihr die Wirklichkeit
mit eurem ganzen Wesen, mit Geist und Körper, realisiert, seid
ihr im Nirvana. Um dies zu verstehen, müßt ihr auf einen echten
buddhistischen Lehrer hören, nur er kann euch wirklichen
Buddhismus lehren. Hört nicht auf jemanden, der bloß irgendwelche Übersetzungen gelesen hat!

Nirvana ist nicht passive Stille. Nirvana ist aktiv, wie das Zentrum eines Wetterleuchtens. Es ist klar und transparent. Ihr sollt
dort eintreten!